KB053504

조공과 사대

조공과 사대

춘추전국 시대의 국제정치

초판 발행일   2016년 5월 25일

지은이   이춘식
펴낸이   강수걸
편집장   권경옥
편집   윤은미 문호영 정선재
디자인   권문경 구혜림
펴낸곳   산지니
등록   2005년 2월 7일 제14-49호
주소   부산광역시 연제구 법원남로15번길 26 위너스빌딩 203호
홈페이지   www.sanzinibook.com
전자우편   sanzini@sanzinibook.com
블로그   http://sanzinibook.tistory.com

ISBN   978-89-6545-351-2 94910
       978-89-92235-87-7(세트)

*책값은 뒤표지에 있습니다.
*이 도서의 국립중앙도서관 출판예정도서목록(CIP)은 서지정보유통지원시스템
홈페이지(http://seoji.nl.go.kr)와 국가자료공동목록시스템
(http://www.nl.go.kr/kolisnet)에서 이용하실 수 있습니다.
(CIP제어번호: CIP2016008352)

아시아총서 21

조공과 사대
朝貢과 事大

춘추전국 시대의 국제정치

이춘식 지음

산지니

머리말

　1840년 6월 아편전쟁 발발 이전의 동아시아 국제질서를 살펴보면 조공(朝貢)을 매개로 한 특유의 외교 형식을 통하여 동아시아 각국이 중국을 중심으로 국제질서를 형성하고 상호 교류하여 왔다. 이같이 조공을 매개로 수립된 국제질서를 중국 측에서는 중국 천자를 정점으로 한 봉건적 세계질서 속에서 중국 천자를 종주, 주변국 군주를 종번의 제후로 설정한 종주·종번의 종번(宗藩)관계로 인식하였다. 그런데 동아시아 역사를 살펴보면 중국만이 정치·군사적 주도권을 장악한 것이 아니고 수많은 주변국들도 중원을 통치하여 왔으며 상호 관계도 조공을 매개로 차등적 국제질서를 수립하였다.

　따라서 조공을 매개로 한 국제질서 수립은 중국 위주의 국제질서만도 아니었고 또 종주국의 위상도 중국만의 전유물이 아니었다. 그러므로 과거 동아시아에서 각국 간에 행해진 조공을 연구하는 경우에는 중국뿐만 아니라 주변국을 포함한 동아시아의 전체 입장과 시각에서 고찰해야 할 것이다.

　지금까지의 조공에 관한 연구 경향을 살펴보면 중국의 전통적 시각은 주변국의 중국에 대한 조공을 중국 천자의 왕화(王化)에 감읍한 주변 이적·만이의 자발적인 내조(來朝)로 간주하였으며 또 조공을 통한 중국과의 관계는 중국 천자와 제후 간의 봉건적 군신관계로 인식하였다. 반면 주변국에서 조공에 관한 연구는 조공을 상업 교역과 문화 교류의 측면에서 많이 다루고 있다.

　그런데 조공에 관한 연구 중에서 조공의 기원과 초기 성격에 대한 연구는 별로 없고, 일각에서는 조공은 단순히 주 왕조의 봉건제도하에 주 천자와 제후 간의 봉건적 관계에서 기원한 것으로 이해하고 있다. 크릴(H. G. Creel)은 주대 주왕의 제후 통어책을 연구하는 과정에서 조공을 주왕의 제후들에 대한 단순한 통어책으로만 다루고 있다. 리처드 워커(Richard L. Walker)와 로즈 브리톤드(Rose S. Brittond)는 조공을 춘추전국 시대 열국 간의 교섭과 교류를 담당한 외교로 인식하고 있지만 역시 그 조공의 성격에 관한 연구는 보이지 않고 있다.

이같이 선진(先秦) 시대 조공의 기원과 성격 등에 관한 빈약한 연구는 동아시아에서 2000여 년 이상 장구히 시행되어온 조공의 본질과 성격을 규명하고 그 역사적 의미를 파악하는 데 많은 어려움을 주고 있다. 이 연구에서는 은·주 시대 조공의 기원, 실체와 그 성격을 밝히고 춘추전국 시대 조공의 변화를 규명할 예정이다.

먼저 은·주 왕조 수립 이전 방읍국의 성읍국가 시대에 조공의 기원과 실체, 은·주 왕조 시대 조공의 실체와 성격, 춘추전국 시대 열국 간의 조공의 실체와 성격을 상호 연관해서 밝혀볼 예정이다. 그리고 각 시대에 있어서 조공의 실체와 성격을 비교하여 시대적 특징을 살펴볼 예정이다. 이같이 선진시대 조공의 기원, 실체, 성격 그리고 왕조 교체와 시대 변화에 따른 조공의 특징과 변화를 밝혀보면 선진 시대 이후 중국과 주변국 간에 장구히 시행되어왔던 조공의 성격과 역사적 의미도 드러날 것으로 생각된다.

또 선진 시대 조공을 연구하는 경우 사대(事大)에 관한 연구도 불가피하다. 동아시아에서 국제관계는 조공을 매개로 이루어졌는데 춘추전국 시대 대국과 소국 간의 조공은 사대의 이행이었으므로 조공과 사대에 관한 연구도 병행되어야 할 것이다. 그리고 선진 시대 조공과 사대의 실체와 성격이 해명되면 진한(秦漢) 이후 중국과 주변국 간의 조공과 사대의 성격도 해명될 것으로 생각한다.

이 책은 1997년에 출판되었던 『事大主義』를 개정한 것이다. 그 사이에 조공에 관한 새로운 연구도 있었고 필자의 일부 해석상의 오류도 있었으며 또 조공과 사대에 관한 일부 시각 변화도 있었다. 그러나 필자가 이 책의 개정에 착수하게 된 직접적 동기는 최근 중국의 눈부신 경제·군사적 발전과 G2로 격상된 중국의 위상이다. 중국의 G2 격상은 사실상 과거 한당(漢唐)과 같은 중화 제국의 부활로서 글로벌사회에서 보다 많은 역할을 수행하고 영향력을 행사할 것이며 그 영향력은 중국 주변국에 우선적으로 파급될 것이다.

　필자는 이 책이 G2로 격상된 중국의 세계관과 외교 책략을 이해하는 데 도움이 되기를 바란다.

저자

2016년 4월

차례

I

고대 방(邦)·읍(邑)·국(國)의 출현과 성읍국가

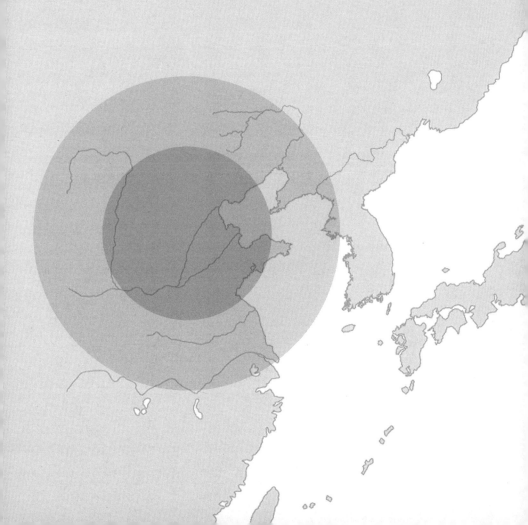

1. 부족사회의 출현과 내부조직

신석기 시대 말기의 인류사회를 살펴보면 오늘날 인류사회가 국가를 기본단위로 구성되었듯이 부족을 단위로 구성되었는데[1] 이 같은 부족의 형성, 조직, 성격 등을 살펴보기 위해서는 원시혈연집단을 먼저 검토해볼 필요가 있다.

원시혈연집단 속에서 가장 소규모이면서 기본적인 집단은 동일혈연을 중심으로 이루어진 가족(家族)이었다. 이 가족은 인근의 친척과 연계되어 보다 큰 혈연집단을 형성하였는데 이것이 씨족(氏族)이었다. 이 씨족은 다시 주변 지역에 거주하고 있는 다른 씨족과 통혼 또는

---

1) 부족(Tribe)에 대한 정의는 현재까지 인류학계의 치열한 논쟁의 대상이 되어왔다. 세투르드 돌(Certrude E. Dole)은 부족의 정의를 자치단위로서, 허버트 루이스(Herbert S. Lewis)는 정치 발달의 산물로서, 로널드 코헨(Ronald Cohen)과 앨리스 쉴레겔(Alice Schlegel)은 정치·사회적 단위로서, 마이클 스키너(Michael Skinner)는 종족적 단위로서, 엘리자베스 콜손(Elizabeth Colson)은 민족주의 발달의 결과로서 각각 파악하고 있으며, 따라서 인류학자들 간에 아직까지 의견의 일치를 보지 못하고 있다. 자세한 내용은, Jane Helm ed., *The Problem of Tribe in Contemporary Sociopolitical Contexts*, Seattle and London: The University of Washington Press, 1968 참조. 또한 모튼 프리드(Morton H. Fried)는 부족이 근본적으로 존재하지 않았고, 최근의 사회적 문화변용(Acculturation)에 따른 결과물일 뿐이라고 주장하고 있다. Morton H. Fried, *The Notion of Tribe*, Menlo Park : Cummings Publishing Co.,1975.

경제 · 군사 · 지역적 이해관계에 의하여 연계되었는데 이것이 부족(部族)의 형성이었다. 그러므로 부족은 동일혈연을 기반으로 한 최소 집단의 가족, 주변 원근의 친 · 인척으로 구성된 씨족, 그리고 이 같은 과정을 통해 연계된 타혈연 씨족집단과의 결합 내지 동맹으로 이루어졌다. 따라서 부족의 내부 결속력은 안으로 들어갈수록 강하고 밖으로 향할수록 약했다고 할 수 있으며 또 부족의 규모가 작을수록 강하고 클수록 약했다고 할 수 있다. 이러한 의미에서 볼 때 부족의 조직과 구성 및 결속력은 그렇게 강한 것이 아니었다.2)

또 이 같은 부족이 거주하고 생활하였던 무대는 동일한 지역이 아니었다. 삼림, 초원, 강변과 호수, 산간지방, 평지 등의 다양한 자연환경과 상위한 지리조건에 걸쳐 있었는데 생존을 위해서는 이 같은 다양한 자연환경과 상위한 지리조건 속에 적응하지 않을 수 없었다.3) 그러므로 상고 시대 부족의 생활상을 보면 삼림농업, 유목, 어로, 수렵, 채집 등으로 자연환경과 지리적 조건에 따라서 다양하게 발달하면서 군장사회(君長社會)로 진입하였다.

군장사회의 형성 과정을 살펴보면 인류의 최초 사회는 무리사회(The Band Society)였는데 장구한 시일이 지나면서 무리사회는 서열사회(The Rank Society)로 진입하였다. 이 두 사회의 특징은 엄밀한 의미에서 볼 때 어떠한 특정의 정치 · 군사적 유력자나 권력자가 존재하지 않았던 평등사회(Equalitarian Society)였다. 그러나 다양한 지리적 조건과 상위한 환경, 인구 증가, 토지 부족, 생활필수품 결핍 등의 요인으로 야기된 부족의 이동, 주변 부족과의 빈번한 충돌, 전쟁 및 생산기술의 향상과 발전 등에 의한 불균등한 사회 · 경제상의 변화와 발전 속에서

---

2) Lewis Henry Morgan, *Ancient Society*, Tucson : University of Arizona Press, 1877, pp.102-103. Marshall D. Sahlins, *Tribesmen*, Englewood Cliffs: Prentice Hall, 1968, pp. 15-16 참조.
3) Marshall D. Sahlins, *Tribesmen*, p. 28.

마침내 정치 · 군사적 유력자가 출현하기 시작하였다.

정치 · 군사적 유력자의 출현 방법은 다양하였다. 당시는 농경사회였기 때문에 물은 필수적이었다. 그러므로 가뭄 시에 비를 내리게 할 수 있는 기우사(祈雨師), 태양과 바람을 조절할 수 있는 주술사(呪術師), 사경에 빠져 있는 부족원의 질병을 치료할 수 있는 마술사(魔術師) 등의 초인적 능력을 구비한 인물들이 부족사회에서 영향력을 행사하고 점차 권위와 위엄을 창출하기 시작하였다.[4] 그리고 이 같은 특정인들의 능력 위엄 등이 부족 구성원 간에 인정되고 수용되는 과정에 마침내 항구적인 위엄과 권위를 창출하고 정치 · 군사적 권력을 장악한 군장(君長), 대인(大人)들이 출현하기 시작하였는데, 이 같은 흔적은 서구 중세 왕들이 자신들의 조상은 주술사 혹은 마술사였다고 주장하는 왕가의 전설, 중국에서는 징인(貞人)으로서의 은왕의 성격, 그리고 현재 호주의 원주민과 뉴기니아 원시 씨족사회에 아직 남아 있는 전설 등에서 찾아볼 수 있다.[5] 그러나 이 같은 군장, 대인의 정치 · 군사적 지도자로서의 지위를 확고부동하게 구축시킨 것은 부족 간의 빈번하고 치열한 전쟁이었다.

위에서 언급한 바와 같이 농경의 발달과 확대는 비약적인 식량 증산을 초래하고, 비약적인 식량 증산은 필연적으로 급속한 인구 증가를 유발하였다. 급속한 인구 증가는 안으로는 농경지 부족과 생활필수품 결핍을 야기하고 밖으로는 부족원들의 대외활동범위를 확대하였으므로 부족 간의 잦은 접촉 교류와 더불어 대립 충돌을 빈번히 야기하였다. 그리고

---

4) Sir James Beorga Frazer, *The Magical of Kings*, London : Damsons of Palemall, 1968, pp. 89-105. 이 글에서 저자는 최초 출현한 왕의 성격을 "Magician," "Rain-maker," "Controller of the Sun and Wind," "Headman," "Priest," "Warrior" 등으로 규정하고 있다.

5) Reinhard Bendix, *Kings or People : Power and Mandate to Rule*, Berkeley and Los Angeles : University of California Press, 1978, pp. 23-43.

마침내 전쟁으로 확대되었으며 전쟁의 승패가 전체 부족의 생존과 운명을 좌우하게 되었다.[6]

이에 따라 부족의 성인남자는 점차 전사(戰士)로 변하고 경우에 따라서는 남자 구성원 전부가 전사로 변하기도 하였으므로 각 부족사회에서 전사 집단이 서서히 형성되기 시작하였으며 무력이 부족의 생존수단이 되었다. 따라서 각 부족사회에서 군사적 재능과 능력을 가진 지도자가 출현하여 전쟁을 통해 그의 군사적 재능을 발휘하고 또 부족에 대한 수차의 공헌을 통해 능력과 재능을 인정받기 시작하였다. 그리고 부족 전체의 정치·군사적 수장(首長)으로 부상하였는데 이것이 군장, 대인의 출현이었다.[7]

이같이 정치·군사적 수장으로 부상한 군장, 대인들은 또한 자신과 추종자들의 군사적 기반을 확보하기 위해 부족원들에게 조세(租稅) 또는 공부(貢賦)를 부과하기 시작하였다. 따라서 종래에는 가족 또는 일족만을 부양하기 위해 극히 제한적이고 소규모로 경영되었던 원시농경이 조세 또는 공부 부담을 위해서 확대되었으며[8] 부족원들은 수시로 대규모의 관개 수리사업, 부족 사원 건립 및 부족 방어체제 구축 등에 동원되었다.[9] 그리고 부족 내의 각 씨족 거주지는 군장, 대인들의 지시와 권위에 의해 점차로 행정구역으로 개편되고 씨족 간에 존재하였던 유형 무형의 장벽과 장애가 제거되기 시작하였다.[10] 그리고 이 같은 과정을 통해 군장, 대인들은 자신의 정치·군사적 기반을 구축하였으며 일반

---

6) 井上芳郎, 『支那原始社會形態』, 東京 : 岡倉書房版, 1942, pp. 198, 207.
7) Maurice R. Davie, *The Evolution of War*, New York : Yale University Press, 1929, pp. 163-164. 그러나 모톤 프리드(Morton H. Fride)는 전쟁에 의한 정치·군사적 유력자의 등장설을 반대하고 있다. *The Evolution of Political Society*, pp. 215-216 참조.
8) Marshall D. Sahlins, op. cit., pp. 78-79
9) Ibid., p. 113.
10) Ibid., pp. 24-25.

부족원들은 점차로 이 같은 통치에 순응하고 복종하여 갔다.

그러나 당시 군장, 대인들은 부족사회에서 무력에 기반한 정치·군사적 수장으로서의 통치에 한계를 느끼고 있었으므로 자신들의 통치 위엄과 권위 근원을 불가사의한 신(神)에 두기 시작하였다. 그러므로 군장, 대인들은 주술적 신분에서 신의(神意)를 전달하는 무속(巫俗)의 역할을 겸임하거나 대행하는 '신의 대리자' 또는 '신의 아들' 등의 신성적 존재로 선포하고[11] 부족원들을 동원하여 사원을 건립하고 자신이 사제장이 되어 특정 신에 주기적으로 성대한 제사를 거행하여 특정 신과의 유기적 관계를 수립하거나 부각시켰다.[12] 이같이 군장, 대인들은 특정 신에 대한 유기적 관계를 형성하거나 그의 대리자로 부각하여 특정 신의 절대적 권위와 후광을 배경으로 통치의 정통성·합법성·신성성을 수립하였다.

이같이 특정 신의 권위와 후광을 배경으로 통치의 정통성과 신성성을 구축한 군장, 대인들은 또 내부적으로 자신의 혈연관계를 정치·군사적 기반을 강화하는 데 활용하였다. 주지하는 바와 같이 원시사회에서 사회조직의 기본은 혈연제도였다. 고대사회에서 인류의 혈연제도는 각 지역의 독특한 자연환경과 상위한 지리적 조건 속에서 다양하게 발달하였는데 이 중에서 군장, 대인들의 정치·군사적 세력의 기반을 형성하고 군장사회 형성에 가장 밀접히 관련되었던 혈연제도는 원추형 혈연제도(圓錐形血緣制度, The Conical Clanship)였다.

이 원추형혈연제도는 폴리네시아, 중앙아시아, 아프리카, 유럽 켈트족 등의 사회에서 확산되었는데 그 조직과 특성을 살펴보면 특정 씨족사회에서 씨족장의 지위는 씨족 시조의 적장자로만 계승되었다. 적장자 집안은 종가(宗家) 또는 종주(宗主)를 형성하고 적장자 이외의 형제와

---

11) Ibid., pp. 103-106.
12) Ibid., pp. 103-105.

자손들은 종주를 중심으로 결속하고 복종하였다. 그리고 씨족의 정치·군사적 발전과 팽창이 진행되면 전체 씨족원이 그 정치·군사적 혜택을 씨족 간의 혈연적 서열에 따라 차등적·공통적으로 향유하였다.[13]

그러므로 이 원추형혈연제도는 씨족장을 정점으로 씨족 내부의 위계질서를 수립하여 씨족 간의 결속과 유대를 크게 강화할 수 있었으므로 전체씨족 발전의 원동력이 되었다.[14] 이런 점에서 군장사회에서 군장·대인들의 정치·군사력의 실제적 기반은 동일혈연관계를 기반으로 형성되었던 일족들의 결속이었다고 할 수 있다. 또 군장, 대인들의 정치·군사적 세력기반은 취락 내지 도시였다.

앞서 언급한 바와 같이 신석기 말기 농경의 발전과 확대는 인류의 정착생활을 강요하였으므로 수렵생활 또는 채집생활에 종사해왔던 인류는 농경에 종사하면서 농토 부근에 주거지를 조성하고 정착하기 시작하였는데 이것이 곧 촌락(村落)과 촌전(村田)의 발생이었다. 이 같은 촌락과 촌전의 출현은 일정 지역에 대한 항구적 정착과 소유를 의미하였으므로 특정 부족의 영토화 또는 영역화의 시작이었다.[15] 또 이 같은 촌락은 인구 증가와 대외활동 확대 등으로 상호 간의 접촉과 교류를 촉진하였다. 이에 따라서 종래 소규모의 촌락 등은 보다 규모가 큰 읍(邑, Town)으로, 그리고 읍은 마침내 도시(都市, City)로 발달하였다. 고대 최초 농경문화의 중심지였던 나일 강변, 메소포타미아 지역, 인더스 강변 그리고 황하 유역에는 각기 수많은 도시가 출현하였는데 모두 이 같은 현상의 일부였다.

이 같은 과정을 통해 출현한 도시는 지정학적 위치, 다양한 환경과 지리적 차이, 상위한 기후조건 등의 여러 요인에 의해 그 형태와 내부구조

---

13) Ibid., p. 25.
14) Ibid., p. 24.
15) 井上芳郎, 앞 책, p. 213.

및 성격이 다양하게 발달하였다. 이집트, 마야, 인더스 하류에서 발달한 도시들은 종교적 의례와 의식의 중심지로서의 기능을 가진 도시 형태였다. 도시의 중앙에는 씨족신 또는 조상신을 안치한 제단(祭壇)이 있고 그 주변에는 도시민들이 거주하고 제일(祭日)에는 주기적으로 제단에 모여 거족적인 제사를 거행하였다. 제단 주변에는 창고, 무기고, 도시 관리인, 작업장 등이 몰려 있으며 멀리는 농경지가 펼쳐져 있었다. 그러나 군사적 기능을 가진 성벽 등은 없었는데 이런 점에서 이 같은 도시들은 순수한 의례 · 의식 중심의 도시였다.16)

또 테오티나키안(Teothinacian), 간(Qhan), 그리스, 중국 등지에서는 군사 · 행정적 기능을 가진 도시가 발달하였다. 이 같은 도시는 위에서 언급한 도시 구성과 기능 외에 도시를 방어하는 보루 또는 성벽으로 무장되고 비상시를 대비한 거대한 식량창고, 무기고 등이 준비되고 강력한 치안과 질서 유지를 위한 행정적 기능을 갖추고 있었다. 이 같은 형태의 도시는 종교적 의례와 의식적 기능 외에 행정 · 경제 · 군사적 기능까지 구비하였으므로 바로 도시국가(City-State)의 출현이었다.17)

역사상 최초의 도시국가는 기원전 3000년경 메소포타미아 하류 지역에 위치한 우르라가쉬(UrLagash) 등의 수메르 지역에서 최초로 출현했는데 14개의 도시국가가 있었던 것으로 추측된다. 이후 도시국가는 그 형태와 성격은 다양하였지만 중동, 이집트, 그리스 본토, 소아시아 지역을 포함한 광대한 지역에 확산되어 소위 도시국가 시대를 연출하고 융성하였는데 이 중에서 가장 대표적인 도시국가 시대를 연출했던 지역은 고대 그리스였다.

---

16) Elman R. Service, *Origins of the State and Civilizations*, New York & London : W. W. Norton Co.m 1975, pp. 281-282.
17) George W. Botsford and Charles A. Robinson Jr., *Hellenic History*, Macmillan Publishing Co., INC., New York, 1966, p. 53.

고대 그리스에서 도시국가는 폴리스(Polis)로 기원전 8세기 전반에 출현하여 그리스 본토, 펠로폰네소스, 에게 해 도서 지역, 소아시아 지역 등지로 확대되었다. 그리스 본토에는 100여 개의 폴리스가 있었으며 식민지의 폴리스까지 합하면 1000여 개가 넘었다. 각 폴리스의 인구는 수천 명에서 20~30만 명에 달했다. 폴리스의 크기 역시 다양해서 500~5000평방마일에 달했는데 가장 보편적인 크기는 1000평방마일이었다. 위치는 바다로부터 가깝지 않고 너무 멀리 떨어지지 않은 지역의 구릉 또는 둔덕을 중심으로 조성되었다. 폴리스의 내부 구성과 조직을 살펴보면 둔덕의 중앙에 위치해 있는 신전(Acropolis)을 중심으로 그 아래에는 최고 행정관의 관청, 재판소, 아고라, 평민들의 민가로 구성되어 있었다. 또 성벽으로 둘러싸여 있었으며 농경지는 성 밖에 있었고 농민들은 성벽 내외에 걸쳐 거주하고 있었다.

폴리스의 정치체제를 살펴보면 각 폴리스의 사정과 조건에 따라 다양하였지만 아테네와 스파르타를 포함해서 모든 폴리스는 왕정(王政), 귀족정(貴族政), 참주정(僭主政), 민주정(民主政) 중 어느 하나의 체제를 구비하여 자주적 정치를 운용하였다. 또 경제적으로 모든 폴리스는 농경에 기반을 두고 있었다. 아테네 같은 폴리스는 농경지가 협소하고 빈약하였기 때문에 지중해를 통한 교역이 왕성하였지만 역시 경제적 기반은 농업이었으며 스파르타의 경우에는 농경이 절대적 경제기반이었다. 또 각 폴리스는 병제가 다르고 군사력도 다양하였지만 시민으로 구성된 중무장의 보병대(Hoplites)가 무력의 핵심을 이루고 있었으며 각기 자신의 폴리스의 이익을 위해서 싸웠다.

그러므로 고대 그리스의 폴리스는 고유의 영토를 기반으로 정치적으로는 독립 자주적 집단, 종교적으로는 의례 의식의 중심지, 경제적으로는 농경을 기반으로 한 자급자족 집단,[18] 군사적으로는 자위능력을 갖춘 무장집단 즉 도시국가였는데 상고 중국에서도 방(邦)·읍(邑)·국(國)

의 성읍(城邑)들이 출현하여 융성하였다. 그리고 이집트에서 이들 도시 국가가 고대왕국 수립의 기반이 되었듯이 중국에서도 이 방·읍·국이 중국 고대 왕조 출현의 기반이 되었다.

18) 빅터 에렌벵(Victor Ehrenbeng)은 폴리스의 국제(國制)를 이루고 있던 민회(Gosa), 행정(Archon), 법정(Heliaia), 군대(Hoplites)의 기능과 성격을 자세히 분석해서 그리스 도시국사의 성격을 밝혔다. Victor Ehrenbeng, *The Greek State*, London: Blackwell, 1960, pp. 52-79.

2. 방읍국 사회의 전개와 전쟁 격화

1) 방 · 읍 · 국의 내부구조와 조직

상고 중원에서 최초의 도시였다고 할 수 있는 방 · 읍 · 국의 출현은 앙소(仰韶) · 용산(龍山) 시대에 발달되었던 농경사회를 배경으로 하고 있다. 주지하는 바와 같이 인류의 정착생활은 농경과 함께 시작되었는데 이 같은 현상은 상고 중원에서도 진행되었다. 앙소 시대의 감숙(甘肅), 태안(泰安), 대지만(大地灣) 등지의 유적지에서는 대형 건물을 포함한 다수의 취락이 발견되었으며 이 같은 취락의 출현은 앙소문화를 이어받은 용산 시대에도 계속되었다. 특히 용산 시대의 비약적인 농경 발달은 안정된 식량 증산과 인구 증가를 유발하였는데 이 같은 식량 증산과 인구 증가는 용산인의 모든 생활면에 활력을 제공하고 활동을 자극하였으므로[19] 용산인은 미개의 주변지역으로 진출하여 농경지를 개간하고 정착하면서 생활영역을 확대하여갔다.

그러므로 기원전 2300여 년을 전후한 시대에는 최초의 용산문화로 알려진 묘저구(廟底溝) 제2기 문화를 비롯하여 후강(後崗) 제2기 문화,

---

19) Ping-Ti Ho, *The Cradle of the East*, Hong Kong : The Chinese University of Hong Kong & The University of Chicago Press, 1975, p. 281.

객성장(客省莊) 제2기 문화, 산동성(山東省) 성자애(城子崖) 용산문화가 차례로 발달하였는데[20] 이 같은 용산문화권의 광대한 중원으로 확대는 바로 광대한 중원의 농경화(農耕化)를 의미하고 광대한 중원의 농경화는 필연적으로 중원 각지에 무수한 도시 발달을 촉진하였다. 그러므로 용산 시대의 중원은 농경에 기반한 무수한 취락 내지 도시로 점철되어 있었다고 할 수 있다.

또한 하남(河南) 후강(後岡)에서 발견된 용산 시대의 취락 내지 도시의 유적지에서는 접경지의 표시 또는 기타 장식물로 보기에는 너무 두껍고 높은 토벽이 발견되고 주변 지역에서는 화살촉, 단검, 창, 유골이 발견되었는데 이 같은 유적과 유물은 당시에 이미 전쟁이 빈발했으며 전쟁의 와중에서 적의 공격이나 침입을 막기 위해 주변에 토벽과 토성을 쌓았던 사실을 의미하고 있다.[21] 또 하남 용산문화와 은(殷) 전기 문화의 중간시기에 낙달묘(洛達廟) 문화가 번영하였는데 유적지는 낙양(洛陽), 동건구(東乾溝), 삼문협(三門峽), 이리두(二里頭) 등지에 분포되어 있다. 이들 유적지 중에서 이리두에서는 약 1만 평방미터의 넓이에 미치는 철형(凸形)의 기단(基壇)이 발견되고 그 동편에는 30여 개의 기둥이 38미터의 간격으로 서 있는데 궁전 또는 왕궁이었을 것으로 추측된다.

그런데 상고사회에서 대형건물 건축은 방대한 노동력 동원과 노동력 사역을 집행할 수 있는 특정의 정치·군사적 권력자의 출현을 전제하고 있으므로 이리두에서 이 같은 대형건물 건축은 어떤 정치·군사적 권력자의 출현을 암시하고 있다. 또 유적지 주변의 대형·소형의 묘(墓)와 여기에서 출토되는 부장품에는 일부일처제의 성립과 빈부차이의 발생

---

20) K. C. Chang, *The Archaeology of Ancient China*, New Haven and London : Yale University Press, 1976, pp. 31-32.
21) K. C. Chang, *Early Chinese Civilization*, Cambridge, Mass. : Harvard University Press, 1976, pp. 31-32.

을 암시하는 사유제의 형성을 엿볼 수 있고 또 남성상의 도조(陶祖) 출현은 남성 우위의 사회 형성과 조상숭배의 관습이 이미 태동하고 있었던 사실을 말하고 있다.22)

이 같은 사실을 종합해보면 앙소 시대에 농경과 함께 발달한 취락은 용산 시대를 거치면서 성읍으로 발달하여 전체 중원으로 확대되고 은 왕조 시대에는 언사(偃師), 정주(鄭州), 안양(安陽)에서와 같은 정치·사회·경제·군사적 기능과 조직을 갖춘 거대한 성읍으로 발달되었는데 이것이 중국 고문헌에 보이는 방(邦)·읍(邑)·국(國)이었다. 방·읍·국의 조직과 기능을 고문헌을 통해 살펴보면 좀 더 생생하게 이해할 수 있다.

먼저 읍(邑) 자의 뜻과 구조를 살펴보면 '읍(邑)'은 'ロ'과 '巴'의 2자로 구성되어 있다. 갑골문에 의하면 'ロ', '巴'의 뜻은 성벽으로 둘러싸인 일정의 거주지와 그 밑에 무릎을 꿇고 앉아 있는 사람을 의미하고 있다.23) 『설문해자(說文解字)』에는 'ロ'은 원래 '圍'와 같이 "둘러싸다"의 의미로 사람들이 일정 지역을 선정하여 주위에 성벽을 쌓고 정착하여 생활하였던 거주 지역의 뜻이었다. '巴'는 본래 'ß'였는데 이 'ß'는 '節'로서 자읍 인과 타읍 인을 구별하기 위해서 만들어진 서신(瑞信) 즉 신표(信標)였다.24) 이같이 '읍'의 뜻에 대해서 약간의 해석상의 차이가 있으나 전체적 뜻으로 볼 때 '읍'은 사람들의 거주 지역 바로 부락 또는 취락을 의미했다.25)

'방(邦)'은 『설문해자』에서 '峀'26)로 되어 있고 갑골문에는 '峀'으로

---

22) 中國社會科學院, 考古硏究所 二里頭隊①, 1983.
23) K. C. Chang, 위 책, p. 62. 또 侯外廬는 「邑」의 의미를 토지와 노예로 해석하고 있다. 侯外廬, 『中國古代社會史論』, 香港, 1979, p. 151.
24) 金兆梓, "封邑邦國方辨," 『歷史研究』, 第2期, 1956, p. 82.
25) 桂馥 撰, 『說文解字義證』, 上海出版印刷公司承印, 1987, p. 545.
26) 金兆梓, 위 논문, p. 83.

묘사되어 있다. 그런데 '🔱'와 '🔱'는 모두 '봉(封)'의 고자(古字)로 원래
같은 뜻이었다.[27] 이후 그 뜻이 점차 변하여 '봉'은 '식목(植木)', '봉수
(封樹)'의 뜻으로 경계수를 표시하게 되고, '방'은 봉(封) 내의 산천,
농경지, 주거지역 읍을 포함한 전체 영지(領地) 즉 봉경(封境) 내의
전 지역을 의미하게 되었다.[28]

'국(國)'은 '或'과 '口'으로 구성되었는데 일정 지역의 사람들이 '과
(戈)', '창(槍)' 등의 무기로 무장하고 거주 지역을 수비한다는 뜻이었
다.[29] 이후 인구가 점차로 많아지고 활동범위가 확대됨에 따라 상호
충돌과 전쟁이 빈발하므로 주변에 성벽을 쌓아 방위를 하게 되었는데
이것이 '국'의 뜻이었다. 이같이 상고 중원에 존재한 방·읍·국의 뜻을
살펴보면 처음에는 그 뜻이 조금씩 달랐으나 시일이 지남에 따라 점차
혼용되어 마침내는 같은 뜻으로 사용되었다.[30] 그리고 이 같은 방·읍·
국은 용산문화의 확대에 의해서 전 중원으로 확산되었는데 방·읍·국
의 내부 조직, 구성과 그 성격을 현재 자료가 남아 있는 주 왕조 개국
이전 주족(周族)의 주읍(周邑) 조성 과정과 내부 구성을 통해 살펴볼
수 있다.

> "주족이 처음에는 보잘것없는 오이넝쿨에 불과하였으나 면면히 이어
> 져 발전하였다. 백성들이 처음 살았던 집은 저(沮)와 칠(漆)이었는데
> 고공단부(古公亶父)가 백성을 위해 움집을 짓고 굴을 파서 거주케
> 하였다. 그때에는 집이 없었다(緜緜瓜瓞 民之初生 自土沮漆 古公亶父
> 陶復陶穴 未有家室)."[31]

---

27) 위 논문, p. 83
28) 위 논문, pp. 84-85.
29) 『說文解字義證』, p. 531.
30) K. C. Chang, 위 책, p. 62 및 『說文解字』의 "邑·國·邦"을 참조.
31) 『毛詩正義』, 16-2: 20a.

이 기록은 고공단부(古公亶父)가 주족을 이끌고 기산 아래 주원(周原)으로 이주하기 이전 즉 빈(豳)에 있었을 때의 생활상을 전하고 있다. 여기에서 분명한 것은 주원으로 이주하기 이전의 주족은 비록 농경민이었으나 가옥에 거주하지도 못하고 도시생활도 영위하지 못하고 있었다.

이후 주족은 당시 훈육(薰育)으로 알려진 주변 이적의 빈번한 침입을 받았는데 이 훈육은 산서성 태행산맥 일대에서 거주하고 있었으며 은 왕조에서는 귀방(鬼方)으로 알려진 부족이었다. 이같이 훈육의 빈번한 위협을 받은 주족은 고공단부의 영도 아래 남쪽 기산 산록의 주원으로 이주하여 새로운 터전을 잡고 정착하기 시작하였다.

"고공단부가 말을 달려서 서쪽 칠수 가에서 기산 아래로 오셨네. 강족의 강원을 맞이하여 결혼하고 여기에서 살게 되었네. 주원 평야가 기름져서 … 거북으로 점을 치고 머물러 살 만하다고 하였네. 여기저기에 집을 짓고 경계를 긋고 도랑을 파서 길을 내고 밭을 갈고 이랑을 냈다네. 사공과 사도를 불러서 집을 짓게 하였으며 … 엄하고 바르게 종묘를 짓고 … 모든 담벽을 세우고 바깥문을 세우고 정문을 세우고 대사를 세우니 오랑캐들이 다 물러갔네(古公亶父 來朝走馬 率西水滸 止于岐山 爰及姜女 聿來胥宇 周原膴膴 … 爰契我龜 曰止曰時 築室于茲 … 廼左廼右 廼疆廼理 廼宣廼畝 … 乃召司空 乃召司徒 俾立室家 … 作廟翼翼 … 百堵皆興 … 廼立皋門 皋門有伉 廼立應門 應門將將 廼立冢土 戎醜攸行)."[32]

이것은 기산 아래 주원으로 이주한 주족이 성읍을 조성하는 장면을

32) 위 책, 16-2 : 20b-22a.

자세히 묘사하고 있다. 먼저 고공단부는 이 지역의 토착 농경민으로 간주되는 강족(姜族)의 여자를 맞이하여 결혼하였다. 연후에 비옥한 주원 평원을 둘러본 후 점복을 쳐 좋은 점괘가 나오자 정착을 결정하고 사공(司空), 사도(司徒)를 불러 성읍을 조성하기 시작하였다. 그 작업 과정을 살펴보면 먼저 땅을 획분하여 도랑을 판 다음에 궁실·가옥·성벽·성문·사단(社壇)을 지었음을 알 수 있다. 그러나 『시경(詩經)』 기록에는 주읍 주변의 농경지에 대한 직접적인 언급은 없으나 『설문해자』에서 읍은 사람이 거주하고 있는 취락과 그 주변의 교외, 농경지, 목초지, 삼림, 들로 구성되었다[33]고 설명하고 있다. 이 같은 설명에 의하면 농경민이었던 주족도 주읍 주변에 농경지를 조성하였을 것으로 사료된다.

따라서 위의 사실을 종합해보면 상고 시대 중원에 출현하였던 방·읍·국은 주읍과 같이 종묘, 관실, 가옥, 도로, 성, 성벽과 주변의 농경지, 삼림, 목초지 등으로 구성되었을 것으로 추정된다. 그리고 이 같은 주읍의 구조와 구성 조건이 발굴된 은대 읍의 구조 구성과 거의 일치함을 볼 때에[34] 중원에 산재하였던 여타의 성읍들도 이와 유사하였을 것으로 생각된다. 이같이 구성된 방·읍·국의 정치·사회조직과 그 성격이 어떠하였는가를 역시 『시경』의 기록을 통해 살펴보자.

2) 군장(君長)사회의 출현과 방·읍·국의 성읍국가

군장, 대인의 출현은 한마디로 말해서 전쟁의 결과였다. 위에서 말한 바와 같이 농경의 발달과 확대는 비약적 식량 증산을 초래하고 비약적

---

33) 『說文解字義證』, p. 444.
34) K. C. Chang, 위 책, pp. 67-68.

식량 증산은 급속한 인구 증가를 유발하였으며 이 같은 급속한 인구
증가는 농경지의 부족과 생활필수품의 결핍을 초래하였다. 고대 농경사
회에서 토지는 유일의 생산수단이었으므로 각 부족에서 농경지의 부족
은 심각한 것이었다. 따라서 농경지 부족은 각 부족 간의 토지 쟁탈전을
촉발시켜서 치열한 전쟁으로 발전하였다.

이에 따라서 전쟁은 부족사회에서 광범위하고 빈번하게 행해졌다.
부족 간의 공격과 방어, 침입과 역침입 그리고 대규모의 정복이 수시로
자행되었으며 이 결과로 전쟁은 각 부족의 생존이 걸린 사활(死活)의
문제로 변하였다. 전쟁이 일어나면 부족의 전체 구성원은 일치단결하여
싸웠으며 멀리 있는 일족까지 동원하였는데35) 이 같은 사활의 순간에
군사적 재능을 가진 자가 지도자로 부상하는 것은 당연한 것이었다.

이같이 부상한 군사적 지도자는 부족의 위기를 극복하기 위해 전체
부족원의 단결과 결속을 요구하고 지휘하였을 뿐만 아니라 자신에 대한
복종을 요구하였다. 그리고 계속되는 전쟁을 통해 군사적 재능을 발휘하
고 부족의 위기를 수차 극복하였으므로 부족사회에서 그의 권위와 위엄
이 창출되고 마침내는 권력을 소유하기 시작하였다. 그리고 이렇게
창출된 권력과 권위는 평화 시기에도 계속되었는데 이것이 군장, 대인의
출현이었다.36) 이같이 정치 · 군사적 수장으로 부상한 군장, 대인은
계속되는 전쟁 수행을 위한 무기 제작, 성체 구축 등의 방어시설 구축,
비상식량 준비, 전투병력 확보 등의 문제를 혼자서 감당할 수 없었으므로
자신 주변에 군사 · 행정적 기능을 가진 추종자를 두기 시작하였다.
이에 따라서 군장, 대인을 중심으로 전쟁을 전업으로 하는 전사(戰士)집
단이 출현하게 되었다.37)

---

35) Maurice R. Davie, *The Evolution of War*, New York : Yale University Press,
    1929, p. 163.
36) Ibid., pp. 163-164.
37) 井上芳郎, 앞 책, p.198. Morton H. Fried, "Warfare, Military Organization and

이같이 출현한 군장, 대인을 중심한 전사집단은 주변 이족들의 침탈로부터 부족원의 생명과 재산을 보호하고 또 자신들의 세력 신장과 군사적 대외활동 확대를 위해 방대한 재원(財源)이 필요하였는데 이 같은 재원은 부족원들에 부과한 부세(賦稅)를 통해 마련하였다.[38] 그리고 이 부세가 군장을 정점으로 한 전사집단과 그 일족의 정치·군사적 기반이 되었으므로 여러 가지 정치·행정적 제도와 방법을 강구하여 부세 징수의 비율을 높이고 또 강요하였다.[39]

이에 따라 종래에는 평등했던 무리사회가 군장을 중심으로 정치·군사력을 장악한 전사집단과 농경에 종사하는 농민으로 점차 구별되고 차등화되기 시작하였다. 그리고 시일이 지남에 따라 군장, 대인을 정점으로 한 전사집단은 정치·군사·사회의 우월적 지위를 점유하여 지배계층으로 성장하고 농경에 종사하고 있던 부족원들은 평민의 피지배계층으로 전락하기 시작하였으므로 종래의 평등사회는 지배와 피지배의 차등적 계급사회로 변하였다.[40]

이런 점에서 군장사회는 정치·군사력을 장악한 군장과 그 추종자 그리고 농경에 종사하는 평민들로 구성된 하나의 계급사회였는데 중원에서 이 같은 군장사회 조직과 성격을 주족의 시조 후직(后稷)의 탄생설화를 통하여 고찰할 수 있다. 그 이유는 후직의 시조설화 자체가 강력한 정치·군사력을 장악한 군장 출현을 전제하고 있기 때문이다.

"처음 이 백성들을 낳으신 분은 강원이었다. 어떻게 백성들을 낳았는가? 청결하게 제사 지내어서 자식 없을 나쁜 조짐을 없애고 상제의 발자국을 밟았다. … 곧 아기를 낳아 길렀는데 이분이 바로 후직이었다

the Evolution of Society", *Anthropologica*, Vol.Ⅲ, No.2, 1961, p. 143 참조.
38) 위 책, pp. 208-209.
39) 위와 같음.
40) Mauice R. Davie, op. cit., pp. 90-95.

(厥初生民 時維姜嫄 生民如何 克禋克祀 以弗無子 履帝武敏歆 … 載生
載育 時維后稷)."[41]

"주의 시조 후직(后稷)의 이름은 기(棄)였다. 어머니는 유태씨의 딸로
강원(姜原)이라고 불렀는데 제곡(帝嚳)의 왕비였다. 강원이 들에 나
가서 거인의 발자국을 보았는데 갑자기 마음이 기뻐지면서 그것을
밟고 싶었다. 강원이 거인의 발자국을 밟으니 마치 아기를 가진 것처럼
배 속이 꿈틀거렸다. 달을 채워서 아들을 낳았다(周后稷 名棄 其母有
邰氏女 姜原爲帝嚳元妃 姜原出野 見巨人跡 忻然說 欲踐之 踐之而身
動如孕者 居期而生子)."[42]

위 두 문장은 『사기』 「주본기」에 실려 있는 후직에 관한 탄생설화이다.
정현(鄭玄)의 주석에 의하면 후직의 모친 강원은 유태씨(有邰氏)의
딸이었는데 어느 날 들에 나가 거인의 발자국을 보자 정신이 혼미해지면
서 밟고 싶었다. 그 발자국을 밟자 몸이 떨리고 임신을 하였는데 달이
차서 아들 후직을 낳았다"의 내용이다. 단지 위 두 문장 사이에 다른
점이 있다면 후직의 출생 과정에서 『시경』에는 "제민(帝敏)", 『사기』에
는 "거인의 발자국(巨人跡)"을 밟고 잉태하여 출산한 것으로 되어 있다.
그러나 강원이 단순히 거인의 발자국을 밟고 잉태하여 출산하였다는
것은 믿을 수 없으므로 후직의 탄생설화를 신화학적 입장에서 해석해볼
수밖에 없다.

이 같은 시각에서 볼 때에 후직의 탄생설화 중에서 보이는 '제(帝)',
'대인(大人)', '거인(巨人)' 등은 모두 신(神)으로 해석할 수 있다. '제민
(帝敏)', '거인적(巨人跡)'은 단순히 상제 또는 천신이 남기고 간 발자국

---

41) 『毛詩正義』, 17-1 : 1a-1b.
42) 『史記』, 서울 : 景仁文化社, p. 111.

이 아니라 눈에 보이지 않는 상제 또는 천신이 지상으로 친히 내려온
것이며,43) 강원이 상제 또는 천신의 발자국을 밟았다고 하는 것은 강원
이 상제 또는 천신과 직접 접촉을 가졌던 사실을 간접적으로 상징하고
있는 것이다. 이런 점에서 신의 발자국을 밟고 잉태하여 출생한 후직은
아비 없이 출생한 사생아가 아니라 상제 또는 천신의 아들이었다고
할 수 있다. 그러므로 후직의 출생 이후 성장 과정을 살펴보면 사뭇
다른 데가 많았다.

"…아기를 좁은 골목에 버렸더니 소와 말이 감싸주고 사랑하였네.
넓은 숲에 버렸더니 마침 넓은 숲을 다 베어내었네. 차가운 얼음판에
버렸더니 새가 날개로 덮어주고 깔아주었네. 새가 날아가고 난 뒤에
후직이 고고히 울었는데 그 울음소리가 길고 우렁차 큰 길목에 퍼졌네
(以爲不祥 棄之隘巷 馬牛過子者避不踐 徙置之林中 適會山林多人 遷
之 而棄渠中氷上 飛鳥以其翼覆薦之 鳥乃去矣 后稷呱矣 實覃實訏 厥
聲載路)."44)

"…불길하게 생각하여 좁은 골목길에 버렸더니 말이나 소가 지나가면
서 모두 피하고 밟지 않았다. … 또 장소를 옮겨서 도랑의 얼음 위에
버렸더니 날짐승들이 날개로 아이를 덮고 깃을 깔아주었다. 이에
강원이 신기하게 여겨서 아이를 데려다가 키웠다. 처음에 아이를
버리려고 하였으므로 이름을 기(棄)라고 지었다(…以爲不祥 棄之隘

---

43) 森三樹三郞, 『中國古代神話』, 東京 : 淸水弘文堂書房, 1969, p. 153. 또 谷口義介는
  『中國古代社會史硏究』에서 姜嫄이 農祭 때 밭에서 곡신과 혼인을 행한 것으로 해석하
  고 있으며 농경사회에서 많이 보이는 설화로 설명하고 있다. 필자는 곡물신으로서의
  후직에 관한 설화보다는 군장의 출현으로 이해하고 있는 森三樹三郞의 주장을 받아들
  이고 싶다. 이 같은 이유에 대해서는 후술을 참조하기 바란다.
44) 『毛詩正義』, 17-1 : 6a-b.

巷 馬于過者皆避不踐 徙置之林中 適會山林多人 遷之 而棄渠中氷上
飛鳥以其翼覆薦之 姜原以爲神 遂收養長之 初欲棄之 因名曰棄).ᵃ⁴⁵⁾

이같이 『시경』과 『사기』의 두 내용은 모두 후직 출생이 불길하였으므
로 모친 강원이 여러 번 버리려고 하였으나 소, 말, 새, 나무꾼 등의
도움으로 버릴 수 없었으므로 마침내 강원도 후직의 신성성을 어렴풋이
인정하고 다시 거두어들여 양육하였는데 처음에 버리려고 하였으므로
이름을 '기(棄)'로 정하였다고 한다. 이 같은 후직의 탄생설화는 후직은
아비가 없는 사생아가 아니라 상제 또는 천신의 아들이었음을 암시하고
있는 것이다.46)

"후직은 엉금엉금 기어 다닐 때부터 매우 영리하고 의젓하였다. 음식
을 먹을 나이가 되어서는 밭에 콩을 심었는데 콩은 척척 잘 자라고
벼는 쭉쭉 뻗어 오르며 삼과 보리는 무럭무럭 커가고 오이와 북치는
주렁주렁 열렸다. 후직의 농사법은 토질을 살피어 알맞게 짓는 것이다
(誕實匍匐 克岐克嶷 以就口食 蓺之荏菽 荏菽旆旆 禾役穟穟 麻麥幪幪
瓜瓞唪唪 誕后稷之穡 有相之道).ᵃ⁴⁷⁾

"후직이 어렸을 때는 그 의연함이 거인과 같았으며 유희를 하는데
대두, 삼 등의 식물 심는 것을 좋아하였다. 성인이 되어서도 농사를
좋아하고 땅을 가리어 곡식을 심었는데 백성들이 모두 이를 모방하였
다. 요 임금이 그 소문을 듣고 농사(農師)를 삼았으므로 천하가 다
혜택을 보았다(棄爲兒時 屹如巨人之志 其遊戱 好種樹麻 菽 麻 菽美

---

45) 『史記』, 3 : 111.
46) 森三樹三郎, 앞 책, p. 153.
47) 『毛詩正義』, 17-1 : 3b.

及爲成人 遂好耕農 相地之宜 宜穀者稼穡焉 民皆法則之 帝堯聞之 擧棄爲農師 天下得其利)."[48]

이 두 기록의 내용은 한마디로 말해서 후직은 어려서부터 농경에 비범한 재주를 갖고 농사를 잘 지었으므로 백성들이 모두 모방하였는데 이것은 농경에 비범한 재주를 가진 후직이 당시의 사회에 깊은 영향을 주었던 사실을 말하고 있다.

"후직의 농사법은 토질을 살펴서 알맞게 한 것이다. 무성한 풀밭을 쳐내고 여기에 곡식의 씨를 뿌리니 씨는 차츰차츰 부풀어 올라 싹이 트고 자라나 모두 피어나고 이삭이 나왔다. 그 열매는 알차고 맛이 있고 고개 숙인 이삭들은 잘 익었다. 이래서 태에다 집을 정하였다(誕后稷之穡 有相之道 茀厥豊草 種之黃茂 實方實苞 實種實襃 實發實秀 實堅實好 實穎實栗 卽有邰家室)."[49]

"후직은 성인이 되어서 농사를 좋아하였다. 토지의 특성을 살펴서 농사를 지었으므로 백성들이 모방하여 따랐다. 임금 요가 이 소문을 듣고 후직을 농사(農師)로 임명하여 천하로 하여금 그 혜택을 보게 하였으므로 그 공이 컸다. 이에 후직을 태(邰) 지역에 봉하고 희성(姬姓)을 내렸다(及爲成人 遂好耕農 相地之宜 宜穀者稼穡焉 民皆法則之 帝堯 … 封棄於邰 號曰后稷 別姓姬氏)."[50]

위 두 기록에 의하면 후직의 농경법이 비범하였으므로 모든 백성들이

---

48) 『史記』, 3 : 112.
49) 『毛詩正義』, 17-1 : 7b-8a.
50) 『史記』, 3 : 112.

후직의 농경법을 모방하여 농사를 지었으며 그 혜택이 천하에 미쳤으므로 요 임금이 그 소문을 듣고 후직의 능력과 공을 인정하여 후직을 농사(農師)로 임명하고 태(邰) 지역에 봉하면서 희성(姬姓)의 성씨를 내렸다고 하고 또 주족이 태 지방에 정착하였던 것도 태 지역의 토질이 농사에 적당하였기 때문이었다는 사실도 전하고 있다. 물론 이 같은 『사기』 기록은 후대의 것이기 때문에 내용 그대로 믿을 수 없으나 『시경』의 기록과 연관하여 검토해보면 완전히 부정만 할 수 없을 것 같다.

주지하는 바와 같이 원시 시대 인류의 주된 경제는 채집경제와 수렵경제였다. 그러나 이 채집경제와 수렵경제는 식량 생산력이 영세하여 생존에 급급하였을 뿐 잉여의 부(富)를 축적할 수 없었다. 그러나 농경의 발달은 당면과제였던 식량 문제를 해결하였을 뿐만 아니라 정착생활과 더불어 취락, 읍, 도시생활을 가능케 하고 또 농경에서 오는 경제적 풍요는 잉여의 부를 축적게 하여 정치 · 경제 · 사회 · 군사 등의 전반에 걸쳐서 비약적인 변화와 발전의 동력(動力)을 제공하였는데 이것이 신석기 시대의 농업혁명이었다.[51] 이런 점에서 농업은 당시 가장 선진적 경제였다. 그리고 후직의 선진적 농법 개발과 보급은 백성들에게 큰 혜택을 주고 주족의 급속한 발달을 촉진하였으므로 위의 후직 탄생설화는 이 같은 후직의 공과 덕을 칭송하고 있는 것이다.[52]

또 위 설화 중에서 주목되는 것은 후직의 성(姓) 소유이다. 오늘날 성의 의미는 동일혈통과 혈연관계를 나타내고 있지만 최초에는 동일혈통과 혈연관계만을 의미하는 것 이상의 복잡한 역사적 배경을 갖고 있다. 주지하는 바와 같이 신석기 시대의 농업혁명 이래 인류사회는 군장사회로 진입하였는데 군장, 대인들은 부족을 단순히 정치 · 군사력

---

51) Leslie A. White, *The Evolution of Culture*, New York : Mcgraw- Hill Book, INC, 1957, p. 239.
52) 李春植, "西周 宗法封建制度의 起源問題,"『東洋史學硏究』, 第26輯, 19 · 87, p. 7.

만으로 통치했던 것이 아니고 신비한 주술, 마력, 조상신 숭배 및 특정 신과의 유기적 관계 형성 등을 통하여 카리스마적 위엄과 권위를 창출하고 이 같은 카리스마적 위엄과 권위에 의탁하여 신성적 통치자로 부상하였는데 이 같은 방법 중의 하나가 성(姓)의 소유였다.

잘 알려진 대로 최초의 인류사회는 토템사회였다. 이 토템사회에서 특정의 씨족구성원은 곰 또는 제비 등을 자신들의 조상인 토템(Totem)으로 인식하였으므로53) 토템에 대한 숭배와 신앙은 대단하였으며 이 토템을 중심으로 정신적으로 굳게 결속되어 있었다. 그런데 군장사회에서 정치·군사력을 장악한 군장, 대인들은 자신과 일족의 신성성을 높이기 위해 씨족 전체의 신앙 대상이었던 토템을 자신 또는 일족의 상징으로 소유하기 시작하였다. 그리고 긴 시일에 지남에 따라서 종래 전체 씨족원의 공동 숭배 대상이었던 토템이 정치·군사력을 장악한 군장과 그 일족을 상징하는 성(姓)으로 변하였다.54)

사실 상고 부족사회에서 특정인에 대한 초인적 재주와 능력 칭송 그리고 신성성을 내포하고 있는 탄생설화는 그 사실 자체가 정치·군사력을 장악한 권력자의 출현을 전제하고 동시에 그 씨족의 정치·군사적 팽창과 발전을 상징하고 있는 것이다. 이런 점에서 후직이 '희(姬)'성을 가졌다고 하는 것은 주족은 이미 강력한 정치·군사적 권력을 장악한 군장 후직 및 그 일족의 통솔 하에 있었던 사실을 말하고 동시에 주족의 정치·군사적 팽창과 발전을 의미하고 있는 것이다.

또 후직 이후 주족의 팽창과 발전 과정을 『시경』을 통해 살펴보면 후직의 아들 불굴(不屈) 때는 하후씨(夏后氏)의 정치적 쇠락으로 인해 관직을 상실하고 위수(渭水) 일대에 거주하고 있는 융적(戎狄)의 침입

---

53) 李宗侗,『中國古代社會史』2, 臺北 : 中華文化出版事業社, 1963, p. 190. 孫作雲,『詩經與周代社會硏究』, 臺北 : 中華書局, 1966, p. 1 참조.
54) Moret, A. and G. Davy, *From Tribe to Empire*, trans., by V. Gordon Childe, New York : Knopt, 1926, p. 114.

으로 주변을 방황하였다는 사실로 보아 그 세력이 한때 미미했던 것 같다. 그러나 불굴의 손자 공류(公劉) 때 주족은 종래의 태(邰, 섬서성 무공현) 지역을 버리고 빈(豳, 섬서성 굴곡현 부근) 지역으로 이주하여 주읍을 건설하여 주족의 터전을 마련하였는데 이때부터 주족의 세력이 융성하기 시작했던 것 같다.

　　"마음이 돈독한 공류는 편하게 있을 틈도 없이 밭을 고르고 노적을 쌓고 창고에 거두어들였네. 마을 음식과 양식을 전대와 자루에 넣고 평화롭게 하여 치적을 빛내려고 활과 화살을 벌려 매고. 방패 창과 도끼를 들고 먼 길을 떠났네(篤公劉 匪居匪康 迺場迺疆 迺積迺倉 迺裹餱糧 于橐于囊 思輯用光 弓矢斯張 干戈戚揚 爰方啓行….".·55)

　　위 글은 빈 지역으로 이주하여 정착한 주족이 공류 치하에서 농경지를 개간하여 농사를 짓고 여분의 식량을 저축하고 무기를 준비하여 만일의 사태를 대비하였던 사실을 전하고 있는데 이것은 후직의 탄생설화에서 이미 시사되었던 것과 같이 주족은 후직 이래 계속 농경민이었으며 17세기에 진행되었던 산업혁명(Industrial Revolution) 이상으로 인류 역사의 전반에 걸쳐 깊은 영향을 끼쳤던 농업혁명의 혜택 속에 있었다고 할 수 있다.
　　그러므로 후직 때부터 농경생활을 영위하였던 주족 사회에서는 선진적 농경을 기반으로 경제·사회가 발전하면서 원시적이나마 정치제도가 출현하고 있었다.

　　"마음이 돈독한 공류가 빈에 도착한 후 높은 곳에 올라가 들판을

---

55) 『毛詩正義』, 17-3 : 12ab.

굽어보니 물건이 풍부하고 백성들이 많이 살아 편안한 살림을 마음대로 하며 걱정스런 빛이 없었다. 공류가 다시 넓은 벌판으로 내려오는데 공류의 모습은 아름다운 패옥과 채색한 칼로 눈이 부셨다(篤公劉 于胥斯原 旣庶旣繁 旣順迺宣 而無永嘆 陟則在巘 復降在原 何以舟之 維玉及瑤鞞 琫容刀)."[56]

정의 주소에 의하면 빈 지역에 정착한 후 공류가 백성들을 위무하고 지세를 살펴보는데 패옥(佩玉)과 패도(佩刀)를 찬 당당한 공류의 모습은 정치·군사력을 장악한 군장·대인의 늠름한 모습이었다.

"위수(渭水) 건너 저편에서 숫돌과 돌을 날라다 궁실을 지었다(于豳 斯館 涉渭爲亂 取厲取鍛 止基迺理 爰衆爰有 夾其皇潤 遡其過潤 止旅 迺密 芮鞫之卽)."[57]

이것은 정치·군사력을 장악한 군장의 거주지 궁성을 백성들이 조성하였던 사실을 말하고 있다.

"개척한 땅이 벌써 넓고 커져서 해그림자를 재고 언덕에 올라 응달과 양지쪽을 살피며 물 흐르는 방향을 살펴보았다. 그 군사는 삼군으로 조직되었으며 … 밭을 일궈 농사를 짓고 산의 서쪽 땅까지 재고 일으켜 빈의 살림은 참으로 커졌도다(旣溥旣長 旣景迺岡 相其陰陽 觀其流泉 其軍三單 … 徹田爲糧 度其夕陽 豳居允荒)."[58]

---

56) 『毛詩正義』, 17-3 : 4b.
57) 위 책, 17-3 : 8a.
58) 위 책, 17-3 : 6.

이것은 주족이 공류 때부터 강력한 정치·군사적 수장 영도 아래 선진적 농경과 성벽으로 무장된 주읍을 기반으로 삼군으로 구성된 강력한 군대를 보유하고 있었던 사실을 말하고 있다.

공류 이후 주족의 활동을 살펴보면 공숙조유(公叔祖類)까지 8세 약 500여 년간의 기록이 없으므로 당시 주족 상황에 대해서는 전혀 알 수 없다. 그러나 고공단부가 기산 아래 주원으로 이주했던 시기가 기원전 12세기로 추정되는 은왕 무을(武乙) 시기에 해당되므로 무을 통치시기를 중심으로 출토된 은대 갑골문을 보면 주족의 상황을 단편적으로 알아볼 수 있다.

은 왕조 무정 시기(기원전 13~12세기)의 갑골문에 의하면 주족은 은왕 무정의 침입을 수차례 받았다.[59] 이같이 무정의 수차 침입을 받은 주족은 마침내 은 왕조에 복속하고 무정이 제시한 통혼을 수용하였는데[60] 이것은 무정이 날로 강성해지고 있는 주족을 일면으로는 무력으로 응징하여 세력을 위축시키고 다른 면으로는 통혼을 통해 회유하려고 했던 사실을 말하고 있다. 이 같은 사실에 미루어보면 공류 이후 8세간의 기록은 없지만 이 기간에도 주족은 날로 발전하고 있었던 사실을 알 수 있다. 또 이 시기 주족의 통치조직이 어렴풋이 드러나고 있다.

"이에 사공(司空)을 부르고 사도(司徒)를 불러서 궁실을 짓게 하였다. 바르게 줄을 쳐서 자리를 잡고 축판을 세워놓고 먼저 장엄하게 종묘를 세웠도다(乃召司空 乃召司徒 俾立室家 其繩則直 縮版以載 作廟翼翼)."[61]

---

59) 『殷墟書契 前篇』卷 5, p. 7, 編 7. 孫作雲은 갑골문 중의 '璞周'의 '璞'을 약탈할 '寇'로 해석하고 있다. 孫作雲, 『詩經與周代社會硏究』, 臺北 : 中華書局, 1966. p. 29.
60) 『毛詩正義』, 17-2:1b. 『龜骨獸骨文字』, 卷一, 片18.
61) 『毛詩正義』, 16-2 : 9b, 12a

위 글에서 주목되는 것은 '사공(司空)', '사도(司徒)'의 관명(官名) 출현이다. 이 '사공', '사도'의 관명은 이후 『주례』에는 주 왕조 육관(六官) 중의 관명으로도 나타나고 있는데[62] 정전(鄭箋)에 의하면 '사공'은 국읍(國邑) 경영을 맡고 '사도'는 노역을 담당하였는데[63] 이것은 고공단부 시대에 원시적이나마 일정의 특수 직책과 직분을 갖고 기능적으로 운영되었던 행정조직이 수립되었던 사실을 말하고 있다.

또 위 글 중에는 종묘(宗廟)를 의미하는 '묘(廟)'와 '사단(社壇)' 즉 태사(太社)를 의미하는 '몽토(冢土)'가 출현하고 있다. 고대 사회에서 가장 중요했던 것은 왕사(王事) 즉 조상신에 대한 제사와 전쟁이었으며[64] 또 종묘에서 제사를 거행하고 출정의식도 가졌는데 이 같은 종묘·태사의 존재는 고공단부 시대에 일반 백성들의 통치를 담당했던 기관이 설치되었던 사실을 말하고 있다. 또 『사기』「주본기」에도 주읍의 구조에 관한 기록 중에 "오관과 관청을 설치했다(作五官有司)"[65]는 사실이 있는데 오관 관청의 직분과 직책이 여하한 것이었는지는 알 수 없으나 특정의 행정적 기능을 가졌던 것은 분명하다.

"공계가 죽자 아들 창(昌)이 즉위하였는데 이가 바로 서백(西伯)이다.

---

62) 司空司待는 『周禮』속에 보이는 六卿의 관명이다. 이 六官은 太宰의 총괄하에 天官·地官·春官·秋官·冬官으로 되어 있으며 각기 治·敎·禮·兵·刑·事를 관장하고 있었다. 이 중에서 司徒는 地官의 長으로 禮敎를 담당하고 司公은 冬官의 長으로 水利·土木 등의 工事를 담당했던 것으로 알려져 있다. 『周禮』의 저작 연대가 전국 시대 작품으로 추정되기 때문에 이대로 믿기는 힘들다. 그러나 『周禮』의 내용 중에는 주대 사실이 많이 포함되어 있으므로(Bernard Karlgren, "The Early History of the Chou Ii and Chuan Texts", The Museum of Far Eastern Antiquities, No.3, Stockholm, 1931, pp. 4-7 참조). 『詩經』중의 司待·司空 등의 관명은 신빙성이 있다고 할 수 있다.
63) 『毛詩正義』, 16-2 : 9b, 11a.
64) 貝塚茂樹, 『古代殷帝國』, 東京 : みすず書房, 1967, p. 242.
65) 『史記』, 3 : 114.

… 서백은 후직과 공류의 사업을 계승하고 고공단부와 공계의 법도를 본받아서 오로지 어진 정치를 행하고 늙은이를 공경하고 어린이를 사랑했다. 서백은 어진 사람에게는 예의와 겸손으로 대하고 낮에는 인재들을 접대하는데 식사할 겨를도 없었으므로 인재들이 서백으로 몰려들었다(公季卒 子昌立 是爲西伯 西伯曰文王 尊后稷 公劉之業 則古公 公季之法 篤仁 敬老 慈少 禮下賢者 日中不暇食以待士 士以此 多歸之)."66)

이같이 부친 공류를 이어서 등극한 창(昌) 즉 서백은 후직, 고공단부, 공계의 위업과 법도를 이어받아 백성들을 사랑하고 현인들을 우대하고 정치에 근면하였으므로 주족이 크게 발전하였던 사실을 말하고 있다.

"문왕이 포악한 은(殷) 왕조를 멸하라는 천명을 받고, 무왕은 은 왕조를 멸하였는데 이 같은 주족의 융성과 천하 제패는 후직 때부터 시작되었으므로 주공(周公), 성왕(成王) 시에 그 높은 공덕을 기리기 위해 하늘에 모시고 제사를 드리게 되었다(生民尊祖也 后稷生於姜嫄 文武之功 起於后稷 故推以配天焉)."67)

주소에는 문왕이 포악한 은왕 주(紂)를 멸하라는 천명을 받았고 무왕은 은 왕조를 멸하여 주 왕조를 세웠는데 이 같은 주족의 융성과 주왕조 건국은 후직 때부터 시작되었으므로 주공, 성왕 시에 그 높은 공과 덕을 기리기 위해 하늘에 모시고 제사를 드리게 되었다고 설명하고 있다.

또 앞서 언급한 방·읍·국의 글자 뜻에서 밝혀진 바와 같이 모든

66) 『史記』, 3 : 116.
67) 『毛詩正義』, 17-1 : 1a.

방·읍·국은 성(城)으로 무장되었는데 성은 군사 무기 중에서 투구, 방패, 갑옷같이 방어용 무기에 속하고 있다. 또 공류 때 주족 사회에는 '삼군'이 조직되어 있었는데 잘 알고 있는 바와 같이 군의 업무는 전쟁이었으며 군대의 최고 수장은 군장, 대인들이었다.[68] 또 용산 시대의 성읍으로 추정되는 주변에서 목이 없는 유골, 부상당한 흔적이 있는 유골 그리고 많은 화살촉, 칼, 창 등의 무기 등이 출토되었는데 이 같은 유물 출토는 당시 치열했던 전쟁 양상을 말하고 있다. 이 같은 사실을 감안하면 주읍을 포함한 상고 중원의 방·읍·국은 극히 '군사적'이었다고 할 수 있다.

이같이 고공단부가 기산 아래 주원으로 이주하여 건설하였던 주읍의 구성과 내부조직은 종묘, 궁실, 태사, 가옥, 도로, 성벽, 성문 그리고 성 밖의 농경지, 목초지, 삼림 등으로 구성되었다. 통치조직은 강력한 정치·군사력을 장악한 '희'성의 군장 영도 아래에 원시적이나마 사공·사도·유사 등의 행정 관료들이 업무를 수행하고 또 이 같은 업무를 수행하는 종묘, 태사, 관청 등이 있었으며 주읍을 방어하고 군장의 통치를 관철시킬 수 있는 강력한 무력을 소유하고 있었다. 사회·경제적으로는 농경을 기반으로 한 자급자족 경제였고 군장을 중심으로 통치계급과 농경에 종사하는 일반 백성들로 구성된 계급사회를 형성하고 있었다.

그러므로 주읍은 강력한 통치력을 행사하고 있는 희성의 군장 영도하에 정치적으로는 독립 자주적 집단이었으며, 군사적으로는 성채와 군대를 보유하여 자위능력을 구비한 무장집단이었으며, 경제적으로는 농경에 기반한 자급자족의 집단이었으므로 주읍은 사실상 정치·경제·군사·사회적 측면에서 복합적 국가 기능을 갖추고 있던 성읍국가(城邑國家, The Walled City State)였다.[69]

---

68) 李春植, 앞 책, p.15.
69) 李春植, "中國古代國家의 二重構遭 世界觀,"『亞細亞硏究』第ⅩⅩⅩⅤ卷, 第1號, 1992.

또 이 같은 방·읍·국에 관한 기록을 보면 『춘추좌전(春秋左傳)』에 일만여 국,[70] 『묵자(墨子)』에 일만여 국,[71] 『여씨춘추(呂氏春秋)』에 일만여 국,[72] 그리고 『예기(禮記)』에 713여 국[73] 등으로 기록되어 있다. 물론 이들 기록은 모두 후대의 작품이므로 그대로 믿을 수 없으나 광대한 중원이 농경화되어 용산문화를 전개하였던 사실을 감안하면 상고 중원에는 무수한 방·읍·국이 출현하여 방·읍·국 사회가 전개 되어 있었던 것은 분명하다. 그리고 이 같은 방·읍·국은 주읍 내부 구조에서 분석된 바와 같이 주거지, 성벽, 농경지로 구성된 성읍국가였을 것이다.

3) 방·읍·국 간의 전쟁 격화와 공납(貢納) 발생

주족의 건국 신화에 의하면 농경에 기반한 주족의 발전은 시조 후직 (后稷) 때부터 시작되고 이후 장족의 발전을 거듭하였던 것 같다. 먼저 『사기』 기록을 보면 아래와 같이 주족의 발전 과정이 기재되어 있다.

"…고공단부가 사병을 거느리고 빈을 떠나서 칠수와 저수를 건너고

---

9. 12. 中國 上古시대 邦邑國의 구조에 대한 자세한 연구는 官崎市定의 "中國上代は封 建制が都市國家力," 『アジア史研究』, 第3, pp. 67-74. K. C. Chang의 *Early Chinese Civilization*, pp. 47-55. 西島定生의 『中國古代社會と經濟』, 東京 : 東京大出版會, 1961, p. 25. Owen Lattimore의 *Inner Asian Frontiers of China*, Boston: Beacon Press, 1962, pp. 394-395 등을 들 수 있다. 그러나 방·읍·국의 성격에 대한 언급은 거의 없다. 필자는 방·읍·국이 성읍이었지만 정치·군사·경제·사회적 면에 서 국가 기능을 구비하고 있었으므로 이들 방읍국을 고대 그리스의 폴리스(Polis)와 같은 성읍(도시)국가로 규정하고 싶다.

70) 『左傳住疏及補正』, 58 : 14a.

71) 『墨子』, 臺灣 : 商務印書館印行, 5 : 10a.

72) 『呂氏春秋』, 19 : 9a.

73) 『禮記鄭注』, 4 : 3a.

양산을 넘어가 기산 아래 빈에 정착하였다. 빈에 있던 모든 사람들은 늙은이를 부축하고 어린이를 이끌고 기산 아래 고공단부에게 귀속하였다. 이웃 나라의 사람들도 고공단부가 인자하다는 소문을 듣고 그에게 귀순하였다(…與私屬遂去豳 度漆 沮 踰梁山 止於岐下 豳人擧 國扶老携弱 盡復歸古公於岐下 及他旁國聞高公仁 亦多歸之)."[74]

이 『사기』의 기록은 앞서 언급한 『시경』의 내용과 별다름이 없는데 여기에서 주목되는 것은 고공단부가 주족을 이끌고 기산 아래 주원으로 이주하자 평소 고공단부의 인후함을 듣고 있던 주변 다른 읍의 백성들도 고공단부를 따라 주원으로 이주한 것이다.

이같이 고공단부가 빈에서 주원으로 이주하였을 때 주족뿐만 아니라 주변 다른 읍의 귀속민들까지 대동하고 이주하였으므로 고공단부는 주족뿐만 아니라 자신을 따라온 주변 읍의 귀속민들까지 책임지지 않으면 안 되었는데 이것은 더 많은 가옥과 농경지가 필요했던 사실을 말하고 있다. 그런데 『시경』에는 더 많은 가옥을 신축하고 더 많은 농경지를 조성하였다는 기록은 없고 『사기』「주본기」에 이에 관한 암시적 기사가 있다.

"이에 고공단부는 융적의 풍속을 개량하고 성곽과 가옥을 건축하고 별읍을 지어서 그들을 살게 하고 오관유사(五官有司)를 설치하였으므로 백성들이 모두 노래하며 그 덕을 칭송하였다(於是古公乃貶戎 狄之俗 而營築城郭室屋 而邑別居之 作五官有司 民皆歌樂之 頌其 德)."[75]

---

74) 『史記』, 3 : 114
75) 위 책, p. 114. 『사기』, "주본기," p. 115.

이 기록에서 주목되는 것은 "而邑別居之 作五官有司"의 기록이다. 집해(集解) 주소에 의하면 "而邑別居之"는 "읍을 따로 지어서 백성들을 거주하게 하였다(分別以爲邑落也)"[76]로 해석하고 있는데 이것은 고공단부가 주원에 이주한 후에 주족의 주읍만을 신축한 것이 아니고 주읍 주변에 많은 다른 읍들을 지어서 귀속민들을 거주하게 하였다는 뜻이다. 이것은 당시 주족 사회는 주읍과 몇 개의 별읍으로 구성되었던 사실을 말하고 있다.

그런데 주지하는 바와 같이 『사기』의 편찬연대는 『시경』에 비하여 훨씬 후대이므로 주읍 조성에 관한 기록을 그대로 믿을 수는 없을 것 같다. 그러므로 이 "而邑別居之"의 내용을 고공단부가 주원으로 이주했던 당시 상황과 연계해서 다시 한 번 검토할 필요가 있다.

> "…빈에 있던 모든 사람들은 늙은이를 부축하고 어린이를 이끌고 기산 아래 고공단부에게 귀속하였다. 이웃 나라의 사람들도 고공단부가 인자하다는 소문을 듣고 그에게 귀순하였다(…豳人擧國扶老携弱 盡復歸古公於岐下 及他旁國聞高公仁 亦多歸之…)."[77]

위 글은 고공단부가 주원으로 이주하였을 때 주변 읍의 백성들이 고공단부를 따라서 이주하였던 현상이다. 여기 "他旁國", "亦多歸之" 중에서 "他旁國"은 주변의 읍을 지칭하고 있으나 그 읍 수효가 제시되어 있지는 않다. 그리고 "亦多歸之"는 고공단부의 덕을 흠모한 수많은 백성들이 고공단부를 따라서 주원으로 이주하였다는 의미이다. 그러므로 당시 고공단부를 따라서 주원으로 이주한 주변 읍 백성들의 수효가 상당히 많았던 사실을 말하고 있다.

---

76) 위와 같음.
77) 위와 같음.

이 같은 사실을 감안하면 고공단부는 주읍 하나만을 조성했던 것이 아니고 주읍 주위에 다수의 별읍(別邑)을 조성해서 정착시키고 오관 · 유사를 두어 사회의 질서 유지와 치안을 담당케 하였으므로 백성들은 고공단부의 덕을 칭송하였다.78) 또 『사기』의 "而邑別居之"를 고대도시의 기원과 팽창과정 속에서 고찰해 볼 수 있을 것이다.

대체로 원시씨족사회에서 도시의 발생과 확대 과정을 살펴보면 우선 인구 증가를 들 수 있다. 특정 지역 내에서 급속한 인구 증가는 토지 부족, 식량 결핍, 일상생활용품 부족 등 여러 가지의 불편한 현상과 불만을 초래하였는데 이 같은 현상을 타개하기 위해서는 부득불 주변지역으로 과잉된 일부 인구를 이주시키어 새로운 농경지를 개간하는 식민(植民) 사업을 전개하지 않을 수 없었다.79) 따라서 신읍(新邑)이 새로 조성되고 농경지가 개간되어 과잉된 인구가 이주되므로 인구 분산이 이루어지고 토지 부족과 식량 문제를 해결할 수 있었다.

또 신읍은 외부에 대한 전략적 입장과 읍 내부의 권력 싸움 등의 원인에 의해서도 조성되었다. 예컨대 주변의 적대적 부족의 침입과 약탈을 예방하기 위해 본읍(本邑)을 중심으로 주변의 전략적 요충지에 자읍(子邑)을 조성하여 적대적 부족 동태를 감시하고 또 불시의 침입을 조기에 발견하여 저지할 수 있었다. 또 본읍 내에서 지배 씨족원의 증가는 상호 간의 권력 쟁탈전을 야기하였는데 이 경우 분읍 또는 별읍을 새로 조성하여 지배씨족의 일부를 분산시키어 상호 간의 대립과 반목 충돌을 피할 수 있었다.80)

---

78) 이 점에 대해서 范文瀾은 "在周原上 築城"이라 하여 새로 가옥을 신축하여 邑 단위로 귀속민을 거주케 하고 농경에 종사시켰으며 또 읍적의 습속을 버리고 관사를 설치하여 小國으로 형성된 周國을 형성하였다고 주장하고 있다. 范文瀾, 『中國通史』 第一册, 北京 : 人民出版社, 1978, p. 97.

79) Ping-Ti Ho, *The Cradle of the East*, Hong Kong : The Chinese University of Hong Kong and the University of Chicago Press, 1975, p. 281.

80) Morton H. Fried, *The Evolution of Political Society*, New York : Random House,

대개 고대 부족사회에서는 이 같은 여러 가지의 원인과 이유로 본읍을 중심으로 분읍과 별읍이 조성되어 도시의 팽창과 발전을 촉진하였는데 이 경우 본읍을 모읍(母邑, The Parent City) 그리고 주변의 분읍 또는 별읍을 자읍(子邑, The Offspring City)이라고 하였다.[81] 그리고 모읍과 다수 자읍 간의 상호 관계는 혈연관계에 기반하였기 때문에 밖으로는 모읍을 중심으로 상하의 차등적 관계를 형성하고 안으로는 공동혈연의식과 공동운명의식으로 강력히 결속되어 있었다.

이 같은 여러 사실을 종합해보면 주원에 조성된 읍은 주읍 하나만이 아니었고 그 주변에 분읍 또는 별읍이 조성되어 하나의 읍군(邑群) 즉 모읍인 주읍을 중심으로 다수의 자읍으로 구성된 일종의 위성도시체제(衛星都市體制, The Satellite City System)를 이루고 있었다고 할 수 있다.[82] 그리고 주족은 모읍 주읍을 중심으로 형성된 위성도시체제를 통하여 앞에서 지적한 주변 읍 백성들의 수용과 정착, 주족의 인구 증가, 농경지 개척, 주변 이족들에 대한 방어문제 및 지배씨족 내부의 권력쟁탈 등의 복잡한 문제들을 해결하였을 것이며, 또 요충지에 조성된 분읍 또는 별읍을[83] 통하여 주족 세력 확대를 도모하고 주변 이적 침입을 사전에 제어하는 군사적 요충지로 활용하였을 것으로 생각된다.

또 주족의 세력은 주족만으로 구성된 것이 아니고 그 주변 읍과의 연맹에 의해 더욱 확대되었다. 주족과 주변 읍과의 관계는 이미 고공단부 때부터 나타나고 있다. 앞서 언급한 바와 같이 고공단부가 빈 지역에서

1967, p. 113.
81) 위 책, p. 64.
82) 위 책, p. 64.
83) 范文瀾, 앞 책, p. 67. 여기에서 范文瀾은 別邑 조성을 "小國"으로 해석하고 있고 周封建制度의 시작으로 보고 있다. 필자 역시 西周 개국 이후 封建制度에 입각한 姬姓一族의 分封은 바로 本邑과 다수의 分邑 또는 別邑으로 구성된 先周시대의 周邑制의 확대로 파악하고 있다. 李春植, "西周宗法制度의 起源問題,"『東洋史學研究』, 第二十六輯, 1987, p. 370.

46   조공과 사대

주원으로 이주할 때 이미 다른 읍 백성들을 수용하고 있었다. 그리고 주원으로 이주한 후 고공단부는 농경민으로 간주되는 토착 부족의 여자와 결혼하였는데 이것은 사실상 통혼에 의한 주변 읍과의 혈연 및 친선관계 형성이었다.

"후직과 공류의 사업을 따르고 고공단부와 공계의 법도를 본받아서 어진 정치를 행하고 늙은이를 공경하고 어린이들을 사랑하였다. 예로써 어진 사람을 대하고 선비들을 대하는데 하루에도 식사할 틈이 없었다. 이에 선비들이 창에게 몰려들었다(后稷公劉之業 則古公 公季之法 篤仁 敬老 慈少 禮下賢者 日中不暇食以待士 士以此多歸之)."[84]

"백이와 숙제도 고죽에서 서백이 노인을 우대한다는 소문을 듣고 가서 서백을 따랐다. 태전, 굉요, 산의생, 죽자, 신갑대부의 무리들도 모두 가서 따랐다(伯夷叔齊在孤竹 聞西伯善養老 盍往歸之 大顚 閎夭 散宜生 鬻子 辛甲大夫之徒 皆往歸之)."[85]

위 글은 창이 군장이 된 이래, 후직, 고공단부, 공계의 위업을 이어받아 백성들을 사랑하고 정치에 근면하였으므로 모든 민심이 창에게 귀의하였으며 이 같은 선정과 덕치 칭송은 밖에까지 들려서 백이 숙제를 표현한 현인들이 따랐다고 하였다.

"우와 예 사람들이 송사를 해결하지 못하였으므로 주나라 서백을 찾아갔다. 그들이 주나라 경계로 들어서자 농부들이 서로 밭 경계를 양보하고 백성들의 풍속은 연장자에게 양보하는 것이었다. … 우리들

---

84) 『史記』, 3 : 116.
85) 위 책, 3 : 116.

이 서로 싸우는 것은 주나라 사람들의 수치로 되겠으니 가서 무엇을
하겠는가? 수치만 당할 것이다. 되돌아가서 서로 양보하고 헤어졌다
(於是 虞芮之人 有獄不能決 乃如周 入界 耕者讓畔 民俗皆讓長 …
吾所爭 周人所恥 何往爲 祇取辱耳 遂還 俱讓而去)."[86]

 당시 우(虞)와 예(芮)의 두 읍은 국경 문제로 오랫동안 분쟁 중에
있었는데 양국이 해결할 수 없게 되자 그 중재를 창에게 요청하였고
창은 이 분쟁을 겸양과 미덕으로 해결하였다. 고대사회에서 왕은 자기
세력 하에 있는 소국 간의 분쟁과 알력을 해결하는 중재자로서의 역할이
매우 중요하였는데[87] 창은 이 같은 중재자 역할을 수행한 것이다. 그리
고 창이 겸양과 미덕으로 우와 예의 분쟁을 해결하자 주변 40여 국이
창에게 귀의하였으며 창을 공주(共主)로 추대하고 천명을 받은 군주라
고 칭송하였다.[88] 그러나 창은 선정과 덕치만 행했던 것이 아니었고
필요에 따라서는 주변 읍에 대한 무력행사도 사양하지 않았다.

 "이듬해 견융을 벌하고 다음 해 밀수(密須)를 정벌하고 기(耆)국을
무찔렀으며 그다음 해 우(邘)를 벌하고 숭후호(崇侯虎)를 정벌하였다
(明年 伐犬戎 伐密須 明年 敗耆國 … 伐崇侯虎)."[89]

 이같이 창은 주변의 견융(犬戎), 밀수(密須), 기국(耆國), 우(邘),
숭(崇)을 매년 정벌하였다.

---

86) 위 책, 3 : 119.
87) 貝塚茂樹 伊藤道治, 中國の歷史 1, 東京 : 講談社, 1974, p. 170.
88) 文王의 命에 대해서 『詩經』「大雅」篇에 "有命自天 命此文王 于周于京", "侯服于周
 天命靡常" 그리고 『史記』에는 "諸侯聞之 曰西伯蓋受命之君" 등의 기록이 있는데 이것
 은 文王이 天命을 받았다는 사실보다 周族이 文王 시에 사방으로 비상히 팽창 발전하고
 있었던 사실을 반영하고 있다고 할 수 있다.
89) 위 책, 3 : 118.

창은 이같이 안으로는 선정과 덕치를 행하고 밖으로는 주변국의 신망과 신뢰를 얻고 있었지만 동시에 불복하는 주변읍은 가차 없이 무력으로 응징하였는데 이것은 주족의 세력이 날로 확장되고 있었던 사실을 말하고 있다. 그리고 주족의 급속한 팽창을 인정한 은 왕실은 창에게 통혼하고[90] 은 왕조 서변의 목사(牧師)로 임명하였는데[91] 이것은 은 왕조가 주의 급속한 발전과 팽창을 인정하고 통혼과 관작 수여 등을 통해서 주족을 회유하여 포섭하려고 했던 사실을 말하고 있다.

이 같은 여러 사실을 종합해보면 당시 주읍군(周邑群)은 본읍인 주읍, 일족의 다수 자읍 그리고 주의 정치·군사적 헤게모니를 인정하고 동맹을 형성한 다수의 이성 읍들로 구성되었던 사실을 알 수 있다.

다음 주읍과 자읍 간의 관계 그리고 주읍에 복속한 이성 읍들과의 관계가 어떠했는가를 살펴보자. 먼저 주읍과 자읍 간의 관계를 밝혀주는 자료가 『시경』「대아」편에 있다.

> "공류가 경(京) 땅에 머물러 사시니 많은 백성들이 따라와서 자리를 만들고 잔치를 베풀었네. … 공류를 임금으로 받들고 대종으로 받들었네(篤公劉 于京斯依 蹌蹌濟濟 俾筵俾几 … 食之飮之 君之宗之)."[92]

위 글은 후직의 증손 공류(公劉)가 이적의 압박을 피해서 주족을 이끌고 거주지 태(邰) 지역을 버리고 빈(豳) 지역으로 이주하여 정착한 다음에 일족과 더불어 연회를 가졌던 장면을 묘사하고 있다. 여기에서 주목되는 것은 '군(君)'과 '종(宗)'이다.

앞에서 언급한 바와 같이 후직 이후 주족 사회는 강력한 군장의 통솔

---

90) 『毛詩正義』, 16-2 : 10b.
91) 『竹書紀年 八種』, 『古本竹書紀年輯校』, 臺北 : 世界書房, 10a.
92) 『毛詩正義』, 17-3 : 13a.

하의 군장사회였으므로 여기에서 '군(君)'은 강력한 정치·군사력을 장악한 주족의 군장 즉 공류를 말하고 있다. 또 '종'은 대종(大宗)을 의미하므로93) 공류는 정치·군사력을 장악한 군장이었으며 동시에 주족의 대종이었던 사실을 말하고 있다.94) 그러므로 이 시기의 주족 사회는 이미 토템사회를 경과하여 대종 공류를 중심으로 다수의 소종집단으로 구성되었던 사실을 알 수 있다.

"문왕의 자손들은 백세토록 번성하시며 모든 주나라 신하들까지 세세토록 크게 밝아라(文王孫子 本支百世)."95)

제임스 리그(James Legge)는 "문왕의 자손 중에서 정비(正妃)에서 태어난 적장자는 왕위를 계승하고 그 외의 아들들은 귀족(諸侯)이 되었는데 이 적장자는 주의 대종이고 다른 아들들은 기엽(枝葉) 즉 소종이 되었다고 하였으며"96) 또 소(疏)와 정의(正義) 역시 같은 내용으로 해석을 하고 있다. 그러므로 창 시기에 주족은 대종을 중심에 둔 다수의 소종집단으로 구성되었으며97) 대종은 군장으로 본읍에 주재하고 다수

---

93) 『毛詩正義』, 17-3 : 6a.
94) 李春植, "西周 宗法封建制度의 起源問題,"『東洋史學硏究』, 第二十六輯, 1987, p. 36.
95) 『毛詩正義』, 16-1 : 4b.
96) James Legge, trans. *The Book of Poetry*, Hong Kong : Lane Crawford, 1871, p. 1871.
97) 李宗侗 교수의 의견에 의하면 중국고대사회는 최초에 토템사회였다. 그러나 시일의 경과와 함께 토템사회가 해체되고 宗法社會가 출현한 것으로 보고 있다. 토템사회는 특정의 토템 숭배를 중심으로 혈연적으로 정서적으로 강력히 결속된 사회였다. 그런데 인구 증가, 씨족 간의 충돌, 교류 등의 여러 요인에 의해 토템집단은 규모가 작은 수개의 집단으로 분리되었는데 이것은 대규모의 동성집단에서 다수의 소규모 동성집단의 출현으로 이해하고 있다. 그리고 이 같은 동성 집단 간에는 혈연관계에 입각한 차등적 신분질서가 형성되었는데 이것이 大宗과 小宗 관계를 근간으로 한 宗法社會의 성립으로 파악하고 있다. 李宗侗, 『中國古代社會史』, 2, 臺北 : 中華文化出版事業社, 1963, p. 191 참조.

의 소종들은 주변의 분읍 또는 별읍에 거주하고 있었던 것으로 추정된다.98) 그리고 이 같은 원추형혈연제도는 하루아침에 형성될 수 없는 것이기 때문에 주족의 시조인 후직 이래 형성되어왔다고 할 수 있다.

그러므로 주 왕조 개국 이전의 주족 사회는 이 원추형혈연제도를 기본으로 적장자 대종이 거주하는 주읍을 중심으로 직계의 형제와 원근의 일족으로 구성된 다수 소종집단의 자읍으로 조직되었으며99) 모읍 주읍과 자읍 간의 상호 관계는 원추형혈연제도에 의해서 상하의 차등적 혈연관계로 형성되었다고 할 수 있다.

앞에서 분석한 바와 같이 주읍을 중심으로 형성된 위성도시체제는 대종이 거주하는 모읍 주읍, 직계의 형제와 원근의 일족으로 구성된 다수 자읍과 주변 이성의 다수 별읍 즉 방국(旁國)으로 구성되었다.100) 그리고 복속하지 않은 밀수(密須), 기국(耆國), 우(邘), 숭(崇) 등을 멸하였으며 주변 방·읍·국 간의 분쟁을 중재하여 해결하였으므로 주변 40여 방·읍·국들이 귀의하고 창을 공주(共主)로 추대하여 천명을 받은 군주로 칭송하였는데 이 같은 사실은 주변의 이성 방·읍·국들이 주읍의 주도권을 인정하고 복속한 것이며 주읍은 이들을 동맹국으로 수용한 것이다. 그리고 무왕의 은 왕조 정벌 시에 용(庸), 촉(蜀), 발(髪), 노(虜), 팽(彭), 회(淮) 등의 동맹국이 참가하였는데 무왕의 짧은 재위 기간으로 보아 창 시기에 이들 방·읍·국과의 동맹관계가 이미 형성되었을 것으로 추정된다.

---

98) 李春植, 앞 논문, p. 36.
99) K. C. Chang, *Early Chinese Civilization*, p. 53.
100) 이같이 주읍을 중심으로 주변의 형제, 일족의 자읍과 주변 이성의 방·읍·국으로 구성된 주읍의 위성도시체제를 范文瀾은 주 왕조의 종법봉건제도의 기원으로 보고 있다. 范文瀾, 『中國通史』, 第一册, 北京 : 人民出版社, 1921, p. 21. 필자 역시 주읍과 다수의 子邑과 주읍에 복속한 이성의 邑群으로 이루어진 위성도시체제를 주 왕조의 종법봉건제도의 기원으로 파악하고 있다. 李春植, "西周 宗法封建制度의 起源問題," p. 39.

이와 같이 개국 이전의 주읍군은 본읍인 주읍을 중심으로 형제와 일족으로 구성된 자읍과 동맹 이성의 타읍들로 구성되었는데 당시 방읍 국 사회는 주읍군의 경우와 같이 구성되었을 것이다. 다시 말하면 중원의 방·읍·국은 모읍을 중심으로 주변의 약소 자읍으로 구성되었을 것으로 생각된다. 그런데 문헌에는 상호 관계에 대한 구체적 기록이 없으므로 역시 인류학적 성과를 이용해서 접근해볼 수밖에 없다.

앞에서 언급한 바와 같이 농경의 발달로 인한 인구 증가, 인구 증가로 인한 토지 부족, 생활필수품의 결핍, 인구 증가에 따른 활동영역의 확대 등은 방·읍·국 간의 전쟁을 격화시키고 날로 치열하여 갔다. 그리고 이 같은 격렬한 전쟁 와중에서 무력이 약한 약소 부족은 주변의 강대 부족에게 수시로 침탈당하여 부락이 소각당하고 농경지가 유린되고 조상의 제기(祭器)가 약탈당하는 경우가 비일비재하였다. 그리고 경우에 따라서는 부족 전체가 정복당하여 총체적 노예로 전락하기도 하였다.

이 같은 결과로 부족사회에는 무력 강약에 의한 정치·군사적 차등 관계가 발생하기 시작하였다. 무력이 강한 부족이 약소 부족을 정복하여 노역을 강요하는 경우에 대개 세 가지 방법으로 지배와 수탈을 행하였다. 첫째는 전승 부족이 피전승 부족을 총체적 노예로 전락시켜서 전승 부족의 생산 방식을 강요하고 노역과 생산물의 일부를 직접 수탈 징수하는 것이고 둘째는 약소 부족의 족적(族的) 결속과 질서를 그대로 유지시키고 전승족의 생산 방식을 강요하지 않는 대신에 일정의 생산물 징수와 노역 제공을 강요하는 것이었는데 이것이 바로 공납(貢納)의 발생이었다. 그리고 셋째는 이 두 가지 방법을 절충하여 약소부족을 수탈하는 것이었다.[101]

---

101) Abraham I. Pershits, "Tribute Relations", *Political Anthropology : The State of Art*, S. Lee Seatonand Henri J. Claessen, ed., Paris and New York : Mowton Publisher, 1979, p. 150.

또 이같이 전쟁이 격렬해지고 부족의 생존 자체가 위협당하였으므로 주거지 주변을 성벽으로 무장하기 시작하였다. 이에 따라 각 부족은 방·읍·국의 성읍국가로 변하면서 군사·경제적 공동이해관계에 의해서 주변의 이성 방·읍·국들과 연맹을 결성하기 시작하였다. 그리고 연맹이 형성되는 경우 대개 정치·군사력이 강한 부족을 중심으로 연맹이 결성되었으며 약소부족은 연맹주에게 군사적 보호와 경제적 안전의 대가로 병력 제공과 함께 일정의 생산물을 헌상하였는데 이것 역시 공납의 발생이었다.[102] 이 같은 사실에서 볼 때 위에서 언급한 주읍과, 군사적 안보와 경제적 이해관계로 주읍에 복속한 주변 이성의 방·읍·국 간의 상호 관계는 공납관계로 형성되었을 것으로 추정된다. 그리고 이러한 현상은 반드시 주읍과 주읍군의 현상만은 아니었을 것이다.

다시 말하면 은·주 왕조 이전의 방·읍·국 사회에서 모든 방·읍·국은 주읍의 구조와 주읍과 주변 이성의 방·읍·국과의 상호 관계에서 분석된 바와 같이 정치적으로는 자주 집단, 경제적으로는 농경에 기반한 자급자족 집단, 군사적으로는 자위 집단, 사회적으로는 장기간의 씨족전통, 공동혈연의식, 공동운명의식 등으로 강력히 결속된 성읍국가였다. 그리고 격화되는 전쟁 와중에서 정치·군사적으로 강력한 읍을 중심으로 연맹을 형성하고 상호 관계는 공납관계로 형성되었을 것으로 추정된다. 그러나 자료의 부재로 분명히 규명할 수 없으므로 은·주 왕조의 국가 구성과 성격 규명을 통하여 다시 밝혀볼 수밖에 없다.

---

102) 王震中, "試論我國中周土區國家形成的道路,"『中國史硏究(京)』, 3期, 1984, p. 13.

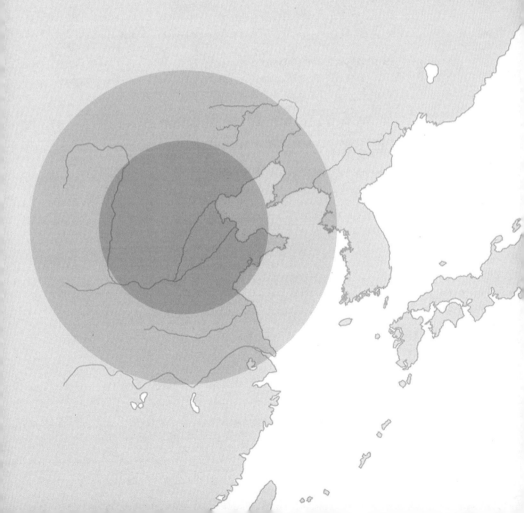

II

방·읍·국과 은(殷)·주(周) 왕조의 국가조직

1. 방·읍·국의 연맹 형성과 은 왕조 건국

중국에서 최초의 국가였던 은 왕조 국가 구성의 요인은 방·읍·국이었고 국가 기반은 이 같은 방·읍·국으로 조직된 방읍연맹이었다. 다시 말하면 은 왕조는 정치·군사적으로 강력한 은족을 중심으로 대소의 방·읍·국들로 결성된 방읍연맹 기반 위에 수립된 국가였다. 그러므로 은 왕조 성립의 기반이 되었던 방읍연맹 형성의 배경과 구조를 이해하기 위해서는 방읍연맹 결성의 기본이었던 은 왕조의 읍(邑) 체제를 먼저 검토해볼 필요가 있다.

은대에는 몇 집(戶)이 집결되어 있는 작은 촌락과 상읍과 같이 대규모로 도시화된 취락을 모두 읍이라고 불렀으나[1] 사실은 읍의 크기, 위치, 정치·군사적 역할에 따라 등급이 달랐다. 예를 들면 무정(武丁) 때 복사(卜辭)에 대읍(大邑)의 기록이 있고, 제을(帝乙)·제신(帝辛) 때의 복사에도 대읍상(大邑商), 천읍상(天邑商)의 호칭이 있는데, 여기에서 언급하고 있는 '대읍', '천읍'은 왕조 후기의 수도였던 안양(安陽)을 지칭하고 있다.[2]

---

1) 松丸道雄, "東アジア世界の形成,"『岩波講座世界歷史』4, 東洋篇 Ⅰ, 東京 : 岩波書房, 1970, p. 55.
2) 貝塚茂樹, "卜辭を通じて見た中國の古代國家,"『貝塚茂樹作集』, 第2 卷, 東京中央公論社, 1976, p. 74.

또 하남성 정주(鄭州)에서는 사방 약 2km의 거대한 성벽이 발견되었는데 이것은 은 왕조 중기의 대읍으로 간주되고, 역시 하남성 이리두(二里頭)에서도 1만 평방미터의 궁궐터가 발견되었는데 이것은 은 왕조 초기의 대읍이었다. 은 왕조 외복(外服)에는 후(侯), 백(伯) 등이 주둔하는 요충지에도 대읍이 조성되고 대읍 주변에는 소읍들을 조성하여 대읍에 종속시켰는데,3) 이 같은 사실은 은대에는 대소 규모를 불문하고 모두 읍이라고 총칭하였으나 각 읍의 위치, 크기와 기능에 따라 그 역할이 달랐고 읍 간에도 등급이 달랐던 것을 말하고 있다. 그러므로 은대의 대표적 읍이었다고 할 수 있는 전기의 정주 상성(商城)과 중기의 반룡성(盤龍城), 후기의 수도 은허(殷墟)를 중심으로 은 왕조의 국가 성격을 살펴보자.

정주 상성(商城)은 하남성 정주 백가장 서쪽에 위치해 있다. 이 정주 상성은 사방 4~17m의 토성(土城)으로 둘러싸여 있으며 안의 넓이는 약 3.2평방미터였다. 동북 지점에는 황토로 만들어진 약 150~300m의 토단(土壇) 즉 제단(祭壇)이 있고, 북서 지역에도 거대한 건물터와 함께 깊이 14~35cm, 길이 19~24m의 제단이 있으며 주변에는 대형의 청동제 대방정(大方鼎)과 예기(禮器)도 발굴되었다.

성 밖의 북쪽과 남쪽에는 청동기 제작소, 서쪽에는 토기제작소, 북쪽에는 골기제작소의 유적이 발견되었고 토기를 구웠던 서쪽의 도요지(陶窯址)와 가까운 지역에서는 공인(工人)들의 주거지도 발견되었는데 이것은 정주 상성의 지배씨족들이 필요로 했던 공산물을 제작하여 공급하였던 속읍(屬邑)이었던 사실을 말하고 있다. 이런 점에서 볼 때 은 왕조 전기의 정치 · 군사적 세력 기반이었던4) 정주 상성은 본읍과 주변 속읍들로 구성되었다.

---

3) 위 책, p. 74.
4) 彭邦烔, 『商史探微』, 北京 : 重慶出版社, 1986, p. 276.

은 왕조 중기 남방의 정치·군사적 요충지였던 반룡성(盤龍城)은 무한 시 북쪽 황파현(黃坡縣)에 위치해 있다. 동서 약 1100m, 남북 약 1000m의 구릉지에 있는데 성지(城址) 규모는 동서 약 260m 남북 290m였다. 성 주변은 약 10m의 호구(濠溝)로 둘러싸여 있으며 성 내부 동북 고지에서 3개의 궁궐터가 발견되었는데 이 중의 하나는 지면 20cm 높이의 동서 39.8m 남북 12.3m 규모의 대기 위에 사방이 회랑으로 둘러싸인 4실 침전(4室寢殿)으로 되어 있다.[5] 성 밖 북쪽에서 평민과 노예들의 집단 거주지가 확인되었고 남쪽에서 청동기, 골기, 토기 등을 제작하였던 공방지(工坊址)가 무더기로 발견되었다. 성의 동서 편에서는 지배귀족의 묘(墓)와 함께 순장되었던 많은 유골들이 발견되었는데 이 같은 유물은 정주 상성과 같이 궁궐, 종묘, 묘지 그리고 성 밖의 각종 공방(工坊)으로 구성되었다. 이같이 은 왕조 중기 남방의 정치·군사적 요충이었던 반룡성 역시 본읍과 주변 속읍들로 구성되었다.[6]

은 왕조 후기 소둔(小屯) 지역의 은허 규모와 구조를 살펴보면 그 규모는 대개 30~40평방미터였으며 여러 종류의 건물 유적지가 중앙에 밀집되어 있고 주변으로 갈수록 산만해지고 있다. 이 건물집단 중에서 소둔 동남쪽에는 53개의 개별 건물들이 3개 그룹으로 나뉘어 있는데 모두 지상 건물로 황토의 흙벽으로 지어져 있다. 주변에서는 순장인의 유골, 전차, 은 왕실에서 사용했던 점복의 구갑(龜甲)을 저장했던 저장굴이 많이 발견되었다. 이 같은 유적과 유물을 분석해보면 이 건물들은 은 왕실에 복무했던 정인(貞人), 신하, 시종들의 거주지였을 것으로 추측된다. 소둔 지역에서 북서로 약 2000m 떨어진 지역에서는 11개의 대형 묘와 1200여 개의 소형 묘가 발굴되었는데 대형 묘에서 많은 사치스런 부장품과 순장인의 유골이 발견되고 또 이보다 더 큰 대형

---

5) 李成珪, "中國文明의 起原과 形成," 『講座中國史』 Ⅰ, 서울 : 지식산업사, p. 68.
6) 彭邦炯, 『商史探微』, 北京 : 重慶出版社, 1986, p. 276.

묘가 발견되지 않은 사실로 보아 은 왕실의 공동묘지로 간주된다.

소둔 지역과 서북외곽 지역의 안양 지역에는 주거지, 잘 장식된 묘, 작업장, 저장굴 등이 발견되었는데 이 지역은 일반 주민들의 거주지였을 것으로 생각된다. 소둔 북쪽에는 궁전의 유적지가 발견되었다. 유적지는 남북 20m 동서 10m가 넘는 토단(土壇) 위에 초석(礎石)이 발견되었으며 그 주변에는 장식품으로 생각되는 청동제 또는 석제의 조각품이 발견되었다. 왕묘(王墓)로 보이는 거대한 분묘는 소둔 서북방의 후가장(侯家莊)에서 10수기가 발견되었다.

크기는 지하 10m 남짓한 지하묘였는데 20m 사방에 걸친 중자형(中字型) 또는 아자형(亞字型)의 묘실(墓室)로 되어 있으며 부장품으로는 청동제의 물품이 발견되고 순장자의 유골도 많이 나오고 있다.[7] 또 은허 주변의 효민둔(孝民屯), 사반마(四盤磨), 설가장(薛家莊), 고루장(高樓莊) 등지에서는 대규모의 청동 · 골각기의 유적지가 발견되었는데 이들 지역은 상읍에서 소요되는 청동, 골제의 물품을 생산하여 공급하였던 속읍으로 간주된다.[8] 이 같은 사실을 종합해보면 은허 역시 정주 상성, 반룡성과 같이 본읍과 속읍으로 구성되었다.

또 은 왕조의 정치 · 군사적 기반이었던 대읍은 그 주변에 족읍(族邑)들을 대동하고 있었다. 족읍의 크기와 수효에 대해서는 정확히 알 수 없지만 하남성 초작시(焦作市) 서남쪽에 사방 30m의 소규모 성벽이 발굴되고 대량의 석도(石刀), 석포정(石包丁), 석부(石斧) 등이 출토되었는데 이 정도가 족읍의 규모였을 것으로 추측된다.[9]

복사에는 또 상읍 주변에 수많은 족읍이 있었다는 기록이 있고, 또 은 왕실 씨족이 상읍 근접 지역에서 포진하고 있었던 사실을 감안하면

7) K. C. Chang, *The Archaeology of Ancient China*, New Haven : Yale University Press, 1977, pp. 24-258.
8) 松丸道雄, 앞 책, p. 56.
9) 위 책, pp. 57-58.

그 수효는 많았고 세력은 막강하였을 것으로 생각된다.[10] 이들 족읍의 통치자는 모두 은 왕실 일족이었으며 유사시에는 은왕의 명령을 받아 출동하고 은 왕실의 제사에 참여하였다. 그리고 정인(貞人)으로 정문(貞問)에도 참여하였는데[11] 이 정문 참여는 곧 국사(國事)에 참여하였던 사실을 말하고 있다.[12]

이와 같이 은 왕조의 정치·군사적 요충지에 위치하고 있는 정주 상성, 반룡성 그리고 은허 소둔 지역의 대읍(大邑)은 대읍을 중심으로 은 왕실 일족이 통치하는 족읍(族邑)과 무기·식량·생활품을 공급하는 다수의 속읍으로 구성되었는데, 이 같은 현상은 정주 상성, 반룡성, 은허의 경우에만 국한된 것이 아니고, 은 왕조를 구성하고 있는 내복·외복의 모든 방·읍·국들도 규모와 크기는 지역과 환경에 따라서 다를 수는 있어도 기본적으로 이 같은 구조와 결합으로 구성되었을 것이다. 이런 점에서 다수의 대소 방·읍·국의 성읍과 결속이 은 왕조 국가 기반이었다고 할 수 있다.[13]

---

10) 郭沫若은 『春秋左傳』에서 주 성왕이 제후들을 분봉 배치할 때에 魯에게 條氏, 徐氏, 蕭氏, 索氏, 長勺氏, 尾勺氏의 6族, 康叔을 衛에 봉할 때에 陶氏, 施氏, 樊氏, 錡氏, 樊氏, 饑氏, 終葵氏의 7族을 배정하였다고 주장하고, 『史記』「殷本紀」 중에서 殷氏, 來氏, 宋氏, 空桐氏, 稚氏, 北殷氏, 目夷氏의 21개 씨족을 언급하고 있는데 이를 통해 볼 때에 殷氏族 수효가 많고 세력이 실로 강대하였음을 알 수 있다. 『郭沫若全集』 1, 歷史篇, 1982, pp. 236-237.
11) 松丸道雄, 앞 책, pp. 57-58.
12) 貝塚茂樹, 『中國古代史學의 發展』, 東京 : 弘文堂, 1953, p. 273.
13) 松丸道雄, 앞 책, p. 59.

2. 방읍(邦邑)연맹과 은 왕조의 국가조직

  앞 장에서 설명한 바와 같이 상고 중원에서 농경의 발전은 급속한 인구 증가, 농경지 부족, 생활필수품 결핍, 대외활동 증가 등을 야기하였으므로 각 부족 간에는 상호 대립과 충돌이 불가피하게 되고 전쟁이 발발할 수밖에 없었다. 그러므로 전쟁은 부족사회에서 광범위하게 행해졌으며 부족의 생존이 걸린 사활의 문제로 변하였다. 그리고 전쟁이 발발하면 부족원의 전체 구성원은 일치단결하여 싸웠으며 멀리 있는 일족까지 동원하였다.

  그러므로 고기록에는 담제(炎帝)와 황제(黃帝) 간의 충돌, 강족(姜族)·담제(炎帝)와 희성(姬姓)·황제(黃帝) 간의 충돌, 담제, 황제, 강성, 희성 부족과 동이의 기견(豈犬) 부족 간의 충돌 등의 전쟁 사실이 많이 기록되어 있다. 물론 이 같은 전설상의 기록을 전부 믿을 수는 없으나 무수한 방·읍·국의 출현과 상호 간의 대립과 충돌 사실을 감안해보면 무수한 전쟁이 발발하였던 것은 분명하다. 그리고 이 같은 치열한 전쟁은 방·읍·국 간 연맹 결성의 한 요인이 되었다.

  또 방읍연맹을 촉진시켰던 것은 농경을 위한 치수사업이었다. 앞서 언급한 바와 같이 황하 양안 유역을 중심한 중원 일대는 광범위한 농경이 전개되었으므로 각 부족은 농경지 확보 외에 농경을 위한 물 확보 즉 치수사업이 절대적이었다. 그러므로 당시 중원에서 황하 치수사업은 모든 부족의 당면 과제였으나[14] 치수사업이 너무 거창하여 일개 부족의 힘으로는 감당할 수 없었다. 이에 따라 황하 치수사업을 공동으로 추진하고 관리할 필요성이 대두되었는데 이것이 또 방읍연맹 추진의 한 배경이 되었다.[15]

이와 같이 상고 중원에서 방·읍·국 간의 빈번한 전쟁으로 인한 정치·군사적 안보와 물 확보와 관리를 위한 치수사업 등의 경제적 공동이해관계에서 방읍연맹이 결성되기 시작하였으므로 광대한 중원 지역에는 수많은 방읍연맹이 출현하게 되었다. 그리고 이 같은 방읍연맹을 기반으로 국가가 출현하기 시작하였는데 하(夏) 왕조의 시조로 알려진 우(禹)의 치수전설과 은 왕조의 국가구조 속에서 찾아볼 수 있다.

우의 치수전설과 하 왕조 건국에 관한 전설은 삼황오제(三皇五帝)의 뒤를 이어 바로 나타나고 있다. 삼황오제 전설은 불의 사용, 수렵과 농경의 발달, 부족국가의 형성 등을 포함한 상고 중원에서 문물의 발달과 씨부족의 생활 모습을 전하고 있다면 우의 치수전설은 부족연맹의 형성 및 국가 성립의 초기 단계를 반영하고 있다고 할 수 있다.

우의 치수전설에 의하면 상고 중원의 방읍국 사회에서 최초의 치수사업은 우의 부친 곤(鯀)에서 시작되어 우에 이르러 성공을 보았다. 당시 우는 하족(夏族)의 정치·군사적 권력을 장악하고 있었던 군장이었는데 주변 방·읍·국들을 규합하여 황하 치수사업을 성공시켰으므로 그 능력을 인정받아 하왕(夏王)으로 추대되었다는 내용이다. 이 같은

---

14) 王雲中, "試論我國中原地區國家形成的道路,"『中國史硏究(京)』3, 1984, p. 14.
15) 위 논문, p.14. Karl A. Wittfogel, *Oriental Despotism*, New Haven: Yale University Press, 1959, pp. 27-28 참조. 洪水와 治水에 의한 부족연맹의 형성과 전제군주 수립의 배경설은 현재 부인되고 있지만(C. K. Maisels, *The Emergeonce of Civilization*, London: Routledge, 1990, p. 213 참조) 필자는 일부 학설은 수긍하고자 함.

전설의 내용은 그대로 믿을 수 없는 것이지만 방읍연맹의 형성과 국가 성립의 초기 과정을 간접적으로 반영하고 있는 것은 분명하다.

은 왕조 역시 이 같은 방읍연맹을 기반으로 국가가 성립되었다. 갑골문에 보면 '대읍상', '천읍상'[16]의 기록이 있는데 이 같은 갑골문의 기록은 은 왕조도 개국 이전에는 중원에 무수히 산재되어 있던 방·읍·국 중의 하나였던 사실을 말하고 있다.[17] 다시 말하면 중원에 산재되어 있던 무수한 방·읍·국 중에서 상읍이 점차 정치·군사적으로 발전하여 주변의 약소 방·읍·국을 무력으로 복속시키거나 또는 상호 군사·경제적 이해관계로 규합하여 방읍연맹을 결성하고 이를 기반으로 국가로 발전하였던 사실을 반영하고 있는 것이다. 그러므로 은 왕조는 은족과 다수의 이성 방·읍·국과의 연맹으로 구성되었는데 은족과 주변 이성 방·읍·국 간의 연맹 결성은 은 왕조 개국 이전부터 시작되었다.

은 왕조 개국 이전 은족과 연맹을 결성하였던 이성 부족으로는 유융씨(有絨氏), 유역씨(有易氏), 하백씨(河伯氏) 등을 들 수 있다. 이 중에서 유융씨는 은 시조 설(契)을 낳았던 간적(簡狄)의 부족으로 제을(帝乙) 시대까지 은 왕실과 통혼했던 부족이었다.[18] 하백씨는 은족이 하북성 중부와 남부에서 북부로 이동해 왔을 때에 관련을 맺은 것 같고 유역씨는 왕항(王恒) 시대에 은족과 긴밀한 관계를 가졌던 것 같다.

또 성탕 때는 유신씨(有莘氏)와 연맹을 형성하고 이어서 팽(彭), 수(壽), 비(邳), 효(爻), 상(相), 정(井), 엄(奄) 등의 여러 부족과 연맹을 형성하였다. 또 복사에는 몽후호(蒙侯虎), 유후희(攸侯喜), 자숙(子肅) 등의 많은 족명(族名)이 보이는데 이들 부족들은 모두 은족과 연맹을 형성했던 연맹부족들이었다.[19] 이러한 사실에서 볼 때 은족은 성탕

---

16) 羅振玉 編, 『殷墟書契前編』, 1912, pp. 2, 3, 7.
17) K. C. Chang, *Early Chinese Civilization*, p. 146.
18) 晁福林, "從邦國聯盟的發展看殷都屢遷原因," 『北京師範大學學報』: 社科版 1, 1985, p. 5.

시대에 주변 부족들과 확고한 연맹을 형성하고[20] 이 같은 방읍연맹을 기반으로 은 왕조가 수립되었던 사실을 알 수 있다.

은 왕조의 국가조직은 은왕을 정점으로 내복과 외복의 이중으로 조직되었다. 내복에는 은 씨족이 포진하고 외복은 연맹의 이성부족들이 배치되었다. 은왕이 거주하는 상읍과 교외 및 주변 지역으로 구성된 내복에는 은 왕조 지배씨족의 중핵이었던 왕족(王族)과 다자족(多子族)을 포함한 조씨(條氏), 종씨(綜氏), 소씨(蕭氏), 삭씨(索氏), 장작씨(長勺氏), 미작씨(尾勺氏), 도씨(陶氏), 시씨 施氏), 기씨(錡氏) 등의 은 씨족 성읍들이 전략적 요충지에 따라 포진되었다.[21] 외복은 은왕으로부터 후(侯), 전(田), 백(伯), 행(行) 등의 방백(方伯)과 제후(諸侯)로 임명된 연맹부족의 방·읍·국이 산재해 있었다.

이같이 은 왕조는 은왕을 정점으로 방읍연맹을 기반으로 정치·군사·경제적 이해를 같이하는 이성부족의 연맹 방·읍·국들로 구성 조직되었으며 통치 영역은 섬서, 산서, 하북, 산동서부, 안휘북부, 강소서북부를 포함한 광대한 지역이었으므로 연맹방국의 수효는 아주 많았을 것으로 추정된다.

그러나 이들 방·읍·국들은 앞 장에서 고찰한 바와 같이 은 왕조 개 국 이전부터 장기간에 걸쳐서 형성된 씨족전통, 공동운명의식, 공동혈연의식 등을 배경으로 정치적으로는 강력한 영도하의 독립 자주 집단이었고, 경제적으로는 농경에 기반한 자급자족 집단이었고, 또 군사적으로는 자위능력을 갖춘 무장집단 즉 성읍국가들이었다. 그리고 일부 연맹의

---

19) 貝塚茂樹,『中國古代人の國家像, 貝塚茂樹著作集』, 第一 卷, 東京 : 中央公論社, 1979, p. 87.
20) 위 책, p. 5.
21)『春秋左傳』定公 四年 條에 보면 條氏, 徐氏, 蕭氏, 索氏, 長勺氏, 尾勺氏의 殷六族은 魯에 이주시키고, 陶氏, 施氏, 樊氏, 錡氏, 樊氏, 饑氏, 終葵氏의 七族은 衛에 배치하였다는 기록이 있는데 당시 상읍 주변은 이 같은 은의 여러 씨족들로 포진되었을 것으로 생각된다.

방·읍·국들은 이해관계에 따라 은왕에 복속과 이반을 반복하였다.22)
그러므로 은왕은 정치·경제·군사적으로 자주적이었던 연맹 방읍국들
을 은왕을 중심으로 결속시키고 공고히 하기 위해서는 고도의 통어책을
강구하지 않으면 안 되었다.

---

22) 伊藤道治, 『中國古代王朝の形成』, 東京 : 創文社, 1977, p. 79.

3. 봉건제도와 주 왕조의 국가조직

주 무왕은 은왕 주(紂)를 목야(牧野)에서 패배시키고 호경(鎬京, 지금의 서안 부근)에 도읍을 정하여 새로이 주 왕조를 개국하였다. 그러나 당면한 문제는 한둘이 아니었다. 우선 은 왕조로부터 획득한 정복지는 남만주에서 양자강 중류, 위수 유역에서 산동반도에 이르는 광대한 지역이었다. 이 광대한 지역은 험준한 고산과 산맥, 수많은 늪지와 깊은 삼림, 수시로 범람하는 장강대하로 구성되었으며 또 오지의 곳곳에는 신석기 시대 이래로 거주하여 오던 원시 토착민들이 산재하여 적대적 행위를 도발하고 있었다.

또 은 왕조는 주에게 비록 군사적으로 패배하였지만 은 문화는 주 문화보다 선진적이었으며 은 왕조의 잔여세력은 곳곳에 남아 있었다. 그리고 은 왕조 정복에 공이 컸던 동맹부족들은 전공에 대한 포상을 바라고 있었다. 이같이 어려운 환경과 여건 속에서 주 왕실은 개국의 기틀을 준비하지 않으면 안 되었는데 개국의 기틀로서 채택된 것이 봉건제도(封建制度)였다.

무왕은 은 왕조를 멸한 후에 은왕 주(紂)의 아들 무경녹부(武庚祿父)를 은 왕실 고지에 분봉하여 그의 조상제사를 받들게 하고23) 만일의 경우를 대비하여 그 주변에 아우 관숙(管叔), 채숙(蔡叔), 곽숙(霍叔)을 분봉하여 무경녹부를 감시하게 하였는데 이것이 삼감(三監)의 설치였다.[24] 이같이 무왕은 무경녹부 주변에 삼감을 설치하여 은 유민의 반란 가능성을 대비한 후에 계속해서 제후의 분봉을 실시하였다.

"무왕은 제후들을 분봉하고 종묘 제사에 사용되는 종이(宗彛)를 골고루 나누어 하사하였다. … 무왕은 선대 성왕들을 추념하여 신농의 후손을 초(焦), 황제의 후손을 축(祝), 요의 후손을 계(薊)에 각각 포상하여 봉했다. 또 공신, 모사들을 봉하였는데… 사상보를 영구(營丘)에 봉하여 제(齊)라고 했으며 동생 주공단을 곡부(曲阜)에 봉하여 노(魯)라고 했다. 소공 석을 연(燕)에 봉했으며 동생 숙선을 관(管)에 봉했고 동생 숙탁을 채(蔡)에 봉했다. 나머지도 각기 차례에 따라서 봉해졌다(封諸侯 班賜宗彛 … 武王追思先聖王 乃襃封神農之後於焦 黃帝之後於祝 帝堯之後於薊 帝舜之後於陳 大禹之後於杞 於是封功臣謀士 而師尙父爲首封 封尙父於營丘 曰齊 封弟周公旦於曲阜 曰魯 封召公奭於燕 封弟叔鮮於管 襃弟叔度於蔡 餘各以次受封)."[25]

무왕은 이같이 전대 성왕들의 위업을 기리어 신농씨 자손을 초(焦), 우 자손을 기(杞), 요의 자손을 계(薊), 순의 자손을 진(陳)에 봉하고 또 은 왕조 정벌에 공이 컸던 공신들을 분봉하였는데 이 중에서도 공이 가장 컸던 태공망 여상(呂尙)은 제(齊), 무왕의 동생이었으며 공이 컸던 주공 단(旦)은 노(魯), 소공석(召公奭)은 연(燕)에 봉하였으며 여타의

---

23) 『史記』, 3 : 126.
24) 위 책, p. 126. 三監의 분봉은 은 왕실의 직할지를 통치하고 또 만약에 발발할지 모르는 반란에 대비하기 위해 주공의 동생인 관숙, 채숙, 곽숙을 각각 管·蔡·霍의 제후로 봉하여 무경 및 은 왕조의 잔여세력을 감시케 하였는데 이것이 三監의 설치였다. 그러나 이 중에서 곽숙의 분봉 여부 그리고 분봉 지역에 대해서는 아직 논란이 많다.
25) 『史記』, 3 : 126.

부족들도 차례로 제후로 분봉하였다. 이같이 무왕은 은 왕조를 멸한 후에 일족과 동맹부족들을 각지의 전략적 요충지에 제후들로 분봉하고 제기(祭器)를 하사하였는데 이때 분봉된 제후 수효가 얼마였는지는 알 수 없다.

그러나 전대 성왕들의 자손들이 분봉되고 건국에 공이 컸던 태공망 여상(呂尚)이 분봉되었으며 일족이었으며 공신이었던 주공단과 소공 석 형제들을 분봉되었던 사실을 감안하면 무왕은 일족과 비일족을 가리지 않고 공훈에 따라서 분봉했으며 또 수도 호경과 은 왕조 수도 안양을 중심으로 한 전략적 요충지에 분봉하였을 것으로 생각된다.

이후 무왕은 홀연히 풍읍(豐邑)으로 귀환하였는데 귀환 2년 만에 사망하고 나이 어린 성왕(成王)이 즉위하였다. 무왕의 홀연한 사망과 나이 어린 성왕의 즉위는 아직 개국의 기반이 공고하지 않았던 주 왕실에게는 정치·군사적으로 일대 위기였으므로 무왕의 동생이었으며 개국에 공이 컸던 주공(周公)이 성왕을 보좌하여 섭정을 행하였다. 그러나 주공의 섭정은 삼감의 일원이었던 관숙과 채숙 및 다른 일족들의 의혹과 불만을 야기하였다.

또 무왕 사망과 나이 어린 성왕 즉위와 삼감의 주공에 대한 불만은 망국 후에 부흥의 기회를 노리고 있던 무경녹부를 중심으로 한 은 유민들에게는 절호의 기회를 제공하였다. 이에 무경녹부는 은밀히 은 유민을 규합하면서 산동반도에 있던 엄국(奄國)과 내통하고 주공에 불평이 많은 관숙·채숙과 결탁하여 주 왕실에 대해서 대대적인 반란을 일으켰다.

이같이 대대적인 반란에 직면한 주공은 주 일족과 동맹부족을 규합하여 원정대를 조직하고 주공 자신이 원정대를 이끌고 동방원정을 단행하였다. 이 동방원정은 3년이 걸렸는데 주공은 먼저 무경녹부를 주살하고 주(紂) 서자 미자(微子)를 송(宋, 하남성 상구현)에 봉하여 은 왕실

제사를 받들게 하고 동생 강숙(庚叔)을 주변의 위(衛)에 봉하여 감시하
도록 하였다. 그리고 계속 동방으로 진격하여 산동반도의 동북 발해만
연안 지역까지 진출하여 은 왕조의 잔여세력을 일소하고 인방(人方)
등의 동이(東夷) 세력까지 완전히 분쇄하였으므로 동방의 광대한 지역
이 주 왕조의 세력 하에 들어오게 되었다.[26]

　　이같이 은 유민들의 반란을 진압하고 동방의 광대한 영토까지 소유하
게 된 주공은 제2차로 주 왕실의 자제, 원근의 일족 그리고 동맹부족들을
광활한 정복지에 대규모로 분봉 배치하여 은 유민의 감시와 주변 이적들
의 준동과 반란에 철저히 대비하였다. 주공의 제후 분봉 상황을 보면
『사기』「주본기」에는 상세한 기록이 없다. 주공의 제후 분봉에 대한
기록은 『춘추좌전』에 비교적 상세히 서술되어 있다.

　　"옛날 주공은 … 친척을 제후로 봉하여 주 왕실의 번병으로 삼았다.
　　관(管), 채(蔡), 성(郕), 곽(霍), 노(魯), 위(衛), 모(毛), 담(聃), 고
　　(郜), 옹(雍), 조(曹), 등(滕), 필(畢), 원(原), 풍(酆), 순(郇) 등의
　　나라에는 문왕의 아들들을 봉하고 우(邗), 진(晉), 응(應), 한(韓)
　　등의 나라에는 무왕의 아들들을 봉하고, 범(凡), 장(蔣), 형(邢), 모
　　(茅), 조(胙), 제(祭) 등의 나라에는 주공의 자손들을 봉하였다(封建
　　親戚 以藩屛周室 管 蔡 郕 霍 魯 衛 毛 聃 郜 雍 曹 滕 畢 原 酆
　　郇 文之昭也 邗 晉 應 韓 武之穆也 凡 蔣 邢 茅 胙 祭 周公之胤也)."[27]

---

26) 武庚祿父의 반란에 대한 周公의 원정은 3년이 소요되었다.『呂氏春秋』에 의하면 이
　　원정 중에 400~800여 국을 멸하였다고 기술하고 있고 『逸周書』에는 99여 국을
　　멸하고 625여 국을 복속시켰다고 기술하고 있다. 이 같은 기록을 그대로 믿을 수
　　없으나 주공이 이 원정으로 은 왕조의 잔여세력을 일소하고 당시까지 관망하고 있던
　　방·읍·국들이 주 왕조에 복속하였으므로 황하 중·하류의 광대한 동방지역이 주
　　왕조 세력권으로 편입되었다.
27) 『左傳注疏及補正』, 15 : 28a

위의 기록에 의하면 주공의 동정 이후 주 왕실의 정치·군사적 안정과 이해관계에 따라서 주 왕실의 자제와 원근의 일족을 전략적 요충지에 분봉 배치하였는데 모두 26개의 제후국을 기록하고 있다. 이 26개의 제후국 중에서 관(管), 채(蔡), 곽(霍), 고(郜), 노(魯), 위(衛), 모(毛), 빙(騁), 옹(雍), 조(曹), 등(藤), 엽(燁), 원(原), 추(鄒)는 문왕의 후손에 게 봉해졌으며, 진(晉), 응(應), 한(韓)은 무왕의 자손에게 봉해졌고, 나머지 6개국 범(凡), 장(蔣), 형(邢), 서(茅), 조(胙), 제(祭)는 주공의 후손에게 각기 분봉되었다.

그러나 주대 제후국 분봉은 이것으로 그치지 않았다. 주대 제후의 분봉은 정치·군사적 필요에 의해서 계속되었는데 서주 시대 분봉된 제후의 수효에 대해서는 기록마다 다르고 또 근래 학자들의 연구도 다양하여 정확한 수효는 사실 확인하기가 불가능하다. 그러나 서주 시대의 단편적인 자료, 춘추전국 시대 자료 및 근래 학자들의 연구를 종합해서 추리해보면 어느 정도의 제후국 수효, 위치 및 출신을 파악할 수 있다. 먼저 주 제후국의 수효에 대해서 춘추전국 시대 말기에 편찬된 것으로 간주되는 『순자』에는 다음과 같이 기록되어 있다.

"천하를 겸병하여 71개의 제후국을 세웠는데 희성 제후가 오십삼인이 었다(兼制天下 立七十一國 姬姓獨居五十三人…)."[28]

위 글은 주 왕실이 은 왕조를 멸하고 주 왕조를 건국하였을 때 71개의 제후국을 세웠는데 이 중에서 53개국이 희성제후국이었고 나머지는 이성제후국이었다고 기록하고 있다. 집해(集解) 주소에 의하면 희성제후 53인 중에서 주 왕실의 형제가 15인이었으며 나머지는 희성 일족

---

28) 『荀子集解』, 4 : 73.

중에서 분봉되었다고 해석하고 있다. 이같이 주 왕조 초기에 분봉된 제후국은 모두 71개 국이었는데 이 중에서 희성제후국이 절반 이상이었던 것을 알 수 있다. 또 『춘추좌전』에는 서주 시대 제후국이 55개국으로 기록되어 있다.

> "옛날 무왕이 상(商)나라를 멸하고 천하를 얻었을 때 형제 제후가 15인이었고 희성 제후들이 40인이었다. 모두 친척들을 분봉한 것이다 (昔武王克商 光有天下 其兄弟之國者 十有五人 姬姓之國者 四十人 皆擧親也)."[29]

이 『춘추좌전』 중의 기록은 무왕의 형제 15인과 희성의 일족 40인이 제후로 분봉되었는데 이것은 서주 시대에 희성제후국이 모두 55개국이 었음을 말하고 있다. 그리고 『사기』에는 서주 시대에 희성제후국이 56개국이었다고 기록하고 있는데[30] 이 같은 기록을 종합해보면 서주 시대 희성제후국이 55 내지 56개국이 있었을 것으로 추측된다.

또 이성제후에 대해서 살펴보면 앞서 언급한 바와 같이 주의 은 왕조 정벌 시에 많은 이성부족들이 참여하여 전공을 세웠기 때문에 주 왕조 건국 후 제후로 분봉되었다. 우선 전대 성왕의 자손들과 은 왕조에 복속하고 있다가 주 왕조가 건국되자 주 왕실에 복속한 제후국도 많았는데 이 같은 이성제후국의 수효가 얼마였는지는 역시 확실히 알 수 없다.

송대 마단림(馬端臨)은 45개국의 이성제후국과 성(姓)을 확실히 알 수 없는 31개의 제후국을 열거하면서[31] 희성제후국과 이성제후국을 포함한 전체 제후국 수효는 133개 국이었을 것으로 추정[32]하고 있다.

---

29) 『左傳注疏及補正』, 4 : 73

30) 『史記』, 17 : 801.

31) 馬端臨, 『文獻通考 2編』, 上海 : 商務印書館, 1936, pp. 2065-2093.

32) 위 책, pp. 2065-2093.

진반(陳槃)은 176개국,[33] 헨리 마스페로(Henry Maspero)는 100여
국은 너무 적은 수효라고 하고,[34] 여동방(黎東方)은 170개국,[35] 고동
고(顧棟高)는 209국이었다고 주장하고 있다.[36] 이같이 서주 시대 제후
국 전체 수효에 대해서는 기록과 연구가 너무 상이하여 종잡을 수 없는데
여러 기록과 연구를 종합해보면 서주 시대 제후국의 전체 수효는 희성제
후국과 이성제후국을 포함해서 100~170여 국이었을 것으로 생각된다.

또 서주 시대 제후의 출신과 씨족배경을 살펴보면 앞에서 설명하였던
바와 같이 희성제후국은 55개국 내지 56개국이었는데 이 중에서 26개국
은 문왕, 무왕 및 주공의 자손들에게 분봉되었으며 나머지 29개국 내지
30개국은 주 왕실의 일족과 개국 이전 주 세력의 일부를 형성하고 있던
희성 부족이었을 것으로 추정된다.[37]

또 희성 이외의 이성제후국의 출신씨족 배경과 제후국을 헤아려보면
강(羌), 사(姒), 규(嬀), 영(嬴), 조(曹), 기(祁), 기(己), 서(芓), 외(隗),
언(偃), 풍(風), 귀(歸), 운(妘), 웅(熊), 길(姞), 임(任), 자(子), 만(曼),
동(董), 요(姚)의 21개 씨족이 참여하였고[38] 이 씨족 중에서 분봉된
제후국은 아래와 같다.

---

33) 陳槃, "春秋大事表列國爵姓及存滅表證異中,"『中央研究院歷史語言研究所集刊』, No.
   26, 27, 28, Pt. 1, 29, Pt. 1, 31, 32, 33.
34) Henry Maspero, *China in Antiquity*, trans., by Frank A. Kierman Jr., Chatham
   : The University of Massachusetts Press, 1978, p. 58.
35) 黎東力, "春秋戰國編,"『中國歷史通編』, 重慶 : 商務印書館, 1944, p. 65.
36) Ku Tung-Kao, Ch'um-chiu ta-shih pia(Preface dated 1748), table 5, pp.
   1a-15a. Paul Wheatley의 The Pivot of the Four Quarters에서 인용. Paul Wheatley
   는 西周시대 제후국의 수효가 기록마다 그리고 시대에 따라 다른 이유를 일방적인
   첨가 또는 삭감했기 때문이라고 설명하고 있다. Paul Wheatley, *The Pivot of The
   Four Quarters*, Edinburgh: University of Edinburgh Press, 1971, p. 195 참조.
37) 李春植, "The Nature and Function of the Tributary System in Western Chou
   Times,"『中國學論叢 : 金俊燁教授華甲紀念』, 1983. p. 210.
38) 위 논문, pp. 210-211.

강(羌): 축(部), 주(州), 봉(奉), 향(向), 허(許), 래(萊), 려(厲),
　　　여(呂), 신(申).

사(姒): 감관(斟灌), 기(杞), 호(扈), 관(觀), 월(越). 규(嬀): 수(遂),
　　　진(陳).

영(嬴): 진(秦), 강(江), 서(徐), 황(黃), 곡(穀), 엄(奄).

조(曹): 주(邾), 소주(小邾).

기(祁): 도(鑄).

기(己): 거(莒), 곤오(昆吾), 담온(郯溫).

서(芉): 초(楚), 기(夔).

외(隗): 현(弦).

언(偃): 서(舒), 삼(蓼), 육(六), 서구(舒鳩), 서료(舒蓼), 서용(舒庸),
　　　동(桐), 서씨(舒氏), 유(有).

풍(風): 수구(須句), 임(任), 유(臾), 숙(宿).

귀(歸): 호(胡).

운(妘): 회(檜), 이(夷), 핍양(偪陽).

웅(熊): 라(羅).

길(姞): 임(姙), 밀수(密須), 남연(南燕), 핍(偪).

임(任): 설(薛).

자(子): 송(宋), 담(譚).

만(曼): 등(鄧).

동(董): 종(鬷).

요(姚): 유우(有虞).

　이상과 같이 주 왕조의 이성제후는 적어도 21개 이상의 이성부족으로
구성되었다.[39] 앞에서 언급한 바와 같이 이 중에서 송(宋)은 은왕 주
(紂)의 서자 미자(微子)에게 분봉되어 은 조상의 제사를 받들게 하고

제(齊)는 개국 이전부터 주족의 강력한 동맹부족이었고 주의 은 왕조 정벌 시에 결정적 공헌을 하였던 강족의 태공망 여상(呂尙)에게 주어졌다. 회(檜)와 기(杞)는 요의 자손, 진(陳)은 순의 자손에게 분봉되었으며 서(徐), 임(任), 핍(偪), 숙(宿) 등의 제후국은 원래 은 왕조에 복속하고 있었으나 은 왕조가 망하고 주 왕조가 건국되자 주 왕실에 복속하였던 종래의 이성제후국이었다. 또 노(魯)와 연(燕)은 주공과 소공에게 분봉되었는데 이것은 주공과 소공은 희성 일족이었을 뿐만 아니라 주 왕조 건국에 혁혁한 공을 세웠기 때문에 그에 대한 포상으로 분봉된 것이다.

이와 같이 주 왕조의 제후들은 주 왕실을 중심으로 희성의 제후, 동맹부족의 이성제후, 성왕의 자손 및 기존의 토착제후들로 구성되었으며 그 출신 배경과 성격이 다양하고 이질적이었음을 알 수 있다.[40] 다음 장에서는 이 같은 제후국의 성격을 알아보자.

---

39) 위 논문, pp. 210-211.
40) 『史記會注考證』, 5 : 9.

4. 제후의 봉읍(封邑)·작읍(作邑)과 성읍국가

　서주 시대 제후 임명과 분봉은 석명예식(錫命禮式)을 거쳐서 진행되었다. 석명예식은 주 왕실의 태실(太室) 또는 태묘(太廟)에서 거행되었는데 참석인원은 주왕 및 근신의 내사(內史)와 수명의 제후 및 피봉될 제후 본인이었다.[41] 이 같은 인원으로 구성된 석명예식은 일정의 의례와 격식을 갖춰 엄숙히 거행되었다. 먼저 동편(銅片)으로 제작된 임명장의 내용이 크게 낭독되었는데 내용은 피봉될 제후 조상들의 주 왕실에 대한 공적을 열거하고 제후로 임명될 본인의 충성을 다짐하는 것이었으며 이에 대한 본인의 충성 서약이 있었다.[42]

　새로 분봉된 제후들은 종래의 토착 제후들을 제외하고는 주왕으로부터 봉지, 백성, 일단의 병력과 기능인, 복인(卜人), 국가 경영 지침 그리고 씨(氏), 작위(爵位), 기물(器物) 등을 받았다. 엄숙한 예식을 마치고 책명(策命)을 받은 제후들은 일족을 이끌고 분봉된 봉지로 출발하여 제후국을 건립하였는데 이 같은 석명예식의 진행과 분봉 과정이 가장 상세히 전해지고 있는 것이 노국(魯國)의 분봉 과정이다.

---

41) 陳漢平, 西周冊命制度硏究, 上海 : 學林出版社, 1986, p. 116.
42) 齊思和, 「西周錫命體考」, 『燕京學報』, 第32期, 1947, pp. 203-205.

"숙부여 당신의 맏아들을 노 나라의 제후로 삼겠소. 당신의 나라를
크게 이끌어 주나라 왕실을 보좌해주시오. 이에 노공 백금(白禽)에게
명하여 동쪽 나라의 제후를 삼고 산천, 땅과 밭 그리고 옆에 붙은
부용국들을 하사하였다(王曰 叔父 建爾元子 俾侯于魯 大啓爾宇 爲周
室輔 乃命魯公 俾侯于東 錫之山川 土田 附庸)."[43]

이것은 주 성왕이 주공의 아들 백금(白禽)을 노국 제후로 봉할 때의
장면이다. 여기에서 노국 제후로 봉해진 백금은 주 왕실의 번병(藩屛)
이 되는 조건으로 농경지, 산, 강과 주변의 군소 부용국을 포함한 광대한
영토를 받았다. 그런데 백금은 제후로 분봉되고 영토만 받은 것이 아니
었다.

"주공의 아들 노공에게 천자가 타는 대로(大路), 용을 그려 넣은 깃발,
하(夏) 임금이 지녔던 옥(玉), 번약(繁弱)의 큰 활 그리고 은 나라의
조씨, 서씨, 소씨, 색씨, 장작씨, 미작씨의 6족을 나누어 주고 종족을
거느리고 흩어진 친족들을 모아 다스리며 주공을 본받도록 하였다(分
魯公以大路大旅夏后氏之璜 封父之繁弱 殷民六族 條氏 徐氏 蕭氏 索
氏 長勺氏 尾勺氏 使師其宗氏 輯其分族 將其類醜 以法則周公)."[44]

이같이 백금은 영토뿐만 아니라 의식용의 대형마차와 깃발, 하후씨
(夏后氏)의 보물 그리고 큰 활(大弓) 등을 하사받았다. 이 중에서 대형마
차와 깃발은 노공의 주왕에 대한 조근 시에 필요했을 것이며 입조 시에
노공의 위계를 상징하였을 것이다. 큰 활은 아마 노공이 주 왕실을
대신하여 주변 이적들을 정벌할 수 있는 정벌권의 위임을 의미했을

---

43) 『毛詩正義』, 20-2 : 3b.
44) 『左傳注疏及補正』, 54 : 25a.

것이다. 다음으로 백금은 은 유민의 6개 씨족들을 분배받았는데 이들
은 유민들은 백금에게 인솔되어 봉지인 곡부(曲阜)로 이주하여 노국
건립에 사역되었으며 이후 노국 백성들의 주류를 형성하였다.

이 외에도 백금은 곡부로 분봉되어 떠날 당시에 주왕으로부터 노국
건립에 필요한 여러 가지의 인적, 물적 지원을 받았다.

> "비옥한 토지와 대축(大祝), 종인(宗人), 대복(大卜), 대사(大史),
> 기물, 서책, 제사 용기 그리고 상(商)과 엄(俺) 나라 백성들을 나누어
> 주었다(分之土田陪敦 祝 宗 卜 史 備物典册 官司彝器 因商俺之民命以
> 白禽)."[45]

이같이 백금은 토지와 은 유민들을 지급받은 외에 유사(有司), 제기,
정인(貞人), 사인(史人), 비물(備物), 전책(典策) 등의 건국 과정에
필요한 인적, 물적 지원을 받았다. 또 『춘추좌전』에는 노국 외에 위국(衛
國)에 봉해진 강숙(康叔)과 진국(晉國)에 봉해진 당숙(唐叔)도 백금과
마찬가지로 토지와 은 유민들을 지급받았고 또 건국 과정에 필요했던
여러 가지의 인적, 물적 지원을 받았다고 기술하고 있다.

이 같은 사실을 종합해보면 노국의 분봉과 개국 과정은 반드시 노국에
국한되어서 시행된 것만이 아니고 당시 주왕으로부터 분봉된 모든 제후
들은 종래의 토착 제후들을 제외하고는 이 같은 과정을 거쳐서 분봉
건국되었을 것으로 생각된다. 이같이 일단의 병력과 기능인, 정인 그리고
제후 일족과 은 유민으로 구성된 제후집단은 새로운 봉지에서 어떠한
곤경과 난관도 극복할 수 있는 무장이민집단이었다고 할 수 있다.[46]
그러나 이 같은 제후의 무장이민집단도 새로운 봉지에 도착하면 소수

---

45) 『左傳注疏及補正』, 54 : 25a.
46) 杜正勝, 『周代城邦』, 臺北 : 聯經出版事業公司, 1979, p. 22.

집단에 불과하였다. 이들은 봉지의 자연환경과 지리에 생소하였으며 주변에는 신석기 시대 이래로 거주하여오던 무수한 토착부족들이 할거하고 수시로 적대적 행위를 감행하였다. 그러므로 생소하고 고립된 조건과 적대적인 환경 속에서 제후집단은 일족 안전과 자위 방법을 강구하지 않을 수 없었으므로 전략적 요충지에 성읍을 조성하여 정치·군사적 세력기반을 확보하였는데47) 이것이 『시경』과 『상서』에 보이는 작읍(作邑) 또는 봉읍(封邑)이었다.48)

제후가 봉지에 도착하면 정치·군사적 이유에서 성읍 조성이 필수적이었으므로 먼저 읍지(邑地)를 선정하였다. 읍지는 복인들이 지질, 지형, 음양, 급수원 등을 포함한 정치·군사적 여러 요인을 감안하여 선정하였는데 위치를 보면 대개 물을 구하기 쉬운 강변의 구릉 또는 둔덕이 많았다. 이같이 복인에 의해 읍지가 선정되면 제후 일족과 예속된 유민들 그리고 토착민들에 의해 성읍이 조성되었다. 그 과정을 보면 황토로 빚어진 토성을 쌓아 성읍을 조성하였는데 그 모양은 정사각형 아니면 직사각형이었다. 크기는 지역과 위치에 따라 달랐는데 소읍은 일변이 약 1000m 정도였으나, 대읍은 8000m나 되는 경우도 있었다. 그리고 읍 방향은 대체로 남쪽을 향하여 건축되었다.

성읍 내부에는 중앙에 조상신을 모시는 종묘가 있고 종묘 주변에는 사(社)와 직(稷)의 제단이 있었으며 그 주변에는 제기·예기 등을 저장하는 저장소, 무기고 및 지배씨족의 궁궐과 거주지, 작업장 등이 위치해 있었다. 또 좀 더 멀리는 일반 서인들의 주거지가 있었으며 성읍 주변에는 교외, 목초지, 들판, 임야 등이 있었는데 이것이 제후의 성읍 즉 국(國)의 조성이었다.49) 또 제후는 자신의 정치·군사적 세력 기반이었던 국을

---

47) 위 책, p. 26.
48) 趙光賢, 『周代社會辯析』, 北京 : 人民出版社, 1980, p. 114.
49) Ch'eng Te-Kum, *Archaeology in China*, Vol. Ⅲ, Cambridge : University of Toronto Press, 1963, p. 120.

조성한 다음에는 그 주변의 토지를 다시 그의 일족들에게 분배하여 성읍을 조성하도록 하였는데 이것이 경·대부의 채읍(采邑)이었다. 제후와 경·대부 간의 상호 관계는 종법질서에 의하여 제후를 정점으로 긴밀히 결속되어 있었는데 이것이 제후국 수립이었다.

각 제후국의 사회구조는 제후를 정점으로 한 지배계층과 농경에 종사했던 서인들로 구성되었다. 제후는 국군(國君)으로서 정치·군사상의 최고 책임자였으며 제후 일족의 수장이었다. 제후의 자제와 일족으로 구성된 경·대부들은 지배층을 형성하고 제후를 정점으로 강력히 결속하고 국가의 제사, 군사, 정치 등의 국사를 담당하였다. 그리고 제후 일족과 함께 이주하여 왔으나 지배층에서 탈락된 후손들은 사(士) 계층을 형성하였다. 이 사 계층은 원래 지배층에 속했기 때문에 귀족들이 소유했던 학식과 예의를 갖추었으며 평시에는 서인들을 지배하고 농경을 관리하였으며 전쟁 시에는 갑사(甲士)로서 출동하여 군의 주력을 형성하였다. 경·대부 등의 대부 계층과 사 계층을 포함해서 이들을 국인(國人)이라고 하였으며 이 국인들은 소속해 있는 국명에 따라 송인(宋人), 노인(魯人), 정인(鄭人), 채인(蔡人) 등으로 불렸다.50)

국인 계층 아래에는 일반 평민 계층이 있었다. 당시에는 망(氓), 상(相), 민(民), 백성(百姓)이라고 불렸으며, 주로 은 유민과 토착민으로 구성되었다. 청동기, 도기, 무기 등의 제조기술이 있는 공인(工人)들은 봉건귀족에 예속되었으며 그 외의 일반 평민은 농경에 종사하였다. 그러나 이들 평민들은 초기에는 그들 고유의 씨족제도와 조직을 유지하면서 주족에게 복속하였으며 조공 형태의 조세를 부담한 것 같다.51)

그러나 주족의 우수한 무력과 청동기 등의 선진문화와 농경기술은 토착민을 압도하였다. 그리고 새로운 농경지 개간과 관개수리 작업

---

50) 貝塚茂樹,『孔子』, 東京 : 岩波書店, 1970, p. 27.
51) Wolfram Eberhard, *Conquers and Rulers*, Leiden : E. J. Brill, 1970, p. 31.

등은 방대한 노동력과 장비를 요구하였으며 또 이를 기획하고 추진할 수 있는 어떤 권위와 통솔력이 필요하였다. 이에 따라서 광대한 농경지 개간, 제방 축조, 관개수리사업의 계획과 추진은 제후를 중심으로 한 주족이 담당하고 노동력은 토착민이 제공하였는데 이 같은 거대한 공사 추진과 협동노동은 상호 간의 거리감을 좁혔다.

또 제후가 봉지로 이주하였을 때 대동하였던 수공인들은 새로운 읍에서 무기와 일상생활품을 생산하였을 뿐만 아니라 농경지의 확대, 관개 수리시설, 제방축조에 필요한 제반 기구와 장비를 제작하여 공급하였다. 이에 따라 성읍 주변의 토착민은 발달된 생활필수품 구입과 농경에 필요한 농구를 구하기 위해 성읍에 자주 출입하였으므로 읍은 그 지역 일대 생활권의 중심이 되었다. 그리고 이 같은 과정을 거쳐서 주족과 토착민 간의 거리감은 점차로 소멸되고[52] 마침내 제후의 백성들로 정착하게 되었다.

또 국을 중심에 둔 읍의 기능과 역할을 살펴보면 앞서 언급한 바와 같이 읍의 중앙에는 종묘가 있었다. 이 종묘에서 조상신과 씨족신을 위한 제사가 주기적으로 거행되었으며 주기적으로 거행되는 제사를 통해 조상의 영령과 그 자손들이 영적으로 교감하고 이를 통해 공동조상의식과 공동혈연의식을 확인하고 그 결속을 공고히 하였다. 또 종묘는 제후 즉위, 세자 책봉, 전쟁 등을 포함한 국가의 중요 정책과 행사를 의논하고 결정했던 장소였다. 이러한 의미에서 볼 때에 종묘가 안치된 읍은 지배계층 일족의 종교적·의례적 신성지역이었을 뿐만 아니라 정치·군사적 중심지였다고 할 수 있다.[53]

또한 제후와 그 일족들은 읍과 주변의 농경지를 관리하고 서인들을

---

52) Glenn T. Trewartha, "Chinese Cities: Origins & Functions," *Annals of the Association of American Geographics*, Vol. XLⅡ, No. 1, March, 1952, p. 21.
53) K. C. Chang, op. cit., p. 68.

감시 보호하고 외부의 침입과 약탈을 방지하기 위해서는 무력이 필요하였다. 각 제후국 병력 규모에 대해서는 자세히 알 수 없으나 대제후국은 삼군을 소유하고 소제후국은 이군 혹은 일군을 소유하였던 사실을 보면 당시 제후국은 국의 크기에 따라 일정의 상비군을 보유하고 이 상비군으로 읍과 주변의 농경지를 감시 보호하였으며 외부의 침입과 약탈을 저지하였을 것으로 생각된다.

또 주대 읍들은 종법질서에 의해서 위계적으로 연결되었다. 주왕은 천자였으면서 제후의 대종(大宗)이었고 제후는 국군(國君)이었으면서 주왕에 대해서는 소종이었고 경·대부에 대해서는 대종이었다. 그리고 경·대부는 제후의 소종이었는데 주대의 읍들은 이 같은 봉건귀족 간의 위계적 종법질서에 의해 그 서열이 결정되었다. 그러므로 왕도 호경은 종주(宗周), 제후는 종국(宗國), 경·대부의 채읍은 종읍(宗邑)이라고 하였으며54) 왕도 호경을 중심에 둔 읍 간의 차등적 질서는 왕·제후·경·대부 등의 정치질서와도 일치되었는데 이것은 군통(君統)과 종통(宗統)이 일치되었던 사실을 말하고 있다.55)

이 같은 사실을 종합해보면 서주 시대의 제후국은 정치적으로는 제후와 그 일족을 중심으로 강력한 지배씨족이 통치하는 자주적 집단이었고, 경제적으로는 주변의 농경지를 기반으로 한 자급자족의 집단이었고, 군사적으로는 제후를 정점으로 강력한 무력을 옹유한 무력집단이었다. 따라서 제후국은 비록 주 왕실로부터 분봉되고 종법질서에 의해 주 왕실과 위계적 혈연관계를 형성하고 또 주왕에게 주기적인 조근과 공납 이행을 통하여 복속하고 있었지만 제후국의 기본적 구성과 성격은 은 왕조의 방읍연맹을 구성하고 있던 방·읍·국의 성읍국가와 같이 본질적으로 자주적이었다.

---

54) 趙光賢, 앞 책, p. 105.
55) 李宗侗, 앞 책, pp. 210-211.

이같이 주 왕조의 봉건제도를 구성하고 있는 제후국은 성격이 다양하고 이질적이었으며 제후국 수효도 100~170여 국에 달했다. 그리고 각 제후를 정점으로 정치·경제·군사적으로 자주적이었으므로 주왕은 이 같은 제후국을 통어하기 위해 은 왕조에서와 같이 고도의 통어력이 필요하였다.

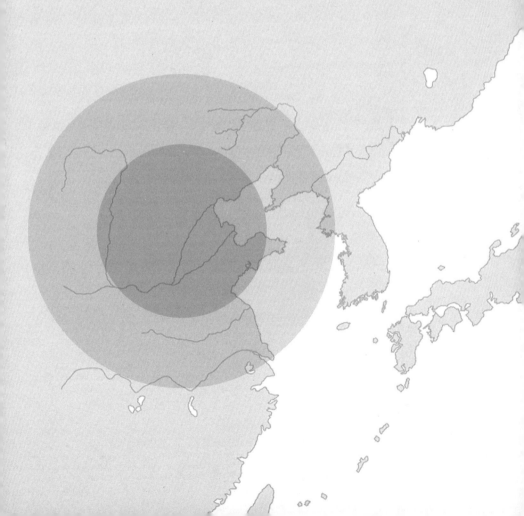

III

은·주 왕조 시대 제후 조공의 실체와 성격

1. 은 왕조의 제후 통어책과 조공

1) 은 왕조의 내복 · 외복제도와 원시관료의 출현

은 왕조의 방백, 제후에 대한 통어책과 방법은 정문(貞問), 원시적 관료제도, 제사, 무력 등의 다양한 제도와 방법으로 구성되었는데 이 중에서 통치근간은 무력이었다. 은 왕조의 무력과 군제를 살펴보기 위해서는 먼저 은 왕조의 사회조직을 살펴보지 않을 수 없다. 은 왕조 사회조직의 기층은 수많은 족(族)으로 구성되었다.[1]

은대의 족 또는 씨족은 토템사회 이래 내려온 특정의 혈연을 매개로 형성된 혈연집단이었으므로 각 족은 상호 간에 혈연이 다른 집단이었다.[2] 또 갑골문에 의하면 족(族) 자는 화살과 깃발로 구성되었는데 화살은 전쟁, 깃발은 무리를 표시하고 있으므로[3] 족은 군사적 단위였던 사실을 말하고 있다.[4] 이 같은 은대의 족 또는 씨족은 평시에는 각자의

---

1) 白川靜, "殷の基礎社會," 『立命館創立五十週年紀念論文集 大學篇』, 1951, p.260. 丁山 은 '族'과 '氏族'은 같은 것으로 銅錢의 양면으로 서술하고 있다. K. C. Chang, *Shang Civilization*, New Haven : Yale University Press, 1980, p. 163.
2) K. C. Chang, 위 책, p. 163.
3) 丁山, 『甲骨文所見氏族及其制度』, 北京 : 科學院出版社, 1956, p. 33.
4) K. C. Chang, 위 책, p. 195.

읍에 거주하면서 농경에 종사하고 있었으며 유사시에는 족장을 따라 전쟁에 참가하였다.5) 그러므로 은 왕조의 기본적 군사조직은 혈연을 기초로 한 씨족제도에 기반을 두었다고 할 수 있다.

또 은대에는 군대를 '사(師)'라고 불렀는데6) 은왕, 방백, 제후의 직접 지휘 하에 있었던 것 같다. 무정(武丁) 시대에는 좌중우의 삼사(三師)가 있었으며 무을(武乙) 시대에는 '삼사'가 '육사'로 확대되었으나7) 각 '사'의 병력 수는 정확히 알 수 없다. 은대에는 '여(旅)'라고 부르는 상비군이 있었다. 이 '여'는 좌중우의 삼군으로 조직되었는데 전투부대였던 것은 분명하다. 또 복사에는 중수(中戍), 좌수(左戍), 우수(右戍) 등과 같이 '수(戍)'에 관한 기록이 많이 있는데 국경지대에서 수비를 맡았던 병력이었을 것으로 생각된다.8) 또 은왕의 일족으로 구성된 일종의 근위부대도 있었다.

이 근위부대는 은 왕조 지배씨족의 중핵을 이루고 있는 왕족(王族), 다자족(多子族), 다부족(多婦族)으로 구성되었다.9) 왕족은 혈연적으로 가장 가까운 선왕과 현왕의 형제와 자손의 왕손들로 구성되었다. 이 왕족은 은왕의 친위병으로 근무하였고, 은왕의 유고 시에는 왕위 계승자를 배출하였는데 은왕도 왕위에 오르기 전에는 이 왕족의 일원이었다. 다자족은 은 왕실의 자제 근친 및 은 왕실과 통혼관계에 있던 연맹의 방·읍·국 지배씨족의 자제들로 구성되었다. 이들의 임무는 평시에는 교외에서 군사훈련에 열중하고 은왕의 수렵 시에는 수렵에 참가하고 왕실의 제사에도 참배하였다. 또 전쟁이 발발하면 은왕을 따라서 주력부대로 출동하였다. 다부족은 다른 씨족에서 은 왕실에

---

5) 위 책, p. 195.
6) 彭邦炯, 『商史探微』, 北京 : 重慶出版社, 1986, p. 92.
7) 위와 같음.
8) K. C. Chang, *Shang Civilization*, p.196. 彭邦炯의 앞 책, p. 93.
9) K. C. Chang, 위 책, pp. 165-166.

출가하여 온 부인들로 구성되었는데 총칭하여 다부(多婦)라고 하였다. 이들은 은왕의 명령을 받아 제사를 거행하고 은왕 측근에서 업무를 보좌하고 군사 원정에도 참여하였다. 그러나 보다 중요한 것은 이 다부족을 통해 연맹부족의 무력이 연계되어 있었다.[10]

주변의 적대적인 방(方) 또는 방국(方國)의 침공이 있게 되면 주변 제후들은 피해 상황을 은왕에게 보고하였으며[11] 은왕은 이에 대한 보복으로 토벌 명령 등을 내리고[12] 경우에 따라서는 병력을 징발하여 직접 출동하기도 하였다. 또 전쟁이 발발하면 은왕은 은족을 포함한 연맹의 방읍국에 대해 징병 및 출병의 권한을 갖고 있었는데 이것은 은왕과 연맹의 방읍 국간에는 주변 이적의 무력 침공에 대한 공동방어와 공동출병을 포함한 군사적 공수동맹이 체결되어 있었던 사실을 말하고 있다.

이와 같이 은 왕조의 무력은 왕족, 다자족, 다부족, 은 씨족의 병력과 연맹방읍의 병력으로 구성되었다. 은 왕조의 무력 규모는 자세히 알 수는 없지만 대개 5천 명 내지 1만 3천여 명이 참가했던 원정을 많이 감행했고 또 3천여 명의 포로를 일시에 획득했던 기록을 보면 은 왕조가 방대한 무력을 소유하고 군사 활동이 활발하였으며 공격적이었던 사실을 알 수 있다.[13]

은 왕조는 이같이 강력한 무력 기반 위에 원시적이었지만 관료제도를 구비하고 있었다. 앞서 설명하였지만 은 왕조는 왕도대읍이었던 상읍을 중심으로 내복과 외복의 이중으로 조직되었는데[14] 관료제도도 이중으

---

10) 貝塚茂樹, 『古代殷帝國』, 東京 : みすず書房, 1967, p. 236.
11) 羅振玉, 『殷墟書契前編』, 卷7, p. 40, 2片.
12) 羅振玉, 위 책, 卷4, p. 30, 1片. 殷契粹編, 1230片.
13) K. C. Chang, 앞 책, pp. 194-195.
14) 貝塚茂樹, "中國古代人の國家像," 『貝塚茂樹著作集』, 第一卷, 東京 : 中央 公論社, 1979, p. 87.

로 발달하였다. 먼저 내복의 관료제도를 살펴보면 『상서』「주고」편에
은대의 관료제도에 관한 언급이 있다.

> "내복에는 백료(百僚), 서윤(庶尹), 아(亞), 복(服), 종공(宗工), 백성
> (百姓), 리거(里居)가 있었다(越在內服 百僚庶尹 惟尹惟亞惟服宗工
> 越百姓里居)."[15]

이에 의하며 은왕은 직활지였던 내복에는 백료(百僚), 서윤(庶尹),
아(亞), 복(服), 종공(宗工), 백성(百姓), 리거(里居) 등의 관료들을
임명하여 통치하였다. 그러나 『상서』「주고」의 기록은 주대에 편찬된
것이기 때문에 신뢰하기는 힘들다. 하지만 갑골문의 기록을 살펴보면
은 왕조의 관직명으로 '㗊亞' '㗊⺂' '㗊古' 등이 보인다. '㗊亞' 는 '亞'의
뜻인데 이 '亞'는 『상서』「주고」와 「입정」편에도 보이고 있다.

> "왕이 말하기를 아 나의 우방의 총군(冢君)과 어사(御事) 사도(司徒),
> 사마(司馬), 사공(司空), 아려(亞旅), 사씨(師氏) … 의 사람들이여
> … (王曰 嗟我友邦 家君御事 司徒 司馬 司空 亞旅 師氏)."[16]

> "…사도(司徒), 사마(司馬), 사공(司空) 아려(亞旅) … 등의 적임자들
> 을 두었습니다(…司徒 司馬 司空 亞旅 羌, 微, 盧, 彭)."[17]

주소에 의하면 '목서'에서는 '아(亞)'를 '차(次)'로 해석하고 '입정'에
서는 사도(司徒), 사마(司馬), 사공(司空)을 삼경(三卿)으로 그리고

---

15) 『尙書注疏及補正』, 14 : 25b.
16) 위 책, 11 : 4b.
17) 위 책, 17 : 12b.

'아'를 '차경(次卿)'으로 해석하고 있다.『설문해자』에서도 '아'를 '차(次)' 또는 '부(副)'의 뜻으로 설명하고 있다.[18] 복사에서는 '아'가 '亞'로 나타나고 있는데 그 용도는 시대에 따라서 약간씩 다르다. 대체적으로 '다아(多亞)'로 많이 사용되고 있으며 또 '亞'를 통솔하여 전쟁에 종사하였다. 또 '아'는 세습적이었고 다백(多伯)들을 통솔하였으며 주족을 여러 번 정벌하였던 기록도 있다. 또 '려(旅)'와 함께 사용되어 '아려(亞旅)'로 나타나고 있는데 이 '려'는 원래 군려(軍旅)의 뜻이었다. 이 같은 사실을 종합해보면 '아'는 은왕에 봉사하고 있던 장수에 해당되는 무관이었던 것으로 생각된다.[19]

'다신(多臣)'은 복사에 보면 '王臣(王臣)' '小王臣(小王臣)' '小臣(小臣)' '藉臣(藉臣)' 등으로 나뉘어 있는데 '왕신'은 은왕의 측근에서 회의에 참석하고 있는 중신(重臣)이고 '소신'은 은왕 측근의 장수들이었으며, '적신(藉臣)'은 제사를 맡아보는 신하였다. 그리고 '소왕신'이 많이 보이는데 회의에 참석하는 '왕신'들을 지휘하고 제사를 담당하는 '적신' 등을 관할하고 있는 것으로 보아서 총재(冢宰)의 역할을 담당하였으며 세습직이었던 것 같다. '다군(多君)'은 제 2기 이외에는 발견되지 않고 있는 반면 '다윤(多尹)'은 각 기에 걸쳐서 나타나고 있어 '다군'과 '다윤'은 동일하였던 것으로 생각되는데 임무는 정벌, 제사, 건축, 농경 관리 등이었다.

이 같은 복사 중의 기록을 정리해보면 은 왕조의 내복 관료는 총재(冢宰), 다신(多臣), 다마(多馬), 다윤(多尹) 등으로 조직되었는데『상서』에서 내복 관료들로 언급된 백료(百僚), 서윤(庶尹), 아(亞), 복(服), 종공(宗工), 백성(百姓), 리거(里居) 등의 기록과 거의 일치함을 알 수 있다.[20] 이 외에도 복사와 금문에는 삼사(三事), 태사료(太史寮),

---

18)『說文解字』, p. 1282.
19) 위 책, p. 473.

경사료(卿史寮), 어사(御事) 등의 관명이 보이고 있는데 중국 고대사회에서 '사(事)', '사(史)', '사(祀)'는 같은 뜻으로 국가의 제사의례를 관장했다.[21] 그러므로 이들 관직명은 은 왕조의 제사를 관장했던 사관(祀官) 명칭이었을 것으로 생각된다.

무관 명칭으로는 위에서 언급한 것 외에 마(馬), 다마(多馬), 사(射), 다사(多射), 삼백사복(三百射箙), 다복(多箙), 견(犬), 다견(多犬) 등이 있는데 모두 군사를 담당했던 무관 명칭이었다. 이같이 은 왕조의 관료제도는 제사를 담당한 사관(祀官)과 군사를 담당했던 무관(武官)을 중심으로 조직되었는데 그 이유는 국가의 가장 중요한 대사(大事) 또는 왕사(王事)는 '제사(祀)'와 '군사(戎)'였기 때문이었다.[22]

사실 은 왕조에서 '제사'는 은 왕실뿐만 아니라 연맹방읍도 참여하였던 범국가적 행사였다. 은 왕실 제사에는 은왕이 사제장으로 직접 참여하여 거행하였으며 연맹의 각 방읍국에도 제단을 설치하고 중앙에서 파견된 제관(祭官)이 제사를 주기적으로 주관하였다. 또 전쟁은 국가 사활의 문제였으며 주변 이적과의 빈번한 전쟁은 당연히 무력 양성과 군제와 무관직의 발달을 촉진하였을 것이므로 은 왕조의 관료제도는 '제사'와 '군사'를 중심으로 발달하였음을 알 수 있다.

한편 위에서 언급한 바와 같이 은 왕조의 통치근간이었던 방읍연맹을 구성하고 있는 이성부족의 방·읍·국 즉 외복 제후국은 자국에 대한 통치권은 그대로 장악하고 조근과 공납을 통해서 은왕에 복속하고 있었으므로 은왕의 외복 제후국에 대한 통치력은 거의 미치지 못하고 있었다. 그리고 일부 외복 제후국은 자국의 이해관계에 의해서 은왕에 대한 복속과 이반을 반복하고 있었다.[23] 또 은 왕조 통치 영역은 섬서, 산서,

20) 島邦南, 『殷墟卜辭硏究』, 弘前大學文理學部 中國學硏究會, 1958, p.472-474.
21) 具塚茂樹 編, 『古代殷帝國』, 東京 : みすず書房, 昭和 42년, p. 244.
22) 위 책, p. 242.
23) 伊藤道治, 『中國古代王朝の形成』, 東京 : 創文社, 1977, p. 79.

하북, 산동서부, 안휘북부, 강소서북부를 포함한 광대한 지역이었으므로 외복 제후국 수효는 아주 많았을 것으로 생각된다.

그런데 이들 외복 제후국은 이미 고찰한 바와 같이 은 왕조 개국 이전부터 장기간의 씨족전통, 공동운명의식, 공동혈연의식 등의 결속을 배경으로 강력한 정치 · 군사적 수장의 영도 아래 독립 자주적 집단이었고, 농경에 기반한 자급자족 집단이었고 자위능력을 갖춘 무장집단 즉 성읍국가들이었다. 그러므로 은 왕조는 이같이 정치 · 경제 · 군사적으로 독립적이었던 외복 제후국을 은왕을 중심으로 결속시키고 공고히 하기 위해서는 고도의 통어책을 강구하지 않으면 안 되었다.

"왕이 공, 후, 백, 자, 남의 오등작을 제정하였다(王者 制祿爵 公侯伯子 男 凡五等)."[24]

"북궁기가 맹자에게 주 왕실의 작록(爵祿)은 어떠하였는가? 하고 물었다. 자세한 것은 얻어듣지를 못하였으나 … 그 대략을 들었다. 천하에는 천자(天子)가 한 지위, 공(公)이 한 지위, 후(侯)가 한 지위, 백(伯)이 한 지위, 자(子)와 남(男)이 한 지위로 오등급이었다(北宮錡 問曰 周室班爵祿也如之何 孟子曰 其詳不可得而聞也 … 然而軻也 天子一位 公一位 侯一位 伯一位 子男同一位 凡五等也)."[25]

위의 두 기록은 『예기』와 『맹자』 중의 기록이다. 이 기록에 의하면 고대 선왕들이 공(公), 후(候), 백(伯), 자(子), 남(男)의 오등작제(五等 爵制)를 만들어 제후 간의 위계질서를 확립하였다고 전하고 있으나 후대의 기록이므로 사실 믿을 수 없다.[26]

---

24) 『禮記鄭注』, 4 : 1a.
25) 『孟子注疏』, 10-1 : 3a.

"…주공은 아침에 문서로 모든 은나라 백성들과 후, 전, 남의 방백들에게 명령을 내렸다(周公乃朝用書 命庶殷侯甸男邦伯)."27)

"밖의 후(侯), 전(甸), 남(男), 위(衛)의 방백들은 … 술에 빠지지 않았다(在外服侯甸男衛邦伯 … 罔敢湎于酒)."28)

이같이 문헌상에 나타난 제후의 작명(爵名)을 열거해보면 공(公), 후(侯), 백(伯), 자(子), 남(男)의 오등작 외에 전(甸), 위(衛), 방백(方伯)들이 있고 오등작제의 경우와 같이 조직적이고 체계적으로 묘사되어 있는데 이 같은 문헌상의 제후 명칭을 복사를 통해서 검출해볼 수 있다.

복사에 의하면 위의 제후 작명 중에서 공, 남, 위, 전, 후, 백, 자 명칭만이 검출되고 있다. 이 중에서 '공(公)'은 원래 **'公'**이었는데 작명으로 사용된 예는 발견되지 않고 있다.29) '남(男)'은 원래 **'甼'**이었는데 복사에서는 작명으로 사용된 것 같지 않다. '위(衛)'는 **'徣'**이었는데 작명으로 사용된 것 같으나 '후', '백'과 같이 인명으로 사용된 예가 보이지 않으므로 '후', '백'과 같은 작명으로 보기는 힘들다. '전(甸)'은 복사 중에서 '多日' '多伯'과 병칭되고 있으나 작명은 아닌 것으로 판명되었다. 반면 '후'는 **'侯'** **'侯'** 등의 35여 개로 나타나고 있는데 일정의 토지를 소유하여 관리하고 은왕의 명령을 받아 전쟁에 종사하며 주변의 적대적인 방국(方國)의 동태를 감시하고 이상이 있을 때에는 은왕에

---

26) 周代에『孟子』와『禮記』에 기재되어 있는 것과 같이 체계적인 五等爵制가 존재하였는가에 대한 학계의 의견은 부정적이다. 貝塚茂樹, "五等爵制の成立,"『中國古代史學の發展』, 東京 : 弘文堂, 1953 참조.
27)『尙書注疎及補正』, 15 : 28a.
28)『禮記鄭注』, 4 : 1a.
29) 島邦男, 앞 책, p. 424.

즉각 보고하는 의무를 가졌다. 이러한 점에서 '후'는 은 왕조의 변경지에 배치되었을 것으로 생각된다.[30]

'백(伯)'은 갑골문에 'ㅂ' 'ㅇㅑ' 'ㅆ' 등으로 묘사되어 있고 또 읍명, 지명, 작명 등으로 다양하게 사용되고 있다. 이 중에서 지명 또는 작명으로 사용된 '백'은 19개인데 모두 토지를 소유하고 자신의 병력을 통솔하였으며 적대적인 주변 방국들의 동태를 은왕에 보고하는 임무를 가지고 있었다. 이같이 '백'은 모두 변경지에 배치되어 은 왕실의 번병(藩屛) 역할을 하고 있었으므로 은대 '백'은 그 정치 · 군사적 비중과 역할이 '후'와 유사하였을 것으로 생각된다.[31]

'자(子)'는 복사에 'ㅇㅕ' 'ㅇㅕ' 'ㅇㅕ' 등으로 묘사되어 있다. '자모(子某)'의 형태로 지명 혹은 '후', '백' 함께 사용되고 전쟁에 종사하며 방위 임무를 맡고 있었다. 그리고 '자'에 관한 건강과 질병의 유무가 복사에 기록되어 있고 은 왕실의 제사에도 빈번히 참가하였는데 이 같은 사실로 유추해볼 때 '자'는 은 왕실과 아주 가까운 혈연관계 즉 동성의 씨족이었을 것으로 간주된다. 따라서 '자'는 '후', '백' 등과 같은 작명은 아니고 은 왕실과 동성의 일족이었으며 변방의 요충지에 배치되어 은 왕실 번병의 역할을 수행하였던 것으로 생각된다.

'복(服)'은 복사에 'ㅈ' 'ㅊ' 'ㅊ' 등으로 묘사되어 있다. 이 '복'은 토지를 영유하고 전쟁에 종사하며 은 왕실의 적전(藉田)을 관리하였던 것으로 나타나고 있다. 또 '복'은 『석언(釋言)』「이아(爾雅)」의 "服整也", 같은 책 「석고(釋詁)」의 "服事也"의 '복(服)'에 해당되므로 '복치(服治)'를 담당했던 것으로 생각된다. 이런 의미에서 '복'은 『상서』의 "越在內服 百僚庶尹 惟亞惟服宗工" 중의 '服'에 해당된다고 할 수 있다. 또 『古本行書紀年』 문무 4년에 보면 "周王季命爲殷牧師"라 하여 주왕

---

30) 위 책, pp. 425-426.
31) 위 책, p. 442.

계(季)가 목사(牧師)로 임명되었는데 주가 이전에 '枭'로 칭해진 사실을
감안하면 '복'은 목사(牧師)에 해당된다고 할 수 있다.

따라서 '복'의 뜻은『상서』「주고(酒誥)」중의 '服',『죽서기년(竹書紀
年)』중의 '牧師'에 해당되는데 이런 점에서 '복'은 은 왕조의 요충지에
배치되어 치안과 영농을 담당하였던 은왕 직속의 신하였던 것으로 사료
된다.32) 그러므로 은 왕조 외복제도는 은왕이 일정의 영토와 무력을
소유한 '제백(諸伯)', '제후(諸侯)'들을 변경의 전략적 요충지에 분봉
배치하여 적대적인 주변 방국들의 외침에 대비하고, 동성의 '자(子)'
씨족을 각지에 봉하여 번병으로 삼았으며 또 '복'을 사방에 배치하여
치안과 영농을 담당케 하였던 사실을 알 수 있다.

이와 같이 방읍연맹을 기반으로 한 은 왕조의 국가조직은 은왕을
정점으로 내복과 외복의 이중으로 조직되었는데 은왕의 직할지 내복에
는 다신(多臣), 다아(多亞), 다윤(多尹)들을 임명하여 통치하였으며
이성 부족의 연맹 방·읍·국이 포진한 외복에는 일정의 영지를 소유하
고 무력을 가진 다후(多侯), 다백(多伯), 다복(多服)을 분봉하여 외복
제후들을 감시 통어하고 주변의 적대적 방(方), 방국(方國)들의 위협에
대처하였음을 알 수 있다.

2) 은대의 신정(神政)과 제후의 조공

은 왕조의 정치는 신정(神政)정치였다. 앞 장에서 고찰한 바와 같이
은왕은 내복에는 다신, 다아, 다윤 등의 관료들을 두어 직접 지배하고
외복에는 일정의 영토와 무력을 소유한 제백, 제후들을 분봉 배치하여
외복 제후들을 감시 통어하고 적대적인 주변의 방·방국들의 침탈을

---

32) 위 책, pp. 443-474.

대비하고 있었지만 정치는 제정일치(祭政一致)의 신정정치를 행하였다. 은 왕조 신정정치의 성격을 파악하기 위해서는 신정정치의 기반이 되었던 은대의 숭신(崇神)사상과 제사제도를 먼저 살펴보지 않을 수 없다.

은대에는 많은 신들이 존재하고 숭배되었는데 이들 신들 중에서 가장 숭배되었던 신들은 상제(上帝)를 포함한 자연신(自然神)과 조상신(祖上神)이었다. 이 중에서 상제는 은족의 족신(族神)이었으며 자연신과 조상신들을 포함한 모든 신들을 통어하고 있는 최고신이었다.[33] 최고신 상제는 천상에 거주하고 수하 신들을 통제하면서 대자연의 바람·구름·번개·비 등을 관장하고 수도 천도와 전쟁의 승패를 결정하며 수하 신들에게 명령을 내려 농사의 풍·흉을 내리게 하고 인간의 길흉화복과 운명, 일상생활사 등을 주재하는 것으로 인식되었다.

자연신은 자연현상을 지배하는 하신(河神)·수신(水神)·악신(嶽神)·산신(山神)·토신(土神)·풍신(風神)·운신(雲神) 등으로 구성되었는데 모두 자연을 신격화한 것이었다. 자연신 중에서 하신(河神)은 농사의 길흉을 장악하고 수신(水神)은 홍수, 수해를 일으키고 산신(山神)은 비를 내리게 하며 토신(土神)은 비와 바람 그리고 농사의 풍흉을 좌우하고 운신(雲神)과 설신(雪神) 역시 비를 내리는 것으로 인식되었다. 이같이 자연신은 인간의 생활과 농사에 대해 절대적 영향을 미치는 권능을 가진 것으로 인식되었으므로 극진히 숭배되었다. 조상신은 신격화된 선공(先公), 선왕(先王), 선비(先妣), 선신(先臣) 등으로 구성되었는데 이들 조상신은 은 왕조가 건국되기 이전의 은족 조상들로 구성되었으며 모두 지상의 후손들에게 도움을 주는 것으로 인식되었다.

그런데 이들 자연신과 조상신의 출신 배경을 살펴보면 반드시 은

---

33) 赤塚忠, 『中國古代の宗教と文化-殷王朝の祭祀』, 東京 : 角川書店, 1977, p. 480.
　　 李藤道治, 『中國古代王朝の形成』, 創文社, 1975, p. 68.

씨족의 고유신과 조상신들로만 구성되었던 것은 아니었다. 예를 들면 하신(河神)은 하족(河族)의 족신이었으며 악신(嶽神)은 악족(嶽族)의 족신이었다. 그리고 선공 중에도 은족의 시조로 알려진 설(契) 외에 곤(困) 씨족의 왕해(王亥), 풍족의 조상신 등의 다른 부족 출신의 족신이 포함되었다. 또 선신 중에는 탕왕(湯王)을 도와서 은 왕조를 개국하는 데 공이 컸던 이윤(伊尹), 대무(大戊) 시대의 현신이었던 무함(巫咸), 대갑(大甲) 때의 보형(保衡), 반경(盤庚) 시대의 지임(遲任), 무정(武丁) 때의 감반(甘磐) 등의 역대 현신들이 신격화되어 숭배되었는데 이들 조상신들도 은 씨족 출신이 아니었다.[34] 이같이 은 왕실에서 숭배되었던 자연신과 조상신 중에는 다른 부족의 족신(族神)들이 다수 포함되었는데 그 이유는 은 왕조의 건국 과정에서 주변 부족들을 연맹체제 안으로 포섭하기 위해 그들의 족신을 수용하였기 때문이었다.

이와 같이 은대에는 상제를 포함한 자연신과 조상신은 우주 천지 자연을 창조하고 인간의 길흉과 운명, 농사의 풍흉, 전쟁의 승패, 국가의 전쟁과 운명 등을 결정하는 권능을 가지고 있었으므로 이들 신들에 대한 제사는 매년 사철을 통해 주기적으로 극진히 거행되었다. 제사는 은왕이 사제장이 되어 직접 주관하였으며 양 50마리, 소 300~400 마리가 제물로 오를 정도로 대규모였으며 성대하였다.

또 제사는 은 왕실의 제사만으로 그치지 않고 연맹 방·읍·국의 모든 부족들에게 거행하도록 하였다. 각 연맹 방·읍·국의 성지(聖地) 에는 제단이 설치되고 중앙에서 제관(祭官)이 파견되어 제사를 주기적 으로 주관하였는데 이것은 은왕이 은 왕실의 제사권을 장악하였을 뿐만 아니라 연맹의 방읍국 제사권까지 관장하였던 사실을 말하고 있다.

한편 상제는 비·바람·벼락 등의 자연현상을 지배하고 인간에게

---

34) 晁福林, 위 책, p. 43.

길흉화복을 내리며 농사의 풍흉을 관장하고 전쟁 승패를 결정하며 죽음, 질병을 장악한 전지전능의 신이었기 때문에 은왕은 이 같은 '상제의 뜻'을 받들어 정치를 행하지 않을 수 없었다. 그러므로 은왕은 은 씨족과 연맹의 각 방·읍·국의 부족에서 차출된 정인(貞人)들로 정인집단을 구성하고 정문(貞問)을 통해서 '상제의 뜻'을 타진하였다.

정인들은 거북의 등뼈와 소 다리뼈 등의 갑골을 석제 또는 청동제의 날카로운 칼 또는 끌로 수 개의 구멍을 관통되지 않게 뚫은 다음에 길일(吉日)을 택하여 당상에 올려놓고 골면(骨面)을 불로 지지면 뒷면에 복문(卜文) 또는 조문(兆文)이 생겼다. 정인들은 이 복문 또는 조문에 나타난 균열의 형태, 수효, 길이, 크기 그리고 주변 색깔 등을 종합하여 '상제의 뜻'을 판독하고 판독된 '상제 뜻'을 은왕에 보고하였으며 은왕은 이 같은 '상제의 뜻'을 정책으로 받들어서 시행하였다.

정문은 세계(世系), 인물(人物), 사류(事類), 문법(文法), 자형(字形), 정인(貞人) 등의 요인에 따라 5기로 나눌 수 있는데[35] 제1기는 무정 시대, 제2기는 당경·조갑(祖庚·祖甲) 시대, 제3기는 품신·강정(稟辛·康丁) 시대, 제4기는 무을·문정(武乙·文丁) 시대, 제5기는 제을·제신(帝乙·帝辛) 시대였다.[36] 제1기에서 제3기까지는 은왕이 직접 정문에 참여하여 자신이 직접 구갑 골판을 불에 굽고 여기에서 생기는 구열을 판독하여 '상제의 뜻'을 타진하였다.[37] 이같이 은왕이 다른 정인들과 함께 정문에 직접 참여하고 복문을 판독하였던 것은 은왕이 신성한 정문집단의 무속장(巫俗長) 또는 사제장(司祭長)이었던 것을 말하고 있다. 이런 점에서 은왕은 신의(神意)를 받아서 정치를 행하는 성직자이며 동시에 세속적 통치자였음을 말하고 있다.[38]

---

35) 위 책, p. 99.
36) 董作賓, 『殷曆譜 上卷』, 一殷曆馬瞰.
37) 晁禮林, 앞 책, p. 44.
38) 貝塚務樹, 『貝塚茂樹著作集』第四卷, 東京 : 中央公論會, 1977, pp. 239-240.

은왕과 함께 정문을 행한 정인들의 사회적 배경은 다양하였다. 복사에 보면 복문과 함께 정문을 행하였던 정인들의 이름이 새겨져 있는데 이들 정인들의 이름이 당시 연맹부족의 명칭과 일치하고 있다. 이 같은 정인의 명칭과 출신 부족의 명칭과의 일치는 정인은 자신의 부족을 대표하고 있는 사실을 말하고 있다.[39] 정인집단의 인원은 제1기에서는 25인, 제2기에서는 18인, 제3기에서는 13인, 제4기에서는 17인, 제5기에서는 4인으로 추정되고 있다.[40] 정문은 다수의 정인 참여에 의해 행해졌고 복문에 대한 판독도 다수의결로 결정되었다. 그리고 판독된 '상제의 뜻'은 바로 은왕에게 보고되고 정책으로 시행되었다.

이 같은 사실들을 종합해 보면 조문(兆文), 복문(卜文) 속의 신의(神意)를 판독하여 정책을 결정하였던 정문은 단순한 주술적 행사가 아니라 은 왕조의 국가정책을 수립하고 결정하는 가장 중요한 정치적 행사였다. 그리고 각 연맹부족에서 파견된 정인들이 공동으로 정문에 참여하여 국가의 정책을 결정하였다고 하는 것은 은 왕조의 정치가 정문에 의한 신정정치였다고 해도 그 밑바닥에는 방국연맹의 대표 격인 정인들 참여에 의한 일종의 부족연맹적 정치였음을 말하고 있다.[41] 그런데 연맹의 방읍국은 정인의 파견을 통해서 은 왕조의 정치에 직접 참여하였을 뿐만 아니라 은왕에 대해서 조근(朝覲)과 공납(貢納)을 행하였다.

"貞王何今六月入?"

"貞勿口(何)今(六)月入."[42]

---

39) 伊藤道治, 앞 책, p. 110. 貝塚武樹, 앞 책, p. 241 참조.

40) 董作賓, "甲骨文斷代硏究的十個標準,"『大陸雜誌』, 第四卷, 第8期, 1951, pp. 296-298. 董作賓의 이 같은 分期와 貞人說에 대한 비판과 보충은 貝塚茂樹의 "甲骨文斷代硏究法の再檢討,"『東方學』, 第23冊, 陳夢家, 卜辭綜述, 第45章 참조.

41) 李春植, "殷(商)代 朝貢의 性格에 대하여,"『宋甲鎬敎授停年退任記念論文集』, 1993, p. 9.

42) 齊文心, "關于商代稱王的封國長的探討,"『歷史硏究(京)』, 1985. 2, p. 37에서 재인용.

위 글은 무정 때의 복사이다. 여기에서 보이는 '하(何)'는 국명으로 제후국으로 간주된다. '입(入)'은 '입상(入商)'을 의미하고 '입상'은 은왕에 대한 조근을 말하고 있으므로 '금년 6월에 은왕에 조근하였다(今年六月入商)'의 뜻이다.

"貯入四."
"貯入十."
"貯入二十."[43]

위의 점사(占辭) 중에서 '저(貯)'는 은 왕조의 봉국을 말하고 있다. 그 뜻은 '저국'의 후가 노예 4인, 10인, 20인의 공물을 차례로 헌상하였다는 뜻이다.

"庚午卜 出 貞王陸曰 氏姜寧齊氏."[44]

위 점사의 뜻을 살펴보면 "정인이 점복을 쳤는데 '육(陸)'의 후가 선(先), 녕(寧), 제(齊) 등의 인생(人牲, 제사에 희생되는 노예)들을 공납할 것이라는 점을 쳤는데 과연 공물이 헌상되었다"는 뜻이다.

"甲橋刻辭有禽入五."
"壬戌貞王逆禽以羌."[45]

---

43) 위 책, p. 40.
44) 위 책, p. 37.
45) 위 책, p. 36-39.

위 점사는 은 왕조의 봉국 중의 하나였던 '왕금(王禽)'이 은왕에게 구갑(龜甲)과 인생(人牲)을 헌상하였다는 뜻이다.

이같이 은 왕조의 방백, 제후들은 은왕에게 조근을 하고 공물을 헌상하였는데 조근과 헌공을 행한 방백, 제후들의 출신 배경을 살펴보면 '고(古)', '저(貯)', '육(陸)', '금(禽)' 등은 모두 은 왕조의 봉국(封國)이었다. 봉국은 은 왕실 일족의 자제들이 내복 또는 외복의 요충지에 분봉 배치되어 적대적인 주변 이적들의 동태와 침입을 감시하는 임무를 수행하였는데[46] 은 왕실 일족의 봉국 후들이 은왕에게 조근, 헌공한 것은 은 왕실 출신의 방백, 제후들이 모두 은왕에게 조근, 헌공하였던 사실을 말하고 있다.

그런데 은 왕조의 내복·외복의 방백, 제후들만이 은왕에게 조근 헌공을 행한 것이 아니고 주변의 방(方), 방국(方國)도 행하였다. 『시경』 「상송」편에는 아래와 같은 기록이 있다.

"옛날 탕 임금이 계실 때에는 씨(氏)족과 강(羌)족에 이르기까지 공물을 바치지 않은 나라가 없었고 조근하지 않은 나라가 없었다. 우리 상 나라를 항시 받들었다(昔有成湯 自被氏羌 莫敢不來王 莫敢不來王 曰商是常)."[47]

이에 의하면 성탕 시에는 멀리 있는 씨족과 강족이 내조하여 공납하지 않은 적이 없었고 조근하지 않은 적이 없어서 조근과 공납은 일상적이었다고 하였는데 이것은 한마디로 말해서 은대 방백, 제후들의 은왕에 대한 조근과 공납은 물론 주변의 방과 방국의 조근 공납도 일상적으로 이행되었던 사실을 말하고 있다.

---

46) 韓運琪, 『先秦秦漢史論叢』, 齊魯書社, 1986, p. 49.
47) 『毛詩正義』, 20-4 : 6a.

"응국의 후가 내조하였다(應侯來朝)."[48]

이것은 반경(盤庚) 시에 응국(應國)의 후가 조근하였다는 기록이다.

"주족 군장 계력이 와서 조근하였다. 이에 왕이 땅 30여 리, 옥 10근, 말 10필을 하사하였다(周季歷來朝 王賜地三十里 玉十 馬十匹)."[49]

"서백 창이 제후들을 이끌고 입공하였다(西伯率諸侯入貢)."[50]

위의 두 문장은 개국 이전의 주족 군장 계력이 은왕에게 조근하였고 또 서백 창도 제후들을 이끌고 조근 공납하였다는 기록인데 이것은 주족의 군장이었던 계력과 창도 주 왕조 개국 이전에는 은왕에게 조근 공납하였으며 조근 공납 시에는 주변의 다른 방읍국의 군장들을 대동하여 조근 공납하였던 사실을 말하고 있다. 이런 점에서 볼 때 은 왕조를 구성하고 있는 내복과 외복의 동성·이성의 모든 방백, 제후들은 혈연, 비혈연을 가리지 않고 모두 은왕에게 조근, 공납을 행하였음을 알 수 있다.

또 은왕에 대한 방백, 제후들의 조근 공납 횟수와 목적은 자료의 부족으로 확실한 것은 알 수 없으나 조근은 위에서 언급한 바와 같이 주기적으로 시행된 것 같고 그 목적은 통치 상황을 은왕에게 보고하고 또 지시를 받기 위한 것으로 생각된다.[51] 또 방백, 제후들로부터 헌상된 공물의 품목은 갑골, 소, 말, 개, 노예 등으로 다양한데 각 지역의 희귀품

---

48) 楊家駱 主編, 『竹書紀年八種』, 臺北 : 世界書局, 1967, b.
49) 위 책, 2 : 11a.
50) 위 책, 2 : 14a.
51) 齊文心, 앞 책, p. 41.

아니면 정문과 제사에 사용되는 제물이었을 것으로 생각된다.

"(貞) 王貯氏交?一月"
"(貞) … 王貯氏交?"[52)]

위 글 중에서 '씨(氏)'는 '보낸다는 '送'의 뜻이고 '교(交)'는 제사에
제물로 바쳐지는 노예들을 뜻한다. 이 같은 사실로 미루어볼 때 방백,
제후들로부터 헌상되는 인생(人牲)은 가장 신성하고 엄숙한 정문 아니
면 조상 제사의 제물로 사용되었을 것으로 추정된다. 이 외의 복사
기록에는 은왕에게 조근 공납하였던 족명, 인명, 국명이 90여 개에
달하고 있는데[53)] 이것은 은왕에게 조근 공납하였던 방백, 제후 및 주변
방읍국의 수효가 많았고 광범위하였음을 말하고 있다.

그런데 위에서 언급한 바와 같이 방읍국 시대 약소 방·읍·국이
강대 방·읍·국에 대해서 공납을 행할 때 조근도 함께 행했는지는
사실상 자료의 부재로 규명할 수 없다. 그러나 위에서 언급한 갑골문에
의하면 은대 방백, 제후들이 직접 내조하여 은왕을 알현하고 공물을
올렸던 조근 공납의 조공이 시행되고 있었던 것은 분명하다. 그리고
『한서』 「왕망전」에 "조공을 올렸다(足以共朝貢)"[54)]라 하고 『후한서』
「광무제기」에도 "이 해 오환의 추장이 무리를 이끌고 궐에 내속하여
조공을 행하였다(是歲 烏桓大人率衆 詣闕朝貢)"[55)]라고 하여 자료상으
로 조공 용어가 처음으로 등장하고 있지만 조공은 은 왕조 시대에 은왕과
제후, 제백 간에 이미 시행되고 있었다.

이 같은 사실을 종합해보면 은 왕조를 구성하고 있는 내복과 외복의

---

52) 위 논문, p. 40.
53) 위 논문, p. 30.
54) 『漢書』 卷99上, "王莽傳," p. 4133
55) 『後漢書』 卷一上, 光武帝紀, p. 77.

연맹방읍국은 은 왕조의 최고정책 결정기관이었던 정문 참여를 통하여
은 왕조의 정치에 참여하면서 다른 면으로는 은왕에게 주기적으로 조근
과 공납을 행하면서 복속하고 있었고 약소 주변국 역시 은왕에게 주기적
으로 조근과 공납을 행하면서 복속하고 있었다고 할 수 있다. 이런
점에서 볼 때 은왕에 대한 제후들과 주변 방 · 읍 · 국의 조근과 공납은
은왕에 대한 정치적 복속의례였다고 할 수 있다.

2. 주 왕조의 제후 통어책과 조공

1) 주 왕조의 봉건제도와 무력 기반

주 왕조의 통치근간이었던 봉건제도는 은 왕조에서와 같이 주변 이적들의 침입과 약탈을 방어하기 위해서 실시되었는데 이 같은 봉건제도는 막강한 무력을 배경으로 하였다. 주 왕조의 무력은 주육사(周六師), 은팔사(殷八師), 정주팔사(鄭州八師), 변경수비대, 지방의 제후국군으로 구성되었는데 이 중에서 주 왕조 무력 근간을 이루고 있던 것은 주육사였다.

주 왕조 개국 이전 주의 최초 군사제도는 주족의 3씨족을 기반으로 형성된 삼군제(三軍制)였다. 이 삼군제는 창 때 육군제(六軍制)로 확대 개편되었는데 이 주육사가 무왕이 은 왕조를 타도할 때 주력군을 형성하였다.56) 주육사는 주 왕조의 직할지 왕기(王畿) 지역 내에 거주하고 있는 주족으로 조직되었다. 당시 주 왕도는 성을 중심으로 오백 리 이내를 교(郊)라 하고 교내(郊內)를 향(鄕), 교외(郊外)를 수(遂)라고 하였는데 이것이 주대의 향수조직(鄕遂組織)이었다. 그러므로 주 왕도는 육향육사(六鄕六遂)로 조직되었으며 주육사는 이 육향육사를 기반으로 조직되었다.57) 주육사는 종주(宗主)인 호경(鎬京)과 성주(成周)

---

56)『毛詩正義』, 16-3 : 3a.

인 낙읍(洛邑)을 중심으로 조직된 왕기 즉 주왕의 직할지를 수비하였다.

> "이제 임금의 육사를 널리 육성하시어 우리 조상 고조가 받은 희귀한
> 명령을 무너뜨리지 마십시오(今王敬之哉 張皇六師無壞我高祖寡
> 命)."[58]

> "주왕이 나가니 육사가 옹위하여 뒤를 따르네(周王于邁六師及
> 之)."[59]

위 두 문장은 주왕이 매(邁)를 정벌하는데 주육사가 주왕의 통솔하에
출동하였던 사실을 보여주고 있다. 주소에서는 이 '육사(六師)'가 주육
사를 지칭한다고 했는데 이것은 주육사가 주왕의 주력군이었을 뿐만
아니라 유사시에는 즉각 출동할 수 있는 주왕 직속의 상비군이었음을
말하고 있다.

> "왕이 대장을 임면하였네. 남중을 태조묘에서 대장으로 명하고 황보를
> 태사에 명하였네. 우리 육군을 정돈하고 우리 무기를 닦았네. 경계하고
> 군비를 갖추어 남쪽 나라들을 순종케 하였네(王命卿士 南仲大祖 大師
> 皇父 整我六師 以脩我戎 旣敬旣戎 惠此南國)."[60]

이같이 주 선왕(宣王)이 경사 남중(南仲)에게 주육사를 통솔하여
남이(南夷)들을 정벌하게 하였는데 이것은 주왕 직속 상비군의 통수권
을 특정 신하에게 일시 위임할 수 있었던 사실을 말하고 있다. 따라서

---

57) 徐喜辰, "周代兵制初論," 『中國歷史研究』 4, 1985, p. 3.
58) 『『尙書注疏及補正』, 19:22a, 17-22a.
59) 『毛詩正義』, 16-3 : a.
60) 『毛詩正義』, 18-5 : 1a.

위의 여러 사실들을 종합해보면 주육사는 주왕의 직속부대이고 주력군이었으며[61] 유사시에는 주왕의 명령에 따라서 언제든지 출동할 수 있는 상비군이었다.

은팔사(殷八師)와 정주팔사(鄭州八師)는 모두 주 왕조에 동화된 은 유민들로 구성되었다. 은팔사는 주왕의 통솔하에 은 왕조의 옛 수도였던 안양(安陽) 일대에 주둔하면서 동쪽의 동이(東夷)를 제어하고 있었다. 정주팔사는 성주인 낙읍(洛邑)과 회수(淮水) 유역 일대에 주둔하면서 남쪽 회이(淮夷)의 준동을 방비하고 있었다.[62] 이외 엄윤(儼狁) 등의 이적 출몰이 빈번한 변경의 전략적 요충지에는 수비대를 장기적으로 주둔시켜 주변 이적들의 활동을 감시 제어하고 있었다.

주대에는 각 제후국도 일정의 병력을 소유하고 있었다. 앞에서 설명한 바와 같이 각 제후가 주왕으로부터 제후로 임명되어 봉지로 출발할 때 일단의 병력을 소유하였고 또 봉지에 도착하면 즉시 성읍을 조성하여 정치·군사적 세력기반을 확보하였는데 이것은 각 제후가 주변의 적대적인 토착민들로부터의 위협과 성읍 방어를 위해 일정 병력을 소유하였던 사실을 전제하고 있다.

> "무릇 군제는 일만이천오백인이 일군을 형성하였다. 왕은 육군을 소유하고 대국은 삼군을 소유하고 차국은 이군을 소유하고 소국은 일군을 소유하였다(凡制軍 萬有二千五百人爲軍 王六軍, 大國三軍 次國二軍 小國一軍).[63]

"큰 제후국은 천자 군사의 반을 넘지 않았다. 천자는 육군을 두고

---

61) 『尙書注疏及補正』, 19 : 22a, 17-22a.
62) Ch'eng, Te-kun, *Archaeology in China*, Vol. Ⅲ, Chou China, Cambridge : University of Toronto Press, 1963, pp. 294-295.
63) 『周禮注疏及補正』, 29-1a.

제후는 크더라도 삼군이면 가하였다(成國不過天子之二軍 周爲六軍
諸侯之大者 三軍可也)."

이같이 서주 시대 대 제후는 3군, 중 제후는 2군, 소 제후는 1군의
병력을 소유하였는데 이것은 제후국의 크기에 따라서 병력 규모에 차이
가 있었던 사실을 말하고 있다. 그리고 이적들이 자주 출몰하는 변경지역
에 위치한 제후국은 보다 많은 병력을 소유하였을 것이다.[64] 그러나
제후의 병력은 그 규모와 장비 면에서는 중앙군인 주육사에 비하여
열등하였을 것으로 생각된다.

주대의 무기는 청동제의 무기였다. 주족은 개국 이전부터 청동기
제조에 능하였다. 무왕이 은 왕조 정벌 시에 청동제 무기로 무장하지
않았다면 은군과 대적할 수 없었을 것이다. 무왕은 은 왕조를 정벌하고
부친 문왕의 위업을 기리기 위해 청동의 제기(祭器)를 제조하였는데
그 높이는 24cm, 지름이 25cm로서 은대에 제조된 청동제기에 비하여
조금도 손색이 없었다.[65] 이 같은 사실을 통해서 볼 때 주 군단이 보유한
과(戈)·구(句)·극(戟)·모(矛)·월(越)·대도(大刀)·도(刀)·
검(劍) 등은 청동제의 무기였을 것이다. 이같이 청동제의 무기로 무장된
주군은 원시적인 주변의 여러 이적들에 비교해볼 때에 실로 막강하였을
것이다.

주 군단은 은군과 마찬가지로 보병과 함께 전차를 보유하고 있었다.
전차는 원래 기원전 3000여 년경에 서남아시아에서 발명되었는데 그
군사적 가치와 효용성으로 인해 주변지역으로 급속히 전파되었다.[66]

---

64) H. G. Creel, "The Sources" in *The Origins of Statecraft in China*, Vol. I., Chicago
   : The University of Chicago Press, 1970, p. 316.
65) Ch'eng, Te-kun, 앞 책, 1959, p. 220.
66) Charles Singa, E. J. Holmyard, and A. R. Hall, *A History of Technology*, Vol.
   I, Oxford, 1956, reprinted, 1957, pp. 209-210.

중국에서는 이 전차가 은대에 이미 서방으로부터 유입되어 은군 일부를 형성하고 있었다. 주가 은 왕조를 멸하고 개국한 후에 은의 전차를 모방하여 전차부대를 창설하였을 것이다.[67]

주대의 전차는 말과 차체로 구성되었는데 초기에는 말 두 필이 전차를 끌었으나 후에는 네 필이 끌었으며 차체는 전후로 분리되어 구성되었다. 승차인원은 마부, 창병, 궁수 3인이었으며 청동제의 창과 활로 무장되었으며 지휘자가 탑승한 전차에는 전투 지휘에 필요한 깃발·북 등이 장비되었다. 전투 시에 보병과 전차가 합동으로 작전을 많이 수행하였는데 사령관이 전차의 신속한 기동력에 의지하여 직접 진두지휘를 하였거나 보병부대와 합동작전 시에 공격의 선두를 담당하여 돌진함으로써 보병의 진격로를 마련하여 주었을 것이다.[68]

당시 전차는 청동제의 휘황찬란한 장식물로 장식되어 있었는데 이같은 전차의 찬란한 위용과 신속한 기동력은 전차를 소유하지 못한 이적들에게 심리적 위압감을 주었을 것이다. 그러나 전차의 전투적 유용성은 그렇게 컸던 것은 아니었으므로 주 왕조의 병력은 보병과 전차대의 혼성으로 구성되었으나 주력부대는 보병이었을 것으로 추측된다.

서주 시대 일어났던 전쟁 횟수를 보면 약 50여 회가 있었다. 이 50여 회의 전쟁 중에서 30여 회 이상은 주 왕조의 영역으로 침입해 온 이적들과의 전쟁이었는데[69] 대규모의 이적 침입이 있으면 주육사가 출동하여 격퇴하였다. 또 제후들이 변방에서 식민 활동을 하는 경우 주육사의 무력 협조를 받았으며 또 제후가 주왕에 대한 조공을 이행하지 않은 경우에도 주육사의 응징을 받았다.[70] 이같이 주왕의 직속하에 있던

---

67) H. G. Creel, 위 책, p. 282.
68) H. G. Creel, *The Birth of China*, New York : Reynal and Hitchcock, 1937, p. 152.
69) H. G. Creel, *The Origins of Statecraft in China*, Vol. I., p. 260.

주육사는 주변 이적들을 제어하고 침입을 격퇴하는 주력부대였을 뿐만 아니라 또한 수많은 제후들에 대한 주왕의 권위와 위엄을 높이는 데도 필수적이었다.

이와 같이 주 왕조의 군제는 주왕 직속의 주육사, 정주팔사, 은팔사로 구성되었으며 지방의 각 제후는 제후국의 크기에 따라 차등적으로 병력을 소유하였다. 주육사를 주력으로 하는 중앙군은 주왕이 직접 통솔하였으며 대사마(大司馬) 또는 취마(趣馬) 같은 관리가 병무를 담당하였다. 주 중앙군은 이적의 침입을 방어하고 또한 식민 활동을 지원하였으며 제후가 불충하였을 때에는 출동하여 징치하였다. 이같이 막강했던 주 왕조 중앙군의 위력은 기원전 8세기 정국(鄭國)에 의해 패배될 때까지 300여 년 이상 계속되었다.

2) 봉건관료제도의 발달

주 왕실은 앞에서 말한 바와 같이 은 왕조의 광대한 정복지를 통치하고 또 주변에 무수히 산재되어 있는 호전적인 이적들의 준동과 침탈을 제어하기 위해 봉건제도를 실시하였다. 이 봉건제도는 주왕을 정점으로 내복과 외복의 이중적으로 구성되었는데 종주 풍읍과 성주 낙읍을 중심으로 설정된 내복의 왕기(王畿) 지역은 봉건관료제도를 통하여 주왕이 직접 통치하였다.

중국 고대 관료제도의 발달은 앞 장에서 언급한 바와 같이 원시적이나마 은 왕조에서 이미 시작되었다. 은 왕조의 관료제도는 국가의 왕사(王事)였던 '사(祀)'와 '융(戎)' 즉 제사와 군사를 중심으로 발달하였으나 주 왕조의 관료제도는 보다 기능적으로 발달하였다. 주 왕조 관료제도는

---

70) 『孟子注疏』, 12-1 : 28.

고공단부가 빈(豳)에서 기산 아래의 주원(周原) 평원으로 이주하여 주읍(周邑)을 건설하고 "오관의 관청을 설립하였다"는『사기』의 기록과 "이에 사공 사도를 소집하였다"는『시경』의 기록에서 그 기원을 찾아볼 수 있다.71) 집해(集解)에서는『예기』의 기록을 인용하여 천자의 오관을 '사도(司徒)', '사마(司馬)', '사공(사공)', '사사(司士)', '사구(司寇)', '전사오상(典司五象)'으로 설명하고 있다. 그러나『예기』기록은 신빙성이 약하고 또 당시 주족의 생활수준으로 보아 집해의 해석대로 '사도', '사마', '사공', '사구' 등의 오관(五官)과 같이 조직적이고 체계적인 관료제도가 있었는지 의문이다.

주 왕조의 관료제도를 체계적으로 서술하고 있는 것은『주례(周禮)』이다.『주례』에 묘사되어 있는 관료제도는 6관으로 구성되어 있는데 대제(大宰) 또는 태제(太宰) 아래에 천관(天官), 지관(地官), 춘관(春官), 하관(夏官), 추관(秋官), 동관(冬官)으로 구성되었다.

천관(天官)의 장(長)은 태재가 겸하며 주로 국정 전반을 통괄하였다. 태재를 보필하는 소제(小宰)와 재부(宰夫)가 있고 그 아래에 속관으로 궁정(宮正), 사회(司會), 사의(司醫), 궁인(宮人), 대부(大府), 내재(內宰)의 6인이 있어 국사를 보좌하였다.72) 지관(地官)은 대사도(大司徒)의 책임 아래에 제사와 예악을 관장하였으며 대사도 아래에 사씨(師氏), 보씨(保氏), 리재(里宰), 산우(山虞), 림형(林衡), 천형(川衡), 택우(澤虞), 목인(牧人), 포인(圃人), 장인(場人) 등의 속관들이 소관 업무를

---

71) '五官有司'에 대하여 집해(集解) 주소에는『禮記』의 기록을 인용하여 천자의 오관을 '사도(司徒)', '사마(司馬)', '사공(司空)', '사구(司寇)' 등으로 설명하고 있다. 그러나 이『禮記』기록은 신빙성이 약하고 또 정현(鄭玄) 주소에는 은대에 제정된 것이라고 설명하고 있다. 당시 주족은 주변 이적의 압력에 밀려서 빈 지역에서 기산 아래의 주원으로 이주하여 주읍을 건설하면서 종래 굴 속에 살았던 이적 풍속을 버리고 성읍 생활로 처음 진입하였는데 이 같은 주족의 원시적 생활수준으로 보아 집해의 해석대로 '사도', '사마', '사공', '사구' 등의 오관과 같이 조직적이고 체계적인 관료제도가 있었는지 의문이다.『史記』, "周本紀," p. 114.
72)『周禮注疏及補正』, 商北 : 世界書局, 1962, 1-8 : 1a-24b.

처리하였다.[73]

춘관(春官)은 대종백(大宗伯)의 지휘 아래에 예악과 제사를 주관하였는데 대관(大官), 방사(鎊師), 약장(籥章), 대복(大卜), 복사(卜師), 대축(大祝), 소축(小祝), 전축(甸祝), 태사(太史), 내사(內史), 어사(御史) 등의 속관들이 소관 업무를 담당하였다.[74] 하관(夏官)은 대사마(大司馬)의 책임하에 병사를 관장하고 소자(小子), 소신(小臣), 사인(射人), 도사마(都司馬), 가사마(家司馬) 등이 대사마를 보좌하였으며 속관으로는 사훈(司勳), 후인(侯人), 사인(射人), 사병(司兵), 사관(司官), 융복(戎僕), 대어(大馭), 목사(牧師), 유인(庾人) 등이 있었다.[75] 추관(秋官)은 형벌과 재판을 맡아보았는데 대사구(大司寇)가 장관이었고 소사구(小司寇), 사씨(師氏), 향사(鄕士)가 장관을 도왔으며 향사(鄕士), 수사(遂士), 현사(縣士) 등의 속관들이 있었다.[76] 동관(冬官)은 토목을 관장하였다고 하는데 이 이상의 자세한 기록이 없다.[77]

이같이 『주례』 속에 서술된 주 왕조의 관료제도는 대단히 조직적이고 체계적이었지만 『주례』가 전국 시대에 편찬되었던 사실을 감안하면[78]

---

73) 위 책, 9 : 1a-24a.
74) 위 책, 17 : 1a-20a.
75) 위 책, 27 : 1a-16a.
76) 위 책, 34 : 1-32a.
77) 위 책, 39 : 4a.
78) 『周禮』. 주72) 참조. 『周禮』의 사료적 신빙성에 대해서는 아직도 논쟁 중이다. O. Kmmel, W. Perceval Yetts, Ed. Chavannes, A. Conrady 등과 같은 서구 학자들은 『주례』의 사료적 신빙성을 부정하고 있다. 반면에 Henry Maspero, 日本의 Utsugi Akira, U. Nake 그리고 中國의 T' ai Hsi-Sheng 같은 학자들은 『주례』를 주대의 작품으로 인정하고 있다. 그러나 『주례』의 내용을 검토해보면 大宰, 大司徒, 大宗伯, 大司馬, 大司寇를 장관으로 그 밑에 270여 개의 대소 관직이 있고 그 직무는 제사 · 행정 · 교육 · 경제 · 세제 · 군사 · 감찰 · 형법 · 기물제작 등에 걸쳐 있다. 이 같은 조직적이고 질서정연한 관제는 중앙집권적 관료 제도의 수립을 전제하고 있는데 이 당시 주 왕조는 중앙집권적 관료국가는 아니었다. 이러한 점에서 『주례』의 내용을 그대로 수용할 수는 없다. 그러나 『주례』 중의 기록이 서주 당대의 사실을 많이 내포하고 있으므로 청동문 · 『시경』 · 발굴물 등과 같은 신빙성 있는 자료와 비교하면서 인용하는 것은 무방하다고 생각한다. 『주례』에 관한 연구는 Bernhard Karlgren의

이 같은 질서정연한 관료제도가 있었다고 믿어지지 않는다. 좀 더 사료적 가치와 신빙성이 높은 『시경』·『상서』·금문(金文) 등을 통해서 주왕조의 관료제도를 살펴볼 수밖에 없다.

"성왕은 말하였다. '아 그대들의 많은 제후 나라와 모든 관리들에게 널리 알린다. 불행하게도 하늘은 우리 집안에 재난을 내렸다'(王若曰 猷大誥爾多邦 越爾御事 弗弔 天降割于我家)."79)

주소에 의하면 '爾多邦'은 각 제후들을 말하고 '越爾御事'는 관리들을 뜻하고 있다.

"나에게 큰일이 생겼으며 점괘도 좋게 나왔다. 나는 우리 우방의 제후, 관리의 장, 모든 무관, 일반관리들에게 고한다(我有大事休 朕卜幷吉 肆予告我友邦君 越尹氏 庶士 御事)."80)

위 글에서 제임스 리그(James Legge)는 '윤씨(尹氏)'를 관리의 장 또는 집행인(The Governor or Director)으로 해석하고 있다.81) '어사(御事)'에 대해서 크릴(H. G. Creel)은 관명보다는 일반 명칭으로 이해하고 있으며82) 소관 업무나 성격 등에 대해서는 자세한 언급이 없다. 『상서』「입정」편에는 주대의 관명이 좀 더 많이 나타나고 있다.

"The Early History of the Chou - li and Tso-Chuan Texts", BMFEA, No. 3, Stockholm, 1931. 과 H. G. Creel의 "The Sources" in *The Origins of Statecraft in China*, 1., pp. 444-486 참조.

79) 『尙書注疏及補正』, 13 : 9 a.

80) 『尙書注疏及補正』, 13 : 19b.

81) James Legge, 앞 책, p. 367.

82) H. G. Creel, *The Origins of Statecraft in China*, Vol. I., p. 106.

"…왕의 좌우에 있는 상백, 상임, 준인, 철의, 호분의 관직은 소중하다고 말했다(…王曰王左右 常伯 常任 準人 綴衣 虎賁)."[83]

여기에서 언급한 관직명으로는 '상백(常伯)', '상임(常任)', '준인(準人)', '철의(綴衣)', '호분(虎賁)'을 들 수 있다. 이들 관직의 직분과 기능을 살펴보면 '상백'에 대해서 채전에서는 '목민의 장', 제임스 리그는 'The Chief or President who had a pastoral charge of the people'로 이해하고 있다. '상임'에 대해서는 채전은 '실무 담당의 공경,' 제임스 리그는 'The High minister of war, Instruction worker'로 이해하고 있다. '준인'에 대해서 주소에는 옥사(獄事)를 담당했던 '옥관(獄官) 또는 역인(役人)'으로, 제임스 리그는 'The Law Officers'로 이해하고, '철의'는 왕의 의복을 맡아보았던 봉인(縫人)들로 제임스 리그는 해석하고 있다. '호분'에 대해서 주소와 제임스는 모두 호사(虎士) 800인을 거느리고 왕의 신변을 호위하였던 무관으로 이해하고 있다.[84]

"하늘을 공경하고 백성들을 위해서 제후들을 세우고 행정을 위해서 임인, 준부, 목, 삼사, 호분, 철의, 취마, 소윤, 좌우휴복, 백사서부, 대도소백, 예인표신, 백사, 태사 윤백, 서상길사, 사도, 사마, 사공, 아려 등의 관리들을 세웠습니다(以敬事上帝 立民長伯 立政任人 準夫 牧 作三事 虎賁 綴衣 趣馬 小尹 左右携僕 百司庶府 大都小伯 藝人表臣 百司 庶常吉士 司徒 司馬 司空 亞旅)."[85]

---

83) 『尙書注疏及補正』, 17 : 11b.
84) James Legge, 앞 책, p. 510.
85) 『尙書注疏及補正』, 17 : 12b.

이것은 성왕이 장성하고 개국의 기틀이 공고해지자 무왕 사후 7년 동안 섭정을 해왔던 주공이 그 통치권을 성왕에게 돌려주면서 행했던 연설이다. 여기에서 주공은 문왕과 무왕의 훌륭한 업적을 열거하고 이제 정사를 새로 담당하는 성왕에게 선정을 당부하는 내용이다. 이 중에서 문왕과 무왕 시에 설치되었고 주공 때 있었던 것으로 추측되는 많은 관직명이 언급되고 있다.

먼저 이들 관직명을 열거해보면 '임인(任人)', '준부(準夫)', '목(牧)', '호분(虎賁)', '취마(趣馬)', '좌우휴복(左右携僕)', '서부(庶府)', '대도소백(大都小伯)', '예신표신(藝人表臣)', '백사(百司)', '태사윤백(太史尹伯)', '서상길사(庶常吉士)', '사도(司徒)', '사공(司空)', '야려(亞旅)' 등이다. 주소에서는 '임인'의 직분을 '상임(常任)'이라 하고 6경 중의 하나라고 하였으며[86] 채전에서는 '상임(常任)', 버나드 칼그렌은 'Manager'로 이해하였다.[87] '준부'는 앞서 언급한 '준인(準人)'과 같은 의미로 '옥관(獄官)' 또는 '역인(役人)'을 뜻하며 '목'에 대해서 제임스 리그는 '상백'과 같은 직책 즉 목민관을 의미한다고 하였으며 주소에서는 정현의 해석을 인용하여 '주목(州牧)', '주장(州長)'이라 하였다. 버나드 칼그렌은 '임인', '준부', '목'을 특정 직능을 가진 행정인 또는 집행인으로 분류하였다. '호분'은 앞서 언급한 바와 같이 '시위무관', '철의'는 '복궁(服官)', '취마'는 '말 관리인'으로 모두 관직은 낮았으나 기능직으로 이해하였다. 또 '소윤'은 '직급이 낮은 관리의 장', '좌우휴복'은 주소에 '기물 취급인', 채전에서는 '시중들을 부리는 사람', 버나드 칼그렌은 'Reporting keeper'라고 설명하고 있는데 대체로 왕의 좌우에 시립하여 기물을 받들고 있는 하복(下僕)들을 의미하고 있는 듯하다. '백사'는 궁중 또는 백관의 역인(役人)을 의미하고,[88]

---

86) 앞 책, 17 : 3a.
87) James Legge, 앞 책, p. 515.

'서부'는 주소에서는 공부·화물·병기 등을 관장하였던 관청 중의 하나로 해석하였으며, 제임스 리그는 'All the Treasures'로 번역하였다. '대도소백'에 대해서 칼그렌은 'The Captain's of the Cities'라 하고 있으며, 제임스 리그는 '大都之伯'과 '小都之伯'의 준말로 모두 '대도'와 '소도'의 속관들이었을 것으로 해석하고 있다. '예인'은 채전에서는 '복축(卜祝)'과 '서축(筮祝)'을 관장했던 사람'을 말하고 '표신백사'는 '외부관리'들을 의미한다고 하였다.

또 『주례』에 의하면 '태사(太史)'는 춘관(春官)의 속관으로 '치전(治典)', '교전(教典)', '예전(禮典)', '정전(政典)', '형전(刑典)', '사전(事典)'의 6전(六典)을 장악하고 연세(年歲)를 올바르게 한다고 하였는데[89] 믿기 힘들다. 제임스 리그는 'Recorders', 칼그렌은 'The Grand Scriber'로 파악하고 있다.[90] '윤백(尹伯)'은 주소에서 관청의 장으로 소관 임무는 주방과 가사 등을 취급한 것으로 설명하고 있다. 서상길사(庶常吉士)는 주소에서 '掌賞事之善士'라고 하였는데 여기에서 말하는 '賞事'가 무엇인지 자세히 알 수 없으나 높고 중요한 관직은 아닌 듯하다. 칼그렌은 이 같은 '좌우휴복', '서부', '대도소백', '예인', '표신백사' 등을 모두 일정의 직책을 가졌던 하급 관료들로 분류하고 있다.[91]

다음 고위관직으로 보이는 것은 '사도(司徒)', '사마(司馬)', '사공(司空)' 및 '아려(亞旅)'이다. '사도'는 이미 언급한 바와 같이 『주례』에서는 지관(地官) 대사도(大司徒)로 기록되어 있는데 주대 6경 중의 하나이며 예교(禮教)로 백성들의 교화를 담당하였다. '사마' 역시 6경의 하나이며 『주례』에서는 하관(夏官) 대사마(大司馬)로 기술되고 있는데 군사를 담당하였다. '사공'도 6경의 하나이며 『주례』에는 동관(冬官) 대사공

---

88) 위 책, p. 515.
89) 『周禮注疏及補正』, 26 : 20b.
90) James Legge, 앞 책, p. 516.
91) 위 책, p. 515.

(大司空)으로 되어 있는데 국가의 토목공사를 관장하였다. 끝으로 '아려'는 상대부(上大夫)의 별칭이라고 하나 확실한 것은 알 수 없다. 그러나『상서』「목서」편의 주소에는 '아(亞)'를 '차(次)', '려(旅)'를 '중(衆)'으로 해석하여 '중대부(衆大夫)'로 인식하고 지위는 차경(次卿)에 해당된다고 하였다. 또 주소에서는 '사도', '사마', '사공', '아려'의 관직이 문왕, 무왕 시에 제정된 것으로 보고 있다.

주 왕조의 최고 관직은 '태보(太保)', '태사(太史)', '태종(太宗)'이었다.『상서』「고명」편에 보면 성왕이 병사하고 태자 쇠(釗)가 뒤를 이어 강왕(康王)으로 즉위하였을 때의 즉위식을 묘사하고 있는데[92] 이 강왕 즉위식에서 '태보', '태사', '태종'의 직분과 역할을 엿볼 수 있다. 먼저 '태보'는 명칭이『시경』외에도 주대 금문(金文)에도 자주 보이며 주공과 소공이 모두 역임하였다.[93] 강왕 즉위식에서 역할을 보면 당시 태보였던 소공(召公)이 강왕 즉위식에서 사회를 맡아서 모든 제후들을 신왕 강왕에게 인도하여 배알하게 하였는데[94] 이것은 태보의 지위가 최고 고위직이었음을 말하고 있다.

또 후술하겠지만 정치·군사적 도시였던 성주 즉 낙읍(洛邑)을 조성하는 기공식에서 당시 태보였던 주공이 내복과 외복의 제후들을 소집하고 또 은 유민들을 회유하였던 사실을[95] 감안하면 적어도 '태보'는 주왕의 명을 받아서 제후들에 대한 일정한 정치·군사적 영향력을 행사할 수 있었던 사실을 알 수 있다. 그리고 주공과 소공은 주 왕조 건국과 은 유민 반란 진압 및 정치 군사적 도시 낙읍(洛邑) 조성 등의 업적을 통하여 주 왕조 건국과 기초를 공고히 하는 데 혁혁한 공훈을 세웠던 무왕의 형제들이었으며 일등공신들이었다. 이런 점에서 볼 때 주공과

---

92) 위 책, 18 : 20b.
93) H. G. Creel, 앞 책, p. 109.
94)『尙書注疏及補正』, 18 : 21b.
95) 위 책, 18 : 21b.

소공이 '태보' 자리에 있었던 것은 '태보'가 최고의 관직이었을 뿐만 아니라 아주 중요한 자리였음을 말하고 있다.

'태보' 다음으로는 '태사(太史)'가 중요했던 것 같다. 이 신왕 즉위식에서 '태사'는 성왕이 남긴 유교(遺敎)를 받들고 있다가 강왕이 즉위하자 이를 증정하였다. '태사'의 다른 직분과 역할에 대해서는 더 자세히 알 수 없으나 '사(史)'의 원래 의미가 왕 주변에서 기록을 담당하고 문서를 보관하는 보관인이었던96) 여러 사실을 감안하면 '태사'는 왕의 주변에서 기록을 담당하고 문서를 보관하고 관리하며 또 왕의 조서를 작성, 하달하는 등의 직책을 가졌던 비서장(秘書長)으로 추정된다.

'태종(太宗)'에 대해서 제임스 리그는 'The Minister of Religion', 크릴은 'The Grand Master of Ceremonies'로 번역하고97) 칼그렌은 '태종'이 국가와 왕실의 모든 종교적 · 의례적 의식과 절차를 담당하였다고 주장하였다. 그런데 '태종'의 명칭은 앞에서 인용한 문장에서 '태보', '태사'와 함께 한 번 나올 뿐, 다른 곳에는 보이지 않고 있다. 그리고 이어서 계속되는 강왕 즉위식의 절차에는 '태종', '대신', '상종(上宗)'이 책임을 맡고 있어서 기록이 일치하지 않고 있다. 하지만 '태종'은 '종백(宗伯)'을 의미하고『주례』중의 '태종백(太宗伯)'에 해당된다고 하였는데98) 이것은 '태종'과 '상종'이 동일 관직이었음을 말하고 있다. 이 외에도 '종인(宗人)'들이 즉위식의 양식과 절차를 돕고 있는데 이들 '종인'들은 '상종' 아래에 있었던 관료인 듯하므로 '태종'은 국가와 왕실의 중요 행사 진행의 모든 양식과 절차를 담당했던 고위 관직이었을 것이다. 이 같은 사실을 통해서 볼 때에 '태보', '태사', '태종'의 삼공(三公)이 주 왕조의 최고 관직을 구성하였을 것으로 생각된다.

---

96) 위 책, 18 : 21b.
97) James Legge, 앞 책, p.557. H. G. Creel, 앞 책, p. 110.
98)『尙書注疏及補正』, 18 : 21b.

그러나 주 왕조 관료제도에서 각 관직의 업무와 기능을 정확히 파악하기는 힘들다. 금문 중의 단편적인 자료를 통하여 찾아볼 수밖에 없는데 주 왕조의 관직은 조상에서 자손으로 승계되었던 세습직이었던 것 같다. 관직 수행을 위해서 교육을 받았으며 봉급은 녹봉 대신 토지가 지급되었던 것 같다. 또 극히 일부이긴 하지만 어떤 부서는 명확한 소관 업무가 있고 이를 처리할 수 있는 권한도 부여되었던 것 같다.99)

이 같은 사실을 종합해보면 주 왕조의 관료제도에 관한 자료는 극히 단편적이다. 소관업무와 권한 등에 관한 자료는 거의 없고 자료에 따라서는 상치되는 경우도 있다. 그러므로 주 왕조 관료제도의 전체 조직과 성격을 정확히 파악하기는 힘들지만 주 왕조 관료제도의 중앙조직은 '태보' 또는 '태사'의 통솔 아래에 많은 관료, 행정인, 기능인이 각기의 직분과 직책에 따라 차등적으로 조직되어 운영되었던 것은 분명하다.

특히 '태보'는 정치 행정의 수반으로서 행정 관료들을 통어하면서 내복을 통치하였을 것이며 주왕의 명을 받아 제후들에 대한 일정의 정치·군사적 영향력을 행사하였을 것으로 추정된다. 이런 점에서 '태보' 같은 행정관료 수반의 존재, 다수의 행정 관료와 기능인의 활동 그리고 '태보'를 정점으로 수립된 위계질서 등은 주 왕조의 관료제도가 은 왕조의 관료제도에 비하여 상당히 합리적이고 기능적으로 발달하였던 사실을 알 수 있다.

그러나 주 왕실은 여기에 그치지 않고 새로운 통치사상을 창안하여 제후, 경대부, 서인들에 대한 통치를 이념적으로 공고히 하였는데 그것은 '천(天)'의 절대적 권위와 위엄을 배경으로 창안된 천명사상이었다.

---

99) Chou-yun Hsu, "Notes on the Western Chou Government", *Bulletin of Institute of History and Philology*, No.26, p. 513-524.

3) 천명(天命)사상과 천하관 형성

주 왕조의 천명(天命)사상은 '천(天)'과 '명(命)'의 두 자로 구성되었
다. 먼저 '천' 의미를 살펴보면『설문해자』에는 '一'과 '大'로 되어 있고
그 뜻은 '진(眞)' 혹은 '정(頂)'의 의미로 '지고무상(至高無上)'의 뜻이
었다.[100]『설문(契文)』에는 '羍', 금문에는 '夵', 우정(盂鼎)에는 '夭'의
형태로 묘사되어 있는데 모두 두부(頭部)의 'ㅇ' 'ㅁ' 'ㄴ'을 강조하고
있다. 그 뜻은 사람의 '머리 위(頭上)'을 의미하였는데 점차 변하여
사물의 '두정(頭頂)', 만물의 전(顚), 정(頂)의 뜻으로 발전하고 마침내
창공(蒼空)을 의미하게 되었다.[101]

그러나 고대 중국에서 '천'은 반드시 창공을 의미하는 것은 아니었다.
주대의 '천'은 천지만물을 창조하고 인간에게 길흉화복의 운명을 결정하
고 천벌과 천명을 내리는 전지전능, 불가항력의 절대신이었으며 또
하늘에서 지상의 주족 후손들에게 복을 내리는 조상신이었다.[102]

'명(命)'은 천의(天意) 또는 천지(天志)가 자연현상 또는 인간의 생활
속에서 어떠한 형상으로 구현되고 시현되는 궁극적 과정을 의미했다.[103]
선진(先秦) 시대 '명'에 대한 사용을 살펴보면 공자는 '지명(知命)',
노자는 '복명(復命)', 묵자는 '비명(非命)', 순자는 '제명(制命)'을 주장
했고[104] 또『역전(易傳)』,『중용(中庸)』,『예기(禮記)』에는 각기 '지명
(至命)', '본명(本命)', '항명(降命)' 등을 언급하고 있다.

또 왕조의 교체와 통치의 정통성을 대변하는 정치적 의미에서의 천명

---

100)『說文解字』, 台北 : 世界書局, 1962, 6 : 12-14.
101) Creel, *The Origins of Statecraft in China*, Vol. I, p. 260. 그리고 좀 더 자세한
분석은 "釋天,"『燕京學報』ⅩⅧ, 1935, pp.59-71 참조.
102) 郭沫若, "天の思想,"『東洋思潮』, 東京 : 岩波書店, 1935, pp.36-37. 梁啓超,『先秦政
治思想史』, 臺北 : 中華書局, 1980, "天道思想" 참조.
103) 李愛熙, "宋代의 天命觀에 관하여,"『人文研究』, 第19輯, 1984, p.54.
104) 唐君毅,『中國哲學原論』, 香港 : 人生出版社, 1966, p. 500.

(天命), 인간의 수명, 길흉화복에 관한 운명(運命) 또는 숙명(宿命), 또 인간의 도덕적 본성인 성명(性命) 등으로 다양하게 사용되었다.105) 이같이 선진 시대 '명'에 관한 인식과 개념은 실로 다양하게 변하면서 사용되었는데 이 '명'에 관한 다양한 개념과 인식은 근본적으로는 모두 『시경』과 『상서』에서 보이는 '천명관(天命觀)'에 뿌리를 두고 있다. 『상서』「강고(康誥)」편에 다음과 같이 나타나고 있다.

> "너의 크게 밝으신 문왕께서는 덕을 밝히고 죄를 삼갔고 늙은 홀아비와 과부들을 무시하지 않았으며 수고하고 공경스럽고 위엄 있게 백성들을 깨우쳤다. 그리하여 하(夏) 땅에 구역을 만들고 우리나라를 한두 구역으로 하여 다스리게 하니 우리 서쪽 땅은 이를 오로지 믿고 의지하였다. 이 일이 하늘에 알려져 하늘이 기뻐하시고 문왕에게 대명을 내렸다(惟乃顯考文 克明德 愼罰不敢侮鰥寡 庸庸祗祗威威顯民 用肇造我區夏 越我一二邦以脩 我西土惟時怙 冒聞于上帝 帝休 天乃大命文王)."106)

이것은 '천명'에 관한 최초의 언급이다. 이에 의하면 개국 이전의 주족 군장이었던 창(昌, 후일의 문왕)이 백성들에 대한 자비와 선정으로 마침내 하늘의 인정을 받아 타락한 은 왕조를 멸하고 새로운 왕조를 건국하라는 하늘의 대명(大命 즉 天命)을 받았다는 것이다.

위에서 언급한 바와 같이 창 치하에서 주는 이미 은 왕조를 정벌할 모든 계획과 준비를 완료하였으며 무왕의 은 왕조 정벌은 창이 이미 수립하여놓은 계획과 준비에 의해 진행되었던 것뿐이었다. 그러므로 주 왕조 수립 이후 문왕과 무왕은 주 왕조 개국시조로서 함께 종묘에

---

105) 李愛熙, 위 논문, p. 55.
106) 『尙書注疏及補正』, 14 : 11a.

안치되어 배제(拜祭)되었다.107) 이 외에 천명이 많이 언급되고 있는 것은 주공이 무경녹부를 중심한 은 유민의 대대적인 반란을 진압한 다음에 은 유민을 모아놓고 설득 회유하는 연설 속에 많이 나타나고 있다.

"하늘이 대방 은의 명맥을 마치게 하였다(天旣遏終大邦殷之命)."108)

"왕이 말하였다. 은의 다수 관리들이여, 불행히도 하늘은 은나라에 멸망의 화를 크게 내렸으며 우리 주나라 사람은 천명을 받아서 하늘의 밝음과 징벌에 따라 은왕을 징벌하고 은나라 운명이 상제에 의해서 끝맺게 되었다. … 우리 소국이 감히 은나라의 명을 끊은 것이 아니고 … 하늘이 우리를 도운 것이다. 우리가 어찌 왕위를 빼앗으려고 할 수 있겠는가 … 오직 하늘의 밝음을 두려워하라(王若曰 爾殷遺多士 弗弔 旻天大降喪于殷 我有周佑命 將天命威 致王罰 勅殷命 終于帝 … 非我小國敢弋殷命 … 强我 我其敢求位 … 惟天明畏)."109)

"…하(夏)나라는 안락한 생활을 누렸기 때문에 상제가 은총을 내려서 … 하나라를 이끌었다. 그러나 걸왕(桀王)에 이르러 지나친 향락으로 죄를 짓게 되었다. 이에 하늘이 돌보지 않고 불쌍히 여기지 않게 되었으며 커다란 명을 거두어 벌을 내렸다. 그리고 너희 선조 성탕(成湯)에게 명하여 하 나라의 명(命)을 바꾸게 하고 뛰어난 인재로 사방을 다스리게 하였으며 성탕에서 제을(帝乙) 때까지 덕을 밝히고 제사를 받들지 않음이 없었다. … 그러나 후대 은왕들은 … 끝없이 안일에

---

107) 『毛詩王義』, 17-1a.
108) 『尙書注疏及補正』, 15 : 29a
109) 『尙書注疏及補正』, 16:1a.

빠져 하늘과 백성들을 공경하지 않고 돌보지 않았으므로 하늘이 보호
해주지 않고 이같이 대멸망을 내렸다(有夏不適逸 則惟帝降格 … 嚮于
時夏 … 大淫泆有辭 惟時天罔念聞 厥有廢元命 降致罰 乃命爾先祖成
湯革夏 俊民甸四方 自成湯至牛帝乙 罔不明德恤祀 罔不配天其澤 …
在今後嗣王 … 誕淫厥泆 罔顧于天 顯民祇 惟時上帝不保 降若玆大
喪…)."110)

위 글에 의하면 원래 천명은 하(夏) 왕조가 보유하고 있었는데 이후
하 나라 왕들이 부덕, 실정하였으므로 은 왕조 시조 성탕(成湯)에게
전수되었으며 은 나라 후대 왕들이 또 부덕, 실정하였으므로 천명이
다시 주 왕조에게 내려진 것이라고 하였다. 그리고 주가 은 왕조를
멸한 것은 단순히 무력으로 멸한 것이 아니라 하늘로부터 천명을 받아서
멸한 것 즉 하늘이 은 왕조를 멸한 것이라고 역설하고 있는 것이다.

"우리는 하 왕조를 귀감으로 하지 않을 수 없고 은 왕조를 귀감으로
하지 않을 수 없다. 내 잘 알지 못하나 하 왕조는 천명을 받아 오랫동안
나라를 잘 다스렸다. … 하 왕조가 계속 유지되지 못한 것은 덕을
공경하지 않아 운명이 땅에 떨어졌기 때문이었다. 은 왕조도 천명을
받아 오랫동안 나라를 잘 다스렸는데 오래 계속 유지되지 못한 것은
덕을 공경하지 않아 운명이 땅에 떨어졌기 때문이었다. 오늘날 왕께서
는 천명을 이미 받았으므로 두 나라의 운명을 생각하여 그 같은 공업
(功業)을 이어야 할 것입니다(我不可不監于有夏 亦不可不監于有殷
我不敢知 曰有夏服天命 惟有歷年 … 曰不其延 惟不敬厥德 乃早墜厥
命 … 曰有殷受天命 惟有歷年 … 曰不其延 惟不敬厥德 乃早墜厥命

110) 위 책, 16 : 1b.

今王嗣受厥命 我亦惟玆二國命…)."111)

　이것은 주공의 동생이며 낙읍(洛邑) 건설의 책임을 맡았던 태보 소공 석(召公 奭)이 낙읍 조성의 토지측량과 기초공사를 마치고 교제(郊祭)를 지낸 다음에 새로 등극한 성왕에게 올린 상소이다.

　"은 관리들에게 고한다. 하늘이 하 왕조를 버린 것이 아니고 하늘이 은 왕조를 버린 것도 아니다. 그것은 오로지 너희 임금이 너희 모든 지방의 백성들을 거느리면서 타락하고 천명을 제멋대로 해석하여 크고 작은 원성을 빚어냈기 때문에 … 하늘은 멸망의 벌을 내려서 다른 나라가 대체하도록 한 것이다. … 우리 주왕은 백성들을 정성으로 받들어 덕을 행하고 하늘을 모범으로 삼았다. 하늘은 우리에게 은총으로써 가르침을 행하고 은에 부여하였던 천명을 거두어 우리에게 돌려서 너희 모든 지방을 다스리게 하였다. 너희들은 어찌하여 우리 주왕을 보좌하고 도와서 다스리지 않으며 천명을 누리려 하지 않느냐 … 너희들은 어찌하여 왕실에 순종하여 하늘의 명을 빛내려 하지 않느냐 … 너희들은 천명을 헤아려보지 못하며 너희들은 지나치게 천명을 저버렸다. … 내가 너희들에게 내린 명을 너희들이 쫓지 않으면 나는 크게 벌하여 죽일 것이다(王若曰 誥爾多方 非天庸釋有夏 非天庸釋有 殷 乃惟爾辟 以爾多方大淫 圖天之命 屑有辭 … 天降時喪 有邦間之 … 惟我周王 靈承于旅 克堪用德 惟典神典 天惟式敎我用休 簡畀殷命 尹爾多方 … 爾曷不夾 介乂我周王 享天之命 … 爾乃不大宅天命 爾乃 屑播天命 … 乃有不用我降爾命 我乃其大罰殛之…)."112)

---

111) 위 책, 15 : 30a.
112) 위 책, 17 : 9a-10b.

위 연설은 은의 무경녹부가 반란을 일으키자 주공이 3년 만에 이를 평정하고 돌아와서 은 유민을 모아놓고 행한 연설이다. 이 연설에 의하면 은 왕조가 멸망한 것은 하 왕조와 같이 부덕 실정하였기 때문에 천명을 잃고 천벌을 받아 멸망한 것이라고 강조하고 있다. 그러므로 천명을 받아들여 주의 통치에 복종할 것이며 천명을 어겨서 다시 반란을 일으키면 큰 벌을 내려 죽일 것이라는 경고도 함께 하고 있는 것이다.

이와 같이 천명에 관한 언급이 『상서』 곳곳에 나타나고 있는데 그 언급의 시기와 대상을 살펴보면 매번 주공과 소공에 의해서 언급되고 또 은의 구관리와 유민들을 상대로 언급하고 있으며 그 내용은 한결같이 주가 은을 대신해서 하늘로부터 천명을 받았다는 사실을 강조하고 있는 것이다. 그리고 소방 주가 대방 은 왕조를 멸하고 새로이 왕조를 건국한 것은 단순한 무력행위가 아니라 은왕 주(紂)가 부덕 실정하였기 때문에 하늘에 의해서 멸망된 것이라고 강조하고 있는 것이다. 즉 은 왕조는 주의 무력에 의해 멸망한 것이 아니라 하늘로부터 천벌을 받아 멸망된 것이라는 것이다. 이같이 은 왕조의 멸망과 주 왕조 건국은 천의(天意)에 따른 것이기 때문에 은의 구관리와 유민들은 더 이상 주 왕조 통치에 적대하지 말고 협조할 것이며 협조하면 원래의 땅을 유지할 수 있고 자손이 대대로 번성할 것이라고 설득하고 있는 것이다.

이 같은 주공의 은 구관리와 유민에 대한 연설과 설득은 한마디로 말해서 '천'의 절대적 권위와 위엄에 의탁하여 천명사상을 창출하고 이 천명사상 창출에 의탁하여 주왕을 천명을 받은 유일무이한 천명의 봉행자로 부각시키어 은 왕조에 대한 무력정벌과 주 왕조 건국을 이념적으로 합리화한 것이었다.[113] 그러나 천명사상을 기반으로 한 주 왕조의 통치사상은 여기에서 그치지 않았다.

---

113) H. G. Creel, *The Birth of China*, New York : Reynal and Hitchcok, 1937, p. 371.

앞에서 언급한 바와 같이 당시 '천'은 우주 삼라만상의 조물주, 우주의 자연법칙을 규제하고 운행하는 규제자, 인간에게 길흉화복과 천벌을 내리는 불가항력의 존재 그리고 천명을 내리는 절대신으로 인식되고 있었으며 또 주족은 '천'을 자신들의 조상신으로 인식하고 있었다. 주족은 또 자신들의 훌륭했던 조상들이 사후에는 하늘로 올라가 거주하며 지상에 있는 후손들의 안녕과 발전을 후원하고 도와준다고 믿었다.[114]

이에 따라서 주족은 '천'을 우주 삼라만상의 창조주 그리고 주족의 조상신으로 숭배하고 매년 정기적으로 성대한 제사를 거행하였다.[115] 그리고 천상의 '천'과 지상의 자손 주왕을 의제적 부자관계로 설정하여 주왕을 '천'의 아들 '천자(天子, The son of Heaven)'로 승화시켰다.

사실 은대의 금문 또는 갑골문에는 '천자'의 명칭은 보이지 않으므로 은대의 은왕과 상제 사이에 부자 같은 의제적 관계 설정은 전혀 찾아볼 수 없다. 반면 '천자' 명칭은 오직 주대의 『상서』, 『시경』 등의 자료에 많이 나타나고 있는데 이 같은 사실은 '천자'의 명칭이 주대 주 왕실에 의해 만들어지고[116] 그 목적은 주왕을 우주 천지 자연의 창조주 '천'의 아들 즉 '천자'로 승화시켜서 주 왕조 통치의 정통성(正統性)과 신성성(神聖性)을 수립하는 데 목적이 있었다고 할 수 있다.[117]

---

114) H. G. Creel, *The Origins of Statecraft in China*, Vol. I, p. 502.
115) Bernard Karlgren, "Some Sacrifices in Chou China", *The Museum of Far Eastern Antiquities*, No.40(1968), p. 8.
116) 陳夢家는 은대의 天과 地上의 王 사이에는 父子의 관계가 나타나지 않았고 따라서 '天子'의 명칭이 없었다고 주장하고 있다. 『殷墟卜辭綜述』, p. 581. 이에 따라 H. G. Creel은 '天子'의 용어가 周代에 周王의 神聖性을 높이기 위해 창안되었다고 주장하고 있다. Creel, *The Origins of Statecraft in China*, Vol. I, p. 214.
117) 천명사상의 기원은 통상 국내외 학계에서 주 나라 때 시작된 것으로 간주된다. 예컨대 Creel, *The Origins of Statecraft in China*, pp. 81-93, 윤내현, "천하사상의 시원," 윤내현 외, 『중국의 천하사상』, 민음사, 1989, pp. 11-49. 전해종, "중국인의 천하관과 그 명실," 윤내현 외, 『중국의 천하사상』, pp. 11-49. 그러나 데이빗 팬케니어는 천명사상이 상 나라 때 이미 출현한 것으로 이해하고 있다. 그는 천명사상이 상 나라 때 이미 백성들의 삶을 규제하는 일종의 '에토스'로 정착되어 있었으므로

또 주대의 자료에는 '천하(天下, 天之下, All under Heaven)'의 새로운 세계 개념의 용어가 '천자'의 명칭과 함께 출현하고 있다. 은대 자료에는 통치영역 또는 세계 개념의 용어로 '사방(四方)', '사극(四極)' 또는 '사토(四土)'의 용어는 출현하였으나118) '천하' 용어는 볼 수 없다. 그런데 주대 자료도 간주되는 『역전』과 『상서』 등에는 '천하'에 대해서 많이 언급하고 있다.

"천자는 백성들의 부모가 되어서 천하를 다스려야 한다(天子作民父母以爲天下王)."119)

"넓고 넓은 하늘 아래의 전 지역은 주왕의 통치 영역이고 사해 만민은 모두 주왕의 신민이다(溥天之下 莫非王土 率土之濱 莫非王臣)."120)

이 같은 기록은 한마디로 말해서 주왕의 통치영역은 천하 즉 전 세계이고 화·이를 망라한 천하 만백성들을 주왕의 신민으로 선포하고 있는 것이다. 여기에서 주왕의 통치영역과 통치대상은 전 세계 그리고 화·이를 망라한 천하 만백성들로 설정된 것이다.121)

주왕이 피정복민 상 유민에게 천명사상을 내세워 복속을 요구했을 때 상 유민들은 거부 반응을 보이지 않았다고 하였다. 만일 천명사상이 상 유민에게 생소한 사상이었다면 받아들이지 않았을 것이라는 것이다. 이 같은 주장을 팬케니어는 고고학과 천문학 자료 등의 활용을 통하여 상 문화와 주 문화 간의 연속성을 논증하는 과정에서 밝히고 있다. David William Pankanier, "Early Chinese Astronomy and Cosmology: The 'Mandate of Heaven' as Epiphany," Ph. D. Diss., Stanford University, 1983, pp. 10-12, Chap. II-III.

118) Paul Wheatley, *The Pivot of the Four Quarters*, The Edinburgh University Press, 1971, p. 115. 李成珪, "中國文明의 起源과 形成,"『講座中國史 I 』, 서울 : 지식산업사, 1989, p. 67.

119) 『尙書注疎及補正』, 12 : 11a.

120) 『毛詩正義』, 13-1 : 11b.

121) 李春植, "中國古代國家의 二重構造와 世界觀,"『亞細亞硏究』, 第ⅩⅩⅩⅤ卷, 第1號,

이와 같이 주 왕실은 천명사상 창출을 통하여 주왕을 우주 천지 자연의 창조주 '천'으로부터 천명을 받은 유일무이한 천명의 봉행자로 선포하여 주왕 통치의 정통성을 수립하고 또 하늘의 '천'과 지상의 주왕을 의제적 부자관계에 의탁하여 하늘의 아들 천자로써 주왕 통치의 신성성을 천명하고 또 하늘 아래의 모든 땅과 바다를 주왕 통치영역으로 설정하고, 화·이를 망라한 천하 만백성들을 신민으로 선포하여 주왕 통치의 유일성을 수립하였다.

이에 따라서 주대에는 우주 천지 자연의 창조주 '천'의 절대적 위엄과 권위에 의탁한 천(天)-천명(天命)-천자(天子)-천하(天下)의 등식으로 구성된 천하통치사상이 형성되고 유일무이한 천명의 봉행자 주왕을 정점으로 화·이를 망라한 천하일국상(天下一國像)이 수립되었다.122) 그리고 이 같은 '천'의 절대적 권위와 위엄에 의탁한 주 왕조의 이념적 통치방법은 크게 성공하였다.

앞서 설명한 바와 같이 은팔사와 정주팔사는 대부분의 병력이 은 유민의 자손들로 구성되었으나 반란 등과 같은 문제를 전혀 야기하지 않았다. 춘추 시대 노국(魯國)의 평민들도 대부분이 은 유민의 자손으로 구성되었지만 주왕의 무력 약화 이후에도 반란을 일으키지 않았다. 또 은 왕실의 후예였던 송(宋)도 주 왕실이 쇠퇴하였는데도 주왕의

1992, p. 118.

122) 이 같은 이념적 통치방법과 세계관은 주 왕조의 독특한 사상만은 아니었다. 고대 이집트의 왕 파라오(Pharaho)는 "자신은 태양의 아들이며 모든 백성들은 복종해야 하고 아무도 저항할 수 없다"라고 주장하였다. A Gardiner, *Egyptian Grammar*, Oxford : Oxford University Press, 1952, p. 74. 바빌로니아의 나람 신(Naram-sin)은 "자신은 四土의 王, 우주의 지배자"라고 했으며, 앗시리아 왕들은 "四極의 王, 우주의 지배자"라고 주장하였다. D. D. Luchenbill, *Ancient Records of Assyria and Babylonia*, Vol. II, Chicago: University of Chicago Press, 1968, p.183. 이 같은 고대 정복자들의 주장은 모두 특정신과의 의제적 특별 관계의 수립을 통하여 통치의 정통성, 신성성, 유일성 수립을 통하여 세계 통치의 당위성을 합리화하는 데 그 목적이 있었다.

천명에 기반한 의례적 권위와 위엄을 그대로 인정하고 복종하고 있었다. 그리고 여타 제후들도 주왕의 무력이 약화되었지만 천명의 봉행자 주왕의 의례적 권위와 존엄에는 결코 도전하지 않았다. 이같이 주 왕조 천명의 신성적 권위와 위엄에 의탁한 사상·이념적 통치방법은 800여 년간 지속되었던 주 왕조의 수명에 크게 기여하였을 뿐만 아니라 이후 중국 역대 제왕(帝王)사상 형성에 깊은 영향을 끼치게 되었다.

그런데 이같이 천명사상 창출을 통하여 주 통치의 정당성, 신성성, 유일성을 수립한 주 왕실은 여기에 그치지 않고 동일혈연관계에 기반한 종법제도를 봉건제도 안으로 도입하여 동일혈연에 기반한 상호 간의 유대와 결속을 강화하였다.

4) 종법(宗法)제도와 묘제(廟制)의 발달

종법제도(宗法制度)는 동일혈연관계로 구성된 일족 간의 종자(宗子) 존중, 종족 간의 상하분별과, 친소유별, 동족의식의 강조 등으로 구성된 위계적 혈연제도였는데 주 왕실은 이 위계적 혈연제도를 도입하여 주왕을 정점으로 제후, 경·대부에 이르기까지 위계적 종법질서(宗法秩序)를 수립하였다. 그리고 이성제후들은 동성불혼(同姓不婚)의 법칙에 의해서 희성(姬姓) 제후와 통혼케 하여 인척(姻戚)관계를 수립하고 주 왕실 일가로 포섭하였다.123) 그러므로 주 왕조는 주왕을 정점으로 친·인척으로 구성된 주 왕실 일족의 천하였다고 할 수 있다.

이 같은 종법제도의 기원은 은대로 거슬러 올라간다. 은대의 사회는

---

123) 주대 동성불혼의 법칙은 『禮記』 중에만 보이므로 그 사실이 의문시되어 왔는데 王國維의 甲骨文硏究에 의하여 殷代社會에는 동성불혼의 법칙이 없었다는 사실이 밝혀짐에 따라 周代에 實在하였던 것으로 간주된다. 王國維, 『王觀堂先生金集』Ⅱ, 臺北 : 1968, 趙光賢, 『周代社會辨析』, 北京 : 人民出版社, 1980, p. 123 참조.

'족(族)'과 '씨(氏)'로 구성된 씨족(氏族)사회였다. 은 왕조 멸망 후 주왕은 은 유민의 집단적 반란을 예방하기 위해 은족의 조씨(條氏), 서씨(徐氏), 소씨(蕭氏), 색씨(索氏), 장작씨(長勺氏) 등의 6씨족을 노국에 분산시키고 도씨(陶氏), 시씨(施氏), 번씨(繁氏), 기씨(錡氏), 번씨(樊氏), 기씨(饑氏), 낙채씨(絡蔡氏)의 7씨족을 위국으로 이주시켰는데 이것은 은 왕조의 사회가 '족'과 '족' 안의 다수 씨족으로 구성된 씨족사회였음을 말하고 있다.

또 은대 모든 씨족은 고유의 '성(姓)'을 가지고 있었다. 은 왕실의 '성'은 '자성(子姓)'이었는데 이 '자성'은 은 왕실의 족성(族姓)이었다. 이같이 은대 사회는 씨족사회였으며 모든 씨족은 고유의 '성'을 가지고 있었는데 '성' 소유와 씨족사회는 은대에만 국한된 것이 아니고 주대에도 계승되었다. 그러므로 주 왕조의 제후, 경·대부 등의 봉건귀족들은 은대와 마찬가지로 모두 성(姓)을 구비하고 있었다.

주지하는 바와 같이 '성(姓)'은 동일혈연 관계를 나타내는 상징인데 부계(父系)에 의해 그 자손에 무한히 전승되며 어떠한 경우에도 변경되지 않았다. 그리고 장구한 시일이 지남에 따라 동성의 일족 수효가 증가하면 다른 지역으로 이주하여 분가하였는데 다른 지역으로 분가 이주한 집안은 지역의 지명 또는 수여받은 관직명을 새로운 '씨'로 정하였다. 예를 들면 주 왕조 초기 주공의 자손들은 노국에 분봉되었으므로 그 '성'은 희성이었으나 '씨'는 노씨(魯氏)였다. 이후 긴 세월이 지나면서 자손이 번성하였으므로 노씨는 다시 계손씨(季孫氏), 맹손씨(孟孫氏), 숙손씨(叔孫氏) 등으로 분리되어 다른 '씨'를 갖게 되었다.

이같이 '성'은 긴 세월이 지나도 변하지 않지만 '씨'는 시일 경과, 지역 이동, 분가 등의 여러 요인에 의해 수시로 변하였다.[124] 이런

---

124) 加藤常賢, "支那家族制度に於ける主要問題,"『中國古代文化の硏究』, 東京 : 1980, pp. 35-37. K. C. Chang, *Early Chinese Civilization*, pp. 73-74. Wang Hsi-mei,

점에서 '성', '씨'의 형성과 분리는 장구한 시일의 경과와 사회 발달에 따라 급속도로 증가된 족인의 혈통과 소속을 알리기 위한 하나의 제도였다고 할 수 있다.

그런데 은 왕조 중기부터 이 같은 씨족사회 안에서 가족제도가 발달하기 시작하였다. 가족의 조상숭배와 제사의례가 촌락의 공동제례와 병행하여 진행되기 시작하였으며 주대에 들어와서는 일반화되었는데 주대 종족제도는 이 같은 가족제도의 형성을 기반으로 성립되었다. 다시 말하면 장구한 시일의 경과에 따라 동성의 일족 수효가 증가하면 특정 집안의 가장을 중심으로 '종(宗)'이 형성되었는데 이 '종'은 오직 부계(父系)의 일족만으로 형성되었다. 또 '종'은 '종'을 중심으로 종하(宗下)의 5세간의 족인들로 구성되었는데 이것이 종족제도였다.

이 종족집단은 내부의 상하혈연관계에 따라 적장자를 중심으로 대종(大宗)과 소종(小宗)으로 분리되어 구성되었는데 적처(嫡妻)의 장자가 대종이 되고 여타의 형제들은 소종이 되었다. 대종은 종주(宗主)·종손(宗孫)이 되어 조상의 제사를 받들고 종묘를 관리하고 소종의 종인(宗人)들을 통솔하였다. 종주는 종족을 대표하고 종인 중에 범법자, 명예 훼손자 등을 처형 또는 축출하였으며 전쟁 시에는 종인들을 이끌고 전쟁에 참가하였다.

한편 대종을 제외한 다른 종인들은 소종이 되어 종주의 권위와 지시에 복종했으며 조상의 제일(祭日)에는 종주에게 물심양면으로 협조하고 전쟁 시에는 종주의 통솔 아래에 출전하였다. 또한 이들 소종들은 5세가 지나면 분가하여 새로운 종(宗)을 형성하고 종주로서 막하의 종인들을 통괄하였으므로 그 종족세력이 무한히 확대될 수 있었다. 이러한 점에서

"A Study on the System of the Genealogical Linkage, Name and the Surname", *Bulletin of the Institute of History and Philology*, Academia Sinica, Vol. XXV iii(1957), p. 714.

주대의 종족제도는 적장자(大宗)를 중심으로 종적으로는 자기 자손의 일족 그리고 횡적으로는 형제(소종집단) 및 그 자손을 주축으로 무한히 확대해나가는 대혈연집단이었다고 할 수 있다.[125] 그런데 주 왕실은 주 왕조 개국 후 이 같은 종족제도를 봉건제도 안으로 도입하였다.

앞에서 언급한 바와 같이 주 왕실은 자제와 일족들을 전국의 주요 요충지에 분봉 배치하여 제후국을 건립하게 하고 제후들은 그의 봉지를 다시 일족인 경·대부에게 분봉하여 채읍(采邑)을 조성케 하였다. 그리고 이 같은 주왕과 제후와의 관계는 종족제도에 의해서 주왕은 희성(姬姓) 일족의 대종(大宗)이었으며 주왕으로부터 분봉된 제후들은 주왕에 대하여 소종(小宗)이었으나 경·대부에 대해서는 대종이었다. 그리고 경·대부는 제후의 소종이었다. 또 주 왕실은 왕위 계승을 장자상속제를 원칙으로 하였기 때문에 주 왕조의 왕위(王位)와 제후국의 후위(侯位)는 대종인 적장자에게만 계승되었으며 경·대부 경우에도 마찬가지였다.

그러므로 주왕과 제후와의 관계와 제후와 경·대부와의 관계는 대종과 소종관계에 기본한 본가(本家와) 분가(分家)의 관계를 형성하고 그 관계는 백세가 지나도 변하지 않게 되었으며 주왕을 정점으로 한 위계적 혈연관계에 의탁된 신분질서가 주왕에서부터 제후 경·대부에까지 수립되었는데 이것이 주대의 종법제도였다. 또 이 같은 종법제도와 위계적 질서는 당시 봉건귀족의 정치·군사·경제적 기반이었던 읍제(邑制)에도 깊은 영향을 미쳤다.

이미 설명한 바와 같이 주대의 성읍은 은대의 성읍과 마찬가지로 중앙에는 조상신을 모시는 종묘(宗廟)가 있고 종묘를 중심으로 봉건귀족들의 궁실, 무기와 제기 보관의 창고, 공인들의 작업장, 묘지 및 서민들

---

125) 宇都木章, "宗族制と邑制,"『古代史講座』6(上), 東京 : 學生社, 1962, pp. 221-225.

의 주택이 산재하였으며 성읍 주변에는 농경지, 목초지, 임야 삼림 등이
있었다. 그런데 이들 성읍은 읍에 거주하고 있는 봉건귀족들의 혈연적
신분과 정치적 지위에 따라 여러 종류로 구성되었다.

일반적으로 제후가 주재했던 읍은 국(國)이라고 했으며 경·대부가
주재했던 읍은 도(都) 그리고 국 또는 도가 아닌 일반 읍은 비(鄙)라고
했는데 이들 비는 국이 위치한 방향에 따라 동비, 서비, 남비, 북비라고
불렀다.126) 또 일반 읍을 제외한 모든 읍은 조상신을 모시는 종묘가
있었으며 읍 간의 상호 관계는 읍의 주재자였던 봉건귀족 간의 위계적
혈연관계에 따라 결정되었으므로 주 왕조의 왕도였던 호경(鎬京)은
종주(宗周), 제후의 국은 종국(宗國), 경·대부의 채읍은 종읍(宗邑)이
라고 하였다.127)

이같이 주왕의 주재지 종주를 정점으로 수많은 종국과 종읍의 관계가
대종과 소종 간의 종법질서에 의해 위계적으로 수립되었으며 읍 상호
간의 차등적 질서도 왕, 제후, 경·대부로 구성된 봉건귀족의 정치질서와
일치되었는데 이것은 종통(宗統)과 군통(君統)의 일치였다.128) 그러므
로 주 왕조의 통치제도의 근간이었던 봉건제도는 안으로 이 같은 위계적
혈연관계에 의탁된 종법제도에 의해 지지되고 있었다.

그런데 주 왕실은 여기에서 그치지 않고 대종 주왕을 중심으로 수립된
위계적 종법질서 유지와 희성(姬姓) 일족의 봉건귀족 간의 결속과 유대
를 공고히 하는 제도를 강구하였는데 이것이 묘제(廟制)의 발달이었다.
『예기』에서는 아래와 같이 다양하게 묘제를 설명하고 있다.

---

126) 殷周시대 邑都鄙에 대한 구분과 정의는 학자 간에 논쟁 중인데 필자는 西嶋定生의
    說을 채택하였다. 西嶋定生, 『中國古代の社會と經濟』, 東京 : 東京大 出版會, 1961,
    pp. 36-37.
127) 趙光賢, 앞 책, p. 105.
128) 李宗侗, 앞 책, p. 210-211.

"천자는 7묘, 제후는 5묘 대부는 3묘, 사는 1묘이다(…天子七廟 諸侯五 大夫三 士一)."[129]

"천자의 묘는 7묘이다. 삼소(三昭) 삼목(三穆)과 태조의 묘로서 7묘가 된다. 제후는 5묘이다. 이소(二昭) 이목(二穆)과 태조의 묘로서 5묘가 된다. 대부는 3묘이다. 일소 일목과 태조의 묘로서 3묘가 된다. 사는 1묘이며 서인은 침(寢)에서 제사지낸다(天子七廟 三昭三穆 與大祖之廟而七 諸侯五廟 二昭二穆 與大祖之廟而五 大夫三廟 一昭一穆 與大祖之廟而三 士一廟 庶人祭於寢)."[130]

"그러므로 천자는 7묘를 세우고 … 제후는 5묘를 세우고 … 대부는 3묘를 세우고 … 사는 2묘를 세우고 … 서인은 묘가 없다(是故王立七廟 … 諸侯立五廟 … 夫立三廟 … 士二廟 … 庶人無廟…)."[131]

이같이 천자는 7묘제(七廟制), 제후는 5묘제(五廟制), 경·대부는 3묘제(三廟制) 혹은 2묘제(二廟制)로 묘사하고 있다. 그러나 『예기』「상복소기(喪服小記)」편에는 "왕자는 그 조상이 난 곳에 대제(大祭)를 지내고 배향하는데 4묘를 세운다."[132]라고 하여 천자 4묘제로 기술하고 있으므로 묘제에 대한 내용이 약간 다르다고 할 수 있다.

"천자는 7묘, 제후는 5묘, 대부는 3묘, 사는 2묘이다(天子七廟 諸侯五廟 大夫三 士二)."[133]

---

129) 『禮記注疎及補正』, 23 : 2a.
130) 위 책, 32 : 2b.
131) 위 책, 16 : 15a.
132) 위 책, 16 : 15a.
133) 위 책, 4 : 8b.

"그러므로 천자는 7세를 섬기고 제후는 5세를 섬기고 경대부는 3세를 섬긴다. 3승의 땅을 가진 자는 2세를 섬긴다(故有天下者事七世 有一國者事五世 有五乘之地者事三世 有三乘之地者事二…)."[134]

위 글은 주대 묘제에 관한 『춘추곡량전(春秋穀梁傳)』과 『순자(荀子)』의 기록인데 모두 천자 7묘제, 제후 5묘제, 경·대부 3묘제가 실시되었다고 기술하고 있다. 이 같은 여러 사실을 종합해보면 주대 봉건귀족의 묘제는 앞에서 말한 대로 천자 7묘, 제후 5묘, 경·대부 3묘 혹은 2묘가 기본이었을 것으로 추측된다. 그러면 이 같은 주대 묘제 내부가 어떻게 구성되었는가를 살펴보자.

"주대 천자 칠묘제는 문왕과 무왕은 천명을 받았으므로 그 묘는 훼손하지 않고 두 조묘(祧廟)로 모시고 주족의 시조 후직과 고조 이하는 친묘로 모셨으므로 7묘가 된다(周所以七者 以文王武王受命 其廟不毁 以爲二祧 祧始祖后稷及高祖以下親廟 故爲七也)."[135]

이에 의하면 주대 천자의 묘제는 7묘제로서 시조, 문왕, 무왕의 3조(三祧)와 4친묘(四親廟)로 구성되었다. 즉 주족의 시조로서 추앙되는 후직의 묘, 천명을 받은 문왕과 은 왕조를 멸하고 주 왕조를 개국한 무왕의 묘로 구성된 3조묘(三祧廟)와 현왕의 부(父), 조(祖), 증(曾), 고(高) 4대의 4친묘(四親廟)로 구성된 칠묘제(七廟制)였다.

"제후는 5묘를 세운다. … 고묘(考廟), 왕고묘(高廟), 황고묘(皇考

134) 荀子集解, 臺北 : 世界書局, 1972, p. 234.
135) 『禮緯 稽命微編』, 2 : 7b.

廟), 현고묘(顯考廟)라 한다. 모두 달마다 제사를 지낸다. … 현고모와 조고묘는 4시의 제사를 지낸다. … 대부도 3묘를 세운다. 고묘(考廟), 왕고묘(王考廟), 황고묘(皇考廟)라 한다. 모두 4시 제사를 지낸다.(諸侯立五廟 … 曰考廟 曰王高廟 曰皇考廟 … 顯考廟 皆月祭之 顯考廟 祖考廟 亨嘗乃之 … 大夫立三廟 … 曰考廟 曰王考廟 曰皇考廟 亨嘗乃之)."136)

위 글은 제후와 대부의 묘제에 대한 언급이다. 여기에서 고묘(考廟)는 부친의 묘, 왕고묘(王考廟)는 조부의 묘, 황고묘(皇考廟)는 증조의 묘, 현고묘(顯考廟)는 고조의 묘를 말하고 있다. 조고의 묘(祖高廟)는 먼 조상의 묘로써 시조묘(始祖廟)를 지칭하고 있으므로 제후의 5묘제는 시조묘와 사친묘로 구성되었다. 그리고 대부의 3묘제는 부친의 묘(考廟), 조부의 묘(王考廟) 증조부의 묘(皇考廟)로 구성되었음을 알 수 있다.

이같이 주대 봉건귀족의 묘제를 종합해보면 천자 7묘제는 후직의 시조묘, 문왕 무왕의 2조묘 그리고 부, 조부, 증조부, 고조부의 4친묘로 구성되었으며 제후 5묘제는 시조묘와 부, 조부, 증조부, 고조부의 4친묘로 구성되었다. 그리고 경·대부의 묘제는 오로지 부, 조부, 증조부의 3묘제 혹은 2묘의 친묘로만 구성되었다.

그런데 위의 묘제는 『예기』에 기술된 주대 묘제의 모습인데 『예기』는 주대 이후의 기록이므로 그대로 신빙하기는 힘들지만 주대의 묘제가 대만과 뉴 하이버드(New Hibird) 섬 등을 포함한 폴리네시안 지역의 묘제와는 거의 일치하고 있다.137) 그러므로 『춘추곡량전』, 『순자』, 『예기』, 『주례』 등에 기록된 주대의 묘제가 전혀 허황된 사실이 아님을

---

136) 『禮記鄭注』, 3 : 8b.
137) 凌純姓, 中國祖廟的起源, 民族學硏究所集刊, 1959年, 第7期, p. 171.

알 수 있다.138) 또 주 왕조의 종법제도가 봉건제도를 내부에서 결속과 유대를 강화하는 통치제도의 하나로서 활용되었던 사실을 감안하면 종족 간의 결속과 단결을 다지는 묘제의 존재는 사실이었다고 할 수 있다.

주대의 이 같은 묘제가 어느 시대부터 실시되었는가를 살펴보면 『예기』「제법(祭法)」에 다음과 같은 기록이 있다.

> "왕이 땅을 나누어 나라를 세우고 도읍을 두고 읍을 세워서 묘조와 단을 만들어 제사를 지낸다. … 왕은 칠묘를 세우고 … 제후는 5묘를 세우고 대부는 3묘를 세운다(有王 分地建國 置都立邑 設廟祧壇 而祭之 乃爲親疎多力之數 故是王立七廟 … 諸侯五廟 … 大夫三廟)."139)

이것은 주가 은을 멸하고 주 왕조를 건국한 후 봉건제도를 실시하였을 때에 정치적 지위와 혈연적 친소에 따라 천자 7묘, 제후 5묘, 대부 3묘의 누층적 묘제(廟制)를 실시하였던 것을 보여주고 있다.

또 보다 직접적인 사료로서는 앞서 인용한 『사기』「주본기」중에 "封諸侯 班賜宗彝…"140)의 기록이 있다. 정주(鄭注)에 의하면 '종이(宗彝)'는 종묘의 준(樽)으로 제배 시의 술잔을 의미하고 있는데 이것은 무왕이 은 왕조를 멸하고 제후들을 분봉 배치하였을 때에 제후들을 단순히 분봉, 배치한 것만이 아니고 주 왕실의 제기(祭器)를 나누어

---

138) 『周禮』「春官」小宗伯 중 "辨廟祧之昭穆"의 내용을 주소에서는 『禮記』중의 "天子七廟 諸侯五廟 大夫三廟"에 근거하여 설명하고 있는데 이것은 과거 중국 학자들도 天子七廟制 諸侯五廟制 卿大夫三廟制 혹은 二廟制를 신빙했던 것을 말한다. 또한 Henry Maspero, *China in Antiquity*, trans. by Frank A. Kierman Jr. Chatham, : The University of Massachusetts Press, 1978, pp. 122-124, 凌純聲, "中國祖廟的起源," p. 159 등에서도 이 같은 廟制의 존재를 인정하고 있다.

139) 『禮記鄭注』, 14 : 2a.

140) 『史記』「周本紀」, p. 126.

주고 주 왕실의 제사를 받들게 하였던 사실을 말한다. 이 같은 사실에서 볼 때 주 왕실의 체계적인 묘제는 무왕에서 주공에 이르는 주 왕조 개국기에 제정된 것으로 생각되며 그 목적은 다분히 정치적인 것이었다.

앞서 언급한 바와 같이 은·주 시대는 씨족사회였고 씨족이 당시 정치·군사적 기반이었다. 그러므로 가장 중요했던 것은 동일혈연을 기반으로 한 씨족 간의 결속과 단결이었으며 씨족의 결속과 단결의 중핵은 조상 숭배와 제사였다. 돈독한 조상 숭배와 주기적인 제사 거행을 통하여 씨족인들은 정기적인 씨족집회를 가질 수 있었고 이를 통하여 상호 공동혈연의식과 공동운명의식을 다짐하고 이를 기반으로 강력한 결속과 단합을 도모할 수 있었으며 이 씨족 간의 강력한 결속과 유대가 당시 정치·군사적 세력의 중핵이 되었다.

그러므로 씨족 간의 강력한 결속과 유대의 기반이었던 조상 숭배와 제사는 당시 제정(祭政)이 일치하였던 원시 씨족사회에서 가장 중요했던 왕사(王事) 즉 군사와 제사 중의 하나였다. 주대 다수 희성일족의 제후들로 구축되었던 봉건제도 역시 통치제도로서 그 기능을 다하기 위해서는 희성일족 간의 결속과 유대의 중핵이 되는 조상 숭배와 제사를 강조하지 않을 수 없었다. 이에 따라서 주대에는 체계적이고 조직적인 묘제가 발달하고 분사(分祀)제도를 통하여 전국 제후들에게 확대되었다.

그러므로 주왕(대종)이 도읍했던 종주(宗主)의 종묘에는 천자 7묘, 제후가 주재했던 종국(宗國)의 종묘에는 제후 5묘 그리고 경·대부의 종읍(宗邑)에는 3묘 또는 2묘가 안치되었으며 일제(日祭), 월제(月祭), 시형(時享), 세공(歲貢) 및 대조(大祫)의 제사가 주기적으로 행해졌다. 그리고 주 왕실은 이같이 전국의 봉건귀족 전체로 확대된 묘제와 주기적으로 거행된 제사를 통하여 동일혈연의식과 공동운명의식을 고취하고 이를 통해 희성일족 간의 강력한 결속과 단결을 도모하였다고 할 수

있다. 이런 의미에서 주 왕조의 종법제도와 묘제는 주 왕조의 핵심적
통어책이었다고 할 수 있다.

5) 제후 조공의 실체와 성격

주 왕조를 개국한 무왕은 앞 장에서 언급한 바와 같이 봉건제도의
실시에 따라서 전국의 전략적 요충지에 주 왕실의 자제, 원근의 일족과
동맹부족들을 제후로 분봉하여 배치하였다. 분봉된 제후국은 그 수효가
대체로 100~170여 국에 달했으며 또 정치·경제·군사적으로 거의
독립적이었으므로 주 왕실은 이같이 수효가 많고 독립적이었던 제후국
들을 조근(朝覲), 순수(巡狩), 조빙(朝聘)을 통하여 통어하였다. 먼저
조근(朝覲)에 대해서 살펴볼 필요가 있다.

> "빈례로써 제후국과 친선을 도모하는데 2년에 한 번 방문하고 3년에
> 한 번 방문하고 5년에 한 번 조근한다(以賓禮親邦國 比年一小聘 三화
> 大聘 五年一朝)."141)

> "천자가 병풍(依)를 세워서 서 있고 제후가 북쪽을 향하여 천자를
> 뵙는 것을 조(朝)라고 한다(天子當依而立 諸侯北面而見天子曰
> 朝)."142)

> "천자가 일이 없을 때는 제후를 만나보는데 조(朝)라고 한다(天子無
> 事與諸侯相見曰朝)."143)

---

141) 『周禮注疏及補正』, 18 : 7b.
142) 『禮記鄭注』, 1 : 25b.
143) 『禮記鄭注』, 4 : 4a.

위의 기록은 『주례』와 『예기』 중의 '조(朝)'에 관한 기록이다. 이 외에도 '조'에 관한 기록은 많은데 위 글 중에서 '조'의 의미는 제후가 주 천자를 직접 알현, 배알하는 것을 말하고 있다. 그러나 『주례』와 『예기』는 모두 서주 시대 이후 작품으로 신빙성이 부족하므로 서주 시대의 작품인 『시경』의 기록과 비교해볼 필요가 있으나 『시경』의 '조' 에 대한 기록은 『주례』, 『예기』에서와 같이 분명하지 않다.

"군자들이 입조하였는데 무엇을 내려주셨는가? 비록 내려주신 것은 없지만 큰 수레와 말을 내리셨네. 또 무엇을 내려주셨나? 검은 곤룡포 에 수놓은 바지일세(君子來朝 何錫予之 雖無予之 路車乘馬 又何予之 玄袞及黼)."[144]

"군자들이 내조하는데 깃발이 보이고 깃발이 펄럭이고 말방울 소리가 짤랑거린다. 건장한 말들이 이끄는 수레를 타고 군자들이 오셨네(君子 來朝 言觀其旂 其旂淠淠 鸞聲嘒嘒 載驂載駟)."[145]

주소에 의하면 첫 번째 문장의 '군자(君子)'를 '제후(諸侯)'로 해석하 고 '내조(來朝)'를 제후의 주왕에 대한 조근(朝覲)으로 설명하고 있다. 두 번째 문장은 제후가 주왕을 조근하러 올 때의 모습을 묘사한 것으로 바람에 휘날리는 깃발, 우렁찬 종소리, 달리는 말발굽 소리 등 제후들의 웅장하고 찬란한 모습을 묘사하고 있다. 주대 금문(金文)에도 조근의 일종이었던 '은(殷)'이 기재되어 있다.[146]

---

144) 『毛詩注疏及補正』, 15-1 : 1b.
145) 위 책, 15-1 : 3a.
146) 주 149) 참조.

"유왕은 폭학 무도하고 형벌이 공정치 못하였으므로 제후들이 모두 조근하려고 하지 않았다(幽王也 暴虐無親 而刑罰不中 諸侯皆不欲 朝…)."147)

이것은 서주 12대 유왕(幽王)이 무도하고 형벌이 공평하지 못하므로 제후들이 모두 조근하기를 기피하였다는 내용이다. 주지하는 바와 같이 유왕은 심한 폭군으로 미희 포사(褒姒)에게 빠져 정치를 돌보지 않고 또 정비 신후(申后)의 소생인 의구(宜臼)를 폐하고 포사의 아들 백복(白服)을 후사로 임명하려고 하였다.

이에 분개한 신후의 오빠 신후(申侯)가 북방의 견융을 충동질하여 수도 호경을 침입하게 하였으므로 유왕은 여산(驪山) 아래서 패사하고 호경이 함락되었는데 이것이 주 동천(東遷)의 원인이었다. 이같이 유왕은 폭군이었으므로 제후들이 조근을 기피하였다는 내용인데 이것은 서주 시대 제후의 주왕에 대한 조근이 주 동천 직전인 12대 유왕 때까지 계속되었던 사실을 말하고 있다. 다시 말하면 서주 시대 전 기간을 통해 제후의 주왕에 대한 조근은 계속되고 있었다고 할 수 있다.

제후의 주왕에 대한 '조'는 시기와 상황에 따라 그 명칭과 종류가 다양했던 것 같다. 『주례』「춘관」 종백에는 아래와 같이 기재되어 있다.

"빈례로써 제후국과 친선을 도모하는데 봄에 배알하는 것을 조(朝), 여름에 배알하는 것을 종(宗), 가을에 배알하는 것을 근(覲), 겨울에 배알하는 것을 우(遇), 수시로 배알하는 것을 회(會), 긴급한 이로 배알하는 것을 동(同)이라고 한다(以賓禮親邦國 春見曰朝 夏見曰宗

147) 『毛詩正義』, 15-1 : 9a.

秋見曰覲 冬見曰遇 時見曰會 殷見曰同)."[148]

이같이 제후가 주왕을 봄에 배알하는 것은 '조(朝)', 여름에 알현하는 것은 '종(宗)', 가을에 뵙는 것은 '근(覲)', 겨울에 배알하는 것을 '우(遇)', 수시로 배알하는 것을 '회(會)', 긴급한 일로 알현하는 것을 '동(同)'으로 기록하고 있다. 주대 제후들의 주왕에 대한 알현은 이같이 시기와 상황에 따라 '조(朝)', '종(宗)', '근(覲)', '우(遇)', '회(會)', '동(同)'으로 구분하고 명칭도 상이했던 것을 알 수 있다. 그러나 앞서 설명한 바와 같이 『주례』의 사료적 신빙성이 빈약하므로 기록을 그대로 믿을 수는 없다. 그런데 주왕에 대한 제후 조근에 관한 기록이 정주(鄭州)에서 발굴된 주대 금문에 단편적으로 남아 있다.

"명보가 성주를 방문했다(明寶殷成周)."[149]

곽말약(郭沫若)의 해석에 의하면 '명보(明寶)'는 노국으로 분봉되었던 주공의 아들 백금(伯禽)을 말하고 있고, 성주(成周)는 말할 것도 없이 서주의 정치·군사적 중심지 낙읍(洛邑)을 지칭하고 있다. 그리고 '은(殷)'은 위에서 인용한 바와 같이 긴급한 일로 제후가 주 천자를 알현하는 것을 말하고 있고, 『주례』 춘관에서도 '은(殷)'을 "殷見曰同"의 '은'으로 해석하고 있으며 주소에서도 '은'을 '은견(殷見)', '은동(殷同)'으로 해석하고 있다.[150] 그 의미는 주왕이 제후들에 대한 순수(巡狩)를 행하지 못하면 제후들을 소집하여 조례(朝禮)를 받고 정령(政令)을 내렸던 것이라고 하였다.[151]

---

148) 『周禮注疏及補正』, 18 : 8a
149) 郭沫若, 『殷周靑銅銘文硏正』, 北京, 1954, p. 38.
150) 『禮注疏及補正』, 37 : 20b.
151) 『周禮注疏及補正』, 18 : 8a.

따라서 곽말약의 해석대로 금문 중의 '은(殷)'이 '은견(殷見)', '은동(殷同)'과 같은 의미라고 하면 위 글의 뜻은 "노국의 제후 백금이 성주에 주왕을 급한 일로 배알하였다."의 뜻으로 해석할 수 있다. 이 같은 사실에 비추어서 볼 때에 『주례』 중에 기재되어 있는 '춘조(春朝)', '하종(夏宗)', '추관(秋覲)', '동우(冬遇)', '시회(時會)', '은동(殷同)' 등의 명칭이 금문 속에 전부 기록되어 있는 것은 아니라고 해도 '은동(殷同)', '은견(殷見)'에 해당되는 '은(殷)'의 명칭이 있는 것으로 보아 『주례』 「춘관」 기록의 신빙성을 전부 부인할 수는 없을 것이다. 그러므로 제후들의 주왕에 대한 조근이 사철에 따라 정기적으로 실시되었다고 신빙하기는 어려워도 어떠한 일정의 규정과 제도에 따라 주기적으로 행해졌으며 시기와 상황에 따라서 명칭도 달랐을 가능성이 있다.

> "제후는 천자에 대해서 해마다 한 번 소빙(小聘)하고 3년에 한 번 대빙(大聘)하며 5년에 한 번 조근(朝覲)한다(諸侯之於天子 比年一聘 三年一大聘 五年一朝)."152)

주소에 의하면 제후는 주왕에 대해 매년 대부(大夫)를 보내 소빙하고 3년에 한 번 경(卿)을 보내 대빙하고 5년에 한 번은 제후 자신이 직접 주왕을 배알했는데 이것을 '조(朝)'로 설명하고 있다. 따라서 제후의 주왕에 대한 조근은 5년 1회로 되어 있다.

> "왕기는 사방 천리이다. 그 외 사방 오백 리는 후복(侯服)인데 1년에 한 번 조근한다. … 그 외 사방 오백 리는 전복(甸服)인데 2년에 한 번 조근한다. … 그 외 사방 오백 리는 남복(男服)인데 3년에

---

152)『禮記鄭注』, 4 : 5a

한 번 조근한다. … 그 외 사방 오백 리는 채복(采服)인데 4년에
한 번 조근한다. … 그 외 사방 오백 리는 위복(衛服)인데 5년에
한 번 조근한다. … 그 외 사방 오백 리는 요복(要服)인데 6년에
한 번 조근한다. … 구주 밖은 번국(蕃國)인데 일생에 한 번 조근한다
(邦畿方千里 其外方五白里 謂之侯服 歲壹見 … 又其外方五白里 謂之
甸服 二歲一見 … 又其方五白里 謂之男服 三歲壹見 … 又其方五白里
謂之采服 四歲壹見 … 又其方五白里 謂之衛服 五歲壹見 … 又其外方
五白里 謂之要服 六歲一見 … 九州之外 謂之蕃國 歲壹見)."153)

이것은 『주례』 「춘관」의 기록이다. 이에 의하면 당시 주 왕조의 영토는
주 왕실의 직할지였던 왕기(王畿)를 중심으로 후복, 전복, 남복, 채복,
위복, 요복과 구주 밖의 번국으로 구성되어 있다. 각 복(服)은 왕기를
중심으로 사방 오백 리 간격으로 위치해 있는데 주왕이 주재하고 있는
왕기로부터 제일 가까운 후복은 1년 일조, 다음의 전복은 2년 일조,
그다음의 남복은 3년 일조, 그다음의 채복은 4년 일조, 그 다음의 위복은
5년 일조, 그 다음 제일 멀리 있는 요복은 6년 일조로 되어 있으며
구주 밖 만이의 번국은 일생 일조 하는 것으로 되어 있다. 그러나 서주
시대 이같이 질서정연한 행정제도로서 구주가 실재하였는지는 의문이
므로 6복 제후의 주왕에 대한 주기적인 조근 이행은 믿기 힘들다.154)
또 『상서』 「입정(立庭)」편에는 아래와 같은 기록이 있다.

"6년에 5복이 조근하였다(六年 五服一朝)."155)

---

153) 『周禮注疏及補正』, 37 : 23a.
154) Ch'u Wan li, "On the Date of the Y"u-kungs", *The Institute of History and
     Philology*, Academia Sinica, Vol. ⅩⅩⅩⅤ(1964), p. 59.
155) 『尚書注疏及補正』, 10 : 15b.

이에 대한 주소 해석을 보면 "五服候甸南采衛 六年一朝會京師"라 하여 5복은 6년에 일조하는 것으로 되어 있다. 그런데 위에서 언급한 『예기』「왕제」의 기록, 『주례』「춘관」, 「추관」의 기록 그리고 『상서』 「입정」의 기록은 각기 다르므로 제후들의 주왕에 대한 조근 회수는 정확히 알 수 없다. 그러나 『시경』「주송(周頌)」편에 보면 다음과 같은 기사가 있다.

"성왕이 제후들의 알현을 받고 무왕 묘에 참배하였다(載見諸侯 始見 乎武王廟也)."156)

이것은 성왕(成王)이 성년이 되어 친정을 하게 되자 주공이 7년간의 섭정을 끝내고 정권을 성왕에게 돌려주었다. 이에 제후들이 성왕의 즉위를 축하하기 위해 내조하여 성왕에게 조근을 행하고 이어서 무왕의 묘(廟)에 참배하였던 광경을 노래한 것이다. 이 같은 『시경』의 기록에 의하면 신왕이 즉위하면 제후들은 반드시 내조하여 조근하였던 사실을 알 수 있다. 그러나 그 외의 조근 시기와 횟수에 대해서는 현재의 자료로 서는 정확히 파악할 수 없다.

그러나 『주례』 중의 '춘조(春朝)', '하종(夏宗)', '추근(秋覲)', '동우 (冬遇)', '시회(時會)', '은동(殷同)'과 같이 사철에 따른 조근의 명칭이 있고 또 가장 믿을 수 있는 금문에 '殷同'에 해당하는 '은(殷)'의 명칭이 있는 사실을 보아 서주 시대 제후의 주왕에 대한 조근 이행은 어떠한 규정 하에서 다양한 명칭으로 행해졌던 사실은 엿볼 수 있다. 그리고 신왕의 즉위와 긴급 사태 발생 등과 같은 비상시에는 제후들의 조근이 분명히 시행되었던 사실을 알 수 있다.

---

156) 『毛詩正義』, 19-3 : 14b.

제후들이 주 천자를 배알할 때에는 조근과 더불어 반드시 '규(圭)' 또는 '규벽(圭璧)'을 지참했던 것 같다. 이 '규', '규벽'은 위가 둥글고 아래가 모나게(上圓下方) 생긴 옥인(玉印)이었는데 주왕이 제후들을 분봉할 때에 하사하였던 일종의 신인(信印)이었다.

"왕(王)은 진규를, 공(公)은 환규를 후(侯)는 신규를, 백(伯)은 궁규를, 자(子)는 포벽을 각기 지참한다(王執鎭圭 公執桓圭 侯執信圭 伯執躬圭 子執躬圭 男執蒲璧).[157]

이것은 『주례』「춘관」 종백의 기사인데 왕과 제후 상견 시에 왕은 진규, 공은 환규, 후는 신규, 백은 궁규, 자는 궁규, 남은 포벽을 각기 지참한다고 하였다.

"제나라 군주가 진나라 군주를 예방하면서 옥을 제시하려고 하였다(齊侯朝於晉 將授玉)."[158]

주소에 의하면 옥(玉)은 제후가 서로 예방(相朝)할 때 반드시 지참한다고 하였다. 또 『좌전』 소공 3년 기사에도 같은 기록이 있다.

"일국의 군주가 상대국 군주를 예방하거나 일국의 대부가 상대국 군주를 예방할 때는 규옥을 반드시 지참한다(朝聘有珪)."[159]

---

157)『周禮注疏及補正』, 18 : 10b.『주례』「춘관」에 보면 주 천자가 제후를 분봉할 때 「壹命受職」「再命受服」「三命受位」「四命受器」「五命賜則」「六命賜官」「七命賜國」「八命作牧」「九命作伯」의 아홉 번의 과정을 거쳐서 제후국의 등위(位等)을 정하고 옥으로 만든 여섯 개의 절신(節信)을 하사하여 조근 시에 지참하도록 하였다고 기술하고 있다.
158)『左傳注疏及補正』, 26 : 2a.
159) 위 책, 43 : 19a.

주소에는 제후 또는 대부가 상대국의 군주를 조빙할 때는 '옥'으로 만들어진 '규' 또는 '규벽' 등을 신인(信印)으로 지참하여 제시한다고 하였다.

"천자가 제후들을 규합하면 백(伯)이 제후들을 인솔하여 천자 앞으로 나아가 뵙고 패주(霸主)가 제후들을 규합하면 큰 나라의 제후가 다른 제후들을 인솔하여 패주를 뵙는다. 천자 이하 제후에 이르기까지 조빙의 옥과 폐백이 각기 달랐다(王合諸侯 則伯師侯牧以見於王 伯合諸侯 則侯師子男以見於伯 自王以下 朝聘玉帛不同)."160)

위 문장은 제후들이 천자를 조근할 때 그리고 제후들이 패주를 뵈올 때는 신인으로 제시하는 '규'와 헌상하는 '패백'이 각기 달랐다는 뜻인데 이것은 천자 이하 패주에 이르기까지 신인으로 제시하는 '규'와 헌상하는 '백'은 신분과 지위에 따라서 각기 차별이 있었던 사실을 말하고 있다.

이 같은 사실을 종합해보면 원래 주 천자가 제후들을 분봉 배치할 때에 옥으로 만든 '규' 혹은 '규벽' 등을 신표(信票)로서 제후들에게 부여하여 조근 시에 지참하도록 하였는데 이 '규', '규벽' 등은 제후의 작위에 따라 각기 상위했던 것으로 생각된다. 물론 이상의 자료는 모두 후대에 편찬되었기 때문에 확증은 할 수가 없으나 주왕이 수많은 제후들을 전국의 전략적 요충지에 분봉 배치하고 조근을 통해 제후들을 상견하였을 때 제후의 신분을 상징하고 확인할 수 있는 어떠한 신표는 분명히 부여하였을 것이므로 제후의 주왕 알현 시에 제시되는 '규' 또는 '규벽'

---

160) 위 책, 59 : 21a.

등은 실제 존재하였을 것으로 생각된다.

또 제후들이 주 천자를 조근할 때에는 공물(貢物)을 헌상한 것 같다. 『상서』,『주례』,『춘추좌전』등의 여러 책에 '공(貢)'에 관한 기록이 많이 보인다. 『주례』「추관」에 보면 아래와 같은 기사가 있다.

"왕기는 사방 천 리이다. 그 외 사방 오백 리는 후복(侯服)인데 1년에 한 번 조근하고 제수품 등을 헌상한다. … 그 외 사방 오백 리는 전복(甸服)인데 2년에 한 번 조근하고 비단을 헌상한다. 그 외 사방 오백 리는 남복(男服)인데 3년에 한 번 조근하고 그릇 등을 헌상한다. 그 외 사방 오백 리는 채복(采服)인데 4년에 한 번 조근하고 의복들을 헌상한다. … 그 외 사방 오백 리는 위복(衛服)인데 5년에 한 번 조근하고 재목 등을 헌상한다.…그 외 사방 오백 리는 요복(要服)인데 6년에 한 번 조근하고 재화 등을 헌상한다. … 구주 밖은 번국(蕃國)인데 일생에 한 번 조근하고 토착의 희귀물을 헌상한다(邦畿方千里 其外方五白里 謂之侯服 歲壹見 其貢祀物 … 又其外方五白里 謂之甸服 二歲一見 其貢嬪物 又其方五白里 謂之男服 三歲壹見 其貢器物 又其方五白里 謂之采服 四歲壹見 其貢복服物 又其方五白里 謂之衛服 五歲壹見 其貢材物 又其外方五白里 謂之要服 六歲一見 其貢貨物 九州之外 謂之蕃國 歲壹見 各以其所貴寶爲摯)."[161]

이같이 『주례』에는 제후들의 주 천자에 대한 조근 시에 헌상했던 공물을 열거하고 있다. 공물 품목을 살펴보면 후복은 제수품(祀物), 전복은 여인들의 비단(嬪物), 남복은 그릇(器物), 채복은 의복(服物), 위복은 재목(材物), 사복은 일반화물(貨物) 그리고 구주 외의 이적만이

---

161) 『周禮注疏及補正』, 37 : 22b-23a.

의 번국은 각 지역의 토산물 등이었다. 또 같은 책「천관」에도 같은 기록이 있다.

> "사방 제후들이 헌상하는 금, 옥, 치(齒), 가죽, 병기들을 받고 재화도 받는다(凡四方之幣獻之金玉齒革兵器 凡良貨賄入焉)."[162]

주소에 의하면 제후들이 주 천자에게 조근을 행할 때에는 그 나라의 진귀한 물품을 헌상한다고 설명하고 있다. 그러나 앞서 언급한 바와 같이『주례』는 사료의 신빙성이 약하므로 기록 그대로 받아들이기는 힘들다. 그리고『시경』과 금문의 기록 중에서도 제후들의 주 천자에 대한 공납 사실을 직접적으로 기록한 기사를 찾아보기 힘들다. 이러한 점에서 크릴 같은 학자는 '공(貢)'에 관한 자료의 결핍으로 인해 서주 시대에 제후들의 주 천자에 대한 공납 사실을 부인하고 있다.[163] 그러나 시대가 좀 내려간 춘추 시대의 자료에는 서주 시대 제후들이 주 천자에게 공납하였던 기록이 산발적으로 나타나고 있다.

> "소공 4년 제(齊)나라 제후가 제후들의 군대와 연합하여 초(楚) 동맹 국 채(蔡)를 침입하고 이어서 초를 정벌하려고 하였다. 초 군주가 사람을 시켜서 말하기를 당신의 나라는 북해에 있고 우리나라는 남해 에 있다. 그런데 당신이 우리나라 땅을 밟고 있는데 그 이유가 무엇인가 알고 싶다고 하였다. 관중이 대답하여 말하기를 '너희가 포모(苞茅)를 공납하지 않아서 천자가 드리는 제사에 술을 제대로 올리지 못하고 있다. 우리 군주는 이것을 요구하고 있는 것이다.' … '초 나라가 공물을 드리지 않는 것은 우리 군주의 잘못이다. 어찌 감히 공납하지

---

162) 위 책, 6 : 11b.
163) H. G. Creel, 앞 책, p. 153, 주 84 참조.

않겠습니까?'라고 대답하였다(四年 齊侯以諸侯之師 侵蔡 … 遂伐楚
楚子史與師言曰 … 君處北海 寡人處南海 … 不虞君之涉吾地也 何
管仲對曰 … 爾貢苞茅不入 王祭不供 無以縮酒 寡人是徵 … 對曰 貢之
不入 寡君之罪也 敢不供給)."164)

이같이 초국 같은 대 제후국도 주 천자의 제사에 올리는 술의 원료인
포모(苞茅)를 헌상하지 않으면 정벌의 대상이 되었으며 또 초국 자신도
공물을 헌상하지 않는 것에 대한 잘못을 인정하고 있다. 또 약간 후대의
기록이지만 서주 시대 제후들의 공납에 관한 기사가 춘추 시대의 약소국
이었던 정국(鄭國)을 중심으로 실려 있다.

원래 정국은 춘추 초기에는 강대국이었다. 주 여왕(厲王)의 후손이었
던 희성(姬姓) 제후국으로 춘추 초기 무공(武公) 시에는 견융의 침입을
받은 주 왕실의 동천(東遷)을 도운 공으로 주 경사에 임명되어 정치를
좌우하였고 장공(莊公) 시에는 국력이 한때 팽창하여 주 왕실의 종주권
(宗主權)에 정면으로 도전하였으며 송국(宋國)과 더불어 중원 제후들
을 호령하여 국위를 떨친 적도 있었다.

그러나 장왕 사후에 집권자 간의 내분과 이를 틈탄 송국의 침입으로
세력이 약화되기 시작하였으며 제(齊) 환공(桓公)이 패권을 장악한
후에는 노(魯), 송(宋), 진(陳), 채(蔡) 등과 같은 약소국으로 완전히
전락하였다. 또 제 환공 사후 서북의 진국(晉國)과 남방의 초국(楚國)이
각기 중원으로 진출하여 패권 장악을 둘러싸고 치열한 쟁패전(爭霸戰)
을 야기하였을 때 양 대국 사이에 끼이게 되었다. 이후 200여 년 이상을
진·초 양 대국의 교침(交侵)과 주구(誅求)에 시달렸으며 그 결과로
정국은 숙명적인 소국으로 전락해버렸다. 이 같은 시기에 집정관으로

---

164) 『左傳注疏及補正』, 12 : 7a.

임명된 자산(子産)은 안으로는 정치 쇄신을 추진하고 농업생산량을 제고하여 국력을 충실히 하였을 뿐만 아니라 밖으로는 대국으로부터 부단히 가중되어오던 공부(貢賦)를 경감하려고 노력하였다.

당시 약소 열국은 대국으로부터 극심한 공부 주구에 시달리고 있었는데 진·초 양 대국의 사이에 위치한 정국의 경우 더욱 심하여 국가 재정이 거의 파탄 상태에 직면 하게 되었다. 그러므로 자산은 당시 패국 진(晉)이 평구(平丘)에서 개최한 회맹(會盟)에서 패자(覇者)에 대한 정국의 공부 부담을 경감하려고 하였다.

당시 이 평구 회맹에는 진후(晋候), 제후(齊候), 송공(宋公), 위후(衛候), 정백(鄭伯), 조백(曹伯), 거자(莒子), 주자(邾子), 등자(膝子), 설백(薛伯), 기백(杞伯), 주자(邾子)의 12개국 제후들이 모두 참석하였던 대규모의 국제적 회맹이었다. 이 회맹에서 자산은 다음과 같이 설명하고 있다.

"옛날 천자에게 헌상하는 공물을 할당하는데 작위의 서열에 따라서 그 양이 결정되었습니다. 작위 서열이 높으면 공물 양이 많았던 것이 주 나라의 제도였으며 작위 서열이 낮았어도 공물 양이 많은 것은 전복(甸服)뿐이었습니다. 우리 정 나라는 남작인데도 공작, 후작의 나라에 해당되는 공물을 내고 있습니다. 아마 앞으로 제대로 내지를 못할 것입니다. 그래서 감히 다시 정해주기를 요청합니다(昔天子班貢 輕重以列 列尊貢重周之制也 卑而貢重者甸服也 鄭伯男也 而使從公侯 之貢 懼弗給也 敢以爲請)."[165]

이에 의하면 주대 제후들의 주 천자에 대한 공납 부담은 제후 작위(爵

---

165) 『左傳注疏及補正』, 46 : 5a-6b.

位)의 고하에 의하여 결정되었다. 그런데 정국은 작위가 남작(男爵)에 불과한데도 불구하고 공작, 후작들이 헌상하는 공부에 해당되는 막대한 양을 내고 있으므로 경감해달라고 요청한 것이다. 이것은 당시 해박한 지식을 가진 자산이 주대에 실시되었다고 하는 공납 규정을 예로 들어 지나치게 부과된 공부 부담을 경감해보려고 했던 외교적 활동이었다. 이 같은 사실을 종합해보면 서주 시대 제후들은 주 천자에 대해 공납은 분명히 했고 공납의 부담은 제후 작위의 고하에 따라 차등적으로 결정되었음을 알 수 있다.

또 제후들이 주 천자에게 공물을 헌상하는 경우 무엇을 헌상하였는가에 대해서는 역시 직접적인 자료가 없다. 앞에서 언급했던 바와 같이 『주례』 중의 6복은 각기 제수품(祀物), 비단(嬪物), 그릇(器物), 의복(服物), 재목(材物), 화물(貨物) 등을 헌상하였는데 이들 공물은 대체적으로 각 지역의 토산물 아니면 특산물이었으나 신뢰하기는 힘들다. 그런데 『춘추곡량전(春秋穀梁傳)』에 아래와 같은 기록이 있다.

    "주왕이 총재(冢宰)를 시켜서 제후에게 수레를 구하게 하였다. 옛날 제후들은 각기 진기한 토산물을 헌상하였는데 사양하고 강제로 구하지 않았다. 수레를 강제로 요구하는 것은 예가 아니다. 금품을 구하는 것은 지나쳤다(天王使家父來求車 古者諸侯時獻于天子 而其國之所有 故有辭讓 而無徵求 求車非禮也 求金甚矣)."[166]

    "주왕이 가재를 시켜서 수레를 구하게 하였는데 이것은 비례이다. 원래 제후는 수레 또는 의복을 공물로 헌상하지 않으며 천자는 사사로이 재물을 요구하지 않는다(天王使家父來求車 非禮也 諸侯不貢車服

---

166) 『春秋穀梁傳注疏』, 4 : 5b-6a.

天子不私求財).”167)

위의 두 내용에 의하면 주대 제후들이 주 천자에게 헌상하였던 공물은
비싼 재물 또는 금품이 아니었음을 분명히 알 수 있다. 그리고 위에서
언급한 바 있는 남쪽의 대국 초국이 주 천자에게 헌상했던 공물도 제사에
헌상되는 제사술(祭酒)을 빚는 '포모(包茅)였던 사실을 감안하면 주
천자에 대한 제후들의 공물은 각 지방의 토산물 아니면 특산물이었을
것으로 생각된다.

다시 말하면 서주 시대 제후들이 헌상했던 공물에 관한 직접적 자료
는 없으나 『주례』, 『상서』, 『춘추좌전』, 『춘추곡량전』 등의 기록을 종합
해보면 제후들이 주 천자에게 일정의 공물을 헌상했던 것은 분명하고
그 공물은 대체적으로 그 지방의 토산물 아니면 희귀품이었을 것으로
생각된다. 이같이 서주 시대에 제후들은 일정 기간에 주 천자에 대해서
조근과 공납을 행했음을 알 수 있는데 다음으로 제후들이 내조하여
조근하였던 목적이 무엇인가를 살펴보자.

“천자가 봄에 제후를 만나는 것을 조(朝)라 하는데 천하사를 도모한다.
가을에 만나는 것을 관(觀)이라 하는데 제후들이 이룩한 공적을 비교
하여 정한다. 여름에 만나는 것을 종(宗)이라 하는데 천하의 일을
계획한다. 겨울에 만나는 것을 우(遇)라고 하는데 제후의 걱정을 협의
한다. 때때로 만나는 것을 회(會)라고 하는데 사방의 책략을 강구한다.
긴급한 일이 있어서 만나는 것을 동(同)이라 하는데 천하의 정치를
시행한다(春朝諸侯 而圖天下之事 秋觀以比邦國之功 夏宗以陳天下
之謀 冬遇以協諸侯之慮 時會以發四方之策 殷同以施天下之政).”168)

---

167) 『左傳注疏及補正』, 37 : 20b.
168) 『周禮注疏及補正』, 37 : 20b.

주소에 의하면 주 천자는 제후들의 춘하추동 4시의 조근을 통하여 제후들의 시정(施政)의 보고를 받고 논의하였으며 유공자를 표창하고 불복자를 징계하였다고 하였다. 그러나 앞 장에서 언급한 바와 같이 춘하추동의 4시에 따른 제후들의 주기적인 조근 이행이 있었는지는 의문이나 제후들이 주 천자를 조근할 때 자국의 통치 상황을 보고하고 주 천자로부터 정령(政令)을 받았을 가능성은 충분히 있다.

"제후가 천자를 조근하면 자국의 정치상황을 보고한다(諸侯朝於天子述職)."[169]

"제후가 조근하면 천자의 정령을 잘 받든다(諸侯朝修天子之業命)."[170]

위 두 문장은 『맹자』와 『국어(國語)』 중의 기사인데 모두 제후들이 주 천자를 조근하면 자국의 정치 상황을 보고하고 또 주 천자로부터 정령을 받았던 사실을 말하고 있다.

"옛날에 제후들이 정월에 천자를 조근하면 제후들에게 잔치를 베풀어서 즐기고 담로시(湛露詩)를 불렀는데 천자는 태양에 해당되고 제후들은 천자의 명을 받아서 시행한다고 하였다. 그리고 제후들은 천자가 분개하는 자를 정벌하여 그 공을 천자에게 드리면 천자는 … 잔치를 열어서 보답한다고 하였다(昔諸侯朝正於王 王宴樂之 于是乎賦湛露 則天子當陽 諸侯用節也 諸侯敵王所愾 而獻其功 … 以覺報宴)."[171]

---

169) 『孟子注疏』, 11-2 : 1.
170) 『國語戰國策, 臺北 : 商務印書館』, p. 70.

주소에 의하면 "朝而受正教也"라고 하여 제후들이 주 천자를 알현하면 천자로부터 정령을 받는다고 하였는데 이것은 앞에서 말한 대로 제후들이 주 천자에게 조근을 행하면 그동안의 시정을 보고하고 또 주 천자의 정령을 받았으며 무공을 세우면 포상을 받았던 사실을 말하고 있다.

이 같은 사실을 종합해보면 제후들의 주 천자에 대한 조근은 단순히 주 천자와 제후 간의 상면과 우의 돈독에만 있었던 것이 아니고 조근을 통하여 주 천자는 제후의 술직(述職)을 받고 또 국정에 관한 정령을 내렸으며 공이 있는 제후에게는 포상을 하고 또 상호 간의 결속과 우의를 돈독히 하였음을 알 수 있다.

그런데 주 천자와 제후 간의 관계는 주 천자에 대한 제후들의 조근 이행과 공물 헌상으로만 그치는 것이 아니었다. 주 천자는 제후의 조근과 공납을 받는 것 외에 사방의 제후들을 직접 순방하였던 것 같다.

"천자는 5년에 한 번 순수한다. 그해의 2월에 동쪽으로 순수하여 대종(垈宗)에 이르러 시제(柴祭)를 올리고 산천에 망사(望祀)한다. 제후를 접견하고 백 세 된 자가 있는가를 물어서 있으면 친히 가서 찾아본다. … 백성들의 사는 모습을 살펴보고 시(市)에 명하여 교역되는 상품을 바치게 해서 백성들이 좋아하고 싫어하는 것을 살펴본다. … 산천의 신지(神祇)에 제사를 지내지 않는 것은 불경이므로 불경자의 영지(領地)를 삭감한다. 종묘에 불순한 것은 불효이므로 불효자는 작위에서 축출한다. 예(禮)를 변경하고 악(樂)을 바꾸는 자는 불복하는 것이므로 유형에 처한다. 제도와 의복을 고치는 것은 배반하는

---

171) 『左傳注疏及補正』, 19 : 19a.

것이므로 토벌한다. 백성들에게 공이 있는 자는 영지를 더 주고 작위를 올려준다. 5월에는 남쪽으로 순수하여 남악에 이르러서 동쪽을 순수했던 예와 같이 한다. 8월에는 서쪽으로 순수하여 서악에 이르러서 남쪽으로 순수했던 예와 같이 한다. 11월에는 북쪽으로 순수하여 북악에 이르러서 서쪽에 순수했던 예와 같이 한다(…天子五年一派狩 歲二月 東派狩至垈宗 柴而望祀山川 觀諸侯 問百年者 就見之 … 觀民 風命市納賈 以觀民之所好惡 … 山川神祇有不舉者爲不敬 不敬者 君削 以地 宗廟有不順者爲不孝 不孝者君紬以爵 變禮易樂者爲不從 不從者 君流 革制度衣服者爲畔 畔者君討 有功德於民者 加進律 五月南巡狩至 于南岳 如東巡狩之禮 八月西巡狩之于西嶽 如南巡狩之禮 十月有一月 北巡狩之于北嶽 如西巡狩之禮…)."172)

이에 의하면 주 천자는 5년 1회의 일정 기간 동안에 동서남북의 제후국을 순방하면서 제후의 시정(施政)을 시찰하고 또 민정을 살피어 유공자를 표창하고 불복자 또는 풍속을 어지럽힌 자를 징치하였다. 그러나 앞서 지적한 바와 같이 『예기』의 신빙성도 의문스럽고 또 그 광대한 지역에 산재한 수많은 제후국을 주 천자가 하나하나 개별적으로 그리고 정기적으로 순수했다고 믿기도 힘들다. 그런데 『맹자』에 보면 아래와 같은 기사가 있다.

"천자가 제후를 순방하는 것을 순수(巡狩)라고 한다. 순수는 순방하여 살펴보는 것이다(天子適諸侯 曰狩 巡狩者 巡狩者 巡的狩也)."173)

이 기록에서는 주 천자의 제후국에 대한 순수 지역과 횟수 등에 대해서

---

172) 『禮記鄭注』, 4 : 5a-6a.
173) 『孟子注疏』, 2-1 : 33.

는 자세히 밝히고 있지 않으나 주 천자의 제후에 대한 순수 사실을 기록하고 있다.

> "성왕이 제후국을 진무하고 후복과 전복을 순행하고 부정한 제후들을 응징하여 백성들을 편안하게 하였다(惟周王撫萬邦 巡侯甸 四征弗庭 綏厥兆民)."174)

주소에는 「巡侯甸」을 성왕이 후복과 전복의 제후국을 순행한 것으로 해석하고 있다.

> "매 6년 오복 제후들은 천자를 한 번씩 조근한다. 다시 6년에는 천자가 사악(四岳)을 순행하고 제후의 시정을 살핀다. 제후들은 각기 사악 중 자신의 산에서 천자를 베알한다(六年 五服一朝 又六年 王乃時巡考 制度于四岳 諸侯各朝于方岳…)."175)

주소에는 '시순(時巡)'을 춘하추동에 걸쳐서 순행하였기 때문에 '시순'이라 한다고 설명하고 있다. 이같이 제후들은 자국에 주 천자가 순행하면 각기 출영하여 알현하였는데 『예기』, 『맹자』와 『상서』에는 서주시대 주 천자의 제후들에 대한 정기적이고 체계적인 순수가 시행되었던 것으로 기록하고 있다. 그러나 가장 신빙성이 높다고 할 수 있는 『시경』과 금문에서는 순수에 대한 사실은 기록하고 있으나 『주례』, 『예기』, 『맹자』에서 보이고 있는 바와 같이 순수 지역과 회수 등에 대해서 체계적으로 기록하고 있지 않다.

---

174) 『尙書注疏及補正』, 17 : 14b.
175) 위와 같음.

"시자(詩者)들이 무왕이 나라 안을 순수하면서 사방 산천에 제사
드린 것을 노래하였다(般巡狩 而祀四嶽河海也)."[176]

주소에는 무왕이 주 왕조를 개국한 이후 각지에 분봉되어 위수(衛戍)
하고 있는 제후들을 순행하고 또 주변의 사악, 강과 바다의 여러 신들에게
제사를 거행하여 태평시대를 기원하였던 사실을 당시의 시자들이 노래
한 것이라고 하였다.

"철따라 나라를 순수하고 산천에 제사를 지낸다(時邁巡狩告祭柴望
也)."[177]

주소에는 주 천자가 철에 따라서 각지의 제후들을 순행하고 사방
산천의 여러 신들에게 제사를 지냈던 사실을 당시의 시자들이 노래한
것이라고 하였다.

"왕이 괵(虢) 나라를 순수하였다. 괵 제후는 왕을 위해서 방(珏)에다
궁을 지었다(王巡虢狩 虢公爲王宮于珏)."[178]

이것은 주 천자가 제후국 괵(虢)을 순수하자 괵 제후가 주 천자를
위해서 방(珏) 지역에 궁실을 마련했다는 뜻이다.

"예의는 백성들을 바르게 하는 것이다. 그러므로 제후들을 회합하여
상하의 법도를 가르치고 재물 쓰는 용도를 정하고 제후들을 상호

---

176) 『毛詩正義』, 19-4 : 22b.
177) 위 책, 19-2 : 7b.
178) 『左傳注疏及補正』, 9 : 25a.

방문하게 하여 작위의 고하를 구분케 하고… 이 같은 법도를 따르지
않는 자는 정벌한다. 천자는 제후들 위에 있어서 사방을 순행하여
이 같은 법도를 크게 닦게 하는 것이다(禮所以正民也 故會以訓上下之
則 制財用之節 朝以正班爵之義 … 征伐以討其不然 諸侯有王 王有巡
狩 以大瞽之)."[179]

주소에 의하면 이같이 천자는 사방 제후들을 순행해서 법도를 지키지
않는 제후는 응징해야 한다는 것으로 설명하고 있는데 위의 두 편 문장은
서주 시대 주 천자는 각지 제후들을 순수했던 사실을 밝히고 있는 것이다.
  이같이 『상서』, 『시경』, 『춘추좌전』, 『주례』, 『맹자』, 『예기』 등의
여러 자료에 언급된 주 천자의 제후들에 대한 순수 사실을 종합해보면
『주례』, 『예기』의 기록에서와 같이 주 천자가 일정 시기에 정기적으로
각지의 제후국을 순방하고 순방 중에 산신(山神), 악신(嶽神), 수신(水
神) 등의 여러 신들에게 제사를 지내고 태평시대를 기원하였는데 이
중에서 『주례』, 『예기』 중의 기사는 사료적 신빙성이 약하므로 그대로
믿을 수는 없다. 그러나 『시경』, 『춘추좌전』, 『맹자』는 사료적 신빙성이
있으므로 어느 정도 믿어도 좋을 것 같다.
  이런 점에서 볼 때 서주 시대 주 천자의 제후국에 대한 순수가 정기적으
로 시행되었는지는 불분명하나 분명히 시행되었으며 주 천자는 이 같은
순수를 통해서 제후의 치적과 시정을 시찰 감독하였을 뿐만 아니라
순수 중에 민생을 살피어 노인들을 우대하고 유공자 등을 표창하였을
가능성은 충분히 상정해볼 수 있다.
  또 서주 시대에는 주 천자와 제후 간에 행해졌던 조근과 같은 빙문(聘
問)이 제후 간에도 행해졌다.

---

179) 위 책, 10 : 27b.

"제후들은 조(朝), 근(覲), 종(宗), 우(遇), 회(會), 동(同)을 통하여 주왕을 뵙고 제후들 역시 이같이 서로 상견한다(…以朝覲宗遇會同于王 諸侯相見如之)."180)

위 글은 제후들이 조(朝), 근(覲), 종(宗), 우(遇), 회(會), 동(同)을 통하여 주왕을 조근하는 것과 같이 제후들도 상견, 회동한다고 하였다. 그러나 『시경』과 금문 등의 신빙성 있는 자료에서는 제후 간의 상견, 회동에 대한 기록은 찾아보기 힘들다. 그런데 좀 후대의 자료인『춘추좌전』에서는 비교적 많이 발견되고 있다.

"제후들이 서로 찾아보는 것은 우호관계를 돈독히 하기 위한 것이다(諸侯相朝 講舊好也)."181)

"여름에 조(曹) 제후가 방문하였는데 예에 맞는 일이다. 제후들은 5년에 두 번씩 서로 방문하여 천자의 명을 닦는 것이 옛날에 제정된 법도이다(夏 曹伯來朝 禮也 諸侯五年再相朝以修王命 古之制也)."182)

위 글은 제후들이 서로 방문하여 우호를 증진하는 것은 예의이고 또 주왕이 제정하였던 옛 제도였다고 설명하고 있다. 다시 말하면 서주시대에 주 천자에 의해서 제후들이 서로 방문하여 상호 우호관계를 돈독하게 하는 빙문의 예가 제정되어 시행되었다는 뜻이다.

---

180)『周禮注疏及補正』, 20 : 23b.
181)『左傳注疏及補正』, 47 : 6a.
182)『左傳注疏及補正』, 19 : 30b.

"제후들이 상호 방문하는 빙문의 예는 서로 존경하게 하기 위한 것이다 (聘問之禮 所以使諸侯相尊敬也)."183)

"그러므로 천자는 제후들이 해마다 소빙(小聘)하고 3년에 대빙(大聘)하여 예로써 서로 면려하게 했다. … 제후들이 예로써 서로 상려하면 밖으로는 서로 침범하지 않고 안으로는 서로 능멸하지 않는다. 이것이 천자가 제후들을 양성하는 것으로써 병력을 쓰지 않고 제후 스스로 바르게 하는 도구인 것이다(故天子制諸侯 比年小聘 三年大聘 聘相勵 以禮 … 諸侯相勵以禮 則外不相侵 內不相陵 此天子之所以養諸侯 兵 不用 而諸侯自爲正之具也)."184)

"빙례에는 상공(上公)은 7인의 수행원, 후(侯)와 백(伯)은 5인의 수행 원, 자(子)와 남(男)은 3인의 수행원을 대동하는데 모두 귀천을 밝히 는 것이다(聘禮 上公七介 侯伯五介 子南三介 所以明貴賤也)."185)

이에 의하면 제후 간의 상호 빙문의 목적은 서로 방문하여 상호 간의 존비고하를 밝히고 상하 질서를 확립하여 상호 간의 결속과 유대를 도모하는데 있었음을 알 수 있다.

"제후 상호 간의 빙문 예를 폐지하면 군신 간의 지위가 없어져서 제후의 행악으로 배반과 침능의 패역이 일어난다(聘問之禮廢 則君臣 之位失 諸侯行惡 而倍畔侵陵之敗起矣)."186)

---

183) 『禮記注疎及補正』, 50 : 7b.
184) 위 책, 63 : 20b.
185) 『禮記注疏及補正』, 62 : 19b.
186) 위 책, 50 : 7b.

위 글은 주 천자에 대한 조근의 예와 제후 상호 간 빙문 예가 없게 되면 군신 간의 질서가 파괴되고 제후 간의 친목과 유대가 문란되어 상호 간의 침탈과 능멸 현상이 일어날 것이라는 것이다. 이같이 봉건제도의 중핵을 이루고 있는 제후 간에 상호 분쟁과 대립이 야기되면 결국 주 왕조의 통치 근간이 흔들리게 되므로 천자가 빙문의 예를 제정하여 제후 간의 결속과 화목 그리고 우의 증진을 도모한 것이었다. [187]

그러나 앞서 언급한 바와 같이 제후 간의 조빙에 관한 직접적인 자료는 찾아볼 수 없으므로『춘추좌전』과『예기』중의 기사를 사실 그대로 받아들이기는 힘들다. 그러나 주 천자를 정점으로 수립된 봉건제도 내에서는 제후 상호간의 결속과 친목은 필수적이었으므로 제후 상호 간 빙문의 예는 어떠한 형태로든지 강력히 시행되었을 것으로 생각된다.

이 같은 사실을 종합해보면 봉건제도 내에서 주왕과 제후와의 관계 그리고 제후 상호 간의 관계는 제후들이 주 천자를 배알하였던 조근의 예, 주 천자가 제후들을 순방하였던 순수의 예 그리고 제후 상호 간의 친선과 결속을 도모하는 빙문의 예는 분명히 시행되었을 것으로 생각된다.

다시 말하면 조근의 예, 순수의 예 그리고 빙문의 예 이 3자는 모두 봉건제도의 중추를 이루고 있는 제후들에 대한 주왕의 통어수단이었다고 할 수 있으며[188] 이 3자 중에서 주왕이 제후의 술직(述職)을 받고 정령(政令)을 하달했던 조근의 예가 가장 핵심적이었을 것으로 생각된다. 이 같은 조근의 성격에 대해서는 다음 4장에서 살펴보자.

---

187) 李春植, 朝貢의 起源과 意味,『中國學報』, 第10集, 1970, p. 7.
188) 李春植, "The Nature and Function of the Tributary System in Western Chou Times,"『中國學論叢 : 金俊燁敎授華甲紀念』, 1983. p. 241.

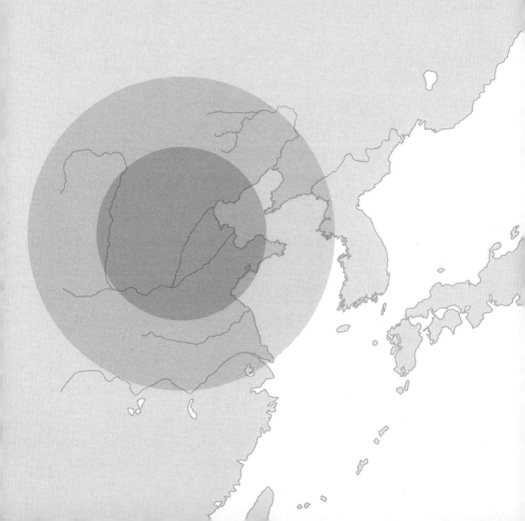

IV

춘추전국 시대 국제사회 성립과
조공·사대 외교

1. 춘추열국의 형성과 약육강식의 전개

춘추전국 시대의 개막은 주 왕실의 동천(東遷)에서 비롯되었다. 기원전 770년 북방에서 준동하고 있던 견융(犬戎)이 주 왕실의 내분을 틈타 대거 남침하여 수도 호경(鎬京)을 함락하고 약탈하였으며 이 과정에서 유왕(幽王)이 살해되었다. 그러나 견융은 호경을 오래 점령하지 않고 곧 물러갔으므로 유왕의 아들 의구(宜臼)가 진(晉) 문후, 위(衛) 무공, 진(秦) 후 등의 도움을 받아 평왕(平王)으로 등극하였다.

그러나 새로 등극한 평왕은 종주인 호경이 견융의 침입에 의해 불타버리고 또 견융의 침입 가능성이 상존하였으므로 기원전 770년 동쪽의 낙읍(洛邑)으로 수도를 옮겼는데 이것이 주의 동천이었다. 그러나 주의 동천 이후 북방 이적의 침탈이 계속되고 주 왕실은 내분으로 약화되고 있었으므로 주 동천에 협조하였던 진(晉), 정(鄭) 등의 강국이 주 왕실의 내정에 관여하기 시작하였다. 이 같은 현상은 그동안 부단히 성장하고 있던 각 제후국이 주 동천을 계기로 정치 · 군사적으로 서서히 부상하고 있던 사실을 반영하고 있는 것이다.1)

---

1) 左傳 隱公 四年傳에 「我周之東遷 晉鄭焉依」의 기사가 있는데 이 기사는 周 平王이 北狄의 침입을 피하기 위하여 洛邑으로 동천하였을 때에 晉과 鄭의 힘을 빌렸던 사실을 말하고 있다. 黎東方과 後藤均斗는 이것을 각기 부국강병을 이룩한 列國의 부상으로 간주하고 있다. 黎東方, "春秋戰國之分期與再分期,"『中國上古史入論』, 臺北 : 中華文化

그런데 이 같은 각 제후국의 성장과 발전 그리고 독립화는 이미 서주시대 제후의 분봉 당시부터 시작되었다고 할 수 있는데 그 첫 번째현상은 공동혈연의식의 약화였다. 앞에서 언급하였지만 주가 은 왕조를멸하고 개국한 후 봉건제도를 실시할 때에 동성제후들은 종법제도에의해서 그리고 이성제후들은 동성불혼법칙에 의해 모두 주 왕실의 친척과 인척으로 포섭되어 주 왕실 일가 천하를 수립하였다. 하지만 장구한시일의 경과와 함께 진행된 무수한 세대교체와 분족(分族), 재분족(再分族) 과정으로 마침내 공동혈연의식에 기반한 상호 간의 돈독했던 유대관계는 약화되기 시작하였다.[2] 이 결과로 마침내 주 왕실과 제후 간에는혈연적 관계보다는 지연적 그리고 현실적 이해관계가 앞서게 되고 주왕실에 대한 충성보다는 자국의 이해관계를 우선하게 되었다.

또 주 왕조 초기에 각지에 분봉된 제후 봉지(封地)의 자연환경과지리적 조건은 각기 상이하였으므로 각 제후국은 상이한 자연환경과지리적 조건에 따른 정책을 시행하지 않을 수 없었으며 경우에 따라서는그 지방의 선주민이 이룩한 토착문화와 전통에 적응하지 않을 수 없었다.이에 따라서 각 제후국 간에는 지역적 차이가 점차로 발생하기 시작하였으며 장구한 시일이 지남에 따라 각 지역의 상이한 환경과 특수조건에기초한 지역문화 즉 토착성이 강한 지역문화가 형성되기 시작하였다.[3]그리고 점차로 주 왕실에서 유리되기 시작하였다.

또 이 같은 현상과 병행하여 각 제후국에서는 제후 및 그 일족의토지 사유화(私有化)가 진행되고 있었다. 앞서 설명하였지만 주 천자로부터 수여받았던 제후의 봉지 즉 토지는 주왕으로부터 일정 기간 위임받은 것이었으나 제후 및 그 일족에 의해 장기적으로 소유되었으며 자손들

出版事業委員會, 1971, p. 93. 後藤均斗, 『春秋時代の周と戎』, 北京 : 中國古代史研究 I, 1960, p. 75.
2) 木村英一, 『法家思想の研究』, 東京, 1944, p. 1.
3) 위 책, p. 14.

에게 세습되었다. 이같이 제후와 그 일족들에 의한 토지의 장기 소유와 세습은 결과적으로 제후 및 그 일족에게 토지를 자가 소유할 수 있는 기회를 제공하였다. 즉 장기간의 토지 소유는 '장기간 빌려주면 돌아오지 않는다(久假不歸)'는 사유(私有)로 변해버린 것이다.[4] 다시 말하면 분봉 당시 주왕으로부터 일정 기간 위임받았던 제후의 봉지는 제후 및 그 일족의 항구적 소유로 변한 것이다. 또 각 제후국은 주변 이적들을 수용하거나 무력으로 정벌하여 그들의 토지를 병합하였으므로 제후들의 토지는 더욱 확대되었다.

이와 병행하여 제후국 내부에서는 제후 일족을 중심으로 독자적인 지배씨족이 급속도로 성장하고 있었다. 앞서 언급하였지만 주 왕실은 종법봉건제도의 실시에 의해 개국 초기의 당면 과제였던 은 유민 통치와 주변 이적의 침략을 저지할 수 있었으나 제후국에 대한 통제력은 완전히 구축하지는 못하였다. 따라서 시일의 경과와 함께 주왕의 통어력은 호경과 낙읍을 중심한 왕기(王畿) 즉 주 왕실의 직할지에 미쳤을 뿐 제후국 내부까지는 미치지 못하였다.[5] 이 같은 상황 속에서 각 제후국의 내부에서는 제후를 정점으로 제후의 일족들이 강력히 결속하여 새로운 지배씨족으로 성장하고 있었다.

앞서 설명하였지만 서주 초기에 주왕으로부터 분봉된 제후들은 그의 일족을 대동하고 봉지로 부임하였다. 봉지에 부임한 제후는 자신의 정치·군사적 기반으로 국(國)을 조성하고 다시 그 일족을 주변에 분봉하여 채읍(采邑)을 조성하게 하여 제후를 중심으로 강력한 정치·군사적 세력기반과 통치체제를 구축하였다. 이렇게 정치·군사적 통치체제를 구축한 제후 및 그 일족들은 상호 간의 공동혈연의식, 공동운명의식 그리고 매년 정기적으로 거행되는 조상신에 대한 제사를 통해 제후를

---

4) 攝國青 著, 騰谷在登 譯, 『中國土地問題之史的發達』, 서지사항 미상, p. 170.
5) 栗原朋信, 『秦漢史の研究』, 東京 : 古川弘文館, 1977, p. 263.

정점으로 강력히 결속하였다. 그리고 경(卿)·대부(大夫)로서 정치, 군사, 외교 등의 국정에 참여하여 제후국 발전의 견인 역할을 하였으며 그 중핵이 되었다.6)

이와 같이 각지에 수립된 제후국은 장구한 시일의 경과와 함께 각자 상이한 자연환경과 특수한 지역조건에 따라서 독자적으로 다양하게 성장 발전해왔는데 이 같은 제후국의 자립화, 독립화 현상을 가속시켰던 것이 주 왕실의 무력 약화와 제후국에 대한 통어력의 상실이었다.

앞 장에서 고찰하였지만 주 왕조 무력은 주육사, 은팔사 정주팔사 등을 주축으로 한 상비군으로 구성되었는데 주왕이 직접 통솔하였다. 서주 당시 주변 이적들의 침탈은 50여 회에 달했는데 이 같은 이적들의 침입은 이 중앙군이 출동하여 격퇴하였다. 그리고 제후의 식민 활동에도 중앙군이 출동하여 지원하였으며 불복하는 제후를 응징하여 주왕의 존엄과 위엄을 고양하는 데도 일익을 담당하였다.

그러나 이 같은 막강의 주 왕조의 무력도 주 이왕(夷王)때부터 기울기 시작하였다. 특히 이왕 다음의 여왕(厲王) 때에는 폭정으로 인해 수도 호경에서 백성들의 반란이 발발하였다. 이 반란의 결과로 여왕은 체(彘, 현재의 산서성 곽현)로 도망하였으며 여기에서 14년(전 841~828) 동안 거주하면서 복귀를 도모하다가 사망하였다. 이 14년 동안은 소위 공위(空位) 시대로 정치는 공백화(共伯和)의 섭정에 의해 행해졌으므로 주 왕조는 진국(晉國)에 의탁한 여왕의 망명정권과 수도 호경 공백화의 섭정정권으로 분열되어 국력이 극도로 쇠약해졌다. 여왕 사후에는 선왕(宣王, 전 828~782)이 즉위하였는데 밖으로는 북쪽의 험윤(獫狁)을 물리치고 남쪽의 형만(荊蠻)과 동남의 회이(淮夷)를 정벌하였으며 안으로는 점차 강성해지고 있는 동방 제후들을 견제하기 위해 노국(魯

---

6) 貝塚茂樹, 『孔子』, 東京 : 岩波新書, 1990, p. 27.

國)의 계승 문제에 무력으로 간섭하였다.

그러므로 선왕 시에는 주 왕실의 권위와 위엄이 회복되고 선양되었으나 선왕 사후에 등극한 유왕(幽王, 전 781~771)은 무능한 데다 심한 폭군이었으므로 제후와 백성들의 신망을 크게 잃었다. 특히 즉위 2년에는 관중 지방에 대지진이 발생하여 농사가 커다란 타격을 받고 백성들은 기아에서 헤매고 있는데도 정사를 돌보지 않아 선왕이 이룩한 주 왕조의 중흥도 무위로 돌아가버리고 말았다.

또 미희 포사(褒姒)에 빠져서 왕비 신후(申后)의 소생인 의구(宜臼)를 폐하고 포사의 아들 백복(伯服)을 후사로 임명하려 하였으므로 이에 분개한 신후의 오빠 신후(申候)가 북방의 견융을 충동질하여 주 왕조를 침입하게 하였다. 이 결과로 유왕은 여산(驪山) 아래에서 대패하여 전사하고 호경도 함락되었으므로 아들 평왕(平王)은 위에서 말한 바와 같이 여러 제후들의 도움을 얻어 낙읍으로 동천(전 770)하였다. 또 기원전 707년에는 주 환왕(桓王)과 정후(鄭侯) 사이에 무력 충돌이 야기되었는데 이 충돌에서 주 중앙군이 패배하고 환왕도 부상당하였다.

이 같은 견융의 침입과 유왕의 패사, 호경의 함락, 주 중앙군의 패배와 환왕의 부상 등은 주 왕실의 권위와 위엄을 결정적으로 실추시켰을 뿐만 아니라 궁극적으로는 주 왕실의 무력 약화를 폭로하는 것이었다. 이에 따라 주왕과 제후 간의 정치적 관계도 변하기 시작하였다.

앞 장에서 설명한 바와 같이 각 제후는 원래 주 왕실의 종묘 또는 태묘에서 거행되었던 석명예식(錫命禮式)을 통해 주왕으로부터 책명(策命)을 받고 제후로 분봉되었는데 그 임기는 제후 자신의 일대에 한하였다.7) 그러므로 제후가 사망하면 그 아들이 부친의 제후위(諸侯位)를 계승하기 위해서는 주 천자가 주재하는 낙양으로 출두하여 새로운

---

7) 齊思和, "周代錫命禮敎,"『燕京學報』, 第三十二期, 1947, p. 221.

책명을 받아야 했다. 하지만 주 왕실의 무력이 기울고 통어력이 약화되는 반면 상대적으로 제후국의 국력은 날로 신장되었으므로 새로 등극한 제후는 책명을 받기 위해 낙양으로 출두하지 않았다. 대신 주왕이 사신을 보내 책명을 전달하여 수여하였는데 이에 따라 제후들이 직접 주왕을 배알하였던 조근도 점차로 중단되었다. 이것은 사실상 주왕과 제후 간의 봉건적 복속관계의 단절이었다.

이와 같이 장구한 시일의 경과와 함께 상이한 자연환경과 특수한 지리적 조건 속에서 각 제후국은 다양하게 성장 발달하고 독자적인 정치·군사적 활동을 전개하였으므로 마침내 열국(列國)으로 성장하였다. 당시 낙읍으로 동천하였던 동주(東周)를 중심으로 위치한 열국들을 지역에 따라 분류해보면 황하 연변에는 노(魯), 정(鄭), 위(衛), 송(宋), 기(杞), 진(陳), 조(曹), 채(蔡) 등의 열국이 있었으며 중원에서 벗어나 주변에 위치한 열국은 산동반도 입구의 제(齊), 황하 상류 북방의 진(秦), 진(晉), 우(虞), 괵(虢), 양(梁), 남쪽의 장강(長江)과 한수(漢水) 유역 일대의 초(楚), 수(隨), 신(申), 식(息), 서(徐), 등(登), 교(絞), 주(州), 기(巳) 등이 있었으며 이보다 더 남쪽에는 오(吳), 월(越)이 있었다. 그리고 이들 주변국 밖에는 동서남북의 방향에 따라 동이(東夷), 서융(西戎), 남만(南蠻), 북적(北狄)으로 불리는 이적만이들이 산재하고 있었다.[8]

이 같은 열국 중에서 춘추 초기에 중요했던 국가는 중원에 위치한 노, 정, 위, 송, 기, 진, 조, 채국 등이었다. 이들 열국은 동주(東周)와 근접한 지역에 위치해 있었기 때문에 주 왕조의 찬란했던 예교문화(禮敎

---

8) 先秦시대 중국 주변의 異族에 대한 명칭은 이족들의 거주지의 방향에 따라 東夷, 西戎, 南蠻, 北狄 등으로 불렀는데 이 같은 체계적인 명칭은 춘추전국 시대에 나타나기 시작하여 漢代에 정립되었다. 그러나 殷墟 甲骨文에 戎과 夷의 이름이 보이고 서주시대 宗周鼎에 狄과 蠻의 이름이 보이고 있는데 이 같은 사실은 당시 諸夏의 중국과 주변 異族 간에 끊임없는 마찰과 충동이 있었던 것을 말하고 있다.

文化)를 이어받아 문화가 고도로 발달하였다. 그러므로 이 지역에서는 봉건적 질서와 관습이 상존하였고 주 왕실의 권위와 위엄이 아직 인정되고 있었으며 이 같은 지리적 위치와 문화 발달로 인해 국제정치의 중심이 되었다. 그러나 중원에 위치한 이들 열국은 황하 양안을 중심으로 상호 밀집되어 있었기 때문에 일정 기간이 지나면서 영토 확장과 국력 신장이 완전히 중지되었다. 따라서 중원의 열국은 문화적으로는 선진지역이었지만 영토 확대의 중단과 국력 신장의 한계로 춘추 중기에는 마침내 소국으로 전락되기 시작하였다.[9]

한편 밀집된 중원에서 멀리 떨어진 변방에 위치한 열국은 춘추 초기에는 변방에 위치해 있었기 때문에 문화 수준도 낮았고 주변 이적들의 침입도 많았으며 또한 중원의 국제정치에도 깊이 관여하지 못하였다. 그러나 시일이 지남에 따라 이들 주변 열국은 주 왕실과 멀리 떨어져 있었기 때문에 주 왕조의 전통적 문화와 관습에 얽매이지 않고 독자적인 정책과 군사적 활동을 전개할 수 있었다. 주변의 황무지를 필요에 따라 수시로 개간하여 농경지로 편입하였으며 미개한 토착민을 우수한 문화로 포섭하여 동화시키거나 무력으로 정벌하여 그들의 영토를 병합하였으므로 국력이 날로 신장되었다. 이같이 춘추 중기 중원 열국은 약소국으로 전락하는 반면에 변방 열국은 대국으로 발전하였는데 이들 변방 열국이 제(齊), 진(晉), 초(楚), 진(秦) 등이었다. 반면 이 시기 주 왕실의 세력은 더욱 약화되고 영토는 축소되어 완전히 소국으로 전락되고 있었다.

"정 나라 군주가 주 천자 환왕을 처음으로 조근하였다. 천자가 정 나라 군주를 예우하지 않으므로 주 환공이 '우리 주 나라 동천 시에

---

9) Richard Louis Walker, *The Multi-System of Ancient China*, Connecticut : The Shoe String Press, 1953, p. 22.

진(晉) 나라와 정 나라에 의지했습니다. 이제 정 나라에 친절하게
권유해도 오지 않을 것인데 하물며 예우를 하지 않는다면 올 리가
있겠습니까? 앞으로 정 나라는 조근하지 않을 것입니다'라고 말했다
(鄭伯如周 始朝桓王也 王不禮焉 周桓公言於王曰 我周之東遷 晉鄭焉
依 善鄭以勸來者 猶懼不蔇 況不禮焉 鄭不來矣)."[10]

이에 의하면 정 나라는 물론 다른 제후들의 주 천자에 대한 조근도
이미 끊어진 사실을 말하고 있다. 사실 주 천자는 당시 천자로서 명맥만
유지하면서 '천'에 대한 제례(祭禮)만 거행하고 열국에 새로운 군주가
등극하면 사신을 보내어 형식적으로 이를 인정하는 의례적 권위만 가지
고 있었다.
　이같이 춘추 시대의 열국은 각국이 처한 지정학적 위치와 특수 조건에
따라 상이한 발전과 성장을 계속하였으므로 영토 크기, 경제 규모, 인구
대소 등을 포함한 국력 방면에서 차이가 나타나기 시작하였다. 그리고
각국 국력 차이에 따라서 대국(大國), 차국(次國), 소국(小國) 및 부용국
(附庸國)으로 성장하였다.
　대국은 진(晉), 초(楚) 양국을 들 수 있는데 모두 변방에 위치하여
영토가 광대하고 무력도 강력하였으므로 춘추 시대의 전 기간을 통하여
국제정치의 주도권을 장악하고 또 패권(覇權) 장악을 둘러싸고 쟁패전
(爭覇戰)을 야기하였다. 차국은 제(齊), 진(秦) 양국을 들 수 있다.
제국은 동방의 산동반도 일대의 광대한 영토를 석권하였는데 환공(桓
公) 시에 중원에서 최초로 패권(覇權)을 수립하여 국제정치의 주도권을
장악하였다. 환공 사후에는 진 문공에게 패권을 상실하였으나 동방
중진국으로서 제국의 국력은 여전히 강하였다. 그러므로 진, 초 양 대국

10)『左傳注疏及補正』, 4 : 22b-23b.

은 제국을 무시하지 못하였으며 그 의사를 많이 존중하였다.

진국(秦國)은 진(晉)의 북방에 위치한 변방국으로 영토는 광대하였으나 이적 지역에 근접되어 있었으므로 문화수준이 아주 낮았다. 또 아래 남쪽에는 대국 진(晉)이 위치하여 견제하고 있었으므로 진(秦)의 남방 진출과 팽창은 항시 저지되었다. 그러나 목왕(穆王) 시에는 진(晉) 쇠약을 틈타 남방으로 진출하여 중원 패권을 일시 노리기도 하였다. 또한 진·초 간의 쟁패 시에는 직접 관여하지 않고 제국과 마찬가지로 중립적 태도를 견지하였으므로 진국의 국제적 비중은 매우 무거웠다.

소국은 대부분 동주를 중심으로 황하 연변에 위치해 있던 노(魯), 정(鄭), 송(宋), 진(陳), 채(蔡) 등의 열국을 말한다. 앞서 설명한 바와 같이 춘추 초기에는 동주에 근접해 있고 문화수준이 높았으므로 국제정치의 중심이 되었으나 상호 밀집되어 있었기 때문에 국가 발전이 곧 한계에 달하여 모두 약소국으로 전락되었다. 그리고 진, 초, 제 등 대국의 정치적 압력과 군사적 위협에 의해서 자주성을 위협받았으며 약육강식의 와중에서 국명(國命) 보전을 위해서 대국의 패권을 인정하고 대국 주도의 동맹에 참석하지 않을 수 없었다.[11]

소국 아래에는 부용국(附庸國) 또는 속국(屬國)이 있었는데 이들 부용국 또는 속국은 영토가 극히 작고 인구도 희소하여 독립 능력이 없었다. 특정국에 의지하거나 그 보호 아래에 있었다. 따라서 이들 부용국 또는 속국은 당시 주권 독립국가로 인정되지 않았다.[12]

---

11) Richard Louis Walker는 춘추시대 열국을 국력에 따라 大國, 次國, 小國, 附庸國(The Great, the Secondary, the small and the Attached States)으로 분류하고 있다 (Walker, *The Multi-System of Ancient China*, p. 38 참조). 그러나 필자는 『春秋左傳』에 자주 언급되고 있는 것과 같이 春秋 列國을 大國, 次國, 小國으로 분류하고 附庸國은 독립국가로 볼 수 없기 때문에 국가의 범주로 넣지 않고 있다.

12) 孟子에 보면 "대국은 땅이 사방 백 리 … 차국은 사방 칠십 리 … 소국은 사방 오십 리(大國地方百里 … 次國地方七十里 … 小國地方五十里)"라고 하고, 부용국에 대해서는 "땅이 사방 오십 리를 넘지 않으므로 천자를 뵐 수가 없고 주변 제후국에 의지하여 알현하였으므로 부용이라고 하였다(不能五十里 不達於天子 附庸諸侯曰附庸)"라 하

또 춘추 시대의 열국은 내부적으로 급속한 사회 · 경제적 발전을 이룩하고 있었다. 춘추 초기 각국의 경제와 사회는 서주 시대의 연속이었다. 서주 시대에 재배되었던 조, 보리, 고량, 벼, 수수 등의 작물이 그대로 재배되었으며, 농기구도 나무 아니면 돌로 만들어진 돌호미, 돌낫, 돌괭이, 조개삽, 뿔삽 등이었다. 춘추 시대에 들어와서 청동기의 생산은 증가하였지만 농기구로 제작하기에는 아직 고가였기 때문에 춘추 초기의 사회 · 경제는 외면적으로는 주대와 별다름이 없었다고 할 수 있다.

그러나 춘추 중기가 되면서 생산기술이 발달하기 시작하였는데 그 중심이 되었던 것이 우경(牛耕) 발명과 철제농구 사용이었다. 우경은 농경에서 인력(人力)을 축력(畜力)으로 대체한 것이다. 우경은 한 사람이 경작할 수 있는 농경 면적을 수배로 확대하였으며 종래 씨족원으로 구성된 집단농경방식에서 개인에 의한 단독농경을 가능하게 하였다. 철제 농구의 사용은 농경 작업 자체를 용이하고 편리하게 하여 노동생산성을 높이고 땅을 깊게 팔 수 있게 하여 단위면적당 생산량을 제고하였다. 그리고 철기의 보급은 치수와 관개시설의 개선과 확충을 가져와 농경지를 대폭적으로 확대하였으므로 마침내 농업생산량이 비약적으로 증가하여 농업혁명을 이루었다.13) 이런 점에서 춘추 시대 우경 발명과 철제 농기구 사용은 중국 고대 산업혁명이었다고 할 수 있다.

또 우경 발명과 철제농구 사용은 혈연을 기반으로 형성된 종래의

고 있다(孟子注疏』 10-1:3a). 이같이 부용국은 국토가 五十里에도 미치지 못하므로 독자적으로는 천자를 배알할 수 없고 제후에 의탁하여 겨우 천자를 배알할 수 있었던 것으로 설명하고 있는데 이것은 부용국은 독립국이 아니었음을 말하고 있다. *James Legge, trans, Mencius, Vol. Ⅱ*, p. 250.

13) 木村正雄, "中國古代國家成立過程における治水灌漑の意義," 『東洋史學論文集』, 1951, p. 1. 춘추 중기 및 전국 초기 철제 농구의 보급과 사용에 대하여 최덕경 교수는 그 출토량과 사용 지역을 거의 무시해도 좋을 정도의 소량이었다고 단정하고 따라서 몇몇 지역 철제농구의 출현을 기준으로 전체 고대 사회의 생산기술과 사회의 성격 변화를 단정하는 것은 곤란하다고 설명하고 있다. 최덕경, 『中國古代農業史硏究』, 백산서당, 1994, p. 23.

씨족공동체의 해체를 촉진하였다. 동일혈연관계에 기반한 씨족공동체는 서주 말기부터 완만히 해체되기 시작하고 있었는데 우경 발명과 철제농구 사용은 이 같은 씨족공동체의 해체과정을 더욱 촉진하였다. 그리하여 개개의 씨족원은 점차로 씨족공동체의 규제와 속박을 벗어나 야외로 나가 새로이 촌락을 형성하고 가족 단위의 농경을 시작하였으므로 종래의 혈연관계에 기반한 씨족공동체는 필연적으로 해체되기 시작하였다. 그리고 이 같은 추세 속에서 마침내 개별 소농민층이 광범위하게 형성되었는데[14] 이들 개별 소농민층의 형성이야말로 후일 비약적인 농업 생산력 발달의 토대가 되었다.

이 같은 자작 소농민층의 형성과 병행하여 토지 사유화(私有化)가 진행되었다. 주지하는 바와 같이 서주 이래 토지 소유권은 봉건귀족들이 장악하고 있었으며 서인들은 일체의 토지 소유권이 없었고 오로지 봉건귀족의 토지를 차용하여 경작하는 경작권만 보유하고 있었다. 그런데 봉건귀족들에 의해 소유된 토지가 서주 말기와 춘추의 초·중기를 거치면서 개개의 농민들에게 이전되어 소유되기 시작하였다. 이 같은 토지의 분할 점유와 소유 과정 즉 토지공유제에서 사유화 과정을 현재 확실히 알 수는 없지만 이미 서주 시대부터 눈에 보이지 않게 장구한 시일에 걸쳐서 진행되고 있었던 것은 분명하다.

앞 장에서 언급한 바와 같이 주 왕조 건국 이후 왕기(王畿) 이외의 모든 토지는 제후 및 그 일족에게 분봉 위임되었는데 장구한 시일의 경과와 함께 주 왕실의 무력 약화와 빈번한 내분, 제후에 대한 통어력의 상실로 제후 및 그 일족들은 봉지를 자가 소유하기 시작하였다. 그런데 이 같은 토지 소유권의 하향적 이동 추세는 다시 서민사회로 확대되었다. 토지 소유권이 전혀 없었던 서인들은 봉건 귀족들의 토지를 경작하고

---

14) 增淵龍夫, "東アジアI,"『世界史大系』, 東京: 誠文堂新光社, 1958, p. 31.

지대(地代)를 납부하였으며 지대를 납부하는 한 토지 경작권은 그 자손들에게 세습적으로 인정되었다.

그런데 장구한 시일이 지나면서 봉건귀족 간의 정쟁(政爭)으로 토지 소유권 이동이 빈발하고 또 토지 경작권이 후손에게 장기적으로 세습됨에 따라 마침내 사유로 변하기 시작하였다.[15] 물론 이 같은 봉건귀족 간의 토지 분쟁과 토지 소유권의 이동, 서인들의 토지 경작권 연장의 세습화는 모두 무의식중에 진행된 현상이었지만 오랜 세월이 지나는 동안에 마침내 토지는 공유(公有)에서 사유(私有)로 전환되었다.

이같이 서주 시대 토지 소유권의 하향적 이동과 사유화 현상은 꾸준히 계속되어 왔는데 토지 사유화 경향을 급속히 촉진하였던 것이 춘추 중기 이후 열국 간에 가열된 전쟁이었다. 각국 간의 대립과 항쟁의 와중에서 수없는 봉건귀족들의 몰락과 해체가 진행되었는데 이 과정에서 토지 소유권의 이동과 사유화가 광범위하게 진행되었으며 이것이 사전(私田) 발생의 한 요인이 되었다.

또 수공업과 상업의 발달이 사전 발생과 확대를 촉진하였다. 수공업과 상업의 발달에 의한 잉여의 자본은 토지 구입에 투입되었는데 이것은 토지의 사적 구입에 의한 토지 사유화였으며 사전의 형성이었다. 이같이 춘추 시대는 사회, 경제, 정치 등의 여러 요인이 상호 복합적으로 작용하여 사전을 발생시키고 토지 사유화를 촉진하였으며 이 과정에서 소농민들의 토지 소유가 가능했던 것으로 추정된다.[16] 따라서 춘추 말기에는

---

15) 馬乘風, 田中齊 譯, 『支那經濟史』, 東京 : 弘文堂, 1938, pp. 253-271.

16) 중국 고대 토지 사유화에 관한 연구는 아직 미미하다. 토지사유화의 원인과 과정에 대해 본문에서 언급한 것 외에 張蔭麟는 采邑과 賜田의 사유화, 봉건귀족 간의 토지 하사 등을 원인과 배경을 제시하고 있다(張蔭麟, 『中國上古史綱』, 上, 北京 : 北京大學出版社, 1991, p. 101 참조). 郭沫若은 봉건귀족들이 노예로 구성된 잉여노동력을 황무지에 투입하여 토지를 개간하였는데 이것이 최초의 사전 발생이었으며 이 같은 사전은 국가로부터 조세가 면제되고 장려받았기 때문에 급속도로 확대되었다고 주장하고 있다(郭沫若, 野原四郎 外 譯, 『中國古代の思想家たち』, 上券, 東京 : 岩波書店, 1960, p. 67 참조).

자신의 토지를 소유한 자작의 개별 소농민층이 광범위하게 형성되었으며 이 개별 소농민층의 형성이 농업생산력 제고의 중핵을 이루었다.

또한 춘추 시대에는 수공업이 비약적으로 발전하였다. 앞서 언급한 우경 발명과 철제농구 사용 등에 의한 농업생산기술의 진보와 발전은 농업혁명이라고 부를 수 있을 정도로 비약적인 농업생산량을 제고하였으며, 광범위하게 형성된 자작 소농민층은 일상 생활필수품의 수요를 급격히 증가시켰다. 그리고 열국 간의 치열한 대립과 항쟁은 무기 제작을 포함한 군수공업과 축성(築城)을 중심으로 한 토목건축을 발전시켰고 또 각 열국에는 왕실과 귀족들을 중심으로 지역적 소비 문화권을 형성하였는데 이 같은 정치·사회적 변화가 수공업과 공예품 발전의 토대가 되었다.17)

그리하여 수공업은 종래의 농업에서 분리되어 독자적으로 발전하기 시작하였다. 수공업은 그 성격과 규모에 따라서 다양하였는데 소규모의 가내수공업, 개인수공업, 대규모의 관영수공업과 민영수공업 등이었다. 제품 생산은 야철(冶鐵), 제염(製鹽), 무기 제작, 농구 제작, 생활필수품 생산, 곡물 가공, 염색, 주철(鑄鐵), 축성(築城) 등이었다. 그리고 수공업이 이같이 다양하게 발전하자 각 업종에서는 도공(陶工), 석공(石工), 골공(骨工), 옥공(玉工), 피혁공(皮革工), 칠공(漆工) 등과 같은 전문적 공인들이 출현하였다. 이에 따라 춘추 시대에는 서주 시대에는 존재하지 않았던 수공업 경제와 수공인 계층이 새로 형성되었다.

수공업과 도시 발달은 상업 발달의 기반이 되었다. 춘추 시대에 도시가 발달하자 일부 수공업자는 도시의 일각에서 자신들이 제작한 제품을 팔기 시작하였다. 이에 따라서 도시일각에서는 점차로 '사(肆)'라고 하는 시장이 형성되어 일정 지역과 일정 시간에 상거래를 할 수 있게

---

17) 許倬雲, "周代都市的發展與商業的發達," 『中國經濟發展史論文選集』, 上冊, 于宗先外 合編, 臺北 : 聯經出版事業公司, 1980, pp. 1063-1064.

되었는데 이것은 시장에서 상업 활동이 시작되었던 사실을 말하고 있다.[18] 그런데 춘추 시대 상업 활동은 특정 도시와 시장에 국한되었던 것만은 아니다.

앞서 설명한 바와 같이 열국의 병립과 더불어 형성된 지역문화권 성립과 각국의 왕실 및 귀족사회를 중심한 소비권 형성은 상인의 활동과 상품의 유통범위를 크게 자극하고 확대시켰다. 또 당시에는 각국의 군비 경쟁과 대립으로 도로가 발달하고 정비와 보수가 수시로 행해졌으며, 교통 요지에는 여인숙도 출현하였으므로 원격지 왕래와 각지의 물산 교류가 가능하게 되었다. 이에 따라서 서주 시대에는 존재하지 않았던 원격지 무역이 발달하기 시작하였다.

원격지 무역이 가장 발달하였던 국가는 제국(齊國)와 정국(鄭國)이었다. 제국은 바다에 인접하여 있었기 때문에 일찍부터 어염업(魚鹽業)에 주목하였고 관중(管仲)은 부국강병을 추구하면서 이를 대대적으로 장려하였다. 어염은 생활필수품이었고 또 그 산지가 극히 제한되었기 때문에 각 지역으로 운반되어 판매되었다. 관중이 어염업을 장려하여 제국의 부강을 이룩했다고 하는 것은 이미 이 시기에 어염을 포함한 상품 유통이 주변 지역에 성립되었던 사실을 전제하고 있다.

노국(魯國)은 당시에 방직공업으로 유명하였다. 성공(成公) 2년에 초(楚)의 무력 침입 위협에 직면하자 공장(工匠) 백 명, 봉재(縫裁), 백 명, 직공(織工) 백 명을 보내어 초국의 침입을 면하고, 소공(昭公) 26년에도 제국의 고치기(高齒奇) 대신에게 세금(細錦) 두 필을 뇌물로 주었다는 기사가 있는데 노국의 이 같은 우수한 방직물은 당연히 각국의 애용품이 되어 상품화되었을 것으로 생각된다. 또 진국(秦國)은 진국(晉國)에 곡물을 수출하였고 초국은 우모(羽毛)와 치혁(齒革)을 진국(晉

---

18) 郭沫若, 앞 책, p. 298.

國)과 거래하였는데 이것은 한 지역의 특산물이 다른 지역으로 수출되었던 사실을 의미한다.

『춘추좌전』에 의하면 진(晉)의 사신이 길에서 물건을 가득 실은 차량 행렬을 만나자 통과할 때까지 기다릴 수 없어 다른 길로 돌아갔다는 일화가 있는데 이것 역시 당시에 원격지 상업이 대규모로 활발히 행해지고 있었던 사실을 반영하고 있다. 또한 원격지 상업은 국제무역으로 확대되었다. 당시 상인들은 각 지방의 특산물과 필수품을 수레 또는 배에 적재하고 사방으로 돌아다녔는데 이 같은 상인들의 적극적 활동과 상품의 유통범위 확대는 각국 간에 빈번했던 회맹(會盟)과 조빙(朝聘) 및 이를 중심 한 각국 간의 외교적 접촉과 활동, 빈번했던 전쟁 등에 의해 더욱 촉진되었다.

또 이 같은 상업 발전과 상인 활동은 화폐의 발달을 촉진하였다. 지역에 따라 각종의 화폐가 주조되어 사용되었는데 춘추 초기에는 서주 시대를 이어서 물물교환과 함께 어(魚), 패(貝) 모양의 화폐가 사용되었으며 일부 지역에서는 청동화폐가 사용되기도 하였다. 춘추 중기에는 농기구 모양을 본뜬 포전(布錢)과 청동주화가 사용되었고 춘추 말기에는 도전(刀錢)이 유통되었는데 이 중에서 포전과 도전이 제일 많이 사용되었다. 화폐의 주조처는 대개 안읍(安邑), 한단(邯鄲) 같은 대도시 또는 국도(國都)였는데 당시 각국을 넘나들면서 장사하던 상인들은 화폐의 주조처를 가리지 않고 함께 사용하였다. 이같이 당시 상업 유통권은 국경에 관계없이 형성되었으며 상인들은 각국의 통치 영역을 넘어서 전 중국을 상대로 활동하였다.

한편 이 같은 상업의 발달과 융성은 새로운 경제를 탄생시키고 상인 계층을 형성하였을 뿐만 아니라 혈연관계에 기반한 씨족공동체의 해체를 더욱 촉진하였다. 춘추 초기의 상인은 주위 부락 간에 국한된 좁은 범위 내에서 상업을 행하는 행상에 불과하였으나 시일이 지나면서 원격지까지 확대되고 또 각 지역의 씨족공동체에도 진출하였는데 이 같은 상인 활동의 확대는 혈연에 얽힌 씨·부족사회를 해체하는 데 큰 역할을 하였다.[19] 그리고 상인들의 도시 정착과 대규모의 상행위는 도시의 발달을 촉진하고 서민사회 형성에 깊은 영향을 끼쳤다.

또 이 같은 농업, 수공업, 상업, 도시 발달 그리고 각국 간의 대립 항쟁은 사인(士人) 계층을 새로이 탄생시켰다.[20] 이들 사인 계층은 몰락한 귀족들의 자손과 부유한 농·공·상인 집안의 자손들로 구성되었는데,[21] 그 목표는 새로운 학식과 지식의 습득과 함양 그리고 관리 임용이었다. 그러므로 어떠한 생산업에도 종사하지 않고 오로지 학식과 지식 습득에만 몰두하였는데 이 같은 사인들의 성격을 잘 설명해주고 있는 것이 기원전 5세기에 형성된 공자학단(孔子學團)이었다.

공자(孔子, 전 561~479?)는 중국 역사상 최초로 사학(私學)을 일으켜 많은 제자들을 가르치고 양성한 교육자였다. 일설에 의하면 그의 제자가 삼천 명이 넘었다고 전해지지만 좀 과장된 표현인 듯하고 아마 수십 명에서 백여 명 정도였을 것으로 생각된다. 그러나 이들 제자들의 출신 성분과 배경을 살펴보면 사회 각 계층의 출신자로 구성되었다.[22] 공자 사후에 이들의 행적을 살펴보면 제로(齊魯)학파와 삼진(三晉)학파로 분리되었다. 제로학파는 학문 연구에 몰두하고, 한(韓), 위(魏)·

---

19) 郭沫若, 앞 책, p. 298.

20) 胡秋原, 『中國古代的文化與知識分子』, 1960, p.298. 增淵龍夫, 『中國古代の社會と國家』, 東京 : 弘文堂, 1960, p. 56. 相原俊二, "先秦時代の「客」について," 『中國古代史研究』, 第1, 東京 : 雄山閣出版社, 1960, pp. 232-42.

21) 貝塚茂樹, 『諸子百家』, 東京 : 岩波新書, 1969, p. 23. 또 『孟子』에 보면 "관이오는 선비 출신이었고 손숙오는 바다에서 일어났고 백리해는 시장에서 일어났다(管夷吾擧於士 孫叔敖擧於海 百里亥擧於市)라 하여 모두 商賈 출신이었음을 밝히고 있다. 또 『史記』, 「孔子世家」에 보면 孔子 역시 "공자는 빈한하고 천하였다(孔子貧且賤)이라 하고 있는데 이 같은 사실은 당시 士의 출신 배경이 미천하고 빈한한 하층민이었음을 말하고 있다.

22) 貝塚茂樹, 『諸子百家』, 東京 : 岩波書店, 1969, p. 6.

조(趙)의 삼진학파는 현실 사회와 정치에 많이 참여하였는데[23] 이 같은 사실은 당시 사인들은 학문 증진에 몰두하거나 군주의 관리 임용이 목적이었던 것을 말하고 있다.[24]

그러나 시대가 내려옴에 따라 이들 사인들의 수효가 증가하면서 구성이 복잡해지고 유사(遊士) 변사(辯士)로 불린 사인들이 태동하기 시작하였다. 이 같은 현상은 종래 봉건귀족 계층의 와해와 급속한 하층민의 대두를 통한 사회적 대변동과 분해 과정에서 나타난 현상으로서 일체의 문벌과 배경을 갖지 않고 자신의 재능과 실력만으로 출세와 신분 향상을 도모하는 새로운 계층의 출현을 의미하였다. 그러므로 '유사', '변사'로 불린 이들 사인들은 자신의 재능과 실력만을 배경으로 각국의 국경을 자유로이 넘나들면서 권력자에게 접근하여 고위직과 후한 녹봉을 구하였다.

이와 같이 춘추 시대에는 서주 시대에 존재하지 않았던 수공업과 상업이 새로운 경제로 출현하여 융성하였으며 그 발달과 융성에 따라 새로운 계층인 수공인 계층과 상인 계층이 형성되고 각국 간의 대립과 항쟁의 와중에서 사인 계층이 형성되었는데 이것이 소위 사(士)·농(農)·공(工)·상(商)의 사민(四民)사회의 출현이었다.[25] 그러므로 춘추 중기 이래의 사회구조는 정치·군사력을 장악한 봉건귀족들과 농경에만 종사하였던 서인들로만 구성되었던 서주 시대의 폐쇄 고립된

---

23) 貝塚茂樹, 『貝塚茂樹著作集』, 第六卷, 東京 : 中央公論社, 1977, pp. 173-174.
24) 『戰國策』「齊策」에 보면 "선비가 촌에서 태여 나 선거에 추천되면 많은 녹봉을 받는다 (士生乎鄙 推選則祿焉)"라고 하였는데 이것은 전국 시대의 현상만이 아니고 춘추 시대에 이미 각국에 만연된 사실이었다.
25) "四民"이란 용어는 管仲이 齊 桓公을 도와 부국강병책을 시행할 때에 "사민은 서로 잡처하지 못하게 하였다(四民勿使雜處)"라는 令을 내렸는데 이로부터 「四民」이란 말이 처음으로 나왔다. 이 같은 사실에 비추어 볼 때에 農·工·商·士의 사민계층이 이미 춘추 중기에 광범위하게 형성되었음을 엿볼 수 있다. 그리고 齊에서 처음으로 士人을 임용하기 시작하였는데 管仲이 바로 그 최초의 인물이었다. 胡秋原, 『中國古代 的文化與知識分子』, p. 90 참조.

사회와는 근본적으로 다른 개방 사회였다. 또 이와 병행하여 춘추열국 내의 정치 변화도 급속도로 진행되었다.

앞서 언급한 바와 같이 서주 시대와 춘추 초기까지는 제후를 정점으로 한 제후 일족이 강력한 지배씨족을 형성하여 제후국의 개국 기반을 구축하고 영토 확장과 국력 신장에 중추적 역할을 하였다. 그러나 장구한 시일의 경과와 함께 경·대부 등의 후손들은 누대로 세습된 정권 장악과 대토지 소유로 유력 세족(世族)으로 성장하여 국정을 농락하기 시작하였다.26) 당시 각국의 정치를 장악하고 국정을 농락한 대표적 유력세족을 들어보면 정(鄭)의 칠목(七穆), 위(衛)의 손씨(孫氏)와 녕씨(甯氏), 노(魯)의 맹손씨(孟孫氏), 숙손씨(叔孫氏), 계손씨(季孫氏)의 삼환씨(三桓氏), 제(齊)의 전씨(田氏) 그리고 진(晉)의 한(韓), 위(魏), 조(趙), 지(知), 범(范), 중행씨(中行氏)의 6가였다.

그러나 유력세족 간에 전개된 정권쟁탈전에서 상호 간의 살육과 방출이 극심하게 자행되어 결과적으로 유력세족의 세력 약화와 몰락을 가져왔다. 춘추 시대에 명멸했던 유력세족의 수효가 기원전 572~543년 사이에 23개 세족, 542~513년 사이에 14개 세족, 512~483년 사이에 7개 세족으로 줄었던 사실에서 당시 유력세족 간의 정권쟁탈전이 얼마나 극심하였는가를 알 수 있다.27)

한편 이 같은 유력세족 간의 극심한 정권쟁탈전과 세력 약화는 각국에서 군주의 등장을 촉진하였다. 각국 군주는 유력세족 간의 정권쟁탈전 와중에서 특정 귀족의 세력을 보강하거나 협조하지 않고 그 세력을 교묘히 분산시키어 거세하면서 내정개혁을 통해 군주권을 강화하였다. 각국 군주는 당시 씨족공동체에서 방출되어 나온 자작의 개별 소농민

---

26) 貝塚茂樹, 『孔子』, 東京 : 岩波書店, 1970, pp. 34-35.
27) Chou-yün Hsü, *Ancient China in Transition* : An Analysis of Social Mobility, 722-222 B.C., Stanford : Stanford University Press, 1965, p. 33.

층을 각종의 개혁을 통해 군주의 권력기반으로 수용하면서 측근에는 높은 자리와 후한 보수로 충원한 유능한 인재들을 관리로 임명하였고 유사 · 변사 등의 사인들은 이 같은 군주의 요구에 의해 관료로 발탁되어 새로운 군신관계를 수립하고 정치를 주도하면서 각종의 쇄신을 추진하였는데28) 이것이 유력세족의 세경제도(世卿制度)를 대신한 관료제도(官僚制度)의 대두였다.

또한 이 시기에 각국 간의 약육강식의 현상은 더욱 극렬하여 병합이 노골적으로 진행되었다. 서주 말기 제후국의 수효는 100여 국에서 170여 국이었는데 춘추 말기에는 제(齊), 진(晉), 진(秦), 초(楚), 정(鄭), 노(魯), 조(曹), 송(宋), 채(蔡), 진(陳), 연(燕), 위(魏) 등으로 축소되었다. 이 시기(전 722~464)에 행해진 전쟁 횟수는 약 1214회였고 평화 시기는 오직 38일에 불과하였는데29) 이것은 춘추열국 간의 상호 공벌과 병합의 약육강식이 얼마나 극심하였는가를 말하고 있다.

이같이 각국 군주는 안으로는 유력세족을 거세하여 군주권을 수립해야 할 입장에 처해 있었고 밖으로는 각국 간의 상호 공벌과 병합 와중에서 살아남아야 하는 절박한 입장에 직면해 있었으므로 각국 군주는 각종의 개혁을 추진하였다. 이 중에서 최초로 시행되었던 개혁이 춘추 시대에 제일 먼저 패권(覇權)을 장악했던 제 환공의 삼국오비제(三國五鄙制) 개혁이었다.

제국(齊國) 개혁은 관중의 주도로 진행되었는데 관중은 행정 개혁을 먼저 시작하였다. 제국의 영내를 국도(國都)를 중심으로 중앙지역과 교외지역으로 나누고 국도 주변에는 사(士)들로 구성된 십오향(十五鄕)과 상공업자로 구성된 육향(六鄕)을 두었다. 사들로 구성된 십오향은

---

28) Barry B. Blakely, "Functional Disparities in the Socio-Political Tradition of Spring and Autumn China", *Journal of Economic and Social History of the Orient*, Vol. ⅩⅩ, Pt.Ⅲ (October, 1977), pp. 336-337.

29) Chou-yün Hsü, 앞 책, p. 56, Table 5 참조.

다시 국(國)으로 세분되었는데 국자(國子)와 고자(高子)의 두 향장이 일국씩 통솔하였다. 상공업자로 구성된 육향은 연(連), 리(里), 궤(軌)로 3분되었는데 향장(鄕長)에는 연장(連長), 리유가(里有可), 궤장(軌長)이 임명되어 통솔하였다. 이 중에서 향장은 전체 향의 실태와 운영 상황을 제 환공에게 직접 보고할 수 있었으며 또 중앙에서는 수시로 감독관이 파견되어 향의 운영과 실태를 감독하고 시찰하였다.

이같이 국도를 중심으로 행정을 개편한 관중은 이 향제(鄕制)에 기초하여 군제를 편성하였다. 즉 궤, 리, 연, 국, 향의 행정 단위를 기준으로 여기에 오(伍), 소융(小戎), 졸(卒), 여(旅), 군(軍)으로 구성된 군제를 조직하였다. 각 호(戶)에서 1인의 장정을 차출하여 군단을 편성하였는데 오는 5인, 소융은 50인, 졸은 200인, 여는 2000인, 군은 10000인의 병력으로 구성되었다.[30] 교외 지역은 국도를 중심으로 동서남북의 4방에 5개의 비(鄙)를 두었다. 이 비는 읍(邑), 졸(卒), 향(鄕), 현(縣), 속(屬)으로 나뉘었는데 읍에는 가관(可官), 졸에는 졸사(卒師), 향에는 향사(鄕師), 현에는 현사(縣師), 속에는 대부(大夫)를 임명하여 행정과 통솔을 담당케 하였다.

또 관중은 상(相)제도를 개혁하였다. 관중 이전의 각국은 주 왕조의 정치제도를 모방하여 군주 아래에 봉건귀족들로 구성된 사도(司徒), 사구(司寇), 사공(司空) 등의 6관(六官)을 두었다.[31] 이들 6관은 주왕

---

30) Richard Louis Walker, 앞 논문, pp. 34-35.

31) 春秋시대 각국의 官制에 대해서는 깊은 연구가 아직 없고 또 현재 논쟁 중이다. 『禮記』「王制篇」에 보면 "대국은 3경이었는데 모두 천자가 임명한다. 차국은 3경을 두었는데 2경은 천자가 임명하고 1명은 제후가 임명한다. 소국은 2명을 두었는데 모두 제후가 임명한다(大國三卿 皆命於天子 … 次國三卿 二卿命於天子 一卿命於其君 … 小國二卿 皆命於其君)"이라 하여 춘추시대 大國은 三卿, 次國과 小國은 三卿 내지 二卿제도가 있었음을 말하고 있으나 확실히 단정할 수는 없다. 黎東方는 西周 시대 侯國은 司徒, 司馬, 司空의 三卿 제도였고 周왕실의 六卿 중에서 太宰, 宗伯, 司寇는 없었는데 春秋시대 周왕실이 쇠약해지자 春秋列國이 周六官을 모방하여 魯에는 宗伯과 司寇를 두었고 宋에는 太宰가 있었으며 齊, 晉, 衛 三國에는 모두 司寇가 있었다고 주장하고

에 의해 임명되었지만 단순한 관리가 아니고 각기 봉읍을 소유한 봉건귀족들이었다. 6관은 세습직이었기 때문에 군주는 최고지배자였지만 군주 자의대로 이들 6관을 통제하기가 힘들었다.

그러므로 관중은 이 같은 관료제도를 '상(相)' 중심으로 개혁하였다. '상'은 원래 군주의 사적인 지시에 따라 제사 또는 의례를 주관했던 군주의 개인적 고용인이었다. 그러나 관중은 제 환공의 신임 하에 '상'을 재상으로 승격시켜서 6관과 전체 관직을 총괄케 하였다.[32] 이 외에도 관중은 부국강병의 원천이 되는 재력을 확보하기 위해 경제개혁을 단행하였다. 물가를 통제하고 도량형을 정비하고 수공업자를 보호하고 상업과 무역을 장려하였으며 국가에 의한 전매제를 실시하였다. 이 같은 정책 실시로 상공업이 발달하고 무역이 성행하여 제국은 부국으로 발전하였다.

이 같은 관중의 개혁을 종합해보면 관중은 종래의 씨족공동체에서 방출되어 나온 자작 소농민들을 행정적으로 재편성하여 국가의 조세 부담자로 정착시키고 사 계층에 병역의무를 부과하여 군제를 쇄신하고 상공업과 무역을 장려하여 부국을 이룩하고 종래 의례적인 '상'을 재상 직으로 승격하여 군주를 정점으로 한 중앙집권체제를 수립하여 마침내 부국강병을 이루었다. 그리고 관중의 이 같은 전례 없는 개혁 성공과 제 환공의 패업 달성은 유력세족의 군주권 찬탈 위협과 각국 간의 약육강식 와중에 직면되어 있던 당시 군주들에게 직접·간접으로 큰 영향을 주었다.

있다. 黎東方, "政治機構與政治內容,"『中國上古史八論』, 臺北 : 中華文化出版事業委員會, 1971, pp. 156-160 참조. 최근 許倬雲의 연구에 의하면 魯에는 司徒, 司馬, 司空의 三卿이 있었으며 鄭에는 司馬, 司徒, 司空이 있었고 楚는 太宰, 小宰, 大司馬 그리고 齊는 國, 高의 二卿을 설치하였다고 밝히고 있다. 그러나 자료의 부족으로 각국의 정확한 관제는 파악할 수 없다고 하였다. 許倬雲, "春秋政制略述,"『求古編』, 臺北 : 聯經出版事業公司, 1980, pp. 360-364).

32) Richard Louis Walker, 앞 논문, p. 33.

춘추 시대의 사회 · 경제상의 변화와 발전을 정치에 반영하였던 최초의 개혁은 노국(魯國)의 세제(稅制) 개혁이었다. 당시 각국의 토지제도를 살펴보면 서주 시대에서 춘추 초기까지 모든 토지 소유권은 제후와 그 일족이었던 경 · 대부 등의 지배씨족이 소유하고 있었으며 일반 농민들은 농사를 짓는 경작권만 보유하고 있었다. 또 토지 소유형태는 씨족공유제였는데[33] 씨족 공유의 토지가 씨족 구성원 간에 어떻게 분배 소유되었는지는 현재 확실히 알 수 없으며 또 일반 농민에 대한 토지 경작권의 부여 과정도 자세히 알 수 없다. 하지만 서주 말기와 춘추 초기까지의 토지제도는 귀족 소유의 공전(公田)과 일반 서민 소유의 사전(私田)으로 구성되었는데 일반 농민들은 자신의 사전을 경작하면서 공동으로 공전을 경작하고 공전에서 생산된 수확을 조세로 납부하였다. 다시 말하면 조세는 개개의 농민들이 사전에서 생산된 수확의 일부를 조세로 납부한 것이 아니고 공전의 공동경작을 통한 노동력의 제공으로 조세의무를 이행했던 일종의 노역지대(勞役地代)였다.[34]

그러나 이 같은 노역지대는 시대가 갈수록 봉건귀족 층에게 불리해져 갔다. 우선 농민들이 자신의 사전을 경작할 때에는 열심히 하였고 공전을 경작할 때에는 등한히 하였기 때문에 농민의 소득은 증가하였으나 봉건

---

33) 西島定生,『中國古代の社會と經濟』, 東京 : 東京大出版會, 1981, p. 55.

34) 魯國의 稅制개혁 즉 "初稅畝"는 최근까지 학계에서 쟁론이 되어왔다. 郭沫若은 "初稅畝"의 의미를 노국이 井田制를 폐지하여 공전과 사전의 구별을 없애고 일률적으로 조세를 징수한 것으로 보고 있다. 郭沫若, 野原四郎 外 譯,『中國古代の思想家たち』, 上, 東京: 岩派書店, 1960, p. 74 참조. 반면, 加藤繁은 토지공유제의 해체과정으로 인정하고 단순히 토지의 畝數에 따라 징수한 것으로 주장하고 있다. 加藤繁, "中國古田制の 研究",『支那經濟史 考證上』, p. 689. 佐藤武敏의 경우는 정식 지주제의 성립을 부정하고 단순히 토지 조사에 의한 세수 증액을 목적으로 한 기술상의 개혁으로 보고 있다. 佐藤武敏, "魯國の賦稅制改革に關する一考察",『中國古代の社會と文化』, p. 29 참조. 최근의 中國史學界의 동향은 노국의 "初稅畝"를 토지의 領主制에서 地主制, 그리고 勞役地代에서 實物地代의 이행으로 보고 있다. 林甘泉 外編,『中國古代史分期討論五十年』, p. 324 참조. 필자는 "初稅畝"의 실시를 광범위한 사전 출현을 배경으로 한 세수 증액의 재정적 개혁으로 받아들이고 싶다.

귀족의 소득은 갈수록 감소되었다.[35] 또 당시 진행되고 있던 씨족공동체의 해체와 여기에서 방출된 개별 소농민층의 형성은 공전에 대한 공동노역을 어렵게 하였다. 또 당시에는 황무지의 개간, 몰락 귀족들의 평민화, 상공업 발달 등으로 각지에 사전이 급증하였는데 당시 세제로는 조세를 부과할 수 없었다.

이같이 씨족공동체의 해체로 인한 공전제 유지의 어려움, 노역지대의 결함에 대한 시정의 필요성, 사전에 대한 징세 필요성을 감안하여 노국은 마침내 노역지대를 폐지하고 생산물에서 일정의 실물을 직접 징수하는 실물지대로 전환하게 되었다.[36] 이에 따라서 노국은 선공(宣公) 11년에 토지의 생산량에 따라 일정량의 실물을 징수하는 실물지대를 실시하였는데 이것이 『춘추좌전』에 보이는 "초세무(初稅畝)"였다. 이 '초세무'는 사전에 대한 조세 부과를 통해서 국가재정 수입의 세원으로 확보한 것이며 중국 최초의 실물세(實物稅)였다.

또 노국은 실물세를 실시한 3년 후인 성공(成功) 원년에는 '작구갑(作丘甲)'[37]을 시행하고 소공(昭公) 4년에는 '작구부(作丘賦)'[38]를 단행하였다. '구(丘)'는 농가 약 150호로 구성된 한 단위이고 '부(賦)'는 군비 조달을 위해서 부과된 부가세였는데 이 같은 구갑제(丘甲制) 시행은 노국이 농민들에게 일정의 군사비용을 징수하여 날로 급증하는 군비를 충당하기 위한 것이다.

이 같은 노국의 '초세무', '작구갑', '작구부' 등 일련의 개혁은 당시 광범위한 자작 소농민층의 형성, 사전의 급속한 확대와 세수(稅收)의

---

35) 李亞農, 中村篤二郎 譯, "春秋戰國時代の地代の形態,"『中國の奴隷制と封建制』, 日本評論新社, 1956, pp. 146-152.
36) '初稅畝'의 실시가 노역지대에서 실물지대로 전환한 것이라는 稅制改革說에 대하여 佐藤武敏은 地代의 전환을 통한 세제개혁이 아니라 세법의 단순한 기술상의 개혁이라고 주장하고 있다. 佐藤武敏, "春秋時代魯國の賦稅制改革に關する一考察," p. 29 참조.
37) 『左傳注疏及補正』, 25 : 22b.
38) 위 책, 42 : 15a.

필요성, 노역지대의 불합리성 및 각국 간의 대립 항쟁에 의한 군비 증가 등의 정치 · 사회 · 경제적 변화와 발전을 주시하고 합리적인 세제 개혁을 통해 날로 증가하는 국가재정 수입원을 확보하고자 했던 현실적 정책이었다고 할 수 있다. 그리고 이 같은 사회 · 경제적 변화와 발전에 상응하여 행해진 노국의 세제 개혁은 다른 열국에도 깊은 영향을 주게 되었다.

또 각국에서는 성문법(成文法)에 기반한 법치가 시행되었다. 법치 시행의 기반이 되는 성문법의 제정과 공포는 노국에서 '초세무'의 세제 개혁이 시행된 지 50년 후인 기원전 536년에 정국(鄭國)의 자산(子産, 전 585~522?)에 의해 주도되었다. 자산은 춘추 중기에 활동하였던 제(齊)의 안영(晏嬰), 진(晉)의 숙향(叔向)과 같은 현인(賢人) 재상 중의 한 사람이었다. 당시 이들 현인 재상들은 경(卿)보다 등급이 낮은 대부 집안에서 출생하였지만 자신들의 지식과 능력에 의해 대신의 지위 에까지 오르고 현인정치를 주도하여 춘추 후반기를 찬란히 장식하였던 정치인들이었다.39) 그러나 자산은 이들 현인재상들이 보수적이고 소극 적이었던 데 비해 적극적이고 현실적이었으며 또 혁신적이었다.40)

당시 정국은 중원에 위치하였으나 노(魯), 진(陳), 위(衛) 등과 같은 약소국이었다. 그런데 밖으로는 패권 장악을 둘러싸고 전개된 쟁패전의 와중에서 진(晉) · 초(楚) 같은 대국으로부터 부단한 침략과 과중한 공납(貢納) 요구에 시달리고 있었으며 독립국가로서 자주성마저도 위 협당하고 있었다. 안으로는 진 · 초 양 대국의 세력을 배경으로 귀족 간의 정권쟁탈전이 치열하게 진행되고 있어서 하루도 안정된 날이 없을 정도였다. 따라서 약소 정국이 대국 사이에 끼어 국명을 이어가려면 교묘한 외교책으로 안전과 이익을 도모할 수밖에 없었는데 그것은 대국

---

39) 貝塚茂樹, 『中國古代史學の發展』, 東京 : 弘文堂, 1974, p. 285.
40) 貝塚茂樹, "孔子と子産," 『古代中國の精神』, 東京 : 筑摩書房, 1967, p. 27.

에 대한 막대한 공납 이행이었다.[41] 그러므로 정국의 당면 목표는 대국에 대한 공납의 재원 확보와 이를 위한 군주권 강화 내지 중앙집권화 수립이었다.

이 같은 시기에 재상으로 임명된 자산은 곧 개혁에 착수하였는데 먼저 도시와 농촌 간의 구별을 엄격히 하여 신분 구별을 분명히 하였으며 귀천에 따라 의복에 차등을 두었다.[42] 이같이 사회질서를 수립한 후에 자산은 양공(襄公) 30년에 단위당 토지 생산력을 높일 수 있는 농지개혁을 국가권력으로 시행하였는데 이것이 국가권력에 의한 농지구획정리였다. 그리고 강압적 농지구획정리로 많은 토지를 상실하게 된 봉건귀족들은 완강히 반대하였지만 자산은 당시 신흥하고 있던 국인(國人)들의 힘을 빌려 봉건귀족들의 반대를 억누르고 농지개혁정책을 계속 추진하였다.[43] 이 정책의 성공으로 자산은 단위당 토지 생산력을 높이어 농업 생산량을 제고하고 종래 봉건귀족들의 토지에 대한 기득권을 부정하여 그들의 세력을 약화시키고 중앙집권화를 도모할 수 있었다.

농지개혁을 시행한 지 5년 후에 자산은 다시 구부제(丘賦制)를 시행하였다. 앞서 언급한 바와 같이 노국을 포함한 당시 각국은 세제를 노역지대에서 실물지대로 전환하여 급증하는 군사비 일부를 일반 백성들에게 부담시키고 있었는데 자산의 '구부제' 역시 군사비를 일반 백성에게 부담시키는 세제개혁이었다.[44] 그러나 자산은 방대한 군사비를 농민에게 전부 부담시킨 것은 아니었다.

당시 정국은 중원 열국 중에서 일류 상업국이었고 정국의 상인들은 전 중국을 무대로 활동하여 방대한 재력을 지니고 있었으므로 이들 상인들에게도 조세를 부담시켰다. 또 자산은 종래 소유자가 없는 산림소

---

41) 위 책, pp. 42-43.
42) 貝塚茂樹, 『中國の歷史』, Ⅰ, p. 287.
43) 貝塚茂樹, 「孔子と子産」, 『古代中國の精神』, 東京 : 筑摩書房, 1970, p. 37.
44) 貝塚茂樹, 「五等爵制の成立」, 『中國古代史學の發展』, 東京 : 弘文堂, 1953, p. 479.

택(山林沼澤)을 국가가 장악하여 원유(苑囿)를 설치하고 여기에서 나오는 이윤을 국가 세수로 확보하였다.45) 이같이 자산은 국가 권력으로 농지구획정리를 단행하여 농업생산량을 제고하고 구부제를 실시하여 군사비를 조달하고 산림소택에 원유를 설치하여 세수를 확보하는 등 일련의 개혁을 통해 국가 재원을 확보하는 데 전력을 기울였다.

그러나 자산의 이 같은 과감한 개혁정책은 종래의 관습이나 자치 또는 예치에 의한 방법으로는 그 목적을 달성할 수 없었다. 그러므로 자산은 노국의 공자와 진국의 숙향으로부터 강력한 반대 항의를 받으면서도46) 국가의 힘을 배경으로 강제적 집행력을 가진 법률을 제정하여 공포하였는데 이것이 중국 최초의 성문법이라고 할 수 있는 형정(刑鼎)의 주조였다.47)

이 형정은 청동으로 주조된 정(鼎, 삼각발 솥)에 법조문을 새겨서 공포한 것이었는데 오늘날 그 자세한 내용은 알 수 없다. 『춘추좌전』 기록에 의하면 백성들의 사유재산권과 소송권을 인정하는 조문이 있는데48) 이것은 당시 사전 경작과 상업 활동을 통해서 자산을 소유한 일반 서민층의 사유재산권을 인정하고 보호하면서 납세의무를 부과하기 위해서 제정되었던 것으로 해석된다.

다시 말하면 밖으로는 소국에 대한 대국의 부단한 군사적 위협과 공부 주구가 극심했던 국제정세 속에서 대국에 대한 공부 재원 마련의

---

45) 上原淳道,「鄭の東遷の事情および 鄭と商人との關係」,『中國古代の社會と文化』, p. 81.
46) 당시 賢相 중의 하나였던 晉의 叔向은 子産이 "刑鼎鑄造"에 의한 法治를 채용하자 이를 비판하는 강력한 항의서를 보냈는데 그 내용을 요약해보면 "천하가 법에 귀일하면 (皆天下之一法)"의 정치를 시행하면 민중들이 "위 사람을 두려워하지 않게 되고(不忌 於上)," " 모두 법으로 다툰다(盡爭之),"라고 지적하고 있는데 전체의 뜻은 귀천유등의 "예교(禮敎)"가 붕괴되어 상하구분이 없어지고 법으로 서로 싸우게 되어 그 나라는 반드시 망할 것(其國必亡)이라고 경고하였다. 『左傳注疏及補正』, 43 : 21 ab.
47) 長參偉 外編,『中國法制史』, 北京 : 群象出版社, 1982, p. 58.
48) 貝塚茂樹, "孔子と子産," 『古代中國の 精神』, 東京 : 筑摩書店, 1967, p. 42-43.

필요성, 안으로는 사회·경제상의 거센 변화와 발전에 따른 구질서와 가치관의 변화와 붕괴, 자산을 소유한 일반 서민층의 대두 그리고 종래의 관습과 자치에 기초를 둔 예치의 한계성을 절감한 자산은 농지구획정리를 통한 농경지의 확대와 생산성 제고, 구부제의 실시를 통한 군사비 마련 그리고 일반 서민층의 사유재산 인정과 보호 속에서 조세 부과 그리고 이 같은 전례 없는 개혁을 강력히 추진하기 위해서 성문법을 제정하여 법치를 실시하였다고 할 수 있다.[49]

그러므로 노국의 공자와 진국의 숙향 그리고 국내 귀족들이 강력히 반대했을 때 자산은 "세상을 구하기 위한 것이다(吾以救世也)"[50]라 대답하면서 성문법 제정에 의한 법치를 강행했는데 이 같은 자산의 안목은 실로 탁월하였다. 이 형정의 주조 즉 성문법 제정과 공포에 기반한 법치의 물결은 자산의 형정 주조에 그렇게 반대했던 숙향의 진국에도 밀어닥쳐서 마침내 범선자(范宣子)가 형정을 주소하여 성문법을 제정하고 법치를 실시하였는데[51] 이것은 정국에서 자산이 형정을 주조한 지 불과 23년 후의 일이었다. 범선자가 주조했다고 하는 형정의 내용에 대해서는 고증할 길이 없어 그 성격을 자세히 알 수 없다.

그런데 범선자가 형정을 주조했다는 사실을 전해 들은 공자가 "백성들이 형정에만 매달릴 것인데 어떻게 귀족들을 존경할 것인가(民在鼎矣 何以遵貴)," "귀천에 서열이 없어질 것이므로 국가가 어떻게 될 것인가(貴賤無序 何以爲國)," "진나라는 이제 망할 것이다(晉其亡乎)"[52]라고 깊은 탄식을 하였는데 이 같은 공자의 탄식을 분석해보면 진국의 범선자 역시 자산의 형정에 못지않은 성문법을 제정하여 법치를 시행했음을 알 수 있다.

---

49) 胡秋原, 앞 책, p. 165.
50) 『左傳注疏及補正』, 43 : 22a.
51) 앞 책, 53 : 17a.
52) 위 책, 53 : 17.

그러나 이 같은 개혁은 춘추열국에서 모두 일괄적으로 시행된 것은 아니었다. 각국이 처한 자연환경, 지리조건과 지정학적 여건이 상이하였기 때문에 상호 간의 영향과 모방은 시차를 두고 행해졌으나 결국 춘추열국 전체에 파급되어 깊은 영향과 변화를 주게 되어 춘추열국의 국가 성격이 변하게 되었다. 다시 말하면 춘추 중기 이후 열국은 주왕으로부터 분봉된 종래의 봉건적 제후국이 아니라 군주를 중심으로 강력한 중앙집권적 통치제도를 구축하고 자주적 주권을 행사하고 있는 영토 독립 주권 국가였다. 이 같은 독립 영토 주권국가의 성격이 어떠하였는가를 춘추열국 중에서 약소국을 대상으로 분석해보자.

앞에서 서술한 바와 같이 서주 말, 춘추 초기 열국의 수효는 100~170 여 국이었으나 춘추 중기 이래 전개된 상호 공벌과 병합의 약육강식 와중에서 13개국으로 줄어들고 전국 시대에는 7개국으로 축소되었는데 이 같은 사실은 춘추전국 시대 열국 상호 간의 약육강식이 얼마나 극심하였는가를 말하고 있다. 그런데 이처럼 극심했던 약육강식 와중에서 춘추 말기까지 국명을 보전했던 송국(宋國)의 주권의식이 여하하였는가를 살펴보자.

"초(楚) 사신이 송(宋)에 이르니 송이 사신을 억류하였다. 송 재상 화원(華元)이 '우리 땅을 지나면서도 길을 빌린다는 인사를 하지 않은 것은 우리나라를 업신여긴 것이다. 우리를 업신여기는 것은 망한 것과 같다. 우리가 초 사신을 죽인다면 초는 우리를 칠 것이다. 초가 우리를 치면 우리는 역시 망할 것이므로 망하기는 매한가지다'라고 말하고 초 사신을 죽였다. 그해 9월 초는 송을 침입하여 포위하였다 (及宋 宋人止之 華元曰 過我而假道 鄙我也 鄙我亡也 殺其使者 必伐我 伐我亦亡也 … 九月楚子圍宋)."53)

위 글은 약소국 송국이 그 자주권을 확보하기 위해 얼마나 고심하고 있었는가를 잘 나타내고 있다. 춘추 시대에는 일국의 사신이 타국의 영토를 통과할 때 사전에 통행 허가를 받아야 하는데 당시 대국 초(楚) 사신이 송국의 통행허가를 받지 않고 영토를 통과하려고 하므로 송국이 이를 제지하고 초국 사신을 사형에 처하였다. 이것은 약소국 송국의 재상 화원(華元)이 대국 초국의 침입과 약소국 송국 멸망을 예견하면서도 송국의 주권을 수호하기 위해서 초국 사신을 사형에 처한 것이다. 이같이 춘추 시대에는 송국뿐만 아니라 당시 약소국들이 대국의 무력적 위협과 침입의 위험 속에서도 자국의 자주권 수호를 위해서는 얼마나 단호하였는가를 보여주는 것이다.

당시 약소국들은 이처럼 자주권 수호에 단호하였을 뿐만 아니라 대국의 내정간섭도 적극적으로 배제하였다. 이것을 약소국 정국(鄭國)의 경우를 통해 볼 수 있다.

"우리 군주의 몇몇 신하가 세상을 떠난다면 진 나라의 대부가 그 자리를 차지해서 마음대로 할 것이므로 정나라는 진 나라의 현(縣)이나 비(鄙) 같은 고을이 되고 말 것이다(若寡君之二三臣 其卽世考 晉大夫而專 制其位 是晉之縣鄙也)."54)

위에서 언급한 바와 같이 정국은 송국과 마찬가지로 춘추 시대 대표적 약소국이었는데 진·초의 양 대국 사이에 끼어서 남북으로 정치적 압력과 무력적 위협을 받고 있었다. 그런데 정국 군주가 재상을 임명하는데 당시 패국(覇國)이었던 진국이 자국에 유리한 인물을 임명하도록 압력을 가하였다. 이에 정국의 재상 자산이 정국의 재상은 정국 군주가

---

53) 『左傳注疏及補正』, 24 : 17b, 18a.
54) 앞 책, 48 : 17b.

결정해야 하며 그렇지 않으면 정국은 진국의 일개 현(縣)과 다를 바가 없다고 주장한 것이다. 그리고 정국 군주는 진국이 추천하는 인물을 물리치고 자의에 따라서 재상을 임명하였는데 이것은 정국을 포함한 당시 약소국이 비록 대국으로부터 정치·군사적 압력과 위협을 받고 있었지만 대국의 내정 간섭은 결연히 배척하였던 사실을 말하고 있는 것이다. 또 당시 열국은 이같이 자주적이었을 뿐만 아니라 영토국가였다.

> "초(楚)나라 변읍의 양씨 집안의 여자와 오 나라 변읍의 처녀 사이에 뽕나무를 두고 싸움이 일어났다. 양가는 노하여 서로 죽인다고 하였다. 양국 변읍 장들이 이 소식을 듣고 노하여 서로 공격하였다. 오왕도 노하여 병력을 이끌고 초 나라를 쳐서 두 고을을 취하였다(楚邊邑卑梁氏之處女 與吳邊邑之女爭桑 二女家怒相滅 兩國邊邑長聞之 怒而相攻 滅吳之邊邑 吳王怒 故遂伐楚 取兩都而去)."[55]

이것은 오국과 초국 양국의 국경에 위치한 뽕나무 한 그루의 소유권 문제가 양국 주민 간의 분쟁으로 발전하고 양국 읍장(邑長) 간의 분쟁으로 확대되고 마침내 양국 정부 간의 분쟁으로 비화되어 양국 대병력이 동원되어 충돌하였던 사실을 전하고 있다. 이같이 당시 각국은 영토 분쟁에 대해서는 촌토의 양보도 없이 무력 대결까지 감행하였다.

> "왕과 방백의 명령으로 국경을 그어서 표시하여 관리를 두고 깃발을 꽂아서 표시하고 법령을 제정하여 지키도록 하고 위반하면 처벌한다(王伯之令也 引其封疆 而樹之官 擧之表旗 而著之制令 過則有刑)."[56]

---

55) 『史記』, 13 : 1462.
56) 『左傳注疏及補正』, 41 : 3a.

위 글은 왕과 방백의 명령으로 각국이 국경을 그어서 영역을 표시하고 관리를 두어서 관리하며 법을 제정하여 지키도록 하고 법을 위반하면 처벌해야 한다는 것이다. 또 아래 기사는 국경 문제로 야기된 국제분쟁을 전하고 있다.

"여름철에 제(齊) 군사들과 해(奚)에서 싸웠는데 국경 때문이었다. 이때에 제 나라가 노 나라 국경을 넘어서 침범하므로 국경을 지키는 관리가 와서 보고하였다. 그러나 공이 말하기를 국경에 관한 일이면 일정한 분계선을 신중히 지키면서 불의에 일어날 수 있는 일을 대비하고 일이 터지면 싸워라, 또 내게 보고하라고 하였다(奚夏及 齊師戰於 奚 疆事也 於是齊引侵魯疆 疆吏來告 公曰 疆場之事 愼守其一 而備其虞 姑盡所備焉 事至而戰 又何謁焉)."[57]

이 내용은 제국과 노국이 국경 문제로 해(奚) 지역에서 싸웠는데 제국 군사들이 노국 국경을 침범하자 노국 군주가 국경 관리에게 필요한 조치를 지시하고 일이 터지면 싸우고 자신에게 보고하라는 지시를 내린 것이다.

위의 두 사실을 보면 춘추 시대 열국 간에는 국력 강약과 영토 대소에 관계없이 국경이 확정되어 있었고 모든 국경에는 관리를 파견하여 경계하였으며 타국인의 국경 출입 또는 침입에 대해서는 아주 신속하면서도 신중하게 대처했음을 말해준다.

또 춘추 시대 각국의 영토 획득 과정을 살펴보면 전쟁을 통해서 전리품으로 획득하는 경우가 대부분이었지만 때로는 교환, 구입, 할양 등의 방법을 통해서 영토를 획득하고 또 변경도 하였다.

---

57) 위 책, 7 : 13a.

"정(鄭) 나라 사람들이 다시 주공의 제사를 지내겠다고 하면서 정국의 토지 방(祊)과 바꾸자고 요청하자 공이 허락하였다(鄭人請復祀周公 卒易祊田 公許之 三月 鄭伯以璧假許田 爲周公祊故也)."[58]

위의 내용은 정 나라가 주공(周公)의 제사를 지내겠다고 하면서 허 (許)의 토지를 방전(祊田)과 바꾸자고 요청한 것이었는데 방전은 주공 의 옛 땅이었기 때문이었다. 이것은 필요에 의해서 토지를 상호 교환했던 사실을 말하고 있다.

"6월에 제(齊) 나라 사람들이 제서(齊西)의 토지를 차지했는데 선공 이 군주가 된 것을 인정받기 위해서 제나라에 뇌물을 쓴 것이다(六月 齊人取齊西之田 爲立公故 以賂齊也)."[59]

이것은 군주 등극 등의 정치적 사안을 해결하기 위해서 토지를 뇌물로 이용하였던 사실을 말하고 있다.

"2년 봄 노 나라가 주(邾) 나라의 교읍(絞邑)을 치려고 하였다. 주 나라 사람들이 교읍을 아끼고 있었으므로 곽수(漷水)와 근수(近水) 사이의 땅을 뇌물로 바치고 노 나라와 맹약을 체결하였다(春伐邾 將伐絞 邾人愛其士 故略以漷近之田 而受盟)."[60]

---

58) 앞 책, 5 : 29a.
59) 위 책, 21 : 1b.
60) 위 책, 57 : 8a. 이 같은 사례로 公羊春秋 成公 2年傳에 "取汶陽田 汶陽田者 案略也"의 기사가 있는데 모두 토지 할양을 말하고 있다.

이 기사에 의하면 노 나라가 주 나라의 교읍(絞邑)을 치려고 하자 교읍을 아끼고 있던 주 나라가 곽수(漷水)와 근수(沂水)의 땅을 대신 바치고 노 나라에 순종하는 맹약을 맺었다는 내용인데 이것은 춘추 시대에는 각국 상호 간의 협상에 의해 토지의 구입, 증여, 할양 등의 방법으로 영토 변경이 가능하였던 사실을 말하고 있다. 또 상호 간의 국경 문제를 협상에 의해 해결한 경우도 있다.

> "가을에 공손오가 진(晉) 군주와 척(戚)에서 회동하였다(秋公孫敖會 晉侯于戚)."61)

이것은 진국이 위국의 읍 척전(戚田)을 취했는데 척전은 노국과의 접경지대에 있었으므로 노국 사자 공손오가 진국 군주와 회합하여 경계 를 정한 사실을 말하고 있다. 이것은 영토 변경이 있을 때 인접국 간의 협정을 통하여 상호 간의 영역을 명확히 하였던 사실을 말하고 있다.
또 2국 또는 3국 사이에 끼어 있는 자투리땅(隙地)은 인접국과의 협상을 통해 중립지역으로 하였다.

> "송(宋) 나라와 정(鄭) 나라 사이에 아무 쪽에도 속하지 않는 자투리 땅이 있었는데 마작(彌作), 경구(頃丘), 옥창(玉暢), 암(喦), 과(戈), 석(錫)이라고 하였다. 전에 정 나라의 자산이 송 나라 사람과 화평을 맺고 말하기를 두 나라는 서로 이 땅을 소유하지 않기로 하자고 약속하 였다(宋鄭之間 有隙地焉 曰 彌作 頃丘 玉暢 喦 戈 錫 子産與宋人爲成 曰勿有是)."62)

---

61) 위 책, 32 : 3a.
62) 위 책, 59 : 20a.

위 내용은 송국과 정국 경계 사이에 어느 나라에도 속하지 않는
마작(彌作), 경구(頃丘), 옥창(玉暢), 암(嵒), 과(戈), 석(錫)의 땅이
있었는데 정국의 자산과 송국이 화평을 맺고 어느 나라도 이 땅을
소유하지 않기로 하였다. 그런데 송국의 평공(平公)과 원공(元公) 가족
이 정국으로 망명하여 왔다. 정국은 평공과 원공을 위해 암, 과, 석
지역에 성을 쌓아주었는데 이것은 사실상 정국이 암, 과, 석 지역을
점령한 것이나 다름이 없는 것이었다. 그러므로 송국은 아래와 같은
대응 조치를 취하였다.

"송(宋) 나라 향소(向巢)가 정국을 쳐서 원공의 손자를 죽이고 암
지역을 포위하였다(宋 向巢伐鄭 殺元公之孫 遂圍嵒)."[63]

이같이 정국이 양국 간의 중립 지역으로 설정한 암, 과, 석 지역을
독단적으로 점령하여 성(城)을 쌓아서 정국의 영토로 편입하자 송국은
무력으로 정국을 공략하여 원공의 가족을 살해하였으며 암 지역을 포위
하였다. 이에 정국은 다시 한달(罕達)에게 병력을 주어 암 지역을 구원케
하고 송국은 다시 군사를 보냈으며 정국은 다시 군사를 보내어 응징하였
는데 이 결과는 다음과 같았다.

"드디어 송(宋) 나라 군사를 암에서 쳐부수고 성환과 고연을 사로잡고
마작, 경구, 옥창, 암, 과, 석의 6읍을 중립 지역으로 하였다(遂取宋師
于嵒 獲成讙郜延 以六邑爲虛)."[64]

이같이 송국은 정국의 장수 성환과 고연을 생포하고 6읍을 다시 중립

---

63) 위와 같음.
64) 위 책, 59 : 20a-b.

지역으로 환원시켰는데 춘추 시대에는 비록 주인이 없는 불모의 땅이라도 인접국과의 동의에 의해 중립으로 설정하였으며 특정국에 의해 일방적으로 파기되거나 점령되면 무력 충돌도 불사하였던 사실을 알 수 있다. 이러한 점에서 춘추 시대의 열국은 철저한 영토국가였음을 알 수 있다.

이와 같이 서주 시대의 제후국은 주 왕실의 무력 약화와 제후국에 대한 통어력 상실, 무수한 세대교체에 의한 주 왕실과 제후 간의 공동혈연의식과 공동운명의식의 약화, 상위한 자연환경과 지리조건에 의한 각 제후국의 지정학적 위치 등의 여러 요인에 의해서 춘추 중기에는 마침내 독립 영토 주권국가로 발전하였다. 또 이 같은 열국의 독립 자주화 현상과 병행하여 사회 · 경제적 변화와 발전도 급속도로 진행되었다.

앞에서 언급한 바와 같이 춘추 시대에는 우경 발명과 철제농구의 사용은 농업 생산량을 비약적으로 제고하여 농업혁명을 일으켰으며 이 같은 농업혁명은 수공업과 상업의 새로운 경제 발달을 촉진하였다. 그리고 상공업의 융성으로 수공업자와 상인 계층이 형성되고 열국 간의 대립과 항쟁 그리고 부국강병 추구 속에 사인 계층이 출현하였다. 이에 따라서 경제는 종래의 농경에서 수공업과 상업의 새로운 경제가 태동하여 융성하고 사회는 종래의 농민 외에 수공인 계층과 상인 계층, 사인 계층이 새로 출현하여 사민(四民)사회를 형성하였다.

또 춘추열국은 갈수록 치열해지는 공벌 병합의 약육강식 와중에서 부국강병을 추구하지 않을 수 없었는데 이 같은 부국강병 추진은 정치 · 사회 · 경제 등 모든 분야에서 강력한 개혁과 쇄신을 요구하였다. 그러므로 각국에서는 각기 처한 지정학적 여건과 현실 속에서 군주권 확립과 부국강병을 위한 정치 · 사회 · 경제적 개혁이 추진되고 성문법에 기반한 법치를 시행하게 되었다. 그러므로 춘추 중기 이후 열국은 주왕으로부터 분봉된 종래의 봉건 제후국이 아니라 정치적으로는 군주를 정점으로 한 독립 영토 주권국가, 경제적으로는 농업, 수공업, 상업의 새로운 경제 그리고 사회적으로는 사·농·공·상의 사민(四民)사회로 구성된 새로운 국가(New States)였다.[65]

이같이 새로운 국가로 성장한 춘추열국은 중원을 무대로 국제사회(The Multi-State System)를 형성하고 상호 대립 항쟁하면서 약육강식의 시대를 전개하였다. 대국은 노골적으로 권력정치를 자행하고 부단한 침탈과 공벌을 계속하였으며 약소국은 이 같은 대국의 부단한 정치·군사적 위협 속에서 국명 보전을 위해 대국과 연합, 동맹 등을 결성하지 않으면 안 되었다. 여기에서 춘추 중기 이후 국제사회에서는 회맹(會盟), 조빙(朝聘)과 같은 국제회합과 회담이 수없이 개최되어 특유의 회맹정치가 꽃피게 되었다.

---

65) Shih-Tsai Chen, "The Equality & Status in Ancient china", *American Journal of Inter-National*, Vol. 35 (Jan. 1941), pp. 645-647.

2. 국제사회의 성립과 패정(覇政)의 대두

『사기』「십이제후년표(十二諸侯年表)」에 의하면 춘추 중기와 말기에
활약하였던 열국으로 주(周), 노(魯), 제(齊), 진(晉), 진(秦), 초(楚),
송(宋), 위(衛), 진(陳), 채(蔡), 조(曹), 정(鄭), 연(燕), 오(吳)의 14개
국을 열거하고 있는데[66] 앞서 설명한 바와 같이 이들 열국은 오로지
자국의 국익 증대와 세력 신장에만 몰두하였다. 이 중에서 제(齊), 진
(晉), 진(秦), 초(楚)는 차례로 대국으로 성장 발전하여 주 왕실을 대신하
여 국제정치의 주도권을 장악하고 중원을 재패하려고 하였다. 이에
따라 대국 간에는 격렬한 쟁패전(爭覇戰)이 야기되고 약소 열국은 이
쟁패전의 와중에서 대국과 동맹 등을 체결하여 국명 보전에 여념이
없게 되었다. 그리고 패권을 장악한 패주(覇主)는 국제사회에서 패자(覇
者)로 군림하고 패정(覇政)을 실시하였는데 이 패정의 전개는 앞서
말한 독립 영토 자주국가 출현을 배경으로 하고 있었다.

춘추 시대의 패정은 소위 춘추오패(春秋五覇)라 하여 5인의 패주
또는 패국을 중심으로 전개되었다. 『순자』「왕패(王覇)」편에 의하면
제 환공(桓公), 진(晉) 문공(文公), 초 장왕(莊王), 오 합려(闔閭), 월

---

66) 『史記』, 14 : 513.

구천(句踐)을 들고 있고[67] 한대『백호통(白虎通)』은 제(齊) 환공, 진(晉) 문공, 진(秦) 목공(穆公), 초(楚) 장왕, 오(吳) 합려를 내세우고 있으며『한서』는 제(齊) 환공, 진(晉) 문공, 진(秦) 목공, 송(宋) 양공(襄公), 오(吳) 부차(夫差)를 열거하고 있어[68] 기록마다 인물이 약간씩 다르다. 그러나 그 수효는 모두 5인으로 한정하고 있는데 5인으로 한정된 춘추오패의 명칭은 아마 전국 시대에 유행하였던 오행설(五行說)의 영향을 받아 형성된 것으로 추측된다.[69]

따라서 춘추 시대 패주를 열거하는 데 반드시 5인으로 한정할 필요는 없을 것이며[70] 당시 강력한 무력을 배경으로 춘추 시대의 국제정치를 주도했던 인물들의 총칭으로 이해하는 것이 좋을 것 같다. 이러한 점에서 춘추 시대의 패정을 전개했던 대표적 인물은 제 환공과 진 문공이었다고 할 수 있다.

먼저 제 환공에 의한 패정 출현 이전의 중원 국제정세를 살펴보면 주 왕실은 낙읍으로 동천(東遷) 이후 세력이 더욱 쇠약해져 종주국으로서의 위엄과 기능을 완전히 상실해가고 있었다. 이같이 주 왕실의 통어력이 상실되자 제후국 중에서 제일 먼저 두각을 나타냈던 것이 정국(鄭國)이었다.

정국은 무공(武公) 시에 주 왕실의 사도(司徒)로서 주 왕실 부흥에 힘썼으며 또 주 동천 시에는 진(晉)과 더불어 평왕(平王)을 옹립하여 동주(東周) 건립에 큰 공을 세웠다. 이후 정국은 국력이 더욱 발전하자 주 왕실의 영지를 침입하고 태산(泰山)의 제사를 폐하며 영지를 임의로 타국과 교환하여 주 왕실의 권위와 위엄을 무시하였다.

---

67)『荀子集解』, 臺北 : 世界書局, 1972, p. 133.
68)『漢書』, 13 : 392.
69) 相原俊二, "先秦時代の「客」について,"『中國古代史研究』, 第六, 東京 : 硏文出版, 1989, p. 5.
70) 呂思勉,『先秦史』, 臺北 : 開明書店, 1961, p. 167.

이에 노한 당시 주 환왕(桓王)은 기원전 707년에 채(蔡), 위(衛), 진(陳) 등의 제후국 병력과 연합하여 정국을 친히 정벌하였다. 그러나 환왕은 정국의 장군 축담(祝耼)에 패하고 환왕 자신도 화살에 부상당하였으므로 주 왕실의 권위가 크게 떨어지고 동시에 주 왕실의 무력 약화가 천하에 드러났다. 이에 정치의 중심은 자연히 주 왕실에서 당시 신흥하고 있던 동방의 제후들에게 이동되어 정, 제, 노, 송, 채, 조, 진, 위국 간에 대립과 긴장이 조성되었다. 그러나 주 동천 이후 100여 년까지는 주로 정국과 송국 간의 대립과 충돌로 국제관계가 미묘했을 뿐 대규모의 충돌이나 전쟁은 없었다.

그러나 춘추 중기에는 각국 간에는 서주 말기부터 진행되어오던 영토 확장과 국력 신장 작업이 계속되었으므로 마침내 방대한 영토와 강력한 무력을 소유한 대국이 출현하게 되었는데 바로 변방에 위치했던 제(齊), 진(晉), 초(楚) 등이었다. 반면 중원에 위치하여 문화수준이 높았고 한때 국제정치의 중심을 이루었던 노, 정, 송, 위, 채, 조 등의 열국은 완전히 약소국으로 전락하여버렸다. 그리고 이 시기의 주 왕실 역시 영토가 더욱 축소되어 완전히 소국으로 전락되어버렸으므로 열국 간의 대립과 충돌을 제어할 수 없었다.

또 주 왕실을 중심으로 한 화하(華夏)세계의 분열과 약화는 주변의 미개한 이적만이의 침입과 약탈을 야기하였다. 앞 장에서 언급한 바와 같이 상고의 중원에는 은(殷)ㆍ주(周)의 국가를 건설하고 찬란한 청동기문화를 창달한 화하족 이외에 그 내원을 알 수 없는 무수한 이적들이 산재해 있었다.

그러나 이들 이적들은 중원의 화하족이 선진적 농경을 기반으로 국가 창건, 문자 발명, 청동기문화 창달 등의 고도의 선진문화를 창달하고 사방으로 발전하고 있는 동안에 반농반목의 원시적 생활을 영위하면서 화하세계에 대한 무력 침입과 약탈 아니면 내부하여 동화되어갔을 뿐

화하세계에 비견될 문화 창달도 없었고 국가 활동도 전개하지 못하였다.

따라서 중원에서 국가 형성과 문화 창달 등은 오로지 화하족의 전유물이었으므로 화하문화는 동아시아 유일의 선진문화였다.71) 그러나 주왕실의 무력 약화와 제후국에 대한 통어력 상실 그리고 춘추열국의 형성과 상호 대립과 항쟁은 화하세계의 내분과 약화를 야기하였다.

이에 따라서 주변 이적들은 화하세계의 내분과 약화를 틈타 미증유의 침략과 약탈을 감행하고 전체 화하세계를 위협하였다. 그러나 이미 소국으로 전락한 주 왕실과 상호 간의 대립과 항쟁에 몰두한 춘추열국은 이 같은 이적들의 대대적인 침입을 제어할 수 없었으므로 화하세계와 문화는 미증유의 위협에 직면하여 몰락의 위기에 빠졌다.72) 그런데 이같이 상호 분열되고 약화된 화하세계에서 일시적이나마 전쟁을 종식시키고 주변 이적들의 침입을 격퇴하여 화하세계와 화하문화를 보호하였던 사람은 제 환공(桓公, 전 685~643)이었다.

앞 장에서 설명한 바와 같이 제 환공은 관중(管仲)을 기용하여 삼국오비제(三國五鄙制)를 기반으로 정치·사회·경제적 개혁을 추진하여 부국강병을 이룩하고 동방의 대국으로 부상하고 있었다. 그런데 이 시기에 남방에 있던 초국도 흥기하여 북상을 시도하고 중원의 노(魯), 송(宋), 진(陳), 정(鄭), 채(蔡) 등의 약소 열국을 위협하였다. 이에 놀란 약소 열국은 동방의 대국 제 환공에게 구원을 청하였으며 이 같은 구원 요청을 받은 제 환공은 그동안 축적된 국력을 배경으로 이 요청에

---

71) 李春植, "儒家政治思想의 理念的 帝國主義,"『人文論集』, 第27輯, 1982, p. 14.
72) 孔子는 당시 諸夏의 중국문화를 세계유일의 그리고 최고의 선진문화로 간주하고 있었는데 夷狄들의 침탈이 격심해지고 위협이 증대되자 "이적들이 극도로 중국을 병들게 하고 있다. 남쪽의 이적과 북쪽의 오랑캐들이 교대로 중국을 침탈하고 있는데 침탈이 선을 이어 놓은 것같이 계속되고 있다(夷狄也而極病中國 南夷與北狄 交侵中國 不絶若線),"『春秋公羊注疏及補正』, 10 : 4a, "내가 오랑캐의 머리카락을 하고 옷깃이 외쪽에 있는 옷을 입고 있을 것이다(吾其被髮左衽矣),"『論語注疏及補正』, 14 : 3a 등과 같이 얘기하면서 이적에 의한 중국문화의 몰락과 이적화를 우려했다.

응하였다.

제 환공은 초국의 북상을 저지하기 위해 기원전 678년에 노, 송, 진, 조, 허, 위, 활 등의 8국 병력과 연합하여 소능(召陵)에서 초군과 대치하였다. 이때에 형세가 불리하다고 느낀 초 성왕(成王)이 대부 굴완(屈完)을 보내어 강화를 청하였으므로 화해가 성립되고 초국의 일차 북상이 저지되었다. 이같이 초국의 북상을 저지한 제 환공은 기원전 667년에 노, 송, 정 등의 중원 제후들과 함께 유(幽, 산동성 조현 남쪽)에서 회맹을 개최하여 제국을 중심으로 동맹을 결성하였는데 이 회맹에서 제 환공은 주 혜왕(惠王)으로부터 패자(覇者)로[73] 인정받았다.

이같이 패자로 등장한 제 환공은 이후 북방에 있는 연국(燕國)이 기원전 664년에 산융(山戎)의 침입을 받아 위태하게 되자 산융을 축출하여 연국을 구출하였고, 기원전 661년에 적인(狄人)이 형국(邢國)을 침범하자 이를 격퇴하였으며, 기원전 660년과 659년에 위국(衛國)과 형국(邢國)이 적적(赤狄)의 침입으로 멸망하자 병력을 보내서 적인(狄人)들을 축출하고 초구(楚丘, 산동성 양현)에 성을 쌓아 위국을 부활시켰으며 이의(夷儀, 산동성 연성현)에 형국을 재건하여 주었다.

또 노국에서 장공(莊公)이 죽고 후사 문제로 공족(公族) 간에 내분이 발발하자 개입하여 공위(公位) 계승에 가장 합법성을 가졌던 희공(僖公)을 즉위시키어 노국을 안정시켰다. 또 기원전 657년 적인들이 다시 송국을 대거 침입하자 이들을 격퇴하여 송국을 구출하였다. 이 외에도 기원전 647년에는 주(周)에 침입한 융족을 축출하였고 기원전 644년에

---

73) 여기에서 覇者의 의미는 同盟諸國의 감독자나 보호자 또는 고대 그리스 폴리스 연합의 盟主로 이해되고 있다. 宮崎市定, 『アジア史論考』上券, 東京 : 朝日新聞社, 1976, p. 217 참조. 반면에 시드니 로손은 은 초기의 覇者 의미를 "Lord, Protector, Lord of Covenants"로 이해하고 있다. Sydney Roson, "Changing Conceptions of the Hegemon in Pre-Ch'in China" in David T. Roy and Tsuen-hsuin, eds., Ancient China, Hong Kong : The Chinese University Press, 1978, p. 99 참조.

는 적인들의 남침을 막기 위해서 주에 병력을 파견하여 주둔시켰다.

이 같은 제 환공의 업적을 살펴보면 중원열국으로 구성된 연합병력을 이끌고 남방 만이의 강국 초국을 제압하여 북상을 저지하고 북방의 적인과 산융의 침입을 수차 격퇴하여 중원열국을 보호하였는데 이것은 존왕양이(尊王攘夷)의 명분을 실천한 것이었으며 동시에 주변 이적들의 부단한 무력 침입으로부터 화하세계와 화하문화를 보호한 것이었다. 또 적인들에 의해 멸망된 형국과 위국을 각기 부활시켜서 주왕에 의해서 분봉된 제후국을 유지시키고 그들 자손이 단절되지 않도록 배려한 것은 존망계절(存亡繼絶)의 업적이었다.

또 기원전 651년에 하남성 고성(考城)에서 제 환공은 규구회맹(葵丘會盟)을 개최하였는데 이 회맹에 참석한 국가는 제국을 포함하여 주(周), 노(魯), 송(宋), 위(衛), 정(鄭), 허(許), 조국(曹國)이었다. 그리고 아래와 같은 맹약(盟約)을 체결하였다.

"규구의 회맹(會盟)에서 제후들은 회생물을 묶어놓고 그 위에 글을 올려놓는다. … 맹약의 제1조에는 불효자를 죽이고 세자를 바꾸지 말며, 첩을 본처로 삼지 않는다. 제2조에는 현인을 존중하고 인재를 양육하여 덕이 있는 사람을 빛나게 한다. 제3조에는 노인을 공경하며 어린이를 사랑하며 손님과 여행자들을 소홀히 해서는 안 된다. 제4조에는 선비는 벼슬을 세습하지 않으며 직책은 한계를 분명히 하고 여러 일을 겸임하지 못하게 하고 선비를 채용하는 데 반드시 적임자를 얻도록 하며 대부를 함부로 죽여서는 안 된다. 제5조에는 제방(堤防)을 함부로 쌓지 말고 이웃나라에서 양식 사가는 것을 막지 말며 영지를 함부로 다른 사람에게 나누어주고 맹주에게 보고하지 않는 일이 있어서는 안 된다. 우리 맹약을 맺은 자들은 이 맹약을 맺고 난 후에는 돈독히 지내야 한다(葵丘之會 諸侯束牲載書 … 初命曰 誅不孝 毋易樹

子 毋以妾爲妻 再命曰 尊賢育才 以彰有德 三命曰 敬老慈幼 毋忘賓旅
四命曰 士無世官 官事無攝 取士必得 無專殺大夫 五命曰 無曲防 無遏
糴 無有封而不告 曰凡我同盟之人 旣盟之後 言歸于好)."74)

위 맹약의 내용을 열거해보면 ①불효자를 주살하고 태자를 바꾸지
않으며 첩을 처로 하지 않는다. ②현인을 존중하고 인재를 양성하며
유덕자를 표창한다. ③노인을 봉양하고 어린아이를 사랑하며 손님과
여행자를 잊어서는 안 된다. ④선비는 관직을 세습 또는 겸임하지 않고
또 선비를 선발하는 데 적임자를 택할 것이며 군주라도 함부로 대부들을
살해해서는 안 된다. ⑤제방(堤防)을 임의로 바꾸어 수리(水利)를 독점
해서는 안 되고 또 타국의 곡물 구입을 방해해서는 안 되며 사람을
봉했을 때는 맹주(盟主)에게 보고해야 한다는 등의 내용이다.
    이 중에서 ①~③은 당시 일부다처제의 생활을 누리고 있는 제후
및 봉건귀족들의 사생활에 관한 문제를 취급하고 있다. 당시 각국은
정치적 이유로 상호 간에 정략적 통혼(通婚)으로 얽혀 있었으므로 태자
의 교체와 처첩의 변경은 단순한 일가의 가정문제 또는 도덕적인 문제로
끝나지 않고 각국의 분란 그리고 국가 간의 불화와 분쟁을 야기할 수
있는 미묘하고 복잡한 문제였다.
    그러므로 제 환공은 국가 간의 복잡한 문제를 야기할 수 있는 이
같은 문제들을 사전에 열거하여 규제함으로써 상호 간의 분쟁 발생
소지를 미리 제거하려고 했던 사실을 알 수 있다. ④와 ⑤는 정치적인
것이었다. 각국에서 적절한 인재 등용과 선정, 각국 간의 공평한 수리
이용, 제방 수축, 곡물 구입의 편의 제공 등을 규정한 것인데 이것은
각국 간에 공통적으로 얽혀 있는 사회·경제적 이해관계를 규제하여

---

74) 『孟子注疏(四部備要)』, 12下 ab.

상부상조와 결속기반을 마련한 것이었다.[75]

이 규구회맹이 개최되었을 때에 주왕은 제 환공에게 경의를 표시하기 위하여 경사(卿士) 주공공(周公孔)을 파견하고 문왕·무왕의 제사에 올렸던 간육(干肉)을 보냈으며 또 당하에서 왕사(王使)를 맞이하는 관례를 면제하였다.[76] 그러나 제 환공은 당하에서 왕사를 맞이하였으며 회맹이 파한 후에는 제후들을 회동하여 주왕에게 조근의 예를 행하였는데 이 같은 조치들은 모두 주왕의 위엄과 권위를 높여주는 것이었다.

이 같은 제 환공의 업적을 정리해보면 주 왕실에 의해서 분봉된 제후국을 부활시키고 그 자손들이 단절되지 않도록 배려한 존망계절(存亡繼絶), 화하를 감싸고 이적을 배척하는 내제하외이적(內諸夏外夷狄), 주왕을 높이고 이적들을 척결하는 존왕양이(尊王攘夷)의 정책으로 요약할 수 있는데 이것은 제 환공이 주 왕실을 대신하여 봉건적 질서와 전통적 가치관 속에서 화하세계의 공존과 공영을 목표로 했던 사실을 말하고 있다. 이런 점에서 제 환공의 목적은 새로운 세계의 창출에 있었던 것이 아니고 봉건적 구질서 유지와 봉건적 윤리 도덕 회복에 있었음을 알 수 있다.[77]

기원전 643년 제 환공이 사망하자 중원의 패업은 진(晉) 문공(文公, 636~628)이 계승하였다. 원래 진국(晉國)은 주 성공(成公)의 숙부였던 강숙(康叔)이 지금의 산서성 태원 북쪽에 위치한 당(唐) 지역에 분봉되었던 제후국이었다. 후에 진국은 분수(汾水) 하류에 위치한 강(絳, 산서성 익성현 부근) 지역으로 옮겼는데 진국의 발전은 헌공(獻公, 676~651) 때부터 시작되었다.

---

75) 貝塚茂樹, 伊藤道治, 위 책, p. 249.
76) 『史記』, 32 : 1490
77) Sydney Rosen, "Changing Conceptions of the Hegemon in the Pre-Ch'in China", p. 104. David T, Roy and Tsuen-hsuin Tsien, ed. *Ancient China*, Hong kong: The Chinsed University Press, Hong kong, 1978, p. 104.

진 헌공은 즉위한 뒤에 주변 공족(公族)들을 제거하여 진 공실(公室) 기반을 튼튼히 하였다. 다음에 도성을 새로이 수축하고 군사제도를 개혁하여 2군으로 확대하였다. 그리고 주변의 괵(虢), 경(耿), 위(魏), 우(虞), 곽(霍) 등의 약소 제후국을 무력으로 병합하고 미개한 이적들을 정벌하여 영토를 크게 확장하였는데 이 중에서 우(虞)와 괵(虢)의 병합은 진국 발전에 아주 중요한 역할을 하였다. 원래 진국의 본거지였던 익(翼) 지역은 교통이 불편하고 중원에서 고립된 지역이었는데 우와 괵의 병합으로 중원과의 교통이 편리하게 되어 진국의 국력이 크게 신장되었다.

그러나 헌공 사후에는 한때 내란이 발발하여 국세가 떨어지기도 하였으나 17년간 각국을 유랑하였던 공자 중이(重耳)가 즉위한 후 내정을 쇄신하였다. 중이는 먼저 공신들의 자손들을 등용하고 병사들에게 토지를 지급하여 경제적 기반을 마련해주고 군사제도를 2군에서 3군으로 확대하였으므로 진국의 국력이 크게 신장되었다.

이때에 주 왕실에 내분이 발생하고 북방의 적인들이 다시 침입하였으므로 진 문공은 내란을 진정시키고 정국으로 도피하였던 주 양왕(襄王)을 귀국케 하여 복귀시켰다. 이에 대한 공으로 주 양왕은 진 문공에게 황하와 소하(少河) 사이에 위치한 남양(南陽)을 하사하였다. 이 남양의 획득으로 진국은 수도 익(翼)에서 바로 소하 유역을 경유하여 중원에 직접 이를 수 있는 교통로를 확보할 수 있었는데 이것은 진 문공의 패업 달성에 크게 도움이 되었다.

이와 같이 진 문공이 새로 즉위하여 내정을 쇄신하고 국력을 가다듬어 세력을 신장하고 있는 동안에 중원열국 간의 국제정세는 급속도로 미묘해지고 있었다. 앞서 설명한 바와 같이 기원전 643년에 제 환공이 사망하자 공위(公位) 계승을 둘러싸고 공자(公子)들 사이에 내분이 발발하였으며 이에 관련된 송국과 위국 등이 제국을 침입하였으므로 제 환공이 이룩한 패업은 일시에 무너졌다. 그리고 중원에서 제 환공의 패업이 이같이 와해되자 그동안 제 환공의 위세에 눌려 남방으로 후퇴하였던 초국이 다시 중원 제패를 목적으로 북상하기 시작하였다.

초국은 한때 제 환공의 패업을 계승하려고 했던 송 양공(襄公, 650~637)을 기원전 637년 홍수(泓水, 하남성 성현)에서 패배시키고 진, 채, 정, 허 등의 약소국과 연합하여 송국을 다시 포위하였으므로 다급하게 된 송국은 진 문공에게 구원을 청하였다. 송국의 구원 요청을 받은 진 문공은 망명 시에 송국의 은혜를 입은 적이 있었으며 또 이 기회를 이용하여 초국의 세력을 꺾어놓으려고 하였다.

이에 진 문공은 기원전 633년 초국의 동맹국 조(曹), 위(衛) 양국을 먼저 공략하였다. 그리고 초국이 조, 위 양국을 구원하기 위해 출동하자 진 문공은 송(宋), 진(秦)과 연합하여 기원전 632년 성복(城濮, 산동성 복현 동남)에서 대결하였다. 이 성복전에서 초군이 크게 패하고 주장 자옥(子玉)은 자살하였다. 이같이 승리한 진 문공은 이어서 천토(踐土, 하남성 형양현 동북)에서 진후(齊侯), 송공(宋公), 노후(魯侯), 채후(蔡侯), 정백(鄭伯), 위자(衛子), 거자(莒子)의 제후들과 회맹을 다시 개최하였는데 이 회맹에는 주 양왕도 초청되었다. 이 천토회맹에서 진 문공은 주왕으로부터 패자로 인정되었으며 진 문공은 주 왕실을 받들고 보호할 것을 약속하였다.[78]

진국의 패업은 제 환공의 경우와 달리 진 문공 일대로 끝나지 않았다. 진 문공 사후에도 진국의 국세는 양공(襄公, 전 627~621) 영공(靈公, 전 620~607), 성공(成公, 전 606~600) 시대까지 계속되어 중원의 패주 지위를 장기간 확보하였다. 그러나 진국의 패업은 장기간 계속되었음에도 불구하고 그 성격은 제 환공이 이룩했던 패업과는 상당히 달랐다.

---

78) 『左傳注疏及補正』, 16 : 7a.

앞서 언급한 바와 같이 기원전 632년에 초 대군을 성복에서 격퇴하고 귀환하는 도중 진 문공은 동맹국과 더불어 천토에서 회맹을 개최하였는데 이 천토회맹에 대해서 『춘추좌전』에는 아래와 같이 기록하고 있다.

"정미년에 진 문공이 주왕에게 초국의 포로들을 바쳤는데 무장한 말 4백 필, 보병 천 명이었다. 그때 정 제후가 천자의 시중을 들었는데 평소의 예를 따랐다. 기유년에는 천자가 진 문공에게 단술을 내리어 대접하고 진 문공에게 기념 물품을 하사하면서 … 진 문공을 패자(覇者)로 임명하고 … 천자인 내가 숙부에게 말하건대 앞으로 천자의 명을 받들어 사방의 나라들을 편안하게 하고 천자에게 잘못하는 자를 바로잡아달라고 하였다. 진 문공은 세 차례의 사양한 후에 그 명령을 받들고 '중이(重耳)는 감히 재배하고 머리를 조아리고 천자의 높은 명령을 천하에 받들어 선양하겠습니다.'라고 했다(丁未 獻楚俘于王 馴介百乘徒兵千 鄭伯傳王 用平禮也 己酉 王亨醴 命晉侯 宥王命 … 叔與父 策命晉侯爲侯伯 … 曰 王爲叔父 敬服王命 以綏四國 糾王慝 晉侯三辭從命 曰 重耳敢再拜稽首 奉楊天子之丕顯休命 受策 以出)."[79]

위 내용을 분석해보면 진 문공은 성복전에서 초국 대군을 격퇴한 후에 천토에 궁실을 지어 주왕을 초청하고 성복전에서 초군 포로를 포함한 다수의 노획품을 주왕에게 헌상하였다. 이에 대해서 주왕은 진 문공을 후백(侯伯) 즉 패자(覇者)로 인정하고 왕명을 받들어 사방의 사악한 것을 축출할 것을 지시하였다. 이에 대해서 진 문공은 세 번 사양한 다음 왕명을 받들어 나라를 태평히 할 것을 맹서하였다.

---

79) 『左傳注疏及補正』, 16 : 6b-7a.

그러나 이 천토회맹에서 패주 진 문공의 행적을 살펴보면 진 문공은 주 왕실에 대해서 충성을 언약하였지만 규구회맹에서 제 환공이 제시했던 것과 같은 구체적인 정책 제시는 없었다. 오히려 이 천토회맹에 주왕을 초청한 것 자체가 진 문공의 주 왕실에 대한 존왕(尊王) 의식이 박약했던 사실을 말하고 있다. 또 진 문공 이후 패주를 계승하였던 진국 후계자들의 행적을 살펴보아도 제 환공이 패주로서 제후들과 수차 회동하여 시행하였던 '존왕양이(尊王攘夷)', '존망계절(存亡繼絶)', '내제하외이적(內諸夏外夷狄)'[80] 등과 같은 구체적 정책 등은 근본적으로 찾아볼 수 없다. 오히려 중원열국에 대한 진 패주의 태도는 제 환공에 비하여 더욱 고압적이고 강압적이었다.

제 환공이 패주였을 때에는 중원열국에 대해서 정치·군사적 의무를 부과하거나 강요한 적이 없었다. 이적 격퇴 시 공동 출병과 회맹 개최 시에 각국 참석을 바랄 뿐이었다. 그러나 진 문공과 양공은 각국에게 군주는 5년 1조, 대부는 3년 1조의 조빙(朝聘) 이행을 요구하였고[81] 약소국에 대한 공부(貢賦) 징발도 갈수록 심하였다.[82] 그리고 경우에 따라서는 약소국의 군주도 진국의 수도로 소환하고 구속도 하였다.[83]

이 같은 진 패주의 약소열국에 대한 빈번한 조빙 강요와 무리한 공부 징발 그리고 제후의 송환과 구속 등의 강압적인 정책과 태도는 주 왕실을 중심한 봉건적 질서 회복, 봉건적 윤리 도덕과 가치관의 확립, 화하열국의 공존공영에 두었던 제 환공의 패업 성격과는 크게 다른 것이었다.[84]

이같이 제 환공의 패업과 진 패업의 성격이 달랐던 이유는 대체로 당시 주 왕실의 권위와 위엄은 더욱 실추되어 중원열국의 정신적 지주로

---

80) Sydney Rosen, 앞 논문 p. 185 참조.
81) 위 논문, p. 261 참조.
82) 위 논문, p. 268 참조.
83) 위 논문, p. 267 참조.
84) 貝塚茂樹, 『中國の歷史1』, p. 256.

서 그 존재 가치가 더욱 쇠락하고 또 각국에서 자행되고 있던 권력정치는 종래의 종법질서 거부와 함께 봉건적 윤리와 도덕을 더욱 하락시켰으며 또 남방 초국의 진 패업에 대한 끝없는 도전에 있었다고 할 수 있다.

성복전에서 패배한 초국은 남쪽으로 일시 후퇴하였으나 중원 제패에 대한 야욕을 포기한 것은 아니었다. 기회가 있을 때마다 진국 패권에 도전을 감행하였는데 이 같은 국제정세가 약소열국에 대한 진국의 정책을 경직시켰다고 할 수 있다. 그러므로 진국은 제 환공과는 달리 오로지 패권 장악과 유지 그리고 중원열국에 대한 강압정치로 일관하였다고 할 수 있다.[85] 이 같은 패업의 성격은 초 장왕(莊王)이 패업을 이룩하였을 때에 더욱 부각되었다.

남방 초국의 개국과 성장에 대해서는 현재 자세히 고증할 수 없다. 『사기』「초세가(楚世家)」에 의하면 주 성왕이 황제(黃帝)의 자손으로 간주되는 고양(高陽)의 후손 웅택(熊繹)을 형(荊) 지역에 분봉하였는데 단양(丹陽)에 거주하였다고 기술하고 있다. 그러나 초국의 개국과 성장에 관한 초기의 역사에 대해서는 이 이상의 언급이 없다. 그렇지만 주 왕조 전기의 금문에 초후(楚侯), 초백(楚伯), 또 초국을 정벌하였다는 기록이 있고, 또 주 소왕(昭王)이 남방 정벌을 위해 한수(漢水) 도강 중 익사한 사실이 있으며, 후에 제 환공이 패업을 이룩할 때에 관중에게 군사를 주어 주 소왕의 익사 원인과 그 죄를 초국에 추궁했던 등의 여러 사실을 감안해보면 초국은 이미 서주 시대에 세력이 강대하였음을 알 수 있다.

대체로 주 왕조 초기의 초국 세력은 회하(淮河) 유역의 북부까지 진출해 있었으나 주 왕조의 남방원정에 의해 한수 중류 이남으로 후퇴하였던 같다. 그러나 춘추 시대에 들어와서 주 왕실의 쇠약과 중원 열국

---

85) Sydney Rosen, 앞 논문, p. 109.

간의 치열한 대립과 항쟁기간을 이용하여 초국은 다시 북상하여 중원 제패를 도모하였던 것으로 추측된다. 그런데 앞서 언급한 바와 같이 초국의 북상과 중원 제패의 야심은 제 환공과 진 문공에 의해 두 번이나 좌절되었지만 초국의 세력이 근본적으로 와해된 것은 아니었으며 또 초국이 중원 제패의 야욕을 포기한 것도 아니었다.

그러므로 진 성공 이후 진국의 대외정책이 소극적으로 변하고 현상 유지에 안주하기 시작하자 초국은 다시 북상을 시도하였다. 초국은 먼저 주변의 약소국 등(鄧)과 신(申)을 정벌하여 병합하고 다시 약소국 채(蔡), 정(鄭)을 침입하여 중원열국에 압력을 가하기 시작하였다. 특히 목왕(穆王)을 이어서 등극한 초 장왕(莊王, 전 651~591)은 영특하였기 때문에 국내의 대기근과 내부 분란을 종식시키고 내정을 개혁하여 국력을 부흥하였다. 그리고 정국을 유혹하여 동맹에 가입시키고 진(陳)과 송(宋)을 침입하였으며 양국을 구원하기 위해서 출동한 진군(晉軍)을 북림(北林, 하남성 정주시 동남)에서 격퇴하였다. 초국은 또 배후의 안전을 위해 기원전 601년에 안휘(安徽)에 있는 군서(群棲)를 병합하고 남쪽에서 서서히 부상하고 있는 오국(吳國), 월국(越國)과 동맹을 맺어 양국을 무마하여 배후의 안전을 구축하고 있었다.

이때 진국(陳國)에서 하징서(夏徵舒)가 군주 영공(靈公)을 살해한 사건이 발생하였는데 진국은 당시 패주이면서 이것을 방관하였으므로 초 장왕이 하징서를 토벌하여 벌을 주고 진 성공(成公)을 옹립하였다. 또 기원전 597년에는 친진(親晉)정책을 취하는 정국을 정벌하고 이를 구원하러 온 진군(晉軍)을 필(泌, 하남성 정현 동쪽)에서 재차 패배시켰다. 이에 진국은 패주로서 위신을 상실한 반면 초국 세력이 중원에 진동하였으므로 정(鄭), 진(陳), 송(宋), 노(魯) 등 중원의 약소열국이 모두 초국에 복속하였으며 초 장왕은 마침내 대망의 중원 패업을 달성하였다. 그러나 장왕은 제 환공과 같이 제후를 규합하여 회맹을 개최하고 주 왕실을 중심으로 주대의 봉건적 구제도와 질서 그리고 전통을 회복하는 것에는 근본적으로 관심이 없었다.

앞서 언급한 바와 같이 주 왕실은 이미 중원세계의 정신적 지주로서 그 존재 가치가 더욱 하락되고 시대가 지날수록 주대의 봉건적 윤리와 도덕의식도 급속도로 해이해졌으며 각국은 날로 가열되고 있는 공벌 병합의 와중에서 자국의 이해관계를 중심으로 노골적인 권력정치에 빠져 있었다.

또 초국은 그 자신 스스로 만이(蠻夷)임을 자처하고[86] 무력으로 중원의 국제정치에 관여하겠다는 욕망을 노골적으로 드러내고 있었다.[87] 그리고 초 장왕은 낙양(洛陽) 서남 지역의 육혼융(陸渾戎)을 정벌하고 돌아오는 길에 주 교외에서 성대한 근병식을 거행하여 초국 무력을 과시하면서[88] 주 왕실의 권위와 존엄의 상징인 구정(九鼎)의 무게에 대해서 언급하였는데[89] 이것은 초국이 천하를 취하겠다는 의도를[90] 나타낸 것이었다. 다시 말하면 초국은 무력을 배경으로 중원 패권 장악만을 노리고 있었다고 할 수 있다.

그러나 앞서 설명하였지만 초 장왕은 필(泌)에서 진국을 격퇴하고 중원 패권을 장악하였으나 진국의 세력을 근본적으로 와해시킨 것은 아니었다. 필에서 패배한 진국은 한때 그 세력이 위축되었으나 문공(景公) 시에는 북방의 백적(白狄)과 적적(赤狄)을 토벌하여 그 세력을 완전히 일소하고 방대한 영토를 병합하였으므로 그 세력이 다시 크게 진작되었다.[91]

---

86) 『史記』, 40 : 1692.
87) 『史記』, 40 : 1692.
88) 위 책, 40 : 1694.
89) 위와 같음.
90) 위 책, 40 : 1700, 集解注에서는 "주를 핍박하여 천하를 취하려는 의사를 보였다(示欲偪 周取天下)"로 해석하고 있다.
91) 黎東方, 앞 책, p. 96.

한편 이때 제국(齊國)은 초국의 배경을 믿고 진(晉)의 동맹국 노(魯)와 위(衛)를 침범하고 제국의 침입을 받은 노와 위가 진(晉)에게 구원을 요청하였다. 이에 따라 진(晉) · 제(齊)의 격전이 제하(濟河)의 중류 지역에서 전개되었는데 이 격전에서 제국이 크게 패하였다. 그러나 초국은 진(晉) · 제(齊)의 격전 시 정(鄭), 채(蔡), 허(許) 등의 동맹국 병력과 합류하여 진(晉)의 동맹국 노, 위를 공략하였으므로 노, 위 양국은 대항할 수가 없어 초국과 부득불 협상하였다. 초국은 이 기회를 이용하여 제(齊), 송(宋), 노(魯), 위(衛), 정(鄭), 진(陳), 허(許), 채(蔡) 등의 열국과 서방의 진(秦)을 끌어들여서 촉(蜀, 산동성 태안현 동편)에서 회맹을 개최하여 초국의 세력을 크게 과시하였다.

이와 같이 진(晉) · 초(楚) 간에 대립이 다시 격화되고 전쟁이 자주 발발하게 되자 진 · 초의 양 대국 간에 위치한 약소열국의 정치 · 군사적 희생이 막대하였으므로 마침내 기원전 579년 송(宋)의 재상 화원(華元)이 화평을 제창하고 송 대부 향술(向戌)이 직접 진 · 초 양 대국을 방문하여 화평을 역설하였으므로92) 마침내 송국의 수도 상구(商邱)에서 국제평화회의가 개최되었다.

이 국제평화회의에 참석한 국가를 보면 진 · 초를 비롯하여 제, 정, 송, 노, 위, 진, 채, 허, 등, 조 등의 13개국이었다. 당시 이 국제회의에 참석한 열국 간의 세력 분포를 보면 송, 노, 정, 조, 위는 친진(親晉) 세력이었고 허, 진, 채는 친초(親楚) 국가였다. 이 국제회의에서 진 · 초 양 대국은 전쟁을 중지하고 주변 약소국들은 진 · 초 양 대국을 똑같은 패주(霸主)로 예우하자는 초 영윤 자목(子木)의 제안이 채택되어93) 휴전을 맺었으므로 국제평화회의는 마침내 성공리에 끝나게 되었다.

그러나 진 · 초 양 대국은 이 국제평화회의가 끝난 후에 다시 자국의

---

92) 『左傳注疏及補正』, 38 : 11b-12a.
93) 貝塚茂樹 · 伊藤道治, 앞 책, pp. 265-267.

동맹국만으로 구성된 회맹을 각기 개최하여 상호 결속과 행동 통일을 결의하였으므로 당시 중원은 진·초 양 대국을 중심한 남북의 2대 세력권으로 분리되었다. 그리고 이때에 이미 강국으로 부상하고 있던 서방의 진(秦)과 동방의 제(齊)는 이 같은 국제정세를 관망하면서 중립적 입장을 견지하고 있었다.

이 국제회의의 성공으로 열국 간에는 전쟁이 중지되고 10여 년간 평화가 계속되었다. 그러나 진·초 양 대국은 모두 전략적 차원에서 일시적인 소강상태를 원하였을 뿐 근본적으로 화해할 의도는 없었다. 그러므로 그동안의 휴식을 통해 국력을 축적하고 또 국제환경이 유리하게 전개되자 초국은 기원전 534년과 531년에 중원의 약소국 진(陳)과 채(蔡) 양국을 병합하고 다시 북상을 시작하였다. 이로써 상호불가침조약94)이라고 할 수 있는 이병(弭兵)의 맹약은 파기되고 진·초 간에 다시 전쟁이 발발하였다.

이때에 초국은 제, 노, 송, 정, 위, 조, 기 등으로 구성된 국제적 압력에 못 이겨 진(陳), 채(蔡) 양국을 복국(復國)시켰으나 이 사이에 북방의 패주 진(晉)은 진·채의 멸망을 방관하고 개입하지 않았다. 이로써 초국의 중원 제패가 다시 가능한 듯 하였는데, 이때에 남방의 오국(吳國)이 홀연히 초국의 배후를 급습하여 붕괴 직전까지 몰고 갔으므로 초국의 중원 제패는 무위로 돌아갔다. 그리고 중원의 정세는 남방의 강국 오(吳)·월(越)의 등장으로 새로운 국면으로 접어들게 되었다. 지금까지 중원의 정세는 북방의 진(晉)과 남방의 초(楚) 간의 남북대치의 형태로 전개되고 있었는데 신흥의 오국과 월국의 등장으로 중원 정세가 일변하게 되었다.

『사기』「오세가(吳世家)」에 의하면 오국의 시조는 주 문왕의 백부로

---

94) 張蔭麟, 『中國上古史鋼』, 聯合出版社, 1965, p. 76.

알려진 태백(泰伯)으로 되어 있으나 19대 수몽(壽夢, 전 586~561)에 이르기까지의 역사는 전혀 알 수 없다. 수몽 시에 오국은 강소성 무석(無錫)에 수도를 정하였는데 이후 국력이 점차 강해지기 시작하자 강을 타고 올라가 초군과 자주 충돌하였다. 그리고 안휘성 일대의 주(州), 소(素), 종리(鐘離), 서(徐) 등의 소국들을 멸망시켜서 영토를 크게 확장하였다. 특히 수몽의 손자 합려(闔閭, 전 514~496)는 초국에서 망명해 온 오원(吳員)을 기용하여 국정을 쇄신하였으므로 국력이 크게 신장하였다.

이때에 진국은 초국과 중원 쟁패전에 몰두하고 있었는데 초국 대부 신공무신(申公巫臣)이 진국에 망명하여 오국과 연합하여 초국을 제압하자는 '연오제초(連吳制楚)' 계책을 헌상하였다.[95] 이에 진국은 초국을 배후에서 협격할 목적으로 신공무신을 오국에 파견하여 중원의 선진적 전법을 가르쳐주고 배후에서 초국의 기습을 종용하였다. 이에 오왕 합려는 채인(蔡人)의 인도를 받아 배후에서 초국을 기습하였다.

앞서 말한 바와 같이 당시 초국은 중원 경략에 몰두하고 있었으므로 모든 병력이 북방에 집결되어 있어 이 같은 오국의 배후 급습에 대처를 못하였다. 오국은 쉽게 초군을 백거(柏擧, 호북성 마성현 일대)에서 격파하고 수도 영(郢)을 함락하였으므로 초 소왕(昭王)은 수(隋) 지방으로 도피하고 초국은 거의 멸망 지경에 빠졌다. 초국은 다행히 진(秦)의 도움으로 나라를 구하였으나 오국의 예봉을 피하기 위해 수도를 약(鄀, 호북성 의성현)으로 옮기지 않으면 안 되었다.

이에 오국의 세력은 더욱 북상하여 채(蔡) 지역까지 확대되고, 그리고 부차(夫差) 때는 세력이 더욱 강해져서 다시 진(陳)을 정벌하고 노(魯)를 침입하였으며 바다를 통해 제(齊)와 충돌하면서 중원 제패를 노렸다.

---

95) 『史記』, 31 : 1449.

그리고 황지(黃池)에서 중원 열국과 회맹을 개최하였는데 이 회맹에는 진(晉) 정공과 노(魯) 애공이 친히 참석하고 부차는 맹주로 자처하였으므로 당시 오국의 세력이 어떠하였는가를 알 수 있다.

이같이 오국이 북상하여 초국과 충돌하면서 중원 진출에 몰두하고 있는 사이에 오국 남쪽에서는 남이(南夷)의 다른 일족인 월족(越族)이 월국(越國)을 세우고 흥기하고 있었다. 원래 월족(越族)은 오족(吳族)과 마찬가지로 머리는 짧게 깎고 몸에 문신을 하고 맨발로 다니는 미개족이었다. 초기 역사는 윤상(允常) 때부터 알려지고 있다. 윤상 사망 후에는 아들 구천(句踐)이 즉위하였는데 월국 세력은 구천 때부터 신장되기 시작하였다.

구천은 월국 세력이 신장되자 중원 경략에 몰두하고 있는 오국의 배후를 급습하였다. 그리고 월국의 침입으로 초국에서 물러났던 오왕 합려는 그 복수를 위해 대병력을 동원하여 월국을 침입하였다. 양군은 이(李, 절강성 가흥현 일대)에서 대결하였는데 이 전투에서 오군이 크게 패하고 합려 자신도 부상으로 전사하였다.

이같이 오왕 합려를 패배시킨 구천은 한때 합려의 아들 부차(夫差)에게 패배당하기도 하였으나 와신상담(臥薪嘗膽)의 고행을 통해 세력을 회복하고 또 현인 려(蠡)와 종(種) 등을 등용하여 국정을 쇄신하였으므로 세력이 크게 진작되었다. 국력이 이같이 다시 신장되자 구천은 오국 수도 고소(姑蘇)를 공략하고 또 이를 구하러 온 부차를 패사시켰으므로 오국은 멸망(전 475)되고 말았다. 오국을 멸망시켜서 장강(長江) 하류 일대를 장악한 구천은 수도를 소주(蘇州)에서 산동반도의 낭사(瑯邪)로 옮겨서 동방 열국들을 공략하고 대국 진(晉), 제(齊) 등과 서주(徐州, 산동성 등현 남쪽)에서 회맹을 개최하였다.

이 서주 회맹에서 주 원왕(元王)은 사신을 보내어 주 왕실 제사에 올리는 '작(昨)'을 내리고 패주로 인정하였다.[96) 이후 월국의 세력은 더욱 확대되어 회하(淮河) 지역까지 미쳤으므로 당시 제후들이 '패왕 (覇王)이라고 불렀다.[97] 그러나 오왕 부차와 월왕 구천의 패업(覇業) 성격을 살펴보면 초국과 같이 강력한 무력을 배경으로 중원으로 진출하여 패권을 장악하였으나 주대 봉건적 구제도와 질서 회복과 유지에는 관심이 없었다. 오로지 국제정세의 주도권을 장악하고 패주로서 군림하는 데 그쳤다.

이 같은 사실을 종합해보면 춘추 시대 열국으로 구성된 국제사회에 출현하였던 패정은 시대에 따라 그 성격이 달랐다고 할 수 있다. 춘추 시대 최초 패업을 이룩했던 제 환공의 시대에는 아직 주왕의 권위와 위엄이 지속되었고 봉건적 예교질서와 윤리 가치관 등이 상존하고 있었다. 그러므로 제 환공은 '존왕양이', '내제하외이적', '존망계절'의 정책 수행을 통해 주 왕실을 중심으로 한 봉건적 구제도 회복과 봉건적 예교질서, 윤리 도덕, 가치관 등의 회복과 유지에 목적을 두고 자신은 그 수호자 또는 보호자로 자처하였다.

제 환공 사후에 패업을 달성한 진 문공은 천도 회맹에서 주왕으로부터 패주로 인정을 받고 충성을 맹서하였으나 제 환공과는 달리 주왕을 정점으로 한 봉건적 구제도와 질서 부활과 유지 등에 관한 정책은 취한 바가 없었으며 이 같은 진 문공의 정책은 이후 진국 패주들에게 계승되었다. 진국을 이어서 패권을 장악한 이적 출신의 초 장왕, 오 왕 합려, 월 왕 구천도 중원의 봉건적 구질서의 회복과 유지에는 관심이 없고 오로지 강력한 무력을 배경으로 중원을 제패하여 국제정치만을 주도하려고 하였다. 그러나 패업을 이룩한 패주들의 행동 방식과 정책 수행을 살펴보면 주대의 봉건적 질서와 체제를 완전히 무시한 것만은 아니었다.

앞서 언급한 바와 같이 제 환공은 초국 북상을 저지하고 패업을 이룩하

96) 위 책, 41 : 1747.
97) 위와 같음.

였을 때 제후들을 규합하여 주왕에게 조근의 예를 이행하고 진 문공이 초군을 성복전에서 대패시키고 천토 회맹을 개최하였을 때에 주왕에게 조근의 예를 행하고 패주(覇主)를 의미하는 '백(伯)'에 임명되었다. 월왕 구천 역시 서주에서 진(晉), 제(齊) 등의 중원 제후들과 회맹을 개최하여 패주로 임명되었을 때에 주왕에게 조근의 예를 행하였다.98) 이같이 초 장왕을 제외한 역대 패주들은 강력한 무력으로 중원의 국제사회에 진출하여 주도권을 장악하면 항시 주 왕실로부터 의례적이었지만 패주로 인정받은 다음 패주로 군림하였는데 이것은 당시 패주들이 비록 주 왕조의 봉건적 구질서 부활과 유지에는 관심은 없었지만 아직까지 잔존하고 있는 주 왕실의 봉건적 권위와 후광을 자신들의 패업 달성에 이용하고 있었던 사실을 말하고 있다.

이같이 춘추 시대에는 주 왕조의 제후국들이 독립 영토 주권국가로 발전하고 또 영토의 대소, 인구 규모, 경제력의 고하에 따라 대국, 차국, 소국 등의 국가로 발전하면서 국제사회를 형성하고 상호 대립 항쟁하고 있었다. 그리고 이 같은 상호 대립 항쟁의 약육강식 속에서 대국으로 성장한 제(齊), 진(晉), 초(楚), 오(吳), 월(越)은 치열한 쟁패전을 야기하고 패권을 장악한 패주는 국제정치의 주도권을 장악하고 패권정치를 행하였는데 다음 장에서는 패권정치 하에서 대소 열국 간의 국제관계를 살펴볼 필요가 있다.

---

98) 위 책, 41 : 1746

3. 조빙 · 조공 외교와 사대 · 자소 교린(交隣)의 예

1) 회맹(會盟)과 조빙 · 조공 외교의 전개

춘추 시대 열국 간에 행해진 전쟁 횟수를 살펴보면 앞 장에서 언급한 바와 같이 약 258년(전 722~453) 간에 1212회였으며 평화 시기는 오직 38년에 불과하였다. 이같이 빈번한 전쟁의 결과로 서주 말기 내지 춘추초기에 100~170여 국이었던 제후국이 춘추 말기에는 12개국으로 축소되었는데 이 같은 사실은 당시 열국 간에 공벌, 병합의 약육강식이 얼마나 극심하였는가를 잘 보여주고 있다. 이 같은 약육강식의 와중에서 대국은 패권 장악을 둘러싸고 치열한 쟁패전을 야기하고 약소 열국은 이 쟁패전의 와중에서 국명 보전을 위해 사력을 다하였으므로 춘추 시대의 국제사회는 정치 · 군사적 동맹 결성과 해체, 패주 교체에 따른 국제역학관계의 변동, 각국 간의 평화회담 등을 중심으로 국가 안보에 관한 문제가 수많이 발생하고 또 각국 간의 국지적 분쟁과 충돌도 빈번히 발생하였다.

이에 따라서 춘추 시대 특유의 외교관이 출현하고 특수 목적을 가진 사절단과 밀사들이 각국 간에 파견되어 활동하였으며 국가 간의 극히 중요한 사안에 대해서는 각국 군주가 직접 회맹에 참석하여 현안 문제를 토의하고 해결하였다.99) 이같이 각국 간의 빈번한 외교 활동과 국제회의를 『춘추좌전』 등의 자료에는 회맹(會盟)과 조빙(朝聘) 등의 명칭으로 기록되어 있다.

회맹과 조빙이 가장 빈번하였던 시기를 살펴보면 노 희공(僖公, 전 660~627) 재위기간을 중심으로 3시기로 나눌 수 있다. 전기는 약 80여 년간으로 제국(齊國)을 중심으로 국제관계가 형성되었던 시기이며 중기는 약 200여 년간 제국으로부터 패업을 이어받은 진국(晉國)을 중심으로 국제관계가 형성되었던 시기이다. 후기는 초 장왕이 진국을 누르고 일시 패권을 장악했던 시기와 남방의 오(吳)·월(越)이 각기 부상하여 한때 패권을 차지했던 시기로 구분할 수 있다.

이 5패(五覇) 시기를 중심으로 각국 간에 행해진 회맹과 조빙의 횟수는 약 450여 회에 달하였는데 이 같은 빈번한 회맹과 조빙의 수효를 통해서 볼 때에 춘추 시대 각국 간의 국제관계가 얼마나 복잡하고 또 외교활동이 얼마나 활발하고 치열하였는가를 알 수 있으며 회맹과 조빙이 당시 국제정치와 외교의 중심이었음을 알 수 있다.100) 그러므로 춘추 시대 국제정치의 본질과 성격을 이해하기 위해서는 먼저 회맹과 조빙의 실체와 성격을 밝혀볼 필요가 있다.

회맹(會盟)은 원래 '회(會)'와 '맹(盟)'으로 구성되었는데 '회'의 기원과 의미를 살펴보면 앞 장에서 언급한 바와 같이 서주 시대 제후들의 주왕에 대한 알현은 4철에 따라서 봄에는 '조(朝)' 여름에는 '종(宗)' 가을에는 '근(覲)' 겨울에는 '우(遇)'의101) 조근으로 이루어졌다. 그런데 제후들은 이 같은 정기적 조근 외에도 주왕을 알현할 수 있었는데 이것을 '회(會)'라고 하였다.

---

99) Roswell S. Brittom, "Chinese Intercource Before 700B. C.", *The American Journal of International Law*, Vol. 29(Jan. 1935), p. 619.

100) 伊藤道治, 『中國古代王朝の形成』, 東京: 創文社, 1968, pp. 23-31.

101) 위 책, 37 : 20b.

"제후가 날짜를 정하지 않고 긴급한 일로 만나보는 것을 회(會)라 하고 여러 제후가 함께 만나보는 것을 동(同)이라고 한다(時見曰會 殷見曰同)."102)

주소에 의하면 '시견(時見)' 즉 '회(會)'는 날짜를 기약하지 않고 제후들이 주 천자를 알현하는 것을 말한다.

"제후가 날짜를 기약하지 않고 알현하면 사방의 금지 사항을 발표하고 제후들이 함께 알현하면 천하의 정치를 시행한다(時會以發斜視之禁 殷同以施天下之政)."103)

주소에 의하면 이 '시회'도 '회'로 해석하고 있고 은동(殷同)은 여러 제후가 주 천자를 일시에 배알하는 '중견(衆見)'으로 이해하고 있다.104) 이같이 서주 시대에는 4철에 따른 제후의 주 천자에 대한 정기적인 '조', '종', '근', '우'의 조근을 이행하고 있었지만 유사시에는 '회' 또는 '시회'를 통하여 제후가 주 천자를 알현할 수 있었던 사실을 알 수 있다.

그러나 앞 장에서 설명한 바와 같이 『주례』의 기록을 그대로 신빙할 수는 없으나 서주 왕조 300여 년간의 장구한 통치기간에 수많은 돌발 사태 내지는 긴급 상황이 발발할 수 있는 가능성이 많았을 사실을 감안하면 주 천자에 대한 제후들 불시의 '회', '시회'는 분명히 있었을 것으로 생각된다.

춘추 시대의 국제사회에서도 제후 간에 '회(會)'가 행해졌다. 『예기』

---

102) 『周體注疏及補正』, 18 : 8a.
103) 앞 책, 27 : 20b.
104) 위와 같음.

「곡예(曲禮)」에는 아래와 같이 기록되어 있다.

"제후가 중간 지점에서 서로 만나는 것을 회(會)라고 한다(…相見於
邰地 曰會)."105)

"제후가 욕(欲)에서 서로 만났는데 회(會)라고 하였다(諸侯相見於欲
地 曰會)."106)

"십년 봄에 공이 진(晉) 군주, 송(宋) 군주, 위(衛) 군주, 조(曹) 군주,
거(莒) 군주, 주(邾) 군주, 등(滕) 군주, 설(薛) 군주, 기(杞) 군주,
소주자(小邾子) 군주, 제(齊) 세자 광(光)이 회합을 갖고 오(吳) 나라
와도 사(柤)에서 회합을 가졌다(十年春 公會晉侯 宋公 衛侯 曹伯
莒子 邾子 勝子 薛伯 杞伯 小邾子 齊世子光會吳於柤)."107)

이같이 '회'를 제후 간의 '회합'으로 인식하고 있었으며『춘추좌전』
「정공(定公)」 4년 기사에도 같은 내용으로 되어 있다.

"4년 3월 공이 유(劉) 군주, 자작, 진(晉) 군주 후작, 송 군주(宋)
군주 공작, 채 군주 후작, 위(衛) 군주 후작, 정(鄭) 구주 백작, 허(許)
군주 남작, 조(曹) 군주 백작, 주(邾) 군주 자작, 거(莒) 군주 자작,
등(滕) 군주 자작, 설(薛) 군주 자각, 호(胡) 군주 자작, 돈(頓) 군주
자작, 설(薛) 군주 백작, 기(杞) 군주 백작, 소주자(小邾子) 군주
자작, 제 나라 국하(國夏)와 회합을 갖고 초(楚) 나라를 침입하였다

105) 『禮記注疏及補正』, 5 : 28a.
106) 『禮記鄭注』, 1 : 25b.
107) 『左傳注疏及補正』, 31 : 1a.

(三月 公會 劉子 晉侯 宋公 蔡侯 衛侯 陳子 鄭伯 許男 曹伯 邾子 莒子 滕子 胡子 頓子 薛伯 杞伯 小邾子 齊國夏于召陵 侵楚)."108)

또 후대의 『사기』「월왕구천세가」에도 같은 내용이 기록되어 있다.

"월왕 구천은 이미 오(吳) 나라를 평정하고 북으로 병력을 회수(淮水)로 도강시켜서 제(齊)와 진(晉) 군주와 서주(徐州)에서 회합하였다 (句踐已平吳 乃以兵北渡淮 與齊晉諸侯會於徐州)."109)

이 외에도 『춘추좌전』 중에는 제후 간의 '회' 관한 기록이 수없이 많은데 위 글에서 볼 수 있는 바와 같이 모두 '회'를 열국 군주 간의 '회합', '회동'으로 기록하고 있다. 따라서 춘추 시대의 '회'는 각국 군주 간의 직접적인 회동(會同) · 상회(相會) · 회합(會合)을 의미하였음을 알 수 있다.

다시 말하면 서주 시대 제후국들이 춘추 시대 독립 영토 주권국가로 발전하고 상호 간의 대립 항쟁이 격렬해지고 국제분쟁이 빈발하게 되자 각국 군주 간의 회합 · 회동 필요성이 고조되므로 서주 시대 주 천자와 제후 간의 회동 회합이 춘추 시대 각국 군주 간의 회합 · 회동으로 자연스럽게 발전하였던 것으로 생각된다. 이런 점에서 볼 때 춘추 시대 각국 군주 간의 '회'는 서주 시대 주 천자와 제후 간의 '회(會)'에서 기원하였을 것으로 추정된다.

춘추 시대 개최되었던 '회'는 대개 2국 간, 3국 간 또는 다국 간에 행해졌는데 소집된 '회'의 주제와 성격에 따라 몇 종류로 분류해볼 수 있다. 먼저 2국 또는 3국 간에 개최된 '회'를 살펴보면 정치 · 군사상의

---

108) 위 책, 54 : 23b.
109) 『史記』, 41 : 1746.

특정 문제를 중심으로 관련국 사이에 개최되었다.

　　"채(蔡) 나라 군주와 정 나라 군주가 등(鄧) 지역에서 회동하였다.
　　초(楚) 나라를 두려워하였기 때문이다(蔡侯鄭伯會于鄧　始懼楚
　　也)."110)

　위 글은 초(楚) 나라가 무왕(武王) 시에 강성해서 왕호(王號)를 칭하
고 주변에 있는 채(蔡), 정(鄭) 등 희성(姬姓)의 소국들을 위협하자
채·정 양국이 서로 회동하여 초국의 위협에 대한 대책을 강구하였음을
말하고 있다.

　　"제(齊) 나라 사람들이 송(宋)·위(衛) 두 나라를 정(鄭) 지역에서
　　평정하고 온(溫) 지방에서 회합을 하였는데 송 나라로 하여금 주관케
　　하였다(齊人平宋衛於鄭　而會於溫　使宋主會)."111)

　이 기사는 제(齊), 송(宋), 위(衛), 정(鄭) 등의 열국이 온(溫) 지방에
서 회동하여 자국의 안정과 평안을 토의하였던 내용인데 이것은 춘추
시대 각국은 특정 문제를 중심으로 관련국이 서로 회동하여 논의했던
사실을 말하고 있다. 또 춘추 시대에는 단순히 2국 간에 행해진 '회'도
있었다.

　　"공이 정(鄭) 군주를 수(垂) 지방에서 만났다(公會鄭伯於垂)."112)

---

110)『左傳注疏及補正』, 5：33a.
111) 앞 책, 4：24a.
112) 위 책, 5：29a.

"봄 정월에 공이 제 나라 군주를 영(嬴)에서 만났다(春正月 公會 齊侯於嬴)."113)

"3년 봄 … 공이 기(杞) 군주와 성(郕) 지역에서 회동하였는데 성(成) 을 구하기 위해서였다(三年 春 … 公會杞侯于郕 求郕也)."114)

이같이 춘추 시대에는 2국 간의 회동이 수시로 있었고 그 기록도 많은데 2국 간의 회동은 현안 문제가 2국에만 국한되었기 때문이었다. 그러나 춘추 시대에 정치·군사적으로 가장 중요하였던 '회'는 대국을 중심으로 다수의 약소열국이 참여하여 개최되었던 패주 영도하의 '회'였다고 할 수 있다.

춘추 시대 5개국 이상이 참여하였던 '회'를 살펴보면 제(齊) 환공이 기원전 656년에 주최하였던 소능(召陵) 회맹에서는 제(齊)를 비롯하여 초(楚), 노(魯), 송(宋), 위(衛), 정(鄭), 허(許), 조(曹) 등의 열국이 참석하였는데 이 소능 회맹에서는 제 환공이 초국의 북상을 저지하고 춘추 시대 처음으로 패업을 수립하는 데 결정적 역할을 하였다. 진(晉) 문공 역시 기원전 632년 성복에서 초(楚) 대군을 격퇴하고 노(魯), 제(齊), 송(宋), 채(蔡), 정(鄭), 위(衛), 거(莒) 등의 열국과 더불어 천토(踐土) 회맹을 개최하였는데 이 천토 회맹에서 진 문공은 주왕으로 부터 패주로 인정을 받고 주 왕실 보호를 약속하였다. 또 기원전 597년 초(楚) 장왕이 진(晉)을 필(邲)에서 패배시키고 명실상부한 패권을 차지하여 동맹국과 청구(淸丘)회맹을 개최하였다.

이와 같이 춘추 시대 다국 간의 '회'는 특정의 대국을 중심으로 다수의 약소열국이 참여하였는데 이 같은 '회'는 대개 패주를 인정하거나 대규

---

113) 위 책, 6 : 1a.
114) 위 책, 6 : 1a.

모 군사정벌의 결정 또는 정치·군사적 세력 과시를 위해 개최되었으므로 당시의 국제정치에 깊은 영향을 미쳤다고 할 수 있다. 또 '회'는 모두 2국, 3국 또는 다국 간에 수시로 개최되었는데 특별한 경우를 제외하고는 각국 군주가 직접 참여하였다.

그러나 주지하는 바와 같이 춘추 시대에는 각국 간에 끊임없는 권모술수가 횡행하고 약육강식이 난무하였으므로 각국 군주 간의 직접적인 회동과 회합은 상당한 정치·군사적 모험을 수반하는 것이었으며 특히 '회'에 직접 참여하는 각국 군주의 신변 안전과 보장이 큰 문제였다.

그러므로 '회'는 사전에 의제, 시간, 장소 등이 토의되고 결정되었다.[115] 의제, 시간, 장소 등이 결정되면 '회'가 개최되었으며 장소는 도구(挑丘), 곡구(穀丘), 규구(葵丘), 청구(淸丘)에서와 같이 언덕(丘), 큰 언덕(陵) 아니면 곡지(曲池), 원지(爰池), 팽수(彭水)와 같은 호숫가 등지로 모두 공개된 넓은 지역이었다.

이렇게 구릉(丘陵)·호변(湖邊) 등지에서 개최된 이유는 개최국의 입장에서는 상호 간의 불신감에서 자국의 수도 내지 대도시의 내부를 상대의 군주에게 개방하지 않으려는 전략적 차원에서 연유하였고, 참석하는 상대국 군주 역시 타국의 내지로 깊숙이 들어가는 것을 위험스럽게 생각하였기 때문이었다. 또 다른 이유로 구릉, 호변 등지는 수신(水神)이 강림하는 신성지역으로 이들 신들이 '회'를 감시한다고 생각하였기 때문이다.

이와 같이 군주 간의 회동은 각국의 전략적 차원에서 그리고 군주의 신분 보호 차원에서 아주 신중하고 주의 깊게 추진되었는데 일단 추진이 되면 상호 간의 신의와 신뢰하에 개최되었던 것 같다. 『춘추좌전』 희공 7년 전에 보면 아래와 같이 설명하고 있다

---

115) Roswell S. Britton, 앞 논문, p. 619.

"제(齊)나라 군주가 제후들에게 예를 갖추어 행했다(齊侯修禮於諸
侯)."116)

이것은 제 환공이 녕모(甯母)에서 제후들과 회동하였을 때에 관중의
충고에 따라 제후들을 극히 예우하였음을 말하고 있다.

"대체로 제후들과 회동하는 것은 군주의 덕을 높이는 것입니다. 회동
에 간신배들을 열석시킨다면 무엇을 후손들에게 보이겠습니까(且夫
合諸侯以崇德也 會而列姦 何以示後嗣)?"117)

이 기사는 제후의 회동 시에는 '덕'을 존중하고 간사한 것을 후손에게
보이지 않게 할 것을 강조하고 있는 것이다.

"제후들의 회동에는 그때의 덕, 형벌, 예의, 의리가 어떠했는가를
어느 나라에서나 다 기록합니다(夫諸侯之會 其德刑禮義 無國不
記)."118)

이것 역시 관중이 제 환공에게 제후의 회합 또는 회동에는 덕, 형벌,
예의, 의리 등이 준수되어야 하고 또 모든 국가의 사서(史書)에 기록되므
로 반드시 제후들을 예우할 것을 권유하고 있는 것이다. 이 같은 사실은
춘추 시대 제후 간의 회동 또는 회합은 상호 간의 신의가 기반이 되었으며
비록 대국이라도 소국을 무력으로 위압하지 않고 '예'로써 대우했음을

---

116) 『左傳注疏及補正』, 13 : 11b.
117) 위와 같음.
118) 위와 같음.

알 수 있다.

춘추 시대에는 이 '회'와 비슷한 '우(遇)'가 있었다. '우' 역시 서주 시대에 기원하였는데 춘추 시대에도 많이 활용되었다. '우'에 대해서 『예기』「곡예하(曲禮下)」에는 다음과 같은 기록이 있다.

"제후가 기일이 되기 전에 서로 만나는 것을 우(遇)라고 한다(諸侯未 及期 相見曰遇)."[119]

또 『춘추곡량전』에도 같은 내용의 기사가 있다.

"기일을 정하지 않고 만나는 것을 우(遇)라고 한다. 우는 서로의 뜻을 알아보는 것이다.(不期而會 曰遇 遇者志相得)."[120]

『춘추좌전』은공(隱公) 8년 전에도 같은 내용의 기사가 있다.

"제(齊) 나라 군주가 송(宋)과 위(衛) 나라와 평화를 구축하기 위해 기일을 정하여 만나기로 하였다. 송 나라 군주가 예물을 위나라에 보내고 그보다 먼저 서로 만나기를 요청하므로 위나라 군주가 이 요청을 허락하고 견구에서 만났다(齊侯將平宋衛 有會期 宋公以幣請 於衛 請先相見 衛侯許之 故遇於犬丘)."[121]

이같이 '우(遇)'에 관한 여러 기록을 보면 '우' 역시 제후 간의 회동을 의미하고 있다. 그러나 '우'는 미리 약정된 기일에 만났던 '회'와는 달리

---

119) 『禮記注疏及補正』, 5 : 28b.
120) 『春秋穀梁傳注疏』, 2 : 4b.
121) 『左傳注疏及補正』, 4 : 24a.

기일을 정하지 않고 사안의 필요에 따라 제후가 불시에 상견하는 것이었다. 그리고 위에서 설명한 바와 같이 서주 시대 제후 간에 시행되었던 '우'가 춘추 시대 각국이 독립 영토 주권국가로 발전함에 따라 각국 군주 간의 회합, 회동으로 자연스럽게 발전하였던 것으로 생각된다.

따라서 춘추 시대 각국 군주 간의 직접적인 상견(相見) 또는 상면(相面)으로 이루어지는 회동 또는 회합은 '회'와 '우'의 두 가지였다고 할 수 있는데 춘추 시대의 모든 기록으로 보아 국제회의와 군주 간의 회동에서 '회'가 가장 빈번하였고 중요한 역할을 하였던 것으로 생각된다.

이와 같이 춘추 시대가 개막되면서 독립 영토 주권국가로 구성된 국제사회가 성립되고 상호 대립과 공벌 병합의 현상이 전개되면서 각국 간의 정치·군사·경제적 이해관계를 중심으로 충돌과 분쟁이 가열되자 국가 간의 문제를 조정하고 해결하기 위해서 외교적 접촉이 필요해졌다. 이에 따라서 종래 서주 시대 제후 간의 '회'가 자연스럽게 열국 군주 간의 '회'로 발달하여 춘추 시대 국제정치의 중심이 되었던 것으로 생각된다.

다음은 '맹(盟)'에 대해서 살펴보면『주례』「춘관(春官)」그리고 같은 책 「추관 사구하(秋官 司寇下)」에는 아래와 같은 언급이 있다.

"저축(詛祝)은 맹약을 관장한다…(詛祝掌盟…)."[122]

주소에는 '맹(盟)'은 '서(誓)'인데 큰일에 관한 '서'를 '맹(盟)'이라 하고 작은 일에 관한 '서'를 '저(詛)'로 해석하고 있다.

---

122)『周禮注疏及補正』, 26 : 19b.

"사맹(司盟)은 맹서 내용을 쓰는 법을 관장한다(司盟掌盟載之
法)."123)

주소에는 '맹은 책서(策書)에 그 내용을 기록하는 것'이라고 하여
'맹'은 '맹사(盟辭)'로써 일종의 서약서였음을 말하고 있다. 이 같은
'맹'은 서주 시대 주왕과 제후 간에도 있었던 것 같은데 자세한 것은
알 수 없다. '맹'은 역시 춘추 시대에 열국 간의 대립, 항쟁의 와중에서
가장 많이 이루어졌다.

각국 간에 채결된 '맹'은 참석자의 반작(班爵) 등급에 따라 '제후의
맹(諸侯之盟)', '대부의 맹(大夫之盟)', '부용의 열맹(附庸之列盟)' 등
이 있었다. '제후의 맹'은 각국 군주가 '맹'에 직접 참여하여 맹약을
체결하는 것이었으며 '대부의 맹'은 각국 군주가 직접 참석하지 않고
대부를 파견하여 맹약을 체결하는 것이었다. '부용의 열맹'은 군주의
반열에 들 수 없었던 부용국을 맹주 또는 기타 참석하는 제후들의 양해를
얻어 맹약을 체결하는 결맹(結盟)에 참석시켰던 것을 말한다.124) 또
'맹'의 성격에 따라 그 종류를 열거해보면 동맹(同盟), 상맹(常盟), 심맹
(尋盟), 개맹(改盟), 보맹(補盟), 복맹(復盟), 요맹(要盟), 걸맹(乞盟)
등을 들 수 있다.125)

이와 같이 춘추 시대에는 군주 간에 많은 '맹'이 체결되고 그 종류도

---

123) 위 책, 36 : 13a-b.
124) 『左傳注疏及補正』, 38 : 12b.
125) 동맹은 동욕(同欲)이라 하여 정치 · 군사적 이해관계가 일치하였을 때에 맺은 '맹'을
    말하고, '심맹'은 이전의 맹약을 새로이 갱신하는 것을 의미하고, 상맹은 특별한
    목적 없이 단지 우호와 친선 증진을 목적으로 하고 있으며, 개맹은 맹약의 내용을
    개정하는 것이고 보맹은 '맹'이 끝난 다음에 참석하는 후래자를 위해 보충하는 것을
    말한다. 복맹은 특정의 양국 간에 맺어진 맹약을 말하는데 후에 국제정치에서 맹약을
    맺을 때 이 양국을 포함하여 재맹(再盟)하는 것을 말하며 요맹은 맹주의 협박에
    의해 강제적으로 맹약을 체결하는 것을 말하고 걸맹은 불가피한 사정에 의해서
    '맹'에 가입하는 것을 말한다.

다양하였는데 이 중에서 각국 군주들이 직접 참석하여 '맹'을 체결하였던 '회'와 '맹(盟)'이 제일 중요하였다.

"공이 제(齊) 나라 군주에게 기(紀) 나라 군주와 황(黃) 지역에서 맹약을 체결케 하였다(公令齊侯 紀侯盟於黃)."126)

"공이 대제의 벼슬에 있는 주공(周公), 제(齊) 나라 군주, 송(宋) 나라 군주, 위(衛) 나라 군주, 정(鄭) 나라 군주 허(許) 나라 군주, 조(曹) 나라 군주들과 규구에서 회합하였다(公會宰周公齊侯宋子衛侯鄭伯許男曹伯于葵丘)."127)

"공이 제(齊) 군주를 회동하고 가(柯) 지역에서 맹약을 맺었다(公會齊侯盟於柯)."128)

"가을 팔월 제(齊) 나라 군주, 송(宋) 나라 군주, 위(衛) 나라 군주, 진(陳) 나라 군주, 정(鄭) 나라 군주, 허(許) 나라 군주, 조(曹) 나라 군주들이 진(晉) 나라의 조돈(趙盾)과 회합하여 호(扈)에서 맹약을 맺었다(齊侯宋公衛侯陳侯鄭伯許男曹伯會晉趙盾 盟于扈)."129)

위의 기사는 당시 제후들이 특정의 사안이 있으면 회동 또는 회합하여 토의하고 연후에 맹약을 맺었던 사실을 보여주고 있다. 이런 의미에서 볼 때 열국 군주 간의 '회'와 '맹'은 날로 복잡해지는 국제관계 속에서 빈번하게 개최되므로 마침내 합쳐져서 제후들이 직접 회동하여 조약을

126)『左傳注疏及補正』, 7 : 12b.
127) 위 책, 13 : 12b.
128) 앞 책, 9 : 21a.
129) 위 책, 19 : 23a.

체결하는 '회맹(會盟)'으로 통칭되었던 것 같다.

또 앞에서 언급한 바와 같이 이 '회맹'은 '조빙'과 더불어 춘추 시대 국제정치와 외교의 중심이 되었으므로 춘추 시대의 국제정치를 회맹정치(會盟政治)라고 할 수 있다. 이같이 회맹은 당시 국제정치와 외교의 중심이었으므로 회맹 개최는 그야말로 신중을 다하여 준비되었는데 회맹의 개최, 구성, 의식 그리고 진행 과정을 살펴보면 아래와 같다.

회맹은 위에서 언급한 바와 같이 2국 간, 3국 간 또는 다국 간에 행해졌는데 이를 '교맹(交盟)' 또는 '상맹(相盟)'이라고 하였다. 그러나 춘추 시대 국제정치와 외교에 가장 큰 영향을 미쳤던 것은 특정의 대국과 다수의 약소열국으로 구성되어 추진되었던 다국 간의 회맹이었다. 다국 간의 회맹은 대개 특정의 대국이 약소 열국을 규합하여 개최하였는데 회맹 주최국이 맹주(盟主)가 되었다. 맹주는 일명 맹수(盟首)[130]라고 하였는데 주된 임무는 다음과 같다.

> "제(齊) 나라의 국경자는 안평중(晏平仲)으로 하여금 진(晉) 나라 숙향(叔向)에게 사사로이 다음과 같이 말하게 하였다. '진(晉) 나라 군주는 밝은 덕을 제후들에게 넓히고 그 걱정하는 바를 걱정해주고 그 부족한 것을 보충하며 그 잘못을 바로잡고 복잡한 일을 다스려주어야 합니다. 이것이 맹주가 할 일입니다'(國子使晏平仲私於叔向曰晉君宣其明德於諸侯 恤其患而補其闕 正其違而治其煩 所以爲盟主)."[131]

위 글은 제(齊) 나라 재상 국경자(國景子)가 당시 진(晉) 나라 집정관 숙향(叔向)에게 연회석에서 했던 말이다. 국경자의 언급에 의하면 맹주

---

130) 위 책, 35 : 27a.
131) 위 책, 37 : 7b.

의 임무는 약소 맹국들의 어려운 사정을 이해하고 도와주고 잘못이
있으면 바로 잡아주고 또 덕을 베풀어야 한다는 것이다.

> "소위 맹주는 명을 어긴 자를 응징하는 것입니다. 그런데 제후들이
> 제각기 서로 잡는다면 맹주를 어디에 이용할 것입니까?(所謂盟主
> 討遣命也 若相執焉 用盟主)"132)

이 기사의 배경을 살펴보면 당시 맹주였던 진(晉)의 한선자(韓宣子)
와 주(邾)의 대부 사이에 시비가 일어났는데 진(晉)의 사미모(士彌牟)
가 한선자에게 맹주의 임무를 상기시킨 충고였다. 이에 의하면 맹주의
임무는 '명'을 어긴 자를 처벌하여 질서를 바로 잡고 상호 결속과 친목을
도모하게 하는 것이라고 하였다.

> "…조문자(趙文子)가 정치를 하게 되자 제대로 잘 다스리게 되었다.
> 조문자가 진(晉) 군주에게 '우리 진 나라가 맹주가 되었는데 제후들이
> 혹 침략을 한다면 책망하여 그 점령한 땅을 돌려주게 해야 할 것입니다.
> 지금 오여가 빼앗은 읍들은 다 그런 것들입니다. 그런 것을 탐내어
> 가지게 하면 이는 맹주가 될 수 없는 것입니다. 돌려주도록 하겠습니
> 다'라고 말하였다. 이에 진 군주가 승낙하였다(…及爲趙文子爲政 乃
> 卒治之 文子言於晉侯 曰 晉爲盟主 諸侯或相侵則討之 使歸其地 今烏
> 餘之邑皆討類也 而貪之 是無以爲盟主也 請歸之 公曰若…)."133)

위 글은 한마디로 열국 간의 질서 유지와 상호 간의 결속과 친목을
유지하게 하는 것이 맹주의 임무라고 설명하고 있는 것이다.

---

132) 위 책, 50 : 28b.
133) 위 책, 38 : 10a.

"진(晉) 나라 극결(郤缺)이 조선자(趙宣子)에게 말하기를 '전날에는 위(衛) 나라와 화목하지 못했으므로 그 땅을 빼앗았습니다. 지금은 이미 화목하고 있으므로 그 땅을 돌려주어야 할 것입니다. 배반을 응징하지 않고서 어떻게 위엄을 보이며 복종하는 자를 부드럽게 대하지 않고서야 어떻게 회유하겠습니까? 위엄스럽지 못하고 회유하지 못하면서 어떻게 덕을 보이고 덕이 없으면서 어떻게 맹주가 되겠습니까?'(晉郤缺言於趙宣子曰 日衛不睦 故取其地 今已睦矣 可以歸之 叛而不討 何以示威 服而不柔 何以示懷 非威非懷 何以示德 無德何以主盟)"134)

　　이것은 진의 극결이 조선자에게 했던 말이다. 이 같은 극결의 언급에 의하면 맹주는 마땅히 덕과 위엄을 갖추어서 잘못하고 배반하는 자는 힘으로 응징해야 하지만 순종하고 화목한 자에게는 친절하게 대하고 수용하는 것이 맹주의 도리라고 설명하고 있는 것이다.
　　이상의 예문을 통해 맹주의 임무를 살펴보면 맹주는 약소 제후들의 곤경을 도와주고 같이 걱정하고 잘못을 교정해주고 상호 간의 분쟁을 막고 부당하게 탈취한 토지를 돌려주어야 하지만 동시에 맹주에게 불복한 자는 징벌해야 한다는 것이다. 그러나 불복자가 회개하여 돌아오면 큰 덕을 베풀어서 수용해야 한다고 하였다. 이 같은 사실은 맹주는 강력한 무력을 기반으로 하되 예와 덕을 겸비해서 약소맹국들을 통어해야 하는 사실을 말하고 있다.
　　또 회맹은 '맹례(盟禮)'의 일정한 격식을 거쳐서 진행되었다. 이 '맹례'는 맹단(盟檀), 맹생(盟牲), 삽혈(歃血), 재서(載書), 고신(告神),

---

134) 위 책, 19 : 23a.

맹부(盟府) 등으로 구성되었다. 맹단은 흙으로 쌓은 토단(土壇)을 말하는데 이 토단 위에서 맹약이 행해졌다. 맹생은 맹약 시에 제물로 쓰이는 소(牛)를 말한다. 삽혈은 제물인 소 왼쪽 귀를 절단하여 그 피를 제후들이 돌아가면서 차례로 마시는 것을 말한다. 재서는 맹약된 내용을 목편(木片) 또는 간책(簡冊)에 기록한 조약문을 말하는데 맹서(盟書)라고도 하였다. 고신은 맹약 즉 조약의 내용을 재서(載書)에 쓰기 전에 먼저 천지신명께 맹약을 낭독하였는데 이것은 천지신명께 맹약의 준수를 약속하는 것이다. 그리고 맹부는 재서의 부본(副本)을 보관하는 곳이다.[135]

이와 같이 회맹 시의 맹례는 다양하게 구성되었는데 회맹의 진행과정을 살펴보면 먼저 관련된 각국이 사자를 파견하여 의제, 시간, 장소를 의논하여 정한 다음에 각국 군주가 출석하였는데 그 장소를 대개 구릉, 넓은 공지 또는 호숫가였다. 여기에서 회동한 제후들은 미리 내정된 특정 의제를 토론하고 맹약을 체결하였다. 맹약은 재서(載書) 또는 맹사(盟辭)로 불린 조약문에 작성되었는데 이때 맹주는 제물인 소의 왼쪽 귀를 절단하여 그 피로써 목편 또는 죽편에 재서를 작성하였다. 다음에 맹주가 먼저 그 피를 마시고 여기에 참석한 제후들도 차례로 마시면서 조약문을 낭독하고 천지신명께 맹약의 준수를 서약하였다. 다음에 땅을 파서 제물의 소와 함께 조약문의 일부를 묻었는데 이것은 지신(地神)에게 맹약의 준수를 의미하는 것이었다. 다음 참석한 제후들은 모두 일부씩 나누어 가졌는데 춘추 시대에 이 같은 회맹은 약 140여 회 체결되었던 것으로 파악된다.[136]

춘추 시대에는 이같이 각국이 상호 간의 정치·군사적 이해관계에 의해서 회맹을 중심으로 빈번한 국제정상회담과 눈부신 외교활동을

135) 위 책, 12 : 10a.
136) 陳顧遠, 『中國國際法溯源』, 臺北 : 商務印書館, 1967, p. 256.

전개하였으므로 각국에는 외교 업무를 전문으로 담당하였던 외교 관직과, 외교 업무만을 수행하였던 외교관이 출현하였는데 그 기원은 역시 서주 시대까지 소급해볼 수 있다. 서주 시대 주왕과 제후 간의 통신 및 제후 상호 간의 교분을 담당했던 관직이 있었다.

> "대행인은 제후와 경들에 대한 예를 관장하여 제후들과 친하게 하는 일을 한다(大行人掌大賓之禮 及大客之儀以親諸侯)."[137]

> "소행인은 제후국의 빈객들을 접대하는 예를 관장하여 사방 사신들을 접대한다(小行人掌邦國賓客之禮籍 以待四方之使者)."[138]

> "사의(司儀)는 구의(九儀)에 맞춰 빈객을 맞이하고 예를 돕는 일을 관장하여 의용(儀容), 사령(辭令), 읍양(揖讓)의 절차를 알려준다(司儀掌九儀之賓客擯相之禮 以詔儀容辭令揖讓之節)."[139]

위의 예문은 서주 시대에 주왕과 제후 간의 조근, 순수 시에 주왕은 대행인, 소행인, 사의 등의 관리를 두어 제후들을 비롯한 조공사(朝貢使)들의 영접, 접대 등의 절차와 업무를 담당하게 하였던 사실을 보여주고 있는데『주례』의 기록이기 때문에 그대로 믿기는 힘들다. 그러나 주왕과 제후 간의 통신, 조근, 공납 등의 업무를 담당했던 관직과 관료들은 틀림없이 있었을 것이므로 이 같은 기록들을 전부 부인하기는 힘들다.

춘추 시대에 들어와서 각국 간의 접촉과 교류가 활발해지고 국제적 분쟁이 증가함에 따라 각국 간의 외교 업무는 더욱 증가하였을 것이므로

---

137)『周禮注疏及補正』, 37 : 20b.
138) 위 책, 37 : 24a.
139) 위 책, 38 : 25b.

춘추 시대 특유의 외교관들이 출현하여 외교 업무를 전담하였는데 춘추
시대 자료에는 이들 외교관들이 행인(行人) 사인(使人) 등의 명칭으로
기록되어 있다. 먼저 행인에 관한 기록을 보면 『관자』「소광(小匡)」편에
는 아래와 같이 기록되어 있다.

　"습붕을 행인으로 삼았다(隰朋爲行)."[140]

　주소에는 '행(行)'은 행인(行人)으로 제후 간의 통사(通使)였다고
설명하고 있다. 이들 행인들은 군주로부터 임무를 받고 타국으로 출국할
때에 수행원을 대동하였다.

　"국경에 이르자 … 국경 관리인이 시종하는 사람이 몇이냐고 물었다
　(及境 … 關人問從者幾人)."[141]

　"겨울에 제(齊) 나라와 화평을 맺었다. 자복 경백(景伯)이 그 일로
　제 나라에 갔는데 자당이 수행원이 되었다(冬 及齊平 子 服景伯如齊
　子贛爲介)."[142]

　위 기사에 의하면 행인이 군주의 명을 받고 외국으로 출국하는 경우에
혼자 행동한 것이 아니고 수행원으로 '개(介)'를 대동하였던 것 같다.
그리고 행인이 상대국에 도착하면 상대국은 관리를 내보내 영접하여
수도로 안내하였으며[143] 행인과 그 일행은 극진한 대우를 받고 안전이

---

140) 『管子』, 8 : 13a.
141) 『儀禮注疏及補正』, 19 : 3b.
142) 『左傳注疏及補正』, 59 : 24a.
143) 『左傳』 襄公三年 傳에 "문자가 빙문을 가는데 자익이 행인이 되었다. 빙간자와 자대숙
　　이 손님을 맞이하였다(文子入聘 子羽爲行人 馮簡子與子大叔客)."의 기사가 있는데

보장되었다.

이 같은 행인의 임무는 대개 각국 간의 강화, 구원, 동맹, 휴전 그리고 군주 간의 회맹 준비를 포함한 극히 중요한 정치·군사적 현안 문제를 협상하는데 군주의 의사 또는 국가의 정책 등을 상대국에게 직접 전달하고 상대국의 의견을 받아오는 역할을 수행하였다. 이 같은 행인의 임무와 역할을 종합해볼 때에 행인은 지금의 외교관에 해당된다고 할 수 있다.[144]

춘추 시대에는 행인 외에 또 사인(使人)이 활동하였다. 사인은 대체로 행인과 비슷한 외교업무를 수행하였는데 다른 점이 있었다면 행인은 공개적이었던 것에 비해 사인은 비공개적이었다. 다시 말하면 극비의 외교업무를 수행한 일종의 밀사(Emissary)였다고 할 수 있다.[145]

춘추 시대에는 이 같은 행인과 사인 등의 외교관과 밀사들이 활동하였을 뿐만 아니라 외교사절도 빈번히 파견되고 교환되었는데 이 같은 외교사절들이 춘추 시대의 자료에는 '빙(聘)'으로 나타나 있다. '빙'의 뜻을 살펴보면 『시경』「소아(小雅)」편에 제일 먼저 나타나고 있다.

   "나의 수자리가 끝나지 않았으니 고향을 방문할 수가 없네(我戍未定
   靡使歸聘)."[146]

주소에는 '빙(聘)'을 '빙문(聘問)'으로 해석하고 있다. 『설문해자』에도 '빙'을 '방(訪)'으로 해석하고 있으므로[147] '빙'은 방문의 뜻이었음

이것은 관리가 출영하여 행인을 맞이하고 있음을 말하고 있다.
144) 黃寶實, "春秋時代之行人,"『大陸雜誌』八卷 三期, 1954, p. 10. 張玉法, 『先秦時代的傳播活注動及其對文化與政治之影響』, 臺北 : 嘉新水泥公司文化基金會, 1966, p. 147 참조.
145) Richard Louis Walker, 앞 책, p. 75.
146) 『毛詩正義』, 9-3 : 8a.
147) 『說文解字義證』, p. 1038上.

을 알 수 있다.

"겨울에 천왕이 범부로 하여금 내빙하게 하였다(冬 天王使凡伯來
聘)."148)

"봄에 천왕이 남계로 하여금 내빙하게 하였다(春 天王使南季來
聘)."149)

위 기록에 의하면 주왕은 왕실의 신하들을 사자(使者)로 제후들에게
파견했는데 이 같은 사자들 모두 빙(聘)으로 불렸던 것을 알 수 있다.
또 위에서 인용한 『예기』「왕제(王制)」 중의 기사를 다시 음미해볼
필요가 있다.

"제후는 천자를 매년 한 번 소빙(小聘)하고 3년에 한 번 대빙(大聘)한
다(諸侯之於天子也 比年一小聘 三年一大聘)."150)

주소에 의하면 소빙에는 대부(大夫)를 파견하고 대빙에는 경(卿)을
파견한다고 하였는데 이 같은 해석에 의하면 제후는 천자에 대해서
매년 한 번 소빙(小聘)하고 3년에 한 번 대빙(大聘)하는데 소빙은 하급
관료인 대부를 파견하고 대빙은 고위 관료인 경을 파견하였음을 알
수 있다.

이같이 서주 시대 '빙(聘)'에 관한 여러 기록을 종합해보면 주 천자도
제후들에게 신하들을 사자로 파견하여 빙문하게 하고 제후들도 경·대

---

148) 『左傳注疏及補正』, 4 : 23b.
149) 『春秋穀梁傳注疏』, 2 : 6a.
150) 『禮記鄭注』, 4 : 5a.

부 등의 신하들을 파견하여 천자를 빙문하게 하였음을 알 수 있다. 물론 서주 시대 천자와 제후 간의 이 같은 상호 방문이 정기적으로 행해졌다고 단정하기는 힘드나 천자와 제후 간의 상호 방문은 정치·군사적 측면에서 필수적이었을 것이므로 천자와 제후 간의 '빙문'을 통한 상호 간의 통문(通問)은 사실이었을 것이다. 다음에 이 같은 빙문(聘問)의 목적을 살펴볼 필요가 있다.

"빙문의 예는 제후들이 서로 존경하게 하기 위한 것이다(聘問之禮所以使諸侯相尊敬也)."[151]

"때때로 빙문을 행하여 제후 상호 간의 우호를 도모한다(時聘以結諸侯之好)."[152]

"무릇 제후 간의 교분은 매년 서로 빙문하고 긴급한 일이 있어도 빙문한다(凡 諸侯之邦 交 歲相問也 殷相聘也)."[153]

위 기사에 의하면 제후 간의 빙문은 상호 결속 강화, 우호와 친선 도모 즉 제후 간의 방교(邦交) 증진에 목적이 있었음을 알 수 있다. 이 같은 사실에 의해서 볼 때 빙문은 주 천자와 제후 그리고 제후 상호 간의 친선 도모, 우의 증진, 결속 강화에 있었음을 알 수 있다. 그런데 상호 간의 빙문이 단순한 친목 도모, 우의 증진, 결속 강화에만 있었던 것은 아니었다.

---

151) 『禮記鄭注』, 15 : 2b.
152) 『周禮注疏及補正』, 37 : 21a.
153) 위와 같음.

"빙문의 예는 귀천을 밝히는 것이다(聘禮 … 所以明貴賤也)."154)

"그러므로 천자는 제후들이 해마다 소빙하고 3년에 한 번 대빙하여
서로 예로써 배려하게 했다. … 제후들이 예로써 서로 배려하면 밖으로
는 서로 침범하지 않고 안으로는 서로 능멸하지 않게 된다. 이것이
천자가 제후들을 기르는 것으로 병력을 사용하지 않고 제후들 스스로
바른 도리를 행하게 하는 도구인 것이다(故天子制諸侯 比年小聘 三年
大聘 相勵以禮 … 諸侯相勵以禮 則外不相侵 內不相陵 此天子之所以
養諸侯 兵不用而諸侯自爲正之具也)."155)

이 같은 두 예문에 의하면 서주 시대에 천자와 제후 그리고 제후와
제후 간에 교환되었던 빙문의 예는 상호 간의 결속과 화합에 목적을
두었을 뿐만 아니라 궁극적으로는 주 왕조 봉건제도의 중핵을 이루고
있는 주왕과 제후 간의 위계질서 확립과 제후 간의 상호 결속과 우호
증진에 있었음을 알 수 있다. 이런 점에서 빙문의 예는 주왕이 수많은
제후들을 다루는 하나의 통어수단이었다고 할 수 있다.
    그런데 앞서 언급한 빙문의 예에 관한 기록이 주대의 조근(朝覲)에
관한 기록과는 달리 모두 후대에 편찬된『주례』또는『예기』에만 기록되
어 있었으므로 신빙성에 문제가 있다. 그러나 서주 시대에 100~170여의
제후국이 있었고 주왕을 정점으로 한 제후 간의 상호 결속과 유대 강화가
봉건제도 유지의 핵심적 요소였으며 또 300여 년 이상 계속되었던
주 왕조의 장구한 수명 그리고 이 같은 장구한 왕조 수명 과정에서
주왕과 제후 그리고 제후들 사이에 무수한 일들이 있었을 사실을 감안해
보면 빙문의 예에 관한『주례』와『예기』의 기록이 신빙성은 약하지만

---

154)『禮記注疏及補正』, 62 : 19b.
155) 위 책, 63 : 20b.

주왕을 정점으로 제후들 간의 상호 결속과 유대 강화 그리고 친선과 우호를 도모하는 정책과 제도는 반드시 있었을 것으로 생각된다.

그런데 이후 주 왕조의 제후국들이 춘추 시대의 독립 영토 주권국가로 발전함에 따라서 이 같은 제후 간 빙문의 예가 열국 간 빙문의 예로 발달하였던 것 같다. 『예기』「곡례하(曲禮下)」와 「경해(經解)」편에 아래와 같은 기록이 있다.

> "제후가 대부에게 제후를 방문케 하는 것을 빙(聘)이라 한다(諸侯使大夫問於諸侯 曰聘)."156)

> "빙문의 예는 제후가 서로 존경하게 하는 것이다(聘問之禮 所以使諸侯相尊敬也)."157)

위 내용은 『춘추좌전』 곳곳에 언급되고 있는데 이것은 서주 시대 제후 간의 빙문의 예가 춘추 시대 열국 형성 이후에 각국 간의 외교 통로로 계승되어 활용되고 있었던 사실을 말하고 있다. 그러면 춘추 시대에 시행되었던 빙문의 예의 종류와 명칭 그리고 그 목적이 무엇이며 성격이 여하하였는가를 살펴보자.

앞에서 인용한 바 있는 『예기』「왕제」 중의 "諸侯之於天子也 比年一小聘 三年一大聘"의 기사를 다시 검토해보면 소빙(小聘)은 직급이 낮은 대부(大夫)가 매년 한 번씩 상대국 군주를 예방하고 대빙(大聘)은 직급이 높은 경(卿)이 3년에 한 번씩 상대국 군주를 예방하는 것인데 이것은 춘추 시대 열국은 특정의 유관국과는 소빙과 대빙을 통해서 서로 친목을 도모하고 있었다고 할 수 있다. 또 기일을 정하지 않고 일이 있을 때

---

156) 위 책, 5 : 28b.
157) 위 책, 15 : 2b.

수시로 만나보고 또 여럿이 만나기도 하였는데 이것이 각기 시빙(時聘)
과 조빙(覜聘)이었다.

"불시에 만나보는 시빙은 문(問)이라 하고 여럿이 만나보는 은조는
시(視)라고 한다(時聘曰問 殷覜曰視)."158)

주소에는 '시빙'을 기일을 정하지 않고 만나는 것(無常期者)으로 해석
하고 있는데 급한 일로 불시에 만나는 것을 말하고 있다.

"제후들이 상견할 때도 이같이 한다. 규(圭), 장(璋), 벽(璧), 종(琮)을
새기는 데는 2가지 채색으로 한 번 두른 옥받침을 가지고 대부들이
무리로 올 때나 가끔 올 때 가지고 맞이한다(諸侯相見亦如之 琢圭璋
璧琮璩 皆二采一就 以覜聘)."159)

주소에 의하면 '조빙(覜聘)'은 '부빙(頻聘)'과 같은 뜻으로 대부들이
집단적으로 배알하는 '중래빙(衆來聘)'의 뜻이었다.

"무릇 제후 간의 우호는 해마다 서로 번갈아 방문하고 알맞은 때
서로 빈번히 방문하고 대대로 서로 방문한다(凡諸侯之邦交 歲相問也
殷相聘也 世相朝也)."160)

"맹희자가 제(齊)나라를 방문하였는데 예에 맞는 일이었다(盟僖子如
齊 殷聘禮 也)."161)

---

158) 『周體注疏及補正』, 18 : 8b.
159) 위 책, 20 : 23b.
160) 위 책, 37 : 23b.
161) 『左傳注疏及補正』, 45 : 32a.

위 글에서 언급되고 있는 은빙(殷聘)은 『주례』와 『춘추좌전』에 모두 나타나고 있다. 주소에는 '은(殷)'을 '성(盛)'의 뜻으로 해석하고 있으므로 '은빙(殷聘)'은 빈번한 방문의 '성빙(盛聘)'으로 기존의 우호와 친선을 도모하기 위해 고위관료인 경(卿)을 서로 자주 방문하게 하는 상방문(相訪問)으로 해석하고 있다.

> "목백(穆伯)이 제(齊)나라로 가서 문공 즉위 후 처음으로 방문을 했다(穆伯如齊始聘)."162)

이것은 당시 군주가 새로 즉위하면 주변국에서 고위관료를 파견하여 축하하고 우의와 친선을 도모했던 사실을 말하고 아래의 기사는 좀더 구체적으로 설명해주고 있다.

> "무릇 군주가 즉위하면 경(卿)이 외국으로 나가서 두루 방문해서 이전의 우호관계를 두텁게 하고 서로 후원할 것을 약속하며 이웃나라와 사이를 좋게 하여 사직을 지키는 것이다(凡君卽位 卿出幷聘焉 踐修舊好 要結外援 好事隣國 以衛社稷)."163)

이같이 우호국에서 새 군주가 등극하면 빙사(聘使)를 파견하여 축하해주고 이어서 그 주변국을 두루 방문하여 상호 간의 우호를 증진하고 동맹을 확인하여 사직을 튼튼하게 하였음을 알 수 있다. 또 『춘추좌전』에는 '초빙(初聘)'이 자주 보이고 있다.

---

162) 위 책, 18 : 15a.
163) 위 책, 18 : 15b.

"동문 양중(襄仲)이 주(周)나라로 가려고 하다가 진(晉) 나라로 갔는데 처음 예방이었다(東門襄仲 將聘於周 遂初聘於晉)."164)

주소에 의하면 처음 방문하는 것을 '초빙(初聘)'이라고 하였다. '초빙'은 또 복교(復交) 또는 통교(通交)에도 활용되었다.

"공자 수(遂)가 진(晉) 나라에 처음으로 예방했다(公子遂初聘于晉)."165)

주소에 의하면 노 나라의 공자 수(遂)가 처음으로 진(晉) 나라에 가서 빙문의 예를 행하였으므로 이를 초빙(初聘)이라고 하였다. 노 나라의 이 같은 초빙의 목적은 진(晉) 나라가 성복전에서 초(楚) 나라를 물리치고 패권을 장악하자 진 나라와 우호관계를 맺고 통문(通問)하기 위한 것이었다.

또 노 나라는 성공 2년에 진 나라와 합세하여 안(鞍) 지역에서 제(齊) 나라와 싸웠으므로 노 나라와 제 나라가 불화하였다. 그런데 성공 11년에 노 나라와 진 나라 사이가 나빠지자 노 나라는 다시 선백(宣伯)을 제 나라에 보내서 이전의 수교를 회복하였다.166) 그러나 노·진 양국은 다시 불화하였으므로 조빙의 예가 끊어졌었다.

"노 나라의 제자(齊子)가 제(齊) 나라를 처음으로 예방하였는데 예에 맞는 것이었다(齊子初聘於齊 禮也)."167)

---

164) 위 책, 17 : 10a.
165) 위 책, 17 : 10a.
166) 위 책, 27 : 9a.
167) 위 책, 34 : 20a.

위에서와 같이 서로 불화하였던 제 나라와 노 나라가 다시 통교하였는데 이 같은 사실로 볼 때 각국 간에는 정치 · 군사적 이해관계에 따라 우호와 친선관계가 결정되고 그에 따라 상호 간의 빙문 이행 여부가 결정되었던 사실을 알 수 있다. 그리고 다시 통교(通交) 즉 복교(復交)하는 경우의 첫 빙문을 초빙이라고 하였던 사실도 알 수 있다. 이 외에도 특수 목적을 가진 빙문이 있었다.

"진(秦) 나라 경공의 누이동생 진영(秦嬴)이 초(楚) 나라에 시집을 갔다. 초 나라 사마 경(庚)이 진 나라를 예방하여 초왕의 부인을 대신하여 예를 올렸다(秦嬴歸於楚 楚司馬子庚聘於秦 爲夫人寧禮也)."[168]

이것은 진(秦) 나라의 경공(景公)이 자신의 누이동생 진영(秦嬴)이 초 나라 공왕에게 시집을 갔을 때 초 나라 사마 경(庚)이 초왕 부인을 대신하여 인사차 예방한 것이다. 이같이 각국 왕실 간의 혼사에 대한 인사도 빙문을 통해 이루어졌다. 또 우호국의 군주가 질병으로 고생하고 있을 때에도 역시 빙문을 행한 것 같다.

"진(晉) 나라 군주가 병으로 고생하고 있으므로 정(鄭) 군주가 공손교(公孫矯)로 하여금 예방하여 병문안을 드리게 하였다(晉侯有疾 鄭伯使公孫矯如晉聘且問疾)."

위의 예문은 진 나라 군주가 질병으로 고생하고 있을 때에 당시 진 나라와 우호관계를 형성하고 있던 정(鄭) 나라 군주가 공손교의 빙문을 통해 문병하였던 사실을 말하고 있다.

---

168) 위 책, 31 : 7a.

"진(晉) 나라 사섭(士燮)이 내빙하여 담(郯) 나라를 치자고 하였는데 담 나라가 오(吳) 나라를 섬기고 있기 때문이었다. 노 군주가 사섭에게 뇌물을 써서 출병을 늦추어 달라고 요청하였다. 그랬더니 문자(文子)가 안 된다고 하였으므로 계손이 두려워하여 선백으로 하여금 군사를 거느리고 담 나라 치는 일에 합류하게 하였다(晉士燮來聘 言伐郯也 以其事吳故 公賂之請緩師 文子不可 … 季孫懼 使宣伯帥師會伐)."[169]

이것은 진(晉) 나라 군주가 노 나라에 사섭(士燮)을 보내어 오(吳) 나라를 섬기고 있던 담(郯) 나라를 정벌하자고 상의한 것인데 이것은 빙문을 통해 상호 간의 군사적 공동출병을 도모한 것이라고 할 수 있다.

"여름에 진(晉) 군주가 사방(士魴)으로 내빙케 하여 군사를 출병시켰던 것에 감사를 드렸다(夏 晉侯使士魴來聘 且拜師)."[170]

이 내용은 지난 해 노 나라가 진(晉) 나라와 함께 정(鄭) 나라를 응징하기 위해 공동 출병하였던 것에 대한 감사 표시로 사방(士魴)을 빙사(聘使)로 보낸 것인데 당시 각국 간에는 군사적 공동출병과 같은 큰 후원에 대해서는 빙사를 파견하여 감사를 표시했던 사실을 알 수 있다.

"제(齊) 군주가 진(晉) 나라를 정벌하였는데 두려워서 초(楚) 군주에게 진 나라와 화해를 부탁하였다. 이에 초 군주가 원계강(遠啓彊)을 제 나라에 빙사로 보내어 회동을 주선하였다(齊侯既伐晉 而懼將欲見

---

169) 위 책, 26 : 6b.
170) 위 책, 31 : 6b.

楚子 楚子遠啓疆如齊聘 且請期)."[171]

이것은 진(晉) 나라를 침입한 제(齊) 군주가 불안하여 초 군주에게
진(晉)과의 화해를 부탁하였으므로 초 군주가 원계강을 제 나라에 보내
서 회동을 주선한 것이다. 이같이 반목 불화 관계에 있는 적대국 간에는
제3국을 통해서 중재와 화해를 시도하였는데 이 같은 중재의 경우에도
빙문이 활용되었던 것을 알 수 있다.

"오(吳) 나라 군주가 초(楚) 나라의 상(喪)을 틈타서 치려고 하였다.
그래서 공자 엄여(掩餘)와 공자 촉용(燭庸)으로 하여금 군사를 거느
리고 잠(潛)을 포위하게 하였다. 그리고 계자(季子)로 하여금 중원의
열국을 예방하게 하였으므로 계자는 곧 진(晉) 나라를 예방하여 열국
의 사정을 살폈다(吳子欲因楚喪而伐之 使公子掩餘公子燭庸帥師圍
潛 使季子聘于上國 遂聘于晉 以觀諸侯)."[172]

이것은 초(楚) 나라가 평왕(平王) 상을 당하여 어지러울 때에 오(吳)
나라가 초 나라를 도모하려고 하였던 사실을 말하고 있다. 이때 오
나라는 공자 엄여(掩餘)와 촉용(燭庸)에게 군사를 주어 초 나라 읍
잠(潛)을 비밀리에 포위하고 계자(季子)를 진(晉) 나라로 빙문하게
하여 제후의 군사 동태를 살피게 하였는데 이 같은 사실은 열국 간의
빙문이 적정(敵情)을 살피는 첩보의 목적으로 활용되었던 것을 말한다.
이같이 각국 간의 빙문은 대국 간의 쟁패전과 쟁패전 와중에 개재된
약소국의 동맹 형성 등의 국제역학관계에서도 중요한 역할을 하였던
것 같다.

---

171) 위 책, 30 : 29a.
172) 위 책, 52 : 10a-b.

"진(晉) 나라 군주가 순강(荀康)으로 예방하게 하여 이전의 맹약을 굳게 하고 위(衛) 나라 군주도 손양부로 예방하게 하여 이전의 맹약을 확고히 하게 하였다(晉侯使荀康來聘 且尋盟 衛侯使孫良夫來聘 且尋盟)."173)

"여름철에 계문자(季文子)가 진(晉) 나라에 간 것은 지난번 빙문에 대한 답례이고 또 맹약을 체결하는 데 입회하기 위한 것이었다(夏季文子如晉報聘 且涖盟也)."174)

위의 두 기록은 빙사가 자국 군주의 지시를 받아 특정국에 파견되어 동맹을 체결한 사실을 전하고 있다. 또 '심맹(尋盟)'은 기존의 동맹을 재확인하고 연장하는 것이며 '읍맹(涖盟)'은 회맹의 준비로 타국에 파견되는 것이다. 그러므로 각국의 빙사가 외국에 파견 되어 '심맹' 또는 '읍맹'을 체결한 것은 빙사가 단순히 우호사절로서 우호국을 방문하여 우호 증진과 친선 도모만을 추진한 것이 아니었다. 자국의 정치·군사적 이해관계에 따른 특수 목적을 가지고 각국 간을 넘나들면서 외교활동을 전개했던 외교사절이었다고 할 수 있다.

이와 같이 각국을 넘나들면서 눈부신 외교활동을 전개한 빙문단은 빙사(聘使) 한 사람만으로 수행한 것이 아니었다. 『춘추좌전』 기록에 의하면 빙문단은 군명(君命)을 받은 경(卿) 1인과 부사(副使)를 포함한 다수의 수행원으로 구성되었다. 『예기』 「빙의(聘義)」에 보면 다음과 같이 설명하고 있다.

---

173) 위 책, 26 : 1b.
174) 『左傳注疏及補正』, 27 : 9a.

"빙례에는 상공(上公) 7개(七介), 후·백은 5개(五介), 자·남은 3개 (三介)인데 모두 귀천을 밝히는 것이다(聘禮 上公七介 侯伯五介 子男 三介 所以明貴賤也)."175)

이 예문은 외국을 방문하는 빙문단의 구성을 설명하고 있다. 위 글 중에서 보이는 '개(介)'는 부사 또는 수행원을 의미하는데 '개' 중에서 지위가 가장 높은 사람을 '상개(上介)'라 하고 그 이하는 '중개(衆介)'라 고 하였다. 또 상공(上公)은 7인의 '개', 후(侯)와 백(伯)은 5인의 '개', 자(子)와 남(男)은 3인의 '개'가 각기 수행한다고 하였는데 수행원 '개' 의 수효가 다른 것은 빙사(聘使) 지위의 고하를 나타내는 것이라고 설명하고 있다. 이같이 외국으로 파견되는 빙문단은 빙사를 중심으로 부사(副使)였을 것으로 간주되는 '상개'를 포함해서 다수의 '중개'로 구성되었음을 알 수 있다.

또 이들 빙문단은 현대 외교사절단이 여권 혹은 통행증 등을 휴대하였 듯이 '사절(使節)'을 소지하였다. '사절'에 대해서 『주례』에는 아래와 같이 기록되어 있다.

"장절(掌節)은 국가의 부절(符節)을 관장하여 용도를 살피고 왕명을 보좌한다. 제후국을 통치하는 제후들은 옥절(玉節)을 사용하고 도 (都)와 비(鄙)를 다스리는 자는 각절(角節)을 사용한다 … 산이 많은 나라에서는 호절(虎節)을 사용하고 평지가 많은 나라에서는 인절(人 節)을 사용하고 호수가 많은 나라에서는 용절(龍節)을 사용한다(節掌 守邦節 而辨其用 以輔王命 守邦國者用玉節 守都鄙者用角節 … 山國 用虎節 土國用人節 澤國用龍節)."176)

---

175) 『禮記注疏及補正』, 62 : 19b.
176) 『周禮注疏及補正』, 15 : 15a.

주소에 의하면 서주 시대에 제후들은 주왕에 대한 빙사로서 경·대부 등을 파견할 때에 '옥절(玉節)'을 신표(信標)로 사용하고 도(都)와 비(鄙)를 관리하는 경·대부는 '각절(角節)'을 사용하였다. 또 제후국 중에서 산이 많은 진국(晉國)과 같은 제후국은 '호절'을 사용하고 위국(衛國)과 같이 평지가 많은 토국(土國)은 '인절'을 그리고 정국(鄭國)과 같이 호수와 늪지가 많은 나라는 '용절'을 사용했다고 설명하고 있는데 이것은 서주 시대 제후들이 주왕에게 빙사를 파견할 때에 반드시 신분을 증명하는 신표 즉 사절(使節)을 지참시켰으며 '사절'은 제후의 지위 또는 나라에 따라 서로 상위하였음을 알 수 있다.

그러나 신빙성이 약한 『주례』의 기록이기 때문에 그대로 믿기는 힘들지만 분명한 사실은 서주 시대 수많은 제후들이 주왕에게, 그리고 제후 간에도 무수한 빙사가 파견되고 교환되었을 사실을 감안하면 빙사 신분의 징표로서 특수의 '사절'이 사용되었을 것은 틀림없는 사실이다. 이 같은 '사절'의 관행은 춘추 시대에도 계속되어 각국 간에 사용되었던 것 같다.

> "진(秦) 나라 군주가 서걸술(西乞術)에게 진(秦) 나라를 예방하여 진(晉) 나라를 치려 한다는 것을 말하게 했다. 그때에 노 나라의 동문 양중(襄仲)은 진 나라에서 보낸 옥(玉)을 사양하고 말하기를 '진 나라 군주는 우리 선대 군주와 우호관계를 잊지 않고 … 노 나라의 안녕을 도모하고 훌륭한 옥까지 보내주었지만 우리 군주는 감히 이 옥만은 사양합니다'(秦伯使西乞術來聘 且言將伐晉 襄仲辭玉 曰君不忘先君之好…鎭撫其社稷 重之以大器 寡君敢辭玉…不敢先君之器 使下臣致諸執事 以爲瑞節 其能國乎)."[177]

이 기록은 진(晉) 문공 12년에 진(秦) 나라가 서걸술(西乞術)을 빙사로 노 나라에 보내어 양국 간의 종래 우호를 확약하였던 내용이다. 그런데 제임스 리그(James Legge)는 윗글에 보이는 '옥(玉)'을 빙사가 가져온 'The Jade Symbol' 그리고 '서절(瑞節)'을 'An Suspicious Symbol for the Confirmation'[178]으로 해석하고 있으므로 이 같은 '옥' 또는 '서절'은 모두 군주의 신임을 나타내는 신표였다고 할 수 있다. 다시 말하면 춘추 시대에 각국에 파견되었던 빙사는 자신의 신분과 군주의 신임을 나타내는 '사절' 즉 신표를 소지하였던 사실을 알 수 있다.

> "임금은 사(士)를 파견하여 국경에서 마중하고 대부가 교외에서 위로한다(君使士迎于境 大夫郊勞 君親拜于大門之內…)."[179]

이같이 빙문단이 상대국 국경에 도착하면 상대국은 사(士)를 국경에 보내어 영접하고 교외에 이르면 대부(大夫)를 보내어 위로하고 수도에 도착하면 '빈(擯)'의 안내와 인도를 받았다. 이 '빈'에 대해서『주례』「추관사구하(秋官司寇下)」에 아래와 같이 기록되어 있다.

> "사의(司儀)는 구의(九儀)에 맞춰서 빈객을 맞이하고 예를 돕는 일을 관장하여 의용(儀容), 사령(辭令), 읍양(揖讓)의 절차를 알려준다(司儀掌九儀之賓客 賓相之禮以詔儀容辭令揖讓之節)."[180]

주소에 "빈(擯)은 나가서 외부 손님을 맞이하는 것(出接賓曰擯)"이라

---

177)『左傳注疏及補正』, 19 : 12b-13a.
178) James Legge, 앞 책, p. 261.
179)『禮記注疏及補正』, 63 : 20a.
180)『周禮注疏及補正』, 38: 25.

한 사실을 보면 '빈'은 외부 손님들을 출영하여 접대하는 직책이었음을 알 수 있다. 이 같은 '빈'의 임무에 대해서 좀 더 명확히 설명하고 있는 것이 『의례(儀禮)』중의 「사구예(士寇禮)」의 기록이다.

"손님을 인도하는 빈자(檳者)가 기약된 시간을 물으면 재(宰)가 '아침에 밝아올 때 행사를 거행합니다'라고 말해준다(檳者請期 宰告曰 質明行事).ʺ181)

주소에 의하면 주인 측에서는 '빈'이 빙사의 환영과 접대를 맡고 빙사 측에서는 빙사를 수행한 '개(介)'가 모든 준비를 맡은 것으로 되어 있다. 또 앞서 설명한 바와 같이 빙사를 수행한 '개'에는 등급의 고하와 직책의 비중에 따라 '상개(上介)', '중개(衆介)' 등 여러 등급의 '개'가 있었다고 하였는데 '빈'에도 등급에 따라 여러 층의 '빈'이 있었던 것 같다. '빈' 중에서 경(卿)이면 상빈(上檳), 대부이면 '승빈(承檳)', 사(士)이면 '소빈(紹檳)'이라고 하였는데 그 수효는 대개 1인에서 3인이었던 것 같다.182)

이와 같이 빙사 일행은 '빈'의 안내를 받아 묘문(廟門)으로 안내되어 상대국 군주를 배알하였는데 '집옥(執玉)'의 절차가 있었다. 먼저 시중꾼 가인(賈人)이 가져온 나무 궤의 '독(櫝)'을 열고 규장(圭璋)을 꺼내어 상개에게 전하면 상개는 이를 정중히 받아서 상대국 '빈'에게 전한다. '빈'은 이 규장을183) 받아서 군주에게 올렸다.184)

---

181) 『儀禮注疏及補正』, 2 : 4a.
182) 위 책, 2 : 4a.
183) '규장(圭璋)'은 옥으로 만들어졌는데 빨간색과 녹색의 두 가지 색깔 비단으로 된 밑 받침대 위에 놓인 조각된 옥을 말한다. 이 옥의 의미에 대해서 『예기』「빙의」에 보면 孔子가 "옛날에 군자는 옥의 덕에 비유되었다(夫昔者君子比德於玉焉)라고 하였는데 이것은 옥을 군자의 높은 덕에 비유하고 있는 것이다. 또 "빙문 시에 규장을 들어 보이는 것은 예를 중시하기 때문이다(以圭璋聘 重禮也)라 하고 있는데 이것은

"개가 늘어서서 명(命)을 전한다. 개는 군자로 존경하므로 감히 질자
(質子)로 못하고 공경을 다한다(介紹而傳命 君子於其所尊 弗敢質
敬之至也)."185)

이같이 '집옥'의 절차가 끝나면 모든 '개'가 줄을 이어 서서 자국
군주의 명(命)을 상대국 '빈'에게 전하면(介紹傳命) '빈'은 이를 받아서
자국 군주에게 다시 전하였는데 '개'는 군자(君子)로서 존중받기 때문에
감히 질자(質子)로 할 수 없다고 하였다. 그리고 이 같은 과정을 거쳐
빙문의 예가 끝나면 빙사 일행은 빈관(賓館)으로 안내되어 성대한 향연
을 대접받았다.186)

또 춘추 시대 열국은 각국의 이 같은 빙문에 대해서 반드시 답례를
하였는데 이것이 '보빙(報聘)'이었다. 따라서 '보빙'은 빙문에 대한 답례
라고 할 수 있는데 이 '보빙' 역시 서주 시대에 기원하였던 것 같다.

"9년 봄에 천자가 사람을 시켜서 노 나라의 예방을 요구하였다. 여름에
맹헌자(孟獻子)가 주(周) 나라로 가서 예방을 하였다(九年 春 王使來
徵聘. 夏 孟獻子聘於周)."187)

"가을에 유강공(劉)의 강공(康公)이 예방하여 주 나라의 예방에 보답

옥 즉 규장은 높은 덕과 예를 상징하고 있음을 말하고 있다.
184) 빙사가 상대국에 도착하여 상대국 군주를 배알하는 의전상의 자세한 절차와 방식은
『儀禮注疏及補正』, 20 : 7b-8a에 자세하게 설명되어 있으며 池田末利가 譯註한
『儀禮二』에는 도표와 그림까지 삽입되어 있다. 池田末利 譯註, 『儀禮Ⅱ』, 東海大學出
版會, 1978, pp. 438-441.
185) 위 책, 12 : 19b.
186) 『左傳注疏及補正』, 昭公 2年, 12년, 25년 傳 참조.
187) 위 책, 22 : 9a.

하였다(秋 劉康公來報聘)."188)

위 두 기사는 맹헌자가 주 나라를 빙문하였는데 이듬해 이에 대한 답례로 주 나라의 유강공이 노 나라에 보빙하였던 사실을 말하고 있다.

"겨울에 천자가 공작 열(閱)로 하여금 노 나라를 예방케 하였다(冬 王使周公閱來聘)."189)

"동문 양중(襄仲)이 주 나라를 예방하고 곧 이어서 진(晉) 나라를 처음으로 예방하였다(東門襄仲將聘于周 遂初聘于晉)."190)

위의 두 기사의 내용은 주왕이 공작 열(閱)에게 노 나라를 빙문하도록 하였는데 노 나라가 그 답례로 동문 양중(襄仲)을 주 나라에 보내어 보빙하게 하고 이어서 진(晉) 나라를 처음으로 예방하였다는 것인데 이것 역시 주 나라의 빙문에 대한 노 나라의 보빙을 말하고 있다. 이같이 서주 시대 주왕과 제후 그리고 제후 간의 빙문과 보빙이 제도적으로 시행되고 있었는데 춘추 시대 열국 간에도 이 같은 빙문과 보빙의 제도가 계속되었던 같다.

"겨울에 공자 가(家)가 제(齊) 나라를 예방하였다. 주(邾) 나라를 친 일 때문이었다. 제 나라의 국무자(國武子)가 와서 답례하였다(冬 子家如齊 伐邾故也 國武子來報聘)."191)

---

188) 위 책, 22 : 9b.
189) 위 책, 17 : 10a.
190) 위와 같음.
191) 위 책, 22 : 9b.

이것은 노(魯) 의 계문자가 제(齊) 새 군주의 즉위 후 처음으로 예방하였는데 이에 대한 답례로 제 나라의 국무자가 예방한 것이다.

"봄에 송(宋) 나라 화원(華元)이 예방하였는데 군주의 대를 이은 새 군주 즉위 때문이었다(春 宋華元來聘通嗣君也)."192)

"맹헌자(孟獻子)가 송(宋) 나라를 예방한 것은 송 화원의 예방에 대한 보답이었다(孟獻子如宋 報華元也)."193)

이것은 노 나라 성공 4년 송(宋) 재상 화원(華元)이 노국을 빙문하였는데 일 년 후에 노 나라의 맹헌자가 그에 대한 답례로 송국에 보빙한 것이다.

이와 같이 춘추 시대에도 열국 간에 빙문과 보빙이 빈번히 행해졌는데 빙문에 대한 보빙의 시기는 예외의 경우도 있었지만 대개의 경우 빙문을 받은 날로부터 일 년을 넘기지 않았던 것 같다.

앞서 인용한 노 나라 맹헌자의 송국 화원에 대한 보빙 그리고 노 계문자의 빙문에 대한 제 나라 국무자의 보빙 등의 시일은 모두 일 년을 넘기지 않고 있다. 이 같은 사실에서 당시 보빙은 빙문을 받은 지 일 년을 전후로 행해졌던 사실을 엿볼 수 있다. 그러나 부득이한 사정으로 예외도 있었던 것 같다.

"겨울 위(衛) 나라의 공자 숙(叔)과 진(晉) 나라의 지무자(知武子)가 와서 예방하였다. 예에 맞는 일이었다(冬 衛子叔晉知武子 來聘 禮也)."194)

---

192) 위 책, 26 : 2b.
193) 위 책, 26 : 3a.

"목숙(穆叔)이 진(晉) 나라에 예방한 것은 지무자(知武子)의 빙문에 대한 예방이었다(穆叔如晉 報知武子之聘也)."[195]

위 글 중에서 첫 번째 문장은 노(魯) 양공 원년에 위(衛)의 자숙(子叔)과 진(晉)의 지무자(知武子)가 노 나라를 예방하였던 사실을 말하고 있다. 두 번째 문장은 이에 대한 답례로 노 나라의 목숙(穆叔)이 3년 후인 양공 4년에 진 나라에 보빙하였던 사실을 말하고 있다. 이같이 보빙이 늦어진 경우도 있었는데 보빙이 늦어지면 늦어진 사유에 대해서 사과를 하였다. 앞서 언급한 위(衛)의 자숙이 양공 원년에 노 나라에 내빙하여 왔는데 노국의 이에 대한 보빙이 양공 7년에 이루어졌다.

"가을에 계무자(季武子)가 위(衛)나라 예방은 위(衛)의 자숙이 노나라의 예방에 대한 답례를 한 것이고 또 딴 마음이 있어서 답례가 늦은 것이 아니라고 변명하였다(秋 季武子如衛 報子叔之聘 且辭緩報非貳也)."[196]

이같이 이웃 나라의 빙문에는 반드시 보빙을 하고 또 보빙이 늦은 이유를 분명히 밝히고 있는데 이 같은 사실을 통해서 볼 때에 보빙은 빙문을 받은 지 일 년 전후로 행해지는 것이 관례였으며 그 이상 늦어지면 실례였음을 알 수 있다.

"…군명을 받고 출국하면 죽음이 있어도 군주 명을 버릴 수가 없습니

---

194) 위 책, 29 : 24b .
195) 위 책, 29 : 27b.
196) 위 책, 30 : 32b.

다. 신이 군주의 명을 응낙한 것은 우리 군주의 명을 완수하기 위한
것이었습니다. 죽더라도 우리 군주 명을 완수했으니 이것은 신의
복이옵니다(受命以出 有死無實 又可賂乎 臣之許君 以成命 死而成命
臣之祿也)."197)

이것은 진(晉) 나라 군주가 해양(解楊)에게 임무를 부여하여 송(宋)
나라에 파견하였는데 초(楚) 나라가 이것을 알고 도중에 해양을 납치하
여 뇌물을 주면서 변절하도록 설득하였다. 이에 해양이 초 군주의 명을
듣는 척하였으므로 초국은 해양을 송 나라에 보냈다. 그런데 해양은
진 군주의 명을 그대로 전하고 초 군주의 명을 배신하였는데 위 글은
이 같은 초 군주 추궁에 대한 해양의 답변이었다. 이같이 당시 빙사들은
자국 군주의 명령을 받고 출국하면 어떠한 난관도 극복하고 또 유혹이
있어도 물리치면서 생명을 다하여 자국 군주의 명령을 이행하였다.

"빙례에서 대부가 군주의 명을 받으면 사양하지 않으며 국경을 벗어나
면 관리로써 사직을 안정시키고 국가를 이롭게 하는 것에 전념하는
것이 옳다(聘禮 大夫受命不受辭 出境有司以安社稷 利國歌者則專之
可也)."198)

이같이 방사가 임무를 부여받고 밖에 나가면 오직 사직 안전과 국익만
을 위해서 일해야 한다고 하였다. 이 같은 사실을 통해서 볼 때 당시
각국 외교관들은 군명을 받아 각국 간을 넘나들면서 눈부신 외교 활동을
전개하였는데 이들의 외교적 직업의식과 책임감은 아주 투철하였던
사실을 알 수 있다.

---

197) 위 책, 24 : 19a.
198) 위 책, 32 : 2b.

"노 나라의 숙궁(叔弓)이 진(晉) 나라를 예방한 것은 한선자(韓宣子)의 빙문에 대한 보답이었다. 진(晉) 군주가 교외에서 위로하였는데 숙궁이 사양하면서 '저희 군주께서 저를 보내어 양국 간의 옛 우호관계가 계속되게 하기 위해서 손님 노릇을 하지 말라고 간곡히 말하였습니다.' … 영빈관으로 들게 하자 숙궁이 다시 사양하면서 '저희 군주의 뜻대로 잘되어 사명이 달성된다면 신의 복이옵니다. 제가 감히 어른들이 드는 영빈관으로 들 수가 있겠습니까?'라고 말하였다. … 진(晉) 숙향이 예의를 아는 분이구나 … 나라를 먼저 생각하고 자신을 뒤로 하는 것은 자신을 낮추고 겸손한 것이다(叔弓聘於晉 報宣子也 晉侯使郊勞 辭曰 寡君使弓來繼舊好 固曰 女無敢爲賓 … 致館 辭曰 賓君命下臣來繼舊好 好合使成 臣之祿也 敢辱大館 … 叔向曰 子叔子知禮哉 … 先國後己 卑讓也)."[199]

이것은 노(魯) 소공 2년 봄에 진(晉) 선자(宣子)가 노 나라를 빙문한 것에 대한 노 숙궁의 보빙을 말하고 있다. 진 나라에 보빙사로 간 숙궁은 진 나라에서 제공하는 모든 환대를 사양하고 진(晉), 노(魯) 양국 간의 우호 유지와 친선 증진이 자신의 임무라고 하였다. 이에 대해서 춘추시대 현인 정치가의 한 사람이었으며 당시 진국 재상이었던 숙향(叔向)은 숙궁의 국가를 먼저 하고 자신을 뒤로 하는 '先國後己'의 태도를 높이 찬양하였다. 이 같은 사실을 통해서 보면 군명을 받아 외국에 파견되는 빙사들은 오로지 군명을 받들어 사직의 안전과 국익 증진을 위해 전력을 다했으며 또한 자신의 영예나 이이보다는 국가의 이익을 앞세웠던 '先公後私'의 정신이 투철하였던 사실을 알 수 있다.

---

199) 위 책, 42 : 9b.

이와 같이 춘추 시대 열국 간에는 외교사절이라고 할 수 있는 빙문과 보빙이 활발히 전개되고 이 빙문과 보빙을 통하여 각국 간의 전쟁, 강화, 원조, 통혼 등을 포함한 정치 군사 및 경제적 현안 문제를 협상하고 해결하였는데 열국 간의 외교 활동이 얼마나 활발하였는가를 노국을 통해서 알 수 있다.

주지하는 바와 같이 노국은 주공의 아들 백금(伯禽)이 분봉된 제후국이었는데 노국의 역사 242년간 56차에 걸쳐서 빙사를 열국에 파견하였으며 거의 같은 시기에 주 왕실에 대해서는 겨우 5차에 불과하였다.[200] 이 같은 사실은 당시 외교의 중심이 주 왕실이 아니라 열국으로 구성된 국제사회였으며 이 국제사회를 배경으로 각국 간에 파견 교환되었던 빙문과 보빙이 주요 외교 루트였던 사실을 알 수 있다.

또한 춘추 시대의 국제사회에서 빼놓을 수 없는 외교 활동은 각국 군주들에 의해 행해진 '조(朝)' 또는 '조근(朝覲)'이었다. 앞 장에서 자세히 고찰한 바와 같이 조근은 서주 시대 제후들의 주 천자에 대한 직접적인 배알이었는데 춘추 시대 열국이 병립하고 국제사회가 형성되면서 각국 간의 현안문제가 빈번하게 발생됨에 따라 열국 군주들도 상호 간에 직접 방문하여 친선과 우호를 도모하면서 외교 활동을 전개하였다.

> "제후의 방문을 조(朝)라 하고 대부의 방문을 빙(聘)이라고 한다(諸侯來曰朝 大夫來曰聘)."[201]

이에 의하면 춘추 시대에도 제후가 상대국 제후를 직접 방문하는 것을 '조(朝),' 대부가 방문하는 것을 '빙(聘)'이라고 했던 사실을 알

---

200) Richard Louis Walker, 앞 책, p. 75.
201) 『公羊注疏及補正』, 3 : 14b.

수 있다.

"봄에 등(滕) 나라 군주와 설(薛) 나라 군주가 예방하였다(春 滕侯薛
侯來朝)."[202]

"여름 소주자 군주가 방문하였다(夏 小邾子來朝)."[203]

위 글과 같이 제후의 '조'에 관한 기록은 『춘추좌전』에 아주 많이
보이고 있는데 이것은 춘추 시대 우호국 간에는 군주의 직접 방문이
아주 활발하였던 사실을 보여주고 있다. 이 같은 군주의 '조'가 어느
시기에 행해지고 그 목적이 무엇이었는가를 살펴볼 필요가 있다.

"공이 진(晉) 나라에 간 것은 새로 등극한 새 군주를 만나기 위한
것이었다(公如晉 朝嗣君也)."[204]

이것은 노(魯) 성공 18년 2월에 진(晉) 나라에서 도공(悼公)이 즉위
하였으므로 성공이 직접 방문하여 축하했던 사실을 말하고 있다.

"주(邾) 나라 군주가 내조하였는데 예에 맞는 일이었다(邾子來朝
禮也)."[205]

이것은 노(魯) 양공이 즉위하였으므로 주(邾) 군주가 내조하여 축하
한 것이다.

---

202) 『左傳注疏及補正』, 4 : 26b.
203) 위 책, 13 : 11b.
204) 위 책, 28 : 22b.
205) 위 책, 29 : 24b.

"가을에 조(曹) 문공이 내조한 것은 즉위 이후 노(魯) 군주를 만나러 온 것이다(秋 曹文公來朝 卽位而來見)."[206]

이것은 조(曹) 문공이 즉위한 다음에 우호국인 노국 군주를 방문한 사실을 말하고 있다.

"노(魯) 소공이 진(晉) 나라를 예방했다(公如晉)."[207]

주소에는 노 소공이 '즉위한 후에 방문한(卽位而往見)'한 것으로 설명하고 있는데 이것은 노국 소공이 즉위한 후에 진국을 방문한 사실을 말하고 있다. 이같이 춘추 시대 각국 군주 간의 방문 즉 '조(朝)'는 일차적으로 우호국에서 새로운 군주가 즉위하면 축하와 우호 증진을 위해서 방문했던 것을 알 수 있다. 또 각국 군주 간의 상조(相朝)는 5년 2조의 간격으로 행해진 것 같다.

"정월에 공이 진(晉) 나라를 방문했다(正月 公如晉)."[208]

주소에는 제후들은 '5년에 두 번씩 서로 방문하는 것이 예의이다(諸侯 五年 再相朝 禮也)'로 해석하고 있다.

"여름 조(曹) 군주가 방문한 것은 예의에 맞는 일이었다. 제후는 5년에 두 번씩 서로 방문하여 천자의 명을 잘 지키는 것이 옛날의 제도였다

---

206) 위 책, 19 : 25b.
207) 위 책, 43 : 218b.
208) 위 책, 13 : 16b.

(夏 曹伯來朝 禮也 諸侯五年再相朝 以修王命 固之制也)."209)

　주소에 의하면 노(魯) 문공 11년에 조(曹) 군주가 내조하였고 문공
15년에 다시 내조하였다고 설명하고 있는데 이것은 춘추 시대에 각국
군주들은 5년을 주기로 두 번씩 상호 간에 직접 방문하여 지속적인
우호와 친선을 도모하고 유지했음을 알 수 있다.
　그러나 춘추 시대에는 이 같은 주기적인 '조' 외에 특수한 일 또는
돌발적인 사태가 발발하면 빙사를 파견하여 해결하였으나 경우에 따라
서는 군주의 직접 방문인 '조'를 통하여 해결을 시도하였다.

　　"겨울 기(杞) 나라 군주가 내조하였다. 천자의 명을 받아서 제(齊)
　　나라와 화평을 하도록 요구해달라고 요청하였으나 공은 그럴 힘이
　　없다고 말하였다(冬 杞侯來朝 請王命以求成於齊 公告不能)."210)

　제임스 리그에 의하면 기국(杞國)은 원래 작고 미약한 국가였는데
당시 제국(齊國)과 불화하였다. 이 문제를 해결하기 위해 기국 군주가
노국을 방문하고 주왕에게 소통하여 이 분쟁을 해결해달라고 부탁하였
는데 노국이 그럴 능력이 없다고 설명한 것이다. 이 설명에 따르면
열국 간에 긴박한 국제적 분쟁이 발생하면 군주 자신이 직접 타국을
예방하여 분쟁 해결을 시도하였던 사실을 알 수 있다.211)

　　"기(杞) 군주가 내조하였는데 공주 숙희(叔姬)를 돌려보내기 위한
　　것이었다(杞伯來朝 歸叔姬故也)."212)

---

209) 위 책, 19 : 30b.
210) 위 책, 7 : 7a.
211) James Legge, 앞 책, p. 501.
212) 『左傳注疏及補正』, 26 : 2a.

위 내용은 기(杞) 군주가 노(魯) 문공의 셋째 딸 숙희(叔姬)와 이혼하였는데 그 이유를 설명하기 위해 노국에 내조하였던 사실을 말하고 있다. 노국 공주와의 이혼은 노국과 국제분쟁을 일으킬 가능성이 있으므로 약소국인 기국 군주가 직접 노 문공을 방문하여 사유를 설명하면서 양해를 얻으려고 한 것이다. 이 같은 사실을 종합해보면 각국 간에 미묘한 또는 중대한 국제적 분쟁이 일어날 소지가 있고 또 빙사를 보내서 해결할 수 없는 일이면 군주 자신이 직접 상대국을 방문하여 이해를 구하고 분쟁 해결을 시도하였던 사실을 알 수 있다.

"여름 거(莒) 나라의 모이(牟夷)가 모두(牟婁)와 방자(防玆) 땅을 가지고 노(魯) 나라로 도망하였다. … 거 나라 사람들이 진(晉) 나라에 호소하였으므로 진 군주가 진 나라를 방문한 노 나라 군주를 억류하려고 하였다. 이에 범한자(范獻子)가 방문한 사람을 억류하는 것은 유괴한 것이 됩니다. 불의를 군사로 토벌하지 않고 유괴하여 달성하려고 하는 것은 욕망입니다. 맹주로서 이 두 가지를 범하면 안 됩니다. 노 나라 군주를 돌려보내기를 청합니다. 그리고 틈을 내어 군사를 내어서 치십시오. 이에 노 나라 군주를 돌려보냈다(夏 莒牟夷以牟婁及 防玆來奔 … 莒人愬于晉 晉侯欲止公 范獻子曰不可 人朝而執之 誘也 討不以師 而誘以成之 情也 爲盟主而犯此二者 無乃不可乎 請歸之 間 而以師討焉 乃歸公)."213)

이것은 거(莒)의 모이(牟夷)가 거 나라의 모두(牟婁)와 방자(防玆) 땅을 가지고 노국에 망명하여 우대를 받고 있으므로 거 나라 사람들이

213) 위 책, 43 : 20a-b.

당시 패주 진(晉) 군주에게 그 사정을 호소하였다. 그리고 이 같은 거 나라 사람들의 호소를 수용한 진 군주는 때마침 진국에 내조한 노국 군주를 포로로 구금하려고 한 것이다. 그런데 범한자(范獻子)가 만류하면서 내조한 사람을 구속하면 유인하여 구속하는 것이 되므로 만류한 것이다. 이 같은 사례는 국제간에 깊은 분쟁이 있어도 일단 자국에 내조한 타국 군주에 대해서는 신변의 안전을 보장해주었던 사실을 말하고 있다.[214]

한편 각국 군주 간에 행해진 조근의 예를 보면 일정의 격식이 있었다. 제후 간의 '조'는 서주 시대와 마찬가지로 '묘(廟)'에서 행해졌다. 그리고 서로 상견례를 행할 때에는 반드시 '규벽(圭璧)'을 들고 행하였다.

"제(齊) 나라 군주가 진(晉) 나라 군주를 예방할 때 옥(玉)을 교부하려고 하였다(齊侯朝于晉將授玉)."[215]

이같이 제(齊) 군주가 진(晉) 나라를 방문하여 진 군주와 조근을 행할 때에 '옥(玉)'을 교부하려고 하였는데 주소에 의하면 '옥'은 제후가 지참하고 있는 '규(圭)'를 말한다. 제후 상견 시에 당상 중간 지점에서 교부하는 것(玉謂所執之圭也 凡諸侯相朝 升堂授玉於兩楹之間)으로 설명하고 있다. 그리고 제임스 리그는 이 '규'를 'Symbol of Jade'로 이해하고 있다.[216] 그런데 이 '옥' 즉 '규'에 대해서 『주례』에서는 아래와 같이 설명하고 있다.

"…옥으로 6등급의 규(圭)를 만들어 제후들에게 나누어주었는데 왕

214) James Legge, 앞 책, p. 606.
215) 『左傳注疏及補正』, 26 : 2a.
216) James Legge, 앞 책, p. 353.

(王)은 진규(鎭圭), 공(公)은 환규(桓圭), 후(侯)는 신규(信圭), 백
(伯)은 궁규(躬규), 자(子)는 곡벽(穀璧), 남(男)은 포벽(蒲璧)이었
다(…以玉作六瑞以等邦國 王執鎭玉 公執桓圭 侯執信圭 伯執躬圭 子
執穀璧 男執蒲璧)."217)

위 기록에 의하면 공은 환규(桓圭), 후는 신규(信玉), 백은 궁규(躬
圭), 자는 곡벽(穀璧), 남은 포벽(蒲璧)의 '규'를 소유했는데 이 같은
'규'는 제후들의 작위 고하에 따라 그 종류와 규모가 달랐음을 말하고
있다.

또 『상서』 「순전(舜傳)」에 보면 "순 임금이 다섯 가지 홀(圭)을 모아서
좋은 달과 날을 받아서 … 주목관(州牧官)들을 접견한 후 다섯 가지
홀(圭)을 제후들에게 나누어주었다(舜 … 輯五瑞 旣月乃日 … 觀四岳群
牧 班瑞于群后)"218)라 하고 주소에는 이 '5서(五瑞)'를 서신(瑞信也)으
로 설명하고 있다. 그리고 앞서 언급한 『주례』 「춘관종백(春官宗伯)」에
서도 '규'를 제후의 신표(信標)로 설명하고 있다.219) 또 『설문해자』에
의하면 '규'는 서옥(瑞玉)을 말하는데 그 모양은 '위는 둥글고 아래는
모가 난(上圓下方) 것'으로 묘사하고 있다.220) 공(公)이 소지하는 환규
(桓圭)는 크기가 9촌이며 후(侯)가 소지하는 신규(信圭)와 백(伯)이
소지하는 궁규(躬圭)는 7촌 그리고 자(子)가 소지하는 곡벽(穀璧)과
남(男)이 소지하는 포벽(蒲璧)은 각기 5촌으로 묘사하여 '규'의 모양과
크기가 작위 고하에 따라서 각기 달랐던 것으로 설명하고 있다. 그러나
이 같은 기록은 사료의 신빙성으로 보아 그대로 믿기는 힘들다. 그런데
'규'에 관한 기록은 『춘추좌전』에도 보인다.

---

217) 『周禮注疏及補正』, 18 : 10b.
218) 『尙書注疏及補正』, 3 : 12b.
219) 『尙書王讀』, 臺北 : 華王書局, 1974, p. 19.
220) 『說文解字義證』, p. 1206.

"제후가 방문하거나 대부가 빙문할 때는 규옥(珪玉)을 지참한다(朝聘有圭)."221)

　주소에는 '규는 신표이다(珪以爲信)'로 설명하고 있고 또 "조빙 때 규를 신표로 지참한다(用珪朝聘所以信 故執之)"고 하여 '규(圭)' 또는 '규(珪)'를 제후에 대한 신표로 설명하고 있다. 다시 말하면 제후가 서로 상면하여 조례(朝禮)를 행할 때에는 반드시 이 '규'를 제시하여 서로의 신원을 확인하였던 사실을 알 수 있다.

"봄에 주(邾) 나라 은공이 노 나라를 예방하였다. 공자 공(貢)이 살펴보았는데 주 나라 군주가 옥(玉)을 선물로 드리는데 옥을 너무 높이 들어서 그 신체가 높이 올라가고 우리 군주가 옥을 받는데 자세가 너무 낮았다(春 邾隱公來朝 子貢觀焉 邾子執玉高 其容仰 公受玉卑 其容俯)."222)

　위 글은 주(邾) 군주가 노 나라를 예방하였는데 양국 군주가 조례를 행하는 장면을 공자 제자 중의 한 사람이던 자공(子貢)이 목격하고 기술한 것이다.
　이에 의하면 주(邾) 은공은 '규'를 높이 들고 있다가 노공에게 교부하고 노공은 이 '규'를 낮추어 받았다고 하면서 양국 군주 모두가 예를 잃고 성의 없는 태도로 조근의 예를 행하는 것을 보고 양국 간의 우호관계가 오래 지속될 수 없을 것으로 예감하였다는 것인데 이 같은 사실을 볼 때 각국 군주 간의 조례에는 일정의 의식과 절차가 있었으며 옥으로

---

221) 『左傳注疏及補正』, 26 : 2a
222) 위 책, 56 : 15b.

만든 '규'가 신표로써 상호 간에 교부되었음을 알 수 있다. 또 양국 군주 간의 조례가 끝나면 성대한 향연이 있었다.

"제(齊) 군주가 진(晉) 나라를 예방하였는데 진 군주가 제 군주를 위해 향연을 베풀었다(齊侯朝於晉 … 晉侯享齊侯)."223)

"송(宋) 군주가 초구(楚丘)에서 진(晉) 군주를 위해 향연을 베풀었다 (宋公享晉侯於楚丘)."224)

"제(齊) 군주, 위(衛) 군주, 정(鄭) 군주들이 진(晉) 나라 새 군주 등극을 축하하기 위해서 예방하였다. 진 군주가 제후들을 위해 향연을 베풀었다(齊侯 衛侯 鄭伯如晉朝嗣君也 … 晉侯享諸侯)."225)

이 같은 기록이 『춘추좌전』에 아주 많은데 모두 양국 군주 사이에 조근의 예가 끝나면 상대국 군주를 위한 성대한 환영의 향연이 있었다. 그리고 향연에서는 서로 시부(賦詩)를 지어서 주고받았다.

"노(魯) 군주가 진(晉) 나라를 방문하였는데 교외에서 위로를 받는 것부터 선물을 증정하는 일에 이르기까지 예절에 벗어남이 없었다 (公如晉 自郊勞至于贈賄 無失禮 晉侯謂女叔齊田 魯侯不亦善於禮 乎)."226)

이것은 노(魯) 소공이 진(晉) 나라를 빙문하였는데 교외 접대에서

---

223) 위 책, 26 : 2a.
224) 위 책, 31 : 2a.
225) 위 책, 45 : 36a.
226) 위 책, 43 : 18b.

수도에 입성하여 상호 예물의 증정까지 조금도 예의에 벗어남이 없었던 사실을 말하고 있다. 이같이 각국 군주 간의 조근은 상호 우호 증진과 친선 도모의 목적이 있었으므로 최고 최대의 예의를 갖추었으며 사소한 결례도 있을 수 없었다. 모든 성의와 배려를 다했던 것 같다.

다음 기사는 양국 간의 우호관계가 나빠진 경우에는 상대국 군주의 빙문 즉 '조'가 사전에 거절되었던 것 같다.

> "노(魯) 군주가 진(晉) 나라를 방문하였다. 순오(荀吾)가 한선자(韓宣子)에게 '제후 간의 상조(相朝)는 이전의 우호관계를 두텁게 하자는 것인데 그 나라의 경(卿)을 구류하고 있으면서 그 나라 군주가 조근 오게 하는 것은 옳지 않습니다. 노 나라 군주 조근을 사양하는 것이 좋을 것입니다.'라고 건의하였다. 이에 사경백(士景伯)을 시켜서 황하 강변에서 노 나라 군주의 조근을 사양케 하였다(公如晉 荀吾謂韓宣子 曰 諸侯相朝 講舊好也 執其卿而朝其君 有不好焉 不如辭之 乃使士景伯辭公于河)."227)

이같이 조근은 제후 상호 간의 우호 증진과 친선 도모를 목적으로 한 것인데 상대국의 경(卿)을 구속하고 있으면서 그 나라 군주의 방문을 받는다는 것은 예의에 어긋나는 것이므로 사양하는 것이 좋다고 건의한 것이다. 이것은 사실상 양국 간의 국교가 파열될 것을 예측하고 상대국 군주의 '조'를 미리 차단한 것이었다고 할 수 있다.

> "기(杞) 나라 군주 환공(桓公)이 조근 왔는데 오랑캐 이적의 예의를 행했다. 그러므로 자작이라고 낮추어 말했다. 기 나라 군주가 공손하

---

227) 위 책, 47 : 6a.

지 않았기 때문이었다(杞桓公來朝 用夷禮 故曰子公卑杞 杞不恭
也)."228)

　기(杞) 나라는 원래 화하열국이었으나 동쪽에 치우쳐 있었으므로
이적의 풍속에 많이 동화되었다. 그런데 기 군주 환공이 내조하여 이적의
예법으로써 노 희공을 대하자 노 희공이 기 환공의 작급을 자작(子爵)으
로 낮추어 불렀다는 뜻이다. 또 후대의 기록이긴 하지만 『사기』「진세가
(晉世家)」에도 이와 유사한 내용이 있다.

　　"노 나라 성공이 진(晉) 나라를 조근하였는데 진 나라가 불경하게
　　대하였으므로 노 성공이 불쾌하여 돌아갔다. 이후 노 나라는 진 나라를
　　배반하였다(魯成公朝晉 晉弗敬 魯怒去 倍晉)."229)

　이것은 노국 성공이 진국에 조근하였는데 진국 군주가 예의를 갖추지
않고 접대하자 노하여 돌아간 다음 진국을 배반하였다는 내용이다.

　　"소주(小邾) 목공(穆公)이 내조하였는데 계무자(季武子)가 박대하
　　려고 하므로 목숙(穆叔)이 '안 됩니다. 조(曹), 등(滕)의 두 주(朱)
　　나라는 우리와 우호관계를 잊지 않고 있습니다. 우리가 극진하게
　　맞이하더라도 떨어져 나갈까 걱정해야 합니다. 한 우호국을 소홀히
　　하면 다른 많은 우호국이 배반하는 것입니다. 이전과 같이 하고 더욱
　　공경스럽게 해야 합니다'라고 말했다(小邾穆公來朝 季武子欲卑之
　　穆叔曰不可 曹滕二朱實不忘我好 敬以逆之 猶懼其貳 又卑一睦焉 逆群
　　好也 其如舊而加敬焉)."230)

---

228) 위 책, 16 : 27a.
229) 『史記』 晉世家, 39 : 1679.

이것은 소주(小邾) 목공이 노 소공의 즉위를 축하하기 위해서 내조하였는데 노 계무자(季武子)가 박대하려고 하였으므로 목숙(穆叔)이 극력 반대하고 오히려 더욱 환대하고 공경해야 한다고 주장한 것이다. 이 같은 사실은 군주의 조근에 대한 성대한 환영과 접대는 단순한 예의상의 문제만이 아니고 국제역학관계에서 국가의 실리와 안전에 깊이 연계되었음을 보여주고 있다. 그리고 약소국이라고 해서 예의에 어긋나게 접대하면 '조'를 취소하고 곧 귀국해서 국교단절 등을 사양하지 않았던 것도 알 수 있다.

이 같은 사실을 종합해보면 '조'는 원래 서주 시대 주 천자와 제후 또는 제후 간에 시행되었는데 춘추 시대 서주 제후국들이 독립, 영토, 주권국가로 발달하여 국제사회를 형성하고 정치 · 군사 · 경제적 이해관계로 군주 간의 회담이 빈번하게 개최되었다. '조'는 각국의 최고 수장이었던 군주의 방문이었기 때문에 모든 성의와 준비를 다하였다. 사소한 결례도 있을 수 없었으며[231] 양국 간의 우호 증진, 친선 도모 및 유대 강화에 결정적 역할을 하였다. 이런 점에서 '조'는 각국 군주 간의 정상회담이었다고 할 수 있다.

이와 같이 춘추 시대에는 '회', '맹', '빙', '조' 등의 외교제도가 출현하고, 또 '행인', '사인' 등의 외교관과 밀사들이 출현하여 활동하였는데 로스웰 브리튼(Roswell S. Britton)은 '회'를 'Conference'[232], '맹'을 'Treaties'[233], '빙'을 'Mission'[234], '조'를 'Court visit'[235], '사인'을

---

230) 『左傳注疏及補正』, 42 : 12b.
231) Roswell S. Britton, "Chinese Interstate Intercourse before 700 B.C.," *The American Journal of International Law*, Vol.29(Jan.1935), p. 621.
232) Roswell S. Britton, 위 논문, p. 619.
233) 위 논문, p. 626.
234) 위 논문, p. 624.
235) 위 논문, p. 621.

'Envoys'236)로 각각 표현하고 있으며, 제임스 리그는 '행인'을 'Messenger'237)로 이해하고 있다. 따라서 춘추 시대는 각국 간에 'Conference', 'Court visit' 등이 수없이 개최되고 'Treaties'가 체결되었으며 'Envoys', 'Mission,' 'Emissary' 등의 외교관과 밀사들이 각국을 넘나들면서 자국의 국익 도모와 세력 신장을 위해 적극적으로 활동하고 있었다. 그리고 주대 주왕에 대한 제후들의 정치·군사적 복속 의례였던 '조공'이 춘추 시대에는 열국 간의 외교 채널로 발달하였음을 알 수 있다.

2) 사대·자소의 교린 질서 수립

춘추 시대의 열국은 앞 장에서 자세히 설명한 바와 같이 영토 크기, 인구 수효, 경제력 규모에 따라 대국, 차국, 소국 등으로 구분되었으나 모두 독립 영토 주권국가였다. 그리고 이 같은 개별국가로 구성된 국제사회 속에서 각국은 자국의 정치·군사적 세력 신장과 이해관계에 따라 '회', '맹', '빙', '조' 등의 회동, 회담을 통하여 눈부신 외교 활동을 전개하였다.

그러나 춘추 중기 이후 더욱 가열되는 열국 간의 상호 공벌 병합의 약육강식 와중에서 대국은 패권 장악을 둘러싸고 치열한 쟁패전을 야기하였으며 약소국은 이 치열한 쟁패전의 와중에서 자주성과 안전이 수시로 위협받았고 경우에 따라서는 병합당하였다. 이에 따라 약소국은 국명 보존을 위해 사력을 다하게 되었는데 여기에서 대국과 약소국

---

236) 위 논문, p. 624. 워커(Richard Louis Walker)는 '使人'을 密使(Emissary)로 파악하고 있다. 필자는 '使節'로 이해하는 브리튼(Britton)의 의견에 동의한다.
237) James Legge, 앞 책, p. 451.

간에는 춘추 시대 특유의 패정이 출현하고 사대(事大) · 자소(字小)의 교린(交隣)외교가 전개되었다. 사대 · 자소의 교린외교 본질을 이해하기 위해서 먼저 춘추 시대 제(齊), 진(晉), 초(楚) 같은 대국의 성장 배경과 성격을 살펴볼 필요가 있다.

먼저 서주 시대 각 제후국의 영토 팽창 과정을 살펴보면 주변 황무지의 개간, 성읍 조성을 통한 군사적 기반 확장, 주변의 미개한 이적 정벌과 영토 병합 등의 방법을 통해서 영토를 부단히 확대하여 팽창하였다. 그러나 이 같은 지속적인 영토 팽창의 결과로 열국은 상호 국경을 인접하게 되었다. 그리고 상호 국경을 인접하게 된 열국 간에는 다시 충돌과 대립이 시작되고 공벌 병합이 치열하게 전개되었으며 이 같은 공벌 병합의 와중에서 대국은 약소국에 대한 노골적인 공략과 병합을 자행하여 영토를 확장해나갔다.

"옛날 천자의 영토는 사방 천 리였으며 제후국의 영토는 사방 백 리였다. … 지금 큰 나라의 영토는 사방 몇천 리를 차지하고 있는데 대국이 소국을 침략하여 병합하지 않았다면 어떻게 이렇게 되겠는가?(且昔天子之地一圻 列國一同…今大國多圻矣 若無侵小 何以至 焉)"238)

이같이 춘추 시대 대국은 주변 약소국을 무력으로 공략하여 병합하였는데 대국에 의한 소국의 병합 과정을 춘추 시대 패권을 장악했던 제(齊) · 진(晉) 양국의 경우를 통해서 구체적으로 살펴볼 수 있다.

"11월 제(齊) 나라 군주가 래(萊) 나라를 멸하였다. 정(鄭) 나라

---

238)『左傳注疏及補正』, 36 : 4a.

군주가 이 소식을 듣고 내빙하였다(十一月 齊侯滅萊…鄭子聞之 來
聘)."239)

이것은 제(齊) 환공이 주변의 소국 래국(萊國)을 무력으로 공략하여
병합해버렸는데 이 소식을 들은 인접의 소국 정국 군주가 놀라서 내빙
하였던 사실을 말하고 있다.

"제(齊) 나라 군주가 외국으로 가는 길에 담(譚) 나라를 들렀으나
담 나라는 예를 갖추어 대하지 않았다. 제 나라 군주가 돌아오는데
다른 제후들은 모두 와서 축하하였으나 담 나라 군주는 축하하러
오지 않았다. 그해 겨울에 제 나라는 담 나라를 멸하였다(齊侯之出也
過譚 譚不禮焉 及其入也 諸侯皆賀 譚又不至 冬 齊侯滅譚 譚無禮故
也)."240)

위 내용은 대국 제(齊) 환공이 외국으로 출타하는 길에 소국 담국에
들렀으나 담국 군주가 예의를 갖추어 맞이하지 않았고 돌아올 때도
예의를 갖추어 맞이하지 않았다. 담국이 이같이 무례하였으므로 제
환공은 무례를 구실로 소국 담국을 멸하고 그 영토를 합병해버린 것이다.
이 같은 사실을 종합해보면 제 환공이 제후들을 수차 규합하여 주
천자에게 조근하게 하고 주변 이적들의 침입을 수차 격퇴하여 후대
화하세계와 화하문화를 구원하였다는 공자의 칭찬까지 받았지만 제국
역시 대국으로 성장하기까지는 주변의 소국들을 무력으로 많이 병합하
였으며 또 제 환공이 약소 열국에 얼마나 고압적이고 횡포를 자행하였는
가를 알 수 있다. 또 제 환공의 패업을 이어받았던 진국(晉國)의 경우를

---

239) 위 책, 30 : 31b.
240) 위 책, 8 : 19b.

살펴보자.

> "…숙후가 '우(虞), 괵(虢), 초(焦), 활(滑), 곽(霍), 양(楊), 한(韓),
> 위(魏) 나라들은 모두 희성의 동성 제후국이었지만 진(晉) 나라가
> 이들 국가들을 다 병합하여 크게 되었습니다. 만약 이들 약소 제후국들
> 을 침략한 것이 아니었으면 어디에서 취하였겠습니까. 무공과 헌공
> 이후 다른 나라를 겸병한 것이 많았습니다.'라고 말하였다(叔侯曰
> 虞虢焦滑霍楊韓魏 … 皆姬性也 晉以大 若非侵小 將何所取 武獻以下
> 兼國多矣)."[241]

원래 진국(晉國)은 주 왕조 개국 초기에 산서성 태원(太原)의 당(唐)
에 분봉되어 북적의 준동을 대비했던 북방 중진의 희성 제후국이었다.
이후 진국은 국력이 강성해지기 시작하여 주변 황무지를 개간하여 농경
지를 확대하고 또 주변 이적들을 축출하여 그들의 영토를 병합하면서
발전하였다. 이 같은 진국의 발전과 확장은 특히 무공(武公, 전
679~677)과 헌공(獻公, 전 676~651) 시기에 급속도로 진행되었다.
이 같은 영토 팽창과 확장 과정에서 진국은 이성 제후국뿐만 아니라
우(虞), 괵(虢), 초(焦), 활(滑), 곽(霍), 양(楊), 한(韓), 위(魏) 등
희성의 동성 제후국까지 무력으로 병합하였던 사실을 알 수 있다.
　이같이 진국은 영토 팽창과 확대 그리고 국력 강화를 위해서 동성과
이성 제후국을 가리지 않고 무력으로 공략하여 병합해버렸는데 이것은
열국 간에 잔존하고 있던 서주 시대 이래의 동일혈연의식, 공동운명의식
그리고 종법질서가 완전히 붕괴되고 노골적인 권력정치의 자행과 함께
약육강식이 전개되었던 사실을 의미하고 있다.

---

241) 위 책, 39 : 20a.

그러므로 춘추 중기 이후 대국으로 부상하여 국제정치를 주도하였던 제(齊), 진(晉), 초(楚) 등의 대국은 이 같은 약소 인접국에 대한 공별 병합의 병합과 희생 위에 성장하였으므로 근본적으로 호전적이었다. 이같이 대국의 주변 약소국에 대한 권력정치의 자행과 무력 횡포는 무자비하였는데 약육강식이 난무하는 국제상황에서 약소국의 입장과 사정이 여하하였는가를 살펴보자.

앞서 언급한 바와 같이 중원에 위치하여 문화가 발달하였으나 상호 밀집되어 영토 팽창과 발전이 저지되어 약소국으로 전락하였던 노(魯), 위(衛), 진(陳), 채(蔡), 정(鄭), 송(宋) 등의 약소 열국은 주변 대국으로부터 부단한 위협과 침입을 받아왔다. 대국의 이 같은 무력적 위협과 횡포는 제 환공, 진 문공, 초 장공 등이 출현하여 상호 간에 치열한 쟁패전을 야기하면서 극도에 달하였다. 이 쟁패전의 와중에 연루된 열국은 대국의 부단한 무력적 침입과 끝없는 공부(貢賦) 주구에 국가의 안전과 자주성이 수시로 위협당하고 복속이 강요되었는데 당시 이 같은 대국의 횡포가 여하하였으며 약소 열국의 처지가 얼마나 불안하였는가를 약소국 정국(鄭國)의 경우를 중심으로 고찰해보자.

정국은 『사기』「세가」에 의하면 주 여왕(厲王)의 후손으로 희성의 제후국이었다. 서주 말기 무공(武公) 때 견융(犬戎)의 침입을 받아 멸망 직전에 있던 주 왕실의 동천(東遷)을 도운 공으로 주 왕실의 경사(卿士)에 임명되어 정치에 깊숙이 참여하였고 장공(莊公) 때에는 국력이 자못 강성하여 주왕의 종주권(宗主權)에 정면으로 도전하여 충돌하고 또 제후들을 호령하여 국위를 떨치고 춘추 초기의 국제정치를 주도한 적도 있었다.

그러나 장공 사후에는 집정자 사이에 권력쟁탈전이 야기되어 내분이 발생하고 이를 틈탄 송국의 침입으로 세력이 급속도로 약화되다가 제 환공의 패정 수립 이후에는 완전히 약소국으로 전락되었다. 이같이 약소국으로 전락된 정국에 더욱 불행했던 것은 황하 남북 양안을 중심으로 전개된 진(晉)·초(楚) 양 대국 간의 충돌이었다.

진·초의 출현으로 양 대국 사이의 샌드위치와 같은 신세로 전락된 정국은 패권 장악을 둘러싸고 전개된 진·초 간의 쟁패전 와중에 본의 아니게 개입되었다. 이같이 대국 사이에 끼이게 된 정국은 이후 계속된 양 대국의 침입과 공부 주구에 희생되어 숙명적인 약소국으로 전락해버 렸다.

"11년 봄에 초(楚) 군주가 정(鄭) 나라를 쳐서 력(櫟) 지역까지 들어왔 다. 정 나라 공자 양(良)이 말하기를 '진(晉), 초(楚) 두 나라가 덕은 닦지 않고 무력으로만 다투고 있다. 그러니 이기는 자를 편들어주면 된다. 진·초 두 나라가 신의가 없는데 우리만 어떻게 신의를 지킬 수 있겠는가?'(十一年 楚子伐鄭 及櫟 子良曰 晉楚不務德 而以爭兵 與來者可也 晉楚無信 我焉得有信)"242)

이것은 진·초 양 대국이 덕(德)을 닦아서 제후들을 통어하려고 하지 않고 오직 무력으로만 다투고 있으므로 정국도 신의를 지킬 필요 없이 어느 쪽이든 이기는 편에 가담하면 된다고 한탄하고 있는 것이다. 아래 기록은 정국의 이 같은 곤혹스런 정치·군사적 입장을 더욱 자세히 묘사하고 있다.

"하늘이 정 나라에 화를 내리어 진·초 두 대국 사이에 끼이게 하였다. 대국이 덕은 베풀지 않고 무력으로 복종을 강요하여 조상신들이 제사 를 받지 못하게 하고 백성들이 토지에서 나는 이익을 누리지 못하게

---

242) 위 책, 22 : 10a.

하고 부부들이 고생하여 피로하더라도 호소할 수 없게 되었다(天禍鄭
國 使介居大國之間 大國不加德音 而亂以要之 使其鬼神不獲歆其禋祀
其民人不獲亨其土利 夫婦辛苦墊隘 無所底告)."[243]

이같이 진·초 양 대국 사이에 낀 정국은 대국으로부터 무력에 의한
복종을 강요하고 있으므로 조상들에 대한 제사도 제때에 못 올리고
백성들의 일상생활까지도 불안한 상황에 놓이게 되었는데 정국은 이
같은 자국의 지정학적 위치를 하늘이 내린 벌로 체념하고 있었다.

"정 나라 공자 전(展)이 '반드시 위(衛) 나라를 쳐야 합니다. 그렇지
않으면 초(楚) 나라 편이 아닙니다. 이미 진(晉) 나라에 죄를 지었는데
또 초 나라에 죄를 짓는다면 나라가 장차 어떻게 될 것입니까?'라고
묻자 공자 사(駟)가 '나라가 피폐할 것입니다'라고 말하였다. 공자
전이 '대국에 죄를 짓는다면 반드시 망할 것입니다. 피폐한 것이 망하
는 것보다 낫지 않겠습니까?'라고 말하자 여러 대부들이 옳다고 하였
다. 이에 황이(皇耳)가 군사를 거느리고 위(衛) 나라를 쳤다. 초 나라의
명령이었기 때문이다(鄭子展曰 必伐衛 不然 是不與楚也 得罪於晉
又得罪於楚 國將若之何 子駟曰 國病矣 子展曰 得罪於大國 必亡 病不
猶逾於亡乎 諸大夫皆以爲然 故鄭皇耳帥師侵衛 楚令也)."[244]

이것은 정국이 진국의 동맹국 위국을 침입하라는 초국의 명령을 받고
어떻게 처신할 수 없는 난처한 입장을 말하고 있다. 위국을 침입하자니
동맹국인 진국에 대한 배반이고 불응하자니 대국 초국 명령의 거역이다.
다시 말하면 정국은 어느 쪽의 말을 들어도 죄를 지을 수밖에 없는

---

243) 위 책, 30 : 37b.
244) 위 책, 31 : 2b.

진퇴양난의 입장에 있는 것이다. 이 같은 진퇴양난의 처지 속에서 약소의 정국은 결국 초국의 강령(強令)에 못 이겨 위국을 침범하지 않을 수 없었는데 이 같은 사실을 통해서 볼 때 당시 약소 열국은 진·초 같은 대국의 무력 위협과 내정 간섭에 얼마나 시달리고 자주성이 위협받고 있었는가를 알 수 있다.

"여름에 진(晉) 나라가 정(鄭) 나라 군주에게 진 나라를 예방하라고 요구하였다(夏 晉人徵朝于鄭)."[245]

이것은 정국 군주가 자산(子産)을 향관(鄕官)에 채용하였을 때 진국 군주가 정국 군주를 진국으로 강제로 소환하려고 했던 내용이다. 진국 군주가 정국 군주를 소환하려고 했던 이유는 분명히 나타나고 있지 않지만 당시 대국은 소국 군주를 임의로 소환할 수 있었던 사실을 보여주고 있다.

이와 같이 춘추 중기 국제사회는 독립 영토 주권국가로 구성되었으나 국력 강약에 따라 대국과 소국 간의 관계는 대등의 관계가 아닌 상하의 차등관계로 변하기 시작하였는데 『춘추좌전』에서는 이 같은 새로운 국제관계를 사대(事大)·자소(字小) 또는 사대·비소(比小)의 관계로 묘사하고 있다. 그 예를 들어보면 다음과 같다.

"허(許) 나라가 초(楚) 나라를 믿고 정(鄭) 나라를 섬기기 않았다(許持楚而不事鄭)."[246]

"처음에 채(蔡) 나라 문후가 진(晉) 나라를 섬기려고 하였다(初 蔡文

245) 위 책, 35: 22b.
246) 위 책, 26 : 1a.

侯 欲事晉)."247)

"여(厲)의 싸움에서 정(鄭) 나라 군주가 도망쳐 돌아가 버렸다. 이
후로 초(楚) 나라는 정 나라를 마음대로 하지 못하였다. 정 나라는
진능에서 초 나라와 이미 맹약을 했는데 다시 진 나라를 섬기게 해달라
고 요구하였다(厲之役 鄭伯逃歸 自是 楚未得志焉 鄭旣受盟于辰陵
又徹事于晉)."248)

"…작은 나라는 큰 나라를 섬기는 것이다(…小事大獲事焉)."249)

위에서와 같은 기사는 『춘추좌전』에 아주 많은데 모두 춘추 중기의
국제사회에서 약소국은 대국에 대해서 사대를 하지 않으면 안 되었던
당시의 살벌한 국제상황을 말하고 있다.

"예는 작은 나라가 큰 나라를 섬기고 큰 나라가 작은 나라를 사랑하는
것입니다(禮也 小事大 大字小之謂…)."250)

이같이 소국은 대국을 섬기어 사대하고 대국은 소국을 사랑으로 자소
하는 것을 예(禮)로 규정하였는데 이것은 춘추 중기의 국제사회에서
소국은 대국에 대해서 사대의 예 그리고 대국은 소국에 대해서 자소의
예 즉 대국과 소국 간에는 사대(事大)·자소(字小)의 예가 시행되고
있었다고 할 수 있다. 춘추 중기 국제사회의 성격을 이해하기 위해서
대국과 소국 간에 사대·자소의 의미부터 살펴볼 필요가 있다.

---

247) 위 책, 34 : 19a.
248) 『左傳注疏及補正』, 23 : 11a.
249) 위 책, 38 : 15a.
250) 위 책, 53 : 18a.

먼저 '사(事)'의 의미를 살펴보면 『증운(增韻)』에 '사(事)'는 '봉(奉)'의 뜻으로 되어 있는데[251] '섬기다', '받들다'로 해석할 수 있다. 제임스 리그는 'Serving'[252]으로 이해하고 있다. '자(字)'는 『자통(字通)』에서는 '양(養)', '자양(字養)'[253] 그리고 『춘추좌전』 소공(昭公) 11년 주소에는 '양(養)'[254]으로 되어 있는데 이를 종합해보면 '사랑하다', '돌보다'의 뜻으로 해석할 수 있고, 제임스 리그는 'Love'로 번역하고 있다.[255]

또 이 같은 사대 · 자소의 기원을 찾아보면 『주례』에 다음과 같은 기록이 보인다.

"무릇 대소의 방국들을 서로 결속시켜야 한다(凡邦國小大相維)."[256]

주소에는 '대국은 소국을 사랑하고 소국은 대국을 섬기어 서로 결속해야 한다(大國比小國 小國事大國 各有屬相維耳)'고 설명하고, '비(比)'는 '친(親)'으로 설명하고 있다. 그러므로 '비소(比小)'의 뜻은 '자소(字小)'의 뜻과 같다고 할 수 있다.

"형방씨는 제후들의 영지를 관장하고 있는데 그 봉지를 올바르게 하여 분쟁 지역을 없게 하고 소국은 대국을 섬기고 대국은 소국을 사랑하게 해야 한다(形方氏 掌制邦國之地域 而正其封疆 無有華離之地 使小國事大國 大國比小國)."[257]

---

251) 諸橋撤次, 『大漢和辭典』, 卷一, p. 412.
252) James Legge, 앞 책, p. 734.
253) 白川靜, 『字通』, p. 379.
254) 『左傳注疏及補正』, 45 : 34a.
255) James Legge, 앞 책, p. 734.
256) 『周禮注疏及補正』, 33 : 14b.
257) 위 책, 33 : 15b.

"두루 … 제후국을 안정시키어 대국은 소국을 사랑하고 소국은 대국을 섬기게 하여 제후국들을 화목하게 해야 한다(均 … 以安邦國 比小事大 以和邦國)."258)

이 두 문장 중에서 첫째 문장은 주대 제후들의 영지를 관장하였다는 형방씨(形方氏)가 제후들의 봉지를 올바르게 하여 소국은 대국을 섬기고 대국은 소국을 사랑하여 서로 화목하게 해야 한다는 내용이다. 둘째 문장 역시 소국은 대국을 섬기고 대국은 소국을 사랑하여 상호 간의 화목을 도모해야 한다는 내용이다.

이 같은 두 기사에 의하면 서주 시대 주왕에 의해서 소국의 대국에 대한 '사대'와 대국의 소국에 대한 '자소'가 강조되고 실천되었던 사실을 알 수 있다. 이런 의미에서 볼 때 '사대'와 '자소'는 사실상 대소 제후국 간의 친목 증진과 유대 강화를 도모하는 교린(交隣)정책이었다고 할 수 있다.

다시 말하면 주왕은 주 왕조 통치근간이었던 봉건제도의 유지와 안정을 위해서 대소 제후국 간의 친목, 결속, 유대가 필수적이었으므로 대소 제후국 간의 섬기고 돌보는 '사대'와 '자소'의 교린을 강조한 것이었다고 할 수 있다. 그러나 『주례』의 사료적 신빙성으로 보아 이 같은 기록을 그대로 받아들이기는 힘들다.

그런데 주 왕조의 봉건제도를 구성하고 있는 대소 제후국들은 100~170여 국에 달했고 이 같은 제후국들은 주 왕조의 정치·군사적 전략에 따라 제(齊), 진(晉), 위(衛) 등과 같은 대제후국을 중심한 군소 제후국들로 구성되었으므로259) 대소 제후국 상호 간의 친목, 결속,

---

258) 위 책, 55 : 3a.
259) 貝塚茂樹, "金文より見周代の文化,"『貝塚茂樹作集, 第四卷』, 東京 : 中央公論社,

유대를 강화하기 위해서는 '사대', '자소'와 같은 교린(交隣)정책은 필수적인 것이었다고 할 수 있다. 다시 말하면 주대 사대·자소의 교린정책은 대소 제후국 간의 친목 도모, 유대 강화, 결속 유지를 위해서 시행되었을 것으로 생각된다.

또 대소 제후국 간의 '사대'·'자소'의 교린정책은 예(禮)로 규정되었다. 『춘추좌전』에는 아래와 같은 기록이 있다.

"예라는 것은 소국이 대국을 섬기는 것이고 대국은 소국을 돌보는 것이다(禮者 小事大 大字小之謂)."[260]

이에 의하면 소국이 대국을 섬기고 대국이 소국을 돌보는 것을 '예'로 규정하고 있는데 이것은 한마디로 말해서 사대·자소의 교린 실천을 예로 규정하고 있는 것이다. 그런데 주지하고 있는 바와 같이 서주 시대의 사회는 종법제도를 근간으로 한 혈연사회였으며 주 왕조의 봉건제도 역시 종법제도 기반 위에 성립되어 있었다. 이같이 주 왕조의 통치계급 사회는 모두 친·인척의 일족으로 구성되었기 때문에 법령, 형법 등의 강제적, 물리적 수단에 의한 통치는 기피하고 '예' 즉 예치를 치국의 기량(器量)으로 시행하였다.

그런데 '예'는 자율적 자각과 실천을 전제하고 그 실천 과정에서 상호 왕래와 응답 의식을 중시하는[261] 규범이었는데 주 왕실이 사대·자소의 교린을 자율적 실천과 상호 왕래와 응답 의식을 중시하는 '예'로 규정한 것은 대소 제후국에게 반드시 실천하지 않으면 안 되는 윤리적 의무를 부과한 것이었다고 할 수 있다. 그리고 이 같은 사대·자소

1977, p. 299.
260) 『左傳注疏及補正』, 53 : 18a.
261) 服部宇之吉, "禮の思想," 『東洋思想』, 岩波講座, 1921, p. 12.

교린의 예를 통하여 주 왕실은 봉건제도의 근간을 구성하고 있는 대소 제후국 간의 상호 결속과 유대 강화를 도모한 것이었다고 할 수 있다.

아래 글은 소국이 어떻게 대국을 섬기고 대국은 어떻게 소국을 사랑해야 하는가에 대해서 명확히 방법과 방향을 제시하고 있다.

> "작은 나라가 큰 나라를 섬기는 것은 신의(信義)이고 큰 나라가 작은 나라를 보호하는 것은 어진(仁) 것이다. 작은 나라가 큰 나라를 배반하는 것은 불신(不信)이고 큰 나라가 작은 나라를 침략하는 것은 어질지 못한(不仁) 것이다(小所以事大 信也 大所以保小 仁也 倍大國不信 伐小國不仁)."262)

이같이 소국이 대국을 섬기는 '사대'는 믿음(信)에 기본을 두어야 하고 대국이 소국을 사랑하는 '자소'는 어진(仁) 것에 기본을 두어야 한다고 하였는데, 이것은 사대 · 자소 교린의 예가 대국과 소국 간에 '믿음(信)'과 '어짐(仁)'의 상호 교환을 전제하고 있고 '예'의 자율적 실천과 상호 왕래와 응답의 이행 원리에 두고 있는 것을 말하고 있다. 『맹자』「양혜왕하(梁惠王下)」에 보면 아래와 같은 설명이 있다.

> "제(齊) 나라 선왕(宣王)이 맹자에게 교린(交隣)에 도(道)가 있는가 하고 묻자 맹자가 '있습니다. 오직 인자(仁者)만이 큰 것으로 작은 것을 섬길 수 있는데 옛날 탕왕(湯王)이 갈(葛) 오랑캐를 섬겼고 문왕(文王)이 곤이(昆夷)를 섬겼던 것이 바로 그것입니다. 또 오직 지자(智者)만이 작은 것으로 큰 것을 섬길 수 있는데 태왕(太王)이 훈육(獯鬻)을 섬기고 구천(句踐)이 오왕(吳王)을 섬겼던 것이 바로

---

262) 『左傳注疏及補正』, 58 : 14a.

그것입니다. 큰 것이 작은 것을 섬기는 것은 하늘을 사랑하는 것이고 작은 것이 큰 것을 섬기는 것은 하늘을 두려워하는 것입니다. 하늘을 사랑하는 자는 천하를 얻고 하늘을 두려워하는 자는 그 나라를 유지할 수 있습니다'라고 대답하였다(齊宣王曰 交隣國有道乎 孟子曰 有 有仁者爲能以大事小 是故湯事葛 文王事昆夷 惟智者爲能以小事大 故太王事獯鬻 句踐事吳 以大事小者 樂天者 以小事大者 畏天者也 樂天者保天下 畏天者保其國).”263)

맹자의 이 같은 답변에 의하면 사대·자소는 대소 열국 간의 교린의 예이며 이 교린의 예는 대국의 경우에는 '인(仁)' 소국의 경우에는 '지(智)'가 기본이 되어야 한다고 하였다. 이 같은 사실을 종합해보면 대소 열국 간의 교린에서 사대·자소의 이행은 '인'과 '신' 또는 '지'에 기본하여 상호 간의 친목, 결속, 유대 강화를 도모하는 것이었다고 할 수 있다.

그러면 다음으로 '인', '신' 또는 '지'에 기본을 둔 사대·자소 교린의 예 실체가 무엇이고 그 성격이 여하하였는가를 살펴보자. 『춘추좌전』 양공 28년 전에 보면 정국 재상 자산(子産)이 사대·자소 교린의 예에 대한 언급이 있다.

"자산(子産)이 말하기를 '큰 나라의 군주가 작은 나라에 갈 때는 단(壇)을 쌓으나 작은 나라 군주가 큰 나라에 갈 때는 풀자리만을 만드는데 어찌 단을 쌓는단 말이오?' 교(僑)가 듣고 '큰 나라의 군주가 작은 나라에 갈 때에는 다섯 가지 좋은 일이 있습니다. 큰 나라 군주가 작은 나라의 죄를 용서하고 그 잘못을 관대히 하고 그 재해와 환난을 구해주고 덕으로 다스린 것을 칭찬하며 부족을 겪지 않게 하고 곤혹스

263) 『孟子注疏』, 2-1 : 14a.

럽지 않게 하면 작은 나라가 큰 나라에 복종하는 것을 자기 집으로 돌아가는 것같이 편하게 여깁니다. 그러므로 단(壇)을 쌓고 그 공을 밝히고 후세 사람들에게 널리 알리어 덕을 닦는 데 게으르지 않게 하는 것이오. 작은 나라의 군주가 큰 나라에 갈 때는 다섯 가지의 싫은 일이 있습니다. 작은 나라의 잘못된 죄를 말해야 하고 큰 나라의 부족한 것을 물어서 공급해야 하고 큰 나라가 명하는 정치를 해야 하고 공물을 헌상해야 하며 수시로 내리는 명에 따라야 합니다. 만일 이같이 하지 않는다면 많은 폐백을 바치어 큰 나라의 복을 축하하고 흉사에 조문(弔問)을 해야 합니다. 이것들이 작은 나라의 화(禍)입니다'라고 말하였다(子産曰 大適小則爲壇 小適大苟舍而己 焉用壇 僑聞之 大適小有五美 宥其罪戾 赦其過失 救其菑患 賞其德刑 敎其不及 小國不困 懷服如歸 是故作壇以昭其功 宣告後人 無怠於德 小適大有五惡 說其罪戾 講其不足 行其政事 共其職貢 從其時命 不然則重其幣帛 以賀其福 而弔其凶 皆小國之禍也)."264)

이 같은 자산의 사대 · 자소 교린 예의 구체적 시행 내용과 방법에 관한 언급은 자산이 초국(楚國)에 사행(使行)을 가던 중 노숙하였을 때 나온 이야기였다. 전후 사정을 보아서 당시에 시행되고 있던 사대 · 자소 교린의 예에 관한 것이 아니고 주대 대소 제후국 간에 시행되었던 사대 · 자소 교린의 예에 관한 설명이다. 즉 대국은 '인(仁)'으로 소국을 사랑하고 돌보며 소국은 '신(信)'으로 대국을 믿고 섬겨야 한다는 대소 제후국 간 교린의 예를 말하고 있는 것이다.

그러므로 사대 · 자소 교린의 예는 서주 시대 주 왕실이 대소 제후 간의 우호 증진, 친목 도모 및 결속 강화를 위한 정책적 목적에서 장려하

---

264) 위 책, 38 : 16a.

였던 예치의 일부였다고 할 수 있다. 이러한 점에서 볼 때 춘추 시대 사대·자소 교린의 예는 다수의 대소 제후국으로 구성되었던 서주 시대의 봉건제도에서 기원하였음을 알 수 있다.[265]

그러나 앞서 말한 바와 같이 춘추 시대 독립 영토 주권국가로 성장한 열국 간에는 상호 공벌 병합이 난무한 약육강식의 시대였으며 대국 간에는 치열한 쟁패전이 전개되었던 난세였으므로 서주 시대 '예'에 기본을 둔 사대·자소 교린의 예가 각국 간 특히 대국과 소국 간에 제대로 시행될 리 없었다. 따라서 사대·자소 교린의 예는 이 같은 약육강식의 살벌한 시대적 추세에 압박당하여 변질될 수밖에 없었다.

> "하(夏) 나라의 우(禹)가 도산(塗山)에서 제후들과 회동하였을 때 만여 국이나 되었는데 지금은 수십 국에 불과하다. 큰 나라는 작은 나라를 사랑하지 않고 작은 나라는 큰 나라를 섬기지 않았기 때문이었다(禹合諸侯于塗山 執玉帛者萬國 今其存者 無十焉 惟大不字小 小不事大也)."[266]

위 글에서 언급되고 있는 하(夏) 왕조의 우왕 시대에 있었다고 하는 제후국 수효에 대한 언급은 그대로 다 믿을 수는 없지만 각국이 상호 공벌 병합의 결과로 수십 개국으로 줄어들었다는 사실은 인정해야 할 것이다. 그리고 이같이 일만 여의 제후국이 수십여 국으로 줄어들었던 것은 '인'과 '신'에 기본을 둔 사대·자소 교린의 예가 시행되지 않았기 때문이라고 언급하고 있는데 이 같은 사대·자소 교린의 예 실종은 이미 춘추 시대에도 계속되고 있었다.

---

265) 李春植,「左得 중에 보이는 事大의 意味」,『史叢』第14輯, 1969, p. 29.
266)『左傳注疏及補正』, 2-2 : 7a.

"등(藤) 나라 문공이 '등 나라는 작은 나라이므로 있는 힘을 다하여 큰 나라를 섬기고 있다'고 말하였다(藤文公問日 藤小國也 竭力以事大國)."267)

"작은 나라는 큰 나라를 섬기고 있다(小國之事大國也)."268)

"허(許)나라 영공은 초(楚) 나라를 섬기고 있었다(許靈公事楚)."269)

위의 상황은 춘추 시대 대부분의 소국은 대국에 대해 힘을 다하여 사대를 행하고 있었던 사실을 말하고 있다. 그리고 특정국에만 사대를 행하는 경우에는 다른 대국의 보복을 받았다.

"등(藤) 나라 사람들이 진(晉) 나라를 믿고 송(宋) 나라를 섬기지 않았으므로 6월에 송 나라 군사들이 등 나라를 쳤다(藤人恃晉 而不事宋 六月宋師伐藤)."270)

"봄 제(齊) 나라가 거(莒) 나라를 쳤는데 거 나라가 진(晉) 나라를 믿고 제 나라를 섬기지 않았기 때문이었다(春 齊師伐莒 莒恃晉 而不事齊故也)."271)

"허(許) 나라 영공이 초(楚) 나라를 섬기고 있었으므로 계택(鷄澤)에서 개최되는 회맹에 참석하지 않았다. 겨울에 진(晉) 나라 지무자가

---

267) 『孟子住疏』, 2-2 : 7a.
268) 『左傳注疏及補正』, 58 : 14a.
269) 위 책, 29 : 27b.
270) 위 책, 2 : 9b.
271) 위 책, 24 : 17a.

군사를 이끌고 허 나라를 응징하였다(許靈公事楚 不會于鷄澤 冬 晉知
武子帥師伐許).”272)

이같이 소국 등(藤)은 대국 진(晉)나라를 믿고 송국에 대해서 사대를
등한시하다가 송국의 침입을 받았고, 소국 거(莒)는 진국만 믿고 대국
제(齊)에 대해서 사대를 등한시하다가 침입을 받았다. 그리고 소국
허(許)는 대국 초(楚)에만 사대하고 진(晉)이 주최하는 회맹에 불참하
였다가 응징을 받았다. 이같이 당시 소국들은 특정국에만 사대를 일방적
으로 행하는 경우에는 인접된 다른 대국의 침입을 받았다.

“등(藤) 나라는 소국으로 제(齊) 나라와 초(楚) 나라 사이에 끼어
있으므로 제 나라를 섬기고 초 나라를 섬기고 있었다(藤小國也 間於齊
楚 事齊事楚乎).” 273)

위 글에서 알 수 있는 바와 같이 소국 등(藤)은 춘추 시대의 쟁패전을
야기하고 있던 대국 제국과 초국 사이에 끼어 있었으므로 현명했던
등국은 양 대국에 사대를 행하여 무력 침입을 모면하고 있었다.
이 같은 사실에 비추어서 볼 때에 춘추 시대 약소 열국은 진(晉) · 초
(楚)와 같은 특정 대국에 대해서만 아니라 주변의 유관국가에 대해서도
사대를 행하도록 강요당하고 있었다. 다시 말하면 춘추 시대 무력에
의한 약육강식의 국제사회에서 사대 · 자소 교린의 예는 소국이 대국에
일방적으로 행하는 일방적 사대의 예로 변질되었던 사실을 알 수 있다.
그러면 다음으로 약소 열국의 대국에 대한 사대의 예가 어떻게 수행되었
는가를 살펴볼 필요가 있다.

---

272) 위 책, 29 : 27b.
273) 『孟子住疏』, 2-2 : 7a.

"맹자가 대답하여 말하기를 문왕이 빈(邠)에 거주하였을 때 적인(狄人)들이 침입하였다. 문왕은 가죽과 비단을 증정하고 섬겼으나 면하지 못하였고 말과 개를 증정하여 섬겼으나 면하지 못하였고 주옥을 증정하였으나 면하지 못하였다(孟子對曰 大王居邠 狄人侵之 事之以皮幣 不得免焉 事之以犬馬 不得免焉 事之以珠玉 不得免焉)."[274]

이것은 '힘을 다하여 대국을 섬기고(竭力事大)' 있던 약소국 등(藤) 나라 문공이 맹자에게 대국에 대한 소국의 '사대' 방법을 문의하였을 때에 맹자가 대답한 내용이다. 맹자의 이 같은 대답은 소국의 대국에 대한 사대 이행은 다액의 헌물(獻物) 증정을 시사하고 있다.

"작은 나라는 큰 나라를 먼저 섬기고 후에 뇌물을 주는 것이 예입니다. 작은 나라가 큰 나라를 섬기는데 비록 성과를 얻지 못했더라도 큰 나라의 뜻에 맞추어야 합니다(先事後賄 禮也 小事大 未獲事焉 從之如 志)."[275]

"호(胡) 나라 군주 표(豹)는 또 초(楚) 나라를 섬기지 않고 말하기를 '나라의 존망은 하늘에 있는 것인데 초 나라를 섬겨서 무엇 하랴? 초 나라를 섬기는 것은 비용만 많이 든다'고 하였다. 2월에 초 나라가 호 나라를 멸망시켰다(胡子豹又不事楚曰. 存亡有命 事楚何爲 多取費 焉 二月 楚滅胡)."[276]

---

274) 위 책, 2-2 : 7a.
275) 『左傳注疏及補正』, 38 : 15a.
276) 위 책, 24 : 18a.

"초(楚) 나라 공자 신(申)이 우사마가 되자 작은 나라의 뇌물을 많이 받아서 영윤 중(重)과 사마 신(辛)을 핍박하였다(楚公子申爲右司馬 多受小國之賂 以偪子重子辛)."277)

이같이 소국의 대국에 대한 사대의 예 이행은 필수적으로 다액의 헌물을 수반하였다. 그리고 대국에게 다액의 헌물을 해야 하는 이유를 『춘추좌전』에서는 다음과 같이 설명하고 있다.

"신이 듣기로는 작은 나라가 큰 나라한테 화를 면하려면 예방으로 헌물을 바쳐야 합니다. … 또 군주가 찾아가 공물을 헌상해야 합니다. 용모를 단정히 하고 장식물, 수레, 옷, 깃발 등을 보기 좋게 꾸미고 재화를 더하여 바치는 것입니다(臣聞 小國之免於大國也 聘而獻物 … 朝而獻貢 於是有容貌采章嘉淑而有加貨)."278)

주소에는 소국이 대국으로부터 죄를 면하려면 경(卿)을 보내어 내빙하면서 옥백(玉帛), 가죽, 비단 등의 재화를 헌상해야 대우받는다고 하였으며 소국은 고가의 재물을 헌상해야 국명을 보존할 수 있다고 하였다. 또 주소에는 소국이 대국을 사대하는데 다액의 재화 헌상은 옛날의 제도가 아니고 제(齊) 환공 이후 시작된 관례라고 하였다. 이같이 소국의 대국에 대한 다액의 재화 헌상의 관례는 제 환공 이후 시작된 관례로 밝히고 있는데 이것은 춘추 중기 이래 패주의 약소 열국에 대해 강압적 헌물 요구는 제 환공 때부터 시작되었던 사실을 말하고 있다.
그러나 약소국은 이 같은 헌물만으로는 대국의 환심을 사지 못하였던 것 같다.

---

277) 위 책, 29 : 25b.
278) 위 책, 24 : 18a.

"거(莒) 나라 사람들이 증(鄫) 나라를 멸하였다. 증 나라가 거 나라에게 준 뇌물을 믿었기 때문이었다(莒人滅鄫 鄫恃賂也)."279)

"제(齊) 나라 군주가 래(萊) 나라를 멸하였다. 래 나라가 제 나라에게 전에 뇌물을 주었던 꾀만 믿었기 때문이었다(齊侯滅萊 萊恃謀也)."280)

이 두 기사는 약소국 거국과 래국이 대국에 대한 헌물 헌상만 믿고 대국의 비위를 거슬렀다가 국명을 보존하지 못했던 사실을 말하고 있다.

"작은 나라가 큰 나라를 섬기는데 자기 위주로 게으르고 거만하면 장차 제대로 죽을 수가 있겠는가(小國而事大國 而惰傲以爲己 必將得死乎)?"281)

"공자 전(展)이 '작은 나라가 큰 나라를 섬기는 것은 믿음이다. 작은 나라가 믿음이 없으면 병란이 곧 닥치고 바로 망한다'라고 말하였다 (子展曰 小所以事大國 信也 小國無信 兵亂日至 亡無日矣)."282)

이같이 소국이 대국을 섬기고 다액의 재화를 헌상해도 믿음이 없고 방만하고 이기적이면 징벌을 받고 또 국명을 보존할 수 없었다. 그러므로 소국은 있는 힘을 다해서 정성껏 대국을 섬기고 다액의 재화를 헌상하지 않을 수 없었는데 이것이 전부는 아니었다.

---

279) 위 책, 30 : 31b.
280) 위와 같음.
281) 위 책, 38 : 15b.
282) 위 책, 30 : 34a.

"작은 나라가 큰 나라로부터 명(命)을 받는데 감히 근신하고 예의 바르게 하지 않을 수 없다(小國受命於大國 敢不愼儀)."283)

"예는 작은 나라는 큰 나라를 섬기고 큰 나라는 작은 나라를 돌보는 것입니다. 작은 나라가 큰 나라를 섬기는 것은 큰 나라의 명을 그때그때 잘 받드는 것이고 큰 나라가 작은 나라를 사랑하는 것은 작은 나라의 없는 것을 도와주는 것입니다. 우리 읍은 큰 나라 사이에 끼어 있으므로 공물을 잘 올리고 불의의 우환에 잘 대비하고 있습니다. 우리가 어찌 큰 나라의 명을 잊을 수가 있겠습니까?(禮者 小事大 大字小之謂 事大 在共其時命 字小在恤其所無 以敝邑大國之間 共其職貢 與其備御不虞 之患 豈忘共命)"284)

이 같은 설명에 의하면 소국의 대국에 대한 '사대'는 다액의 재화 헌상뿐만 아니라 대국의 정령(政令)을 제때에 받들어서 시행하고 또 잊어서는 안 된다는 사실을 강조하고 있다. 소국이 대국의 정령을 받는 자세에 대해서 맹자는 다음과 같이 이야기하고 있다.

"작은 나라가 큰 나라를 섬기는데 큰 나라의 명을 받드는 것은 제자가 스승의 명을 받드는 것과 같은 것입니다(小國事大國 而恥受命焉 是猶 弟子而恥受命於先師也)."285)

여기에서 맹자는 소국이 대국의 정령을 받드는 것은 제자가 스승의

---

283) 위 책, 18 : 18b.
284) 위 책, 53 : 18a.
285) 『孟子注疏』, 7-1 : 6a.

명을 받드는 것과 같아야 한다고 서술하고 있는데 이것은 맹자가 소국의 대국에 대한 '사대'를 소국은 대국을 믿음으로 섬기고 대국은 소국을 사랑으로 보살펴야 한다는 주 왕조의 봉건적 사대·자소 교린의 봉건적 윤리와 가치관 속에서 파악하고 있었던 사실을 말하고 있다. 그러나 춘추 시대는 대소 열국 상호 간의 공벌 병합의 약육강식이 난무하는 전국난세였다.

> "계무자(季武子)가 3군을 편성하려고 하였다. 숙손목자(叔孫穆子)
> 가 반대하였는데 … 계무자가 이 충고를 듣지 않고 3군을 설치하였다.
> 이후로 제(齊)와 초(楚) 두 나라가 노 나라를 토벌하였다(猶懼有討
> … 以怒大國 無乃不可乎 弗從 遂作中軍 自是齊楚伐討於魯)."[286]

춘추 시대 소국은 2군만 소유하게 되어 있었다. 그런데 노국 계무자가 중군을 신설하여 노국 병력을 3군으로 증강하려고 하였는데 당시 숙손무 자가 병력 증강은 대국의 노여움을 받아 징벌을 받을 수 있으므로 반대한 것이다. 그런데 계무자가 이 말을 듣지 않고 중군 설치를 강행하였으므로 마침내 주변 제(齊)·초(楚)의 침입을 받았던 사실을 말하고 있다. 이 같은 사실에 의하면 당시 소국은 자국 병력을 마음대로 증가할 수도 없었다.

> "큰 나라는 명령을 내리고 작은 나라는 명령을 받들 뿐이다. 나는
> 오직 명령을 받드는 것만 알 뿐이다(大國令 小國共 吾知共而已)."[287]

이같이 대국은 소국에 대해서 오직 정령만 내리고 소국은 공손히

---

286) 『國語』「魯語下」, p. 133-134
287) 『左傳注疏及補正』, 41 : 2b.

복종할 뿐이었다.

"작은 나라가 큰 나라를 섬기는데 성과를 얻지 못하더라도 큰 나라의
뜻에 따르는 것이 예이다(小事大 未獲事焉 從之如志 禮也)."[288]

이것은 소국이 대국을 섬기는데 대국의 정령만 받들어야 하고 또
무슨 일에 대한 성과는 얻지 못하더라도 대국의 뜻에 따르는 것이 우선이
라는 것이다. 즉 소국이 재화를 바치는 것보다 대국의 정령을 따르는
것이 먼저라는 뜻이다. 그리고 앞에서 인용한 "먼저 사대를 하고 후에
예물을 바친다(先事後賄 禮也)"의 주소에 "소국은 대국을 사대하는데
먼저 정령을 따르고 후에 예물을 증정한다(事大國爲先從其政事 而後薦
賂)"고 하였는데 이것 역시 대국의 정령을 따르는 것이 제일 중요하다는
뜻이었다. 그리고 대국의 정령을 듣지 않으면 바로 대국의 무력적 징벌을
받았다.

"3월 진(陳) 나라 군주 성공이 세상을 떠났다. 초(楚) 나라 사람들이
진 나라를 치려고 하였는데 성공의 상(喪) 소식을 듣고 중지하였다.
… 진 나라가 초 나라 명령을 듣지 않고 있으므로 위무중(臧武仲)이
소식을 듣고 진 나라가 초 나라에 불복종하면 반드시 망할 것이다.
큰 나라가 예를 지켜주고 있는데 복종하지 않으면 큰 나라라고 해도
문책을 할 것인데 하물며 소국이야? 여름에 초 나라 장수 팽명(彭名)
이 진 나라를 쳤다. 진 나라가 무례하였기 때문이었다(三月 陳成公卒
楚人將伐陳 聞喪乃止 … 陳人不聽命 臧武仲聞之曰 陳不服於楚 必亡
大國行禮焉而不服 在大猶有咎而況小也 夏 楚彭名侵陳 陳無禮故

288) 위 책, 38 : 15a.

也)."289)

위의 뜻을 풀어보면 3월에 진 성공이 세상을 떠나자 진국을 치려고
했던 초국이 상(喪) 소식을 듣고 중지했는데도 진국이 초국의 정령을
받들지 않고 있었다. 이때 노국의 장무중(藏武仲)이 이 소식을 듣고
"진국이 초국의 말을 듣지 않으면 반드시 망할 것이다. 큰 나라가 예의를
지켜주는데 복종하지 않는다면 큰 나라라도 문책이 있을 것인데 하물며
소국이야 다시 말할 수 있겠는가"라고 말하였다는 내용이다. 이후 진국
은 초국의 침입을 받았는데 이것은 춘추 시대 약소 열국은 대국의 정령을
받들어 바로 이행하여 복종해야 하였으며 만일 거부하는 경우에는 무력
적 응징을 받았던 사실을 말하고 있다. 따라서 소국의 대국에 대한
'사대'는 먼저 대국의 정령을 받들고 설령 뜻에 맞지 않더라도 따르는
것이었으며 후에 재화를 봉정하는 것이었다고 할 수 있다.
    그러면 다음에 소국의 대국에 대한 '사대의 예'가 어떻게 수행되었는
가를 살펴보자. 『춘추좌전』 선공 14년 전에 아래와 같은 기사가 있다.

    "맹헌자(孟獻子)가 공에게 '신이 듣기로는 작은 나라가 큰 나라한테
    화를 면하려면 경(卿)이 예방하여 예물을 바쳐야 합니다. … 또 군주가
    예방하여 국정을 보고해야 합니다. 이때 군주는 용모를 단정히 하고
    장식물, 수레, 옷, 깃발 등을 보기 좋게 꾸며야 하고 많은 재화를
    봉정해야 합니다'라고 말하였다(孟獻子言於公曰 臣聞小國之免於大
    國也 聘而獻物 … 朝而獻功 於是有容貌采章嘉淑而有加貨…)."290)

이에 의하면 소국이 대국을 섬기는데 다액의 재화를 봉정하고 대국의

289) 『左傳注疏及補正』, 29 : 27b.
290) 위 책, 24 : 18a.

정령을 받들어 이행하고 공손히 복종하는 것만이 아니고 군주가 직접 방문하여 자국의 국정을 보고해야 한다고 하였다.

"무릇 제후가 즉위하면 작은 나라는 군주가 직접 예방을 하고 큰 나라는 경(卿)이 예방하여 이전의 우호를 계속하고 신의를 맺고 국사를 의논하여 잘못된 것을 고치는 것이 가장 중요한 예이다(凡諸侯卽位 小國朝之 大國聘之 … 以結繼好結信 謀事補闕 禮之大者也)."[291]

위 글은 대국과 소국이 사대·자소의 교린외교를 통하여 상호 국사를 의논하여 잘못된 것을 고친다고 하였는데 이것은 사실상 대국이 소국의 내정에 간섭하고 있는 것이다.

"작은 나라가 큰 나라를 섬기는데 오직 책망을 면하면 다행한 일이고 감히 하사품을 바라는 것은 없습니다. 하사품을 받든다고 해도 술 세잔에 불과할 것입니다(小國之事大國 苟免於討 不敢求 得賦不過三 獻)."[292]

이같이 소국은 대국에 대해서 경(卿)의 3년 1빙과 군주의 5년 1조로 조빙을 행하고 매번 조빙 시에 막대한 재화를 봉헌하고 국정을 보고하고 자국의 정책을 대국의 정령에 조율하는 등의 사대의 예를 다했어도 대국의 소국에 대한 답례는 술 세잔에 불과하고 오히려 책망을 듣지 않으면 다행이라는 것이다.

이 같은 사실을 종합해보면 양육강식이 난무한 춘추 중기에는 춘추 초기의 소국은 대국을 섬기고 대국은 소국을 돌보는 사대·자소의 상호

---

291) 위 책, 24 : 18a.
292) 위 책, 43:22a.

교린 예는 사라지고, 대국에 대한 소국의 일방적 조빙·사대로 변질되었으며, 오직 소국의 대국에 대한 일방적 조빙·사대 이행 속에서 소국 군주는 자국 국정을 보고하고 정령을 하달받고 또 정책 조율 등의 간섭을 받았던 사실을 알 수 있다. 또 소국의 대국에 대한 조빙사대의 이행 횟수도 시일의 경과와 함께 증가하였던 것 같다.

"옛날 문공과 양공이 패권을 장악하였을 때는 제후들을 번거롭게 하지 않았다. 제후들은 3년에 한 번 경(卿)이 내빙하고 5년에 한 번 군주가 직접 조근하게 하였으며 유사시에는 제후들을 회합시키고 문제가 있으면 회합에서 맹약을 맺게 하였다(昔 文襄之覇也 其務不煩 諸侯 令諸侯三世而聘 五歲而朝 有事而會 不協而盟)."293)

이같이 진(晉) 문공(文公)과 양공(襄公)이 패주였을 때는 약소 열국의 패주에 대한 조빙·사대의 예 이행이 '3년 1빙(三歲一聘)', '5년 1조(五歲一朝)'였다.

"봄 공이 진(晉) 나라를 예방하였는데 이후 행할 조근과 내빙 횟수의 지시를 받았다(春 公如晉朝 且聽朝聘之數)."294)

이 기사는 진(晉) 도왕(悼王)이 패권을 장악하자 노(魯) 양공(襄公)이 진 군주를 예방하고 이후 시행될 조빙 횟수를 물었다. 노 양공이 새로운 패주 진 도왕에게 조빙 횟수를 물었다고 하는 사실은 춘추 시대 소국의 대국에 대한 조빙 횟수가 앞서 언급한 바와 같이 '3년 1빙', '5년 1조'와 같이 고정되었던 것이 아니고 패주에 따라 조빙 횟수가

293) 위 책, 42 : 10a.
294) 위 책, 30 : 33b.

달랐을 가능성을 시사하고 있는 것이다.

> "오월 갑신에 형구(邢丘)에서 회맹을 갖고 조맹 횟수를 지시하였는데 제후들이 대부들로 하여금 명령을 받들게 하였다(五月 甲辰會于邢丘 以命朝聘之數 使諸侯之大夫聽命…)."[295]

이것은 진(晉) 도왕이 패권을 장악하고 형구(邢丘)에서 회맹을 개최 하였을 때에 약소 열국들이 패주에게 이행해야 할 조빙 횟수를 결정하여 발표한 것이다. 여기에서 조빙 횟수에 대한 구체적 언급은 없지만 주소에 의하면 진국은 문공, 양공 이후 패권 장악력이 약화되자 약소 열국의 진국에 대한 조빙 이행이 문란해졌는데 도왕이 패권을 다시 장악하자 약소 열국의 조빙 횟수를 새로 정한 것이라고 설명하고 있다.

> "어진 임금의 제도는 제후로 하여금 매년 한 번씩 경(卿)을 보내어 내빙케 하고 3년에 한 번씩 군주가 조근하여 예를 행하게 한다(明王之 制 使諸侯歲聘以志業 間朝以講禮)."[296]

이것은 진국의 현상이었던 숙향(叔向)이 각국 사신들에게 옛날 명왕의 제도라고 설명하면서 소국의 대국에 대한 조빙 횟수를 '매년 1회(每歲 一聘)', '2년 1조(間歲一朝)'라고 언급한 것이다. 주소에 의하면 '매년 1빙'은 소국이 매년 대부를 보내어 헌물·사대하는 것이고 '2년 1조(歲 一朝)'는 소국의 군주가 2년에 한 번씩 직접 대국의 군주를 배알하는 것이라고 하였는데 이것은 과거에 소국의 대국에 대한 조빙 횟수는 '3년 1빙,' '5년 1조'였던 것이 '매년 1빙', '3년 1조'로 증가하고 강요되

---

295) 위 책, 30 : 33b.
296) 위 책, 46 : 4a.

었던 사실을 말하고 있다.

다음에 대국에 대한 소국의 조빙 사대 이행 이후의 양국의 정치적 관계를 고찰해보면 아래와 같다.

"정(鄭) 나라 군주가 처음으로 초(楚)나라를 예방하였다(鄭伯始朝楚子).".297)

"초(楚) 나라 사람들이 송(宋) 나라를 쳐서 정(鄭) 나라를 구했다(楚人伐宋救鄭).".298)

위 두 기사 중 첫 번째는 희공(僖公) 18년의 기사이고 두 번째는 희공 22년의 기사이다. 내용은 정국이 당시 신흥세력이었던 초국에 조빙을 행하고 복속하였는데 그 후 정국이 송국의 침입을 받자 초국이 출병하여 정국을 구원하였던 사실을 말한다.

또 이전의 성복전에서 진(晉) · 초(楚)의 대결 시에 초군의 우측을 담당했던 것이 진(陳) · 채(蔡)의 양국군이었는데 당시 초국과 진 · 채의 관계가 조빙 사대 관계였던 사실을 감안해보면 당시 대국과 약소 열국 간의 조빙 사대 관계는 일면 상호 동맹관계를 형성하여 유사시에는 정치 · 군사적 원조와 보호를 받는 반면 공동 출병 및 공부 부담 등의 여러 가지 정치 · 군사 · 재정적 관계를 형성하고 있었던 것을 알 수 있다.

그러나 소국의 대국에 대한 조빙 · 사대 관계를 좀 더 세심히 살펴보면 앞서 누누이 설명한 바와 같이 조빙 · 사대 관계는 대소 열국 간의 공벌 · 병합의 약육강식 와중에서 소국이 그 국명 보존을 위해 부득불 취할

---

297) 위 책, 14 : 21b.
298) 위 책, 15 : 24a

수밖에 없었던 호국책이었다고 할 수 있다. 그리고 상호 역학관계 속에서 형성되었기 때문에 대국과 소국 간의 조빙·사대 관계는 비록 외면적으로는 친선정책을 표방하고 동맹관계를 형성하였어도 상호 간의 내적관계는 대등한 관계가 아니고 상·하의 복속관계로 변모되지 않을 수 없었다.

> "진(晉) 나라 사장자(士莊子)가 맹약문을 지어서 말하기를 '오늘 맹약을 맺은 이후로 정(鄭) 나라가 진(晉) 나라의 명령을 듣지 않거나 혹시 다른 뜻을 가진다면 이 맹약에서 규정한 대로 벌을 받을 것이다' (晉士莊子爲載書曰 自今日旣盟之侯 鄭國而不唯晉命 是聽而或有異志者 有如此盟)."[299]

이것은 패국 진(晉)과 약소국 정국이 맹약을 체결했던 장면을 묘사하고 있다. 이에 의하면 "패국 진과 맹약을 맺은 약소 정국은 이후 패국 진의 정령만 따를 것이며 만약 다른 뜻을 품으면 맹약에 의해 처벌받게 될 것이다"라는 내용이다.

> "여름에 진(晉) 나라 사람들이 정(鄭) 군주에게 조근할 것을 요청하였다(夏 晉人徵朝于鄭)."[300]

이것은 정국이 자산(子産)을 향관(鄕官)으로 임용하였을 때에 이유는 알 수 없지만 패국 진(晉)이 정국 군주에게 진국으로 조근을 강요하였던 내용이다

---

299) 『左傳注疏及補正』, 30 : 37b.
300) 위 책, 35 : 22b.

"계무자(季武子)가 3군을 편성하려고 하였다. 숙손목자(叔孫穆子)가 반대하였는데 계무자가 이 충고를 듣지 않고 3군을 설치하였다. … 이후로 제(齊)와 초(楚) 두 나라가 노 나라를 토벌하였고 양공과 소공이 초 나라에 소환당하였다(季武子爲三軍 叔孫武子予曰 弗可 … 弗從 遂作中軍 自是齊楚伐討於魯 襄昭皆如楚)."[301]

이것은 소국 노 나라가 마음대로 병력을 증강했다가 주변의 제(齊)·초(楚) 양 대국의 노여움을 받아서 침입을 받았으며 또 노 나라 군주 양공과 소공이 초 나라에 소환되었던 사실을 말하고 있다. 이같이 그리고 앞서 인용했던『좌전』「선공」15년 기사 중에 소국 군주가 대국에 조근하였을 때의 광경을 "조근하여 국정을 보고한다(…朝而獻功)"고 하였는데 이것은 소국의 군주가 대국의 군주를 조근하면 그동안의 자국 국정을 보고했던 사실을 말하고 있다.

이같이 소국은 대국으로부터 정치·군사적으로 짓눌리고 내정 간섭을 당하고 극도의 공부 헌상에 시달리고 있었는데 이 같은 소국의 정치·군사적 사정을 잘 말해주고 있는 것이 위국(衛國)의 경우이다.

위국은 서주 초기에 은 유민의 반란 가능성에 대비한 정책적 필요에서 상구(商丘)에 주공의 동생 강숙(康叔)을 분봉하여 송국(宋國)을 감시했던 희성 출신의 서방 중진국으로 주 왕실과는 특별한 관계를 가졌다. 이후 춘추 시대에 들어와서도 동서남북에 산재한 열국의 중간에 위치하고 있었기 때문에 교통과 교류의 중심지였으며 그 국제적 중요성은 여전히 높았다.

그러나 앞서 언급한 바와 같이 위국은 사방에 포진한 열국으로 말미암아 그 영토 발전이 저지되고 또 내부적으로 후사 문제로 인한 귀족

---

301)『國語』「魯語下」, p. 133-134

간의 정권 쟁탈전이 계속되고 또 주변 인접국의 간섭과 압력으로 자주적 국력 배양의 기회를 놓치고 약소국으로 전락되었다.

이 같은 상황 속에서 위국을 더욱 정치적 곤경으로 몰아넣은 것이 진(晉)·초(楚) 양 대국의 중원 진출과 패권 장악을 둘러싼 충돌이었다. 당시 국제정세를 살펴보면 제국(齊國)은 환공 사후에 후사 문제로 분란이 계속되었으므로 환공이 이룩한 패업은 순식간에 사라져버렸다. 또 진국(晉國) 역시 헌공 말년에 후사 문제로 분쟁이 계속되었으므로 그 세력이 약화되었다.

따라서 당시 중원은 일시 패주(覇主)가 없는 공백상태를 이루고 있었는데 이 같은 공백을 틈타 초국이 한때에 강세를 보이고 있던 송국(宋國)을 홍하(泓河)에서 일격에 패배시키고 중원으로 진출하기 시작하였다. 이같이 송국을 격퇴하고 중원으로 진출한 초국은 진(陳), 채(蔡), 정(鄭), 위(衛) 등의 약소 열국들을 위협하였으므로 이들 약소 열국은 모두 초국의 세력하에 들어가게 되었다.

한편 이 시기에 진국은 오랫동안 계속되었던 내분이 끝나고 문공(文公, 전 636~628)이 즉위하였는데 문공은 외국을 오랫동안 유랑하고 또 외국 사정에 밝았다. 문공은 즉위하자 바로 정치·군사적 개혁을 단행하였으므로 국력이 크게 신장되었다. 이때에 주 왕실에 내분이 일어나고 주 양왕(襄王)이 정국으로 망명하고 또 북방의 적인(狄人)이 침입하였으므로 크게 위기에 처하였다.

이에 문공은 그동안 신장된 국력을 배경으로 주 왕실의 내분을 종식시키고 주 양왕을 복귀시켰으며 적인을 다시 북방으로 축출하였다. 그리고 제 환공의 뒤를 이어 중원의 패업을 이룩하려고 하였다. 이에 따라서 진·초 간의 일전은 불가피하게 되었는데 이 같은 양 대국 간의 직접적 충돌의 도화선이 된 것이 송·초의 충돌이었다.

앞서 언급한 바와 같이 홍하에서 패배한 송국은 초국에 복속하고

있었는데 진국이 강해지자 갑자기 태도를 바꾸어 친진(親晉) 정책을
취하여 진국과 결탁하고 초국에 대해 적대행위를 하였다. 이에 격분한
초국은 송국을 응징하였으므로 송·초는 다시 교전 상태에 빠지고
약소 송국은 진국에게 구원을 요청하였다. 이에 진 문공은 그동안 축적
된 국력을 배경으로 출병을 결정하였다. 우선 초국에 복속하고 있던
위(衛), 조(曹) 양국을 정벌하여 송국에 대한 포위를 해체시키고 또
초국과 동맹하고 있던 열국에 압력을 가하여 그 동맹관계를 해체시키려
고 하였다.

진국은 우선 길을 빌리는 '가도(假道)'302) 문제를 구실 삼아 위국을
침입하고 또 점령한 위국 영토 검우(斂盂)에서 제(齊), 진(秦) 등의
열국과 회맹을 개최하여 진국의 세력을 과시하였다. 이에 놀란 위국은
급히 사신을 보내서 회맹 참석을 요청하였으나 거부당하였다. 그리고
이 같은 위국의 친초(親楚)정책에서 친진(親晉) 정책으로의 돌연한
전환은 국내 귀족 간에 찬반의 국론을 비등시키고 마침내 국론이 양분되
어 위국 군주가 양우(襄牛)로 출거하는 사태까지 발생하였다.303)

그런데 진·초 양 대국 간의 패권 장악을 결정짓는 성복전에서 초국이
패배하자 위국 내에서 친초 정책의 중심인물이었던 위후(衛侯)는 진국
(陳國)으로 망명하지 않을 수 없게 되었으며 이 같은 사태를 수습하기
위하여 위국은 부득불 대부 원훤(元咺)을 패국 진국이 주최하는 왕정(王
庭) 회맹에 참석시켜서 복속을 표시하였다. 이같이 위국은 국제역학관
계의 변화에 따라 기민하게 행동하였으므로 진국으로부터 무력 침입을
면하게 되었으며 국내 정치도 일시적 안정을 이룩할 수 있었다. 그러나
이번에는 이 같은 국제문제를 처리하는 과정에서 위국 집정자 간에
분규가 야기되어 패주 진국의 내정 간섭을 유발하게 되었다.

---

302) 위 책, 16 : 5a.
303) 위 책, 16 : 5a.

앞서 설명한 바와 같이 위국 군주는 친초정책의 주창자였으나 성복전에서 초국이 패배하고 진국이 패권을 장악하자 약소 위국의 사정을 감안하여 자신은 진국(陳國)으로 망명하고 대부 원훤을 패주 진국에 보내 친진정책을 표방하고 복속하였던 것이다.304)

그런데 이때 진(陳)에 망명하고 있는 위국 군주에게 누가 원훤이 위국 군주의 아우 권무(權武)를 위국 군주로 등극시키려 한다고 무고하였다. 이에 격분한 위국 군주는 당시 자신을 따라 진국까지 망명해 와 있는 원훤의 아들 각(角)을 살해하였다. 그리고 다시 위국으로 돌아와 원훤을 문책하고 그 사실 여부를 가리게 되었다.

이에 따라 친진정책을 표방하여 진국 세력을 배경으로 한 원훤과 친초정책을 주장한 위국 군주 사이에는 소위 '원훤소송(元咺訴訟)'이라는 분규가 발생하여 패주 진(晉) 군주에게 소송을 제기하게 되었다.305) 이 소송은 바로 국제적인 문제로 비약하여 당시 패국 진(晉)의 수도 온(溫)에서 그 시비를 가리게 되었는데 패주의 미움을 받은 위국 군주의 패소로 돌아갔다.

"위(衛) 나라 군주를 잡아서 수도로 압송하여 밀실에 가두었다. … 원훤은 위 나라로 돌아가서 공자 하(瑕)를 위국 군주로 옹립하였다(執衛侯 師之于京師 寘諸深室 … 元咺歸于衛 立公子瑕)."306)

이같이 패소한 위국 군주는 강제적으로 유폐당하고 충복이었던 사영(士榮)은 사형을 당하고 침장(鍼莊)은 월형(刖刑)을 받았으며 영유(甯俞)는 그 충직성으로 인해 유폐된 위국 군주의 시중을 들도록 방면되었

---

304) 『左傳注疏及補正』, 16 : 7a.
305) 위 책, 16 : 8a.
306) 위 책, 16 : 8a.

다. 그리고 위국 군주와 소송을 벌였던 원훤은 의기양양하게 위국으로 귀국하여 공자 하(瑕)를 위국 군주로 세웠다.307) 그러나 위국 군주의 패소와 유폐는 이것으로 끝나지 않았다.

"진(晉) 나라 군주가 의사 연(衍)을 시켜서 위 나라 군주에게 술에 독을 타 죽이려고 하였다. 영유(甯兪)가 의사를 매수하여 술에 약하게 타게 하였으므로 죽지 않았다(晉侯使醫衍 醜衛侯 甯兪貨醫 使薄其醜 不死)."308)

진국의 수도에 유폐된 위국 군주는 이 같은 패주 진(晉)의 암살 시도에도 불구하고 충복 영유(甯兪)의 기지와 보호 그리고 의사에 제공한 뇌물로 암살에서 벗어날 수 있었으며 후에 노국 군주의 노력으로 위국 군주는 방면되었다.

이같이 충복 영유의 기지와 노국 군주의 후원으로 가까스로 생명을 보존한 위국 군주는 위국으로 귀환하였지만 약소 위국의 경우를 통하여 볼 때에 당시 대국에 복속했던 소국의 정치·군사적 입장이 여하하였는가를 단적으로 알 수 있다. 그러나 소국의 대국에 대한 관계는 이 같은 정치·군사적 관계로 그치는 것이 아니었다. 약소 열국은 대국으로부터 끝없는 경제적 착취에 시달리지 않으면 안 되었다.

원래 소국의 대국에 대한 공부 헌납은 위에서 언급한 바와 같이 춘추 중기 이후 제(齊) 환공(桓公)이 패업을 이룩하였을 때 시작되었다. 당시 제 환공은 주 왕실의 종주권을 고양하고 화하열국의 단합을 추진하여 주변 이적만이의 침입을 공동 방어하였는데 열국의 공동 출병을 위해 군부(軍賦)의 공동 부담이 필요하였다.309) 그러나 제 환공 패업 이후

---

307) 위 책, 16 : 8a.
308) 위 책, 17 : 9b.

열국 간의 상부상조의 기풍은 소멸되고 노골적 권력정치가 자행되고 자국 이익과 세력 신장에 몰두케 되었다.

이에 따라 대국은 약소국이 복속하는 경우 앞서 언급한 바와 같이 정치·군사적 횡포와 전횡을 자행하였을 뿐만 아니라 무한한 공부(貢賦) 징발을 강행하였다. 먼저 대국 진국(晉國)의 약소국에 대한 공부 징발 상태를 살펴보자.

이것은 노국이 당시 제(齊)와 초(楚) 양 대국 사이에 처해 있기 때문에 양 대국으로부터 언제 있을지 모르는 공부(貢賦) 요구에 잘 대비하고 있어야 한다는 뜻이다.

> "노 나라는 진(晉) 나라에 바치는 공물이 적지 않다. 신기하고 좋은 물건은 시절마다 보내고 노 나라의 군주, 경, 대부가 계속해서 찾아뵈 었다. 사가들은 이 같은 사실을 끊임없이 기록하고 있다. 창고에는 노 나라의 물건이 들어오지 않는 달이 없었다. 이같이 잘하고 있다(魯 之於晉也 職貢不乏 玩好時至 公卿大夫相繼於朝 史不絶書 府無虛月 如是可矣)."310)

이같이 노국은 사시사철 좋은 물건을 보내고 노국의 군주, 경, 대부들 은 매년 계속에서 조빙을 행하여 패주 진국을 섬겼다는 것이며 이 같은 사실은 노국 사관이 기록하고 있기 때문에 틀림없다고 하였다.

> "한선자가 진(晉) 나라의 집정자가 되었으나 제후들을 통솔할 수가 없었다. 노 나라는 진 나라의 공부 요구를 감당할 수 없었다(韓宣子爲 政 不能圖諸侯 魯不堪晉求)."311)

---

309) 貝塚茂樹, "五等爵制の成立", 『中國古代史學の發展』, 동경: 弘文堂, 1953, p. 478.
310) 『左傳注疏及補正』, 39 : 20a.

또 주소에 의하면 노국의 패주 진(晉)에 대한 이 같은 공부 헌납을, 노국이 예를 다하여 '진국을 섬기고 있었던(事晉盡禮)' 것으로 설명하고 있는데 이 같은 사실은 노국이 얼마나 패주 진(晉)을 극진히 섬기고 공부 헌납을 성실히 이행하였으며 노국에 대한 패주 진의 공부 주구가 얼마나 가혹하였는가를 말하고 있다. 또 노국과 같이 패주 진에 복속하고 있던 정국(鄭國)의 경우도 살펴볼 필요가 있다.

> "…우리 정나라 군주가 진(晉) 나라를 예방하지 않는 해에는 대신들이 내빙하지 않은 해가 없었고 진 나라가 하는 일에 우리나라가 협조하지 않는 적이 없었습니다. 큰 나라의 명령이 수시로 내려서 국가가 파경에 이르렀습니다. 불의의 재해가 닥쳐와서 근심이 없는 날이 없습니다. (…不朝之間 無歲不聘 無役不從 以大國政令之無常 國歌罷病 不虞荐 者至 無日不惕)."312)

이것은 당시 패주 진이 정국에 공부 헌납을 독촉하였을 때 정국이 국내의 어려운 사정을 토로한 것이다. 이후 패주 진에서 범선자(范宣子)가 집정관이 되면서 주변 소국에 대한 공부 수탈이 더욱 가중되자 이에 견디지 못한 정국은 다시 패주 진에게 사신을 보내어 공부 경감을 요구하였다.

> "범선자(范宣子)가 진(晉) 나라 정치를 담당하자 제후들의 공부가 무거워졌으며 정(鄭) 나라 사람들도 시달렸다. 2월에 정 나라 군주가 진 나라를 방문하게 되자 공자 산(産)이 서신을 공자 서(西) 편에

---

311) 위 책, 40 : 26b.
312) 위 책, 35 : 23a.

보내어 진 선자(宣子)에게 말하였다. '사방의 제후들이 당신의 훌륭한 덕은 듣지 못하고 공부만 무거워졌다고 합니다. … 대체 제후들의 재화가 진(晉)나라 공실에 모이게 된다면 제후들은 진 나라에 대해서 두 마음을 품게 될 것이고 만약 당신이 재화를 사유하면 진 나라가 당신한테 두 마음을 가질 것입니다. 제후들이 두 마음을 가지면 진 나라가 무너질 것이고 진 나라가 당신에게 두 마음을 가지면 당신의 가문이 무너질 것입니다.' … 이에 범선자가 … 공부를 경감하여 주었다(范宣子爲政 諸侯之幣重 鄭人病之. 二月 鄭伯如晉 子山寓書於子西 以告宣子曰 子爲晉國 四隣諸 侯不聞令德 而重幣 … 夫諸侯賄 聚於公 室 則諸侯貳 若吾子賴之 則晉國貳 諸侯貳則晉國壞 … 范宣 … 乃輕幣也)."313)

이것은 정국의 자산이 사리 정연한 논리로 패주 진(晉)의 지나친 공부 징발을 지적하여 공부 경감을 이끌어내는 데 성공하였던 외교적 사례를 말하고 있다. 이 같은 사실을 통해서 볼 때 패주 진(晉)의 약소국에 대한 공부 징발이 얼마나 가혹하였는가를 알 수 있다. 다음 초국의 약소국에 대한 공부 징발 상태를 살펴보자.

"저의 나라는 아주 작습니다. 큰 나라 사이에 끼어 있어서 공부 징발이 시도 때도 없습니다. 그래서 편안한 날이 없고 우리나라에서 거두어들인 것을 다 가지고 시절(時節)을 마쳐서 왔습니다…(敝邑福小 介於大 國 誅求無時 是以不敢寧居 悉索幣賦 以來會時事…)."314)

이것은 진(晉) · 초(楚)의 양 대국 사이에 끼어 있는 정국이 진 · 초

---

313) 위 책, 35 : 28b.
314) 위 책, 40 : 27b.

양국의 부단한 공부 징발로 국가 재정이 거덜 날 수 있는 상황을 묘사하고
있다.

> "초(楚) 나라 사람들이 채(蔡) 나라 사람들을 시도 때도 없이 부렸다
> (楚人使蔡無常)."315)

위 글은 소국 채국 역시 대국 초국의 끊임없는 공부 징발에 시달리고
있던 사실을 말하고 있다.

> "호(胡) 나라 군주 표(豹)가 초(楚) 나라를 섬기지 않고 말하기를
> '나라의 국명은 천명에 달려 있는 것이다. 초 나라를 섬겨서 무엇
> 하랴 비용만 많이 든다'고 하였다. 2월 초 나라가 호 나라를 멸망시켰다
> (胡子豹又不事楚 曰 存之有命 事楚何爲多取費焉 二月 楚滅胡)."316)

원래 호(胡) 나라는 초국에 인접해 있던 소국으로 초국에 복속하고
많은 공부를 부담하여 왔는데 위 글은 호국 군주가 국명은 하늘에 달려
있다고 하면서 초국에 대한 공부를 거절하였던 사실을 말하고 있다.
이 같은 사실을 통해서 볼 때 당시 초국을 포함한 대국의 약소 열국에
대한 공부 징발이 얼마나 극심하였는가를 알 수 있다.
이와 같이 대국 간에 전개된 장기간의 쟁패전 와중에서 약소열국은
정치·군사적 이해관계와 국명 보존을 위해 특정 대국과 동맹을 형성하
고 복속하지 않을 수 없었는데 동맹을 형성하고 복속하는 경우에 약소
열국은 대국의 요구에 의해 매년 경, 대부 등 고위 관료들이 방문하는
'매년 1빙' 그리고 군주가 2년에 한 번씩 직접 조근하는 '2년 1조'의

---

315) 위 책, 34 : 19b.
316) 위 책, 56 : 5b.

조빙 사대의 예를 행하였다. 또 약소 열국은 이 같은 조빙 사대의 예 이행을 통하여 대국에 대해서 자국의 국정을 보고하고 또 대국의 정령을 받았다. 그리고 경우에 따라서는 소국의 군주가 대국의 수도로 소환당하고 유폐되기도 하였으며 대국의 끊임없는 공부 징발과 착취에 의해 국가 재정이 파탄 날 정도였다.

이런 점에서 볼 때 춘추 중기 국제사회에서는 춘추 초기 대소 열국 간 사대·자소 교린의 예를 행하는 쌍방 간의 조빙·헌공은 사라지고 오직 약소 열국이 대국에 일방적으로 사대만을 행하는 조빙·헌공의 사대 즉 일방적 조방·헌공의 사대만이 행해지고 있었다고 할 수 있다. 다음 전국 7웅으로 구성된 전국 시대의 국제 사회에서 열국 간의 국제관계가 어떠하였는가를 살펴볼 필요가 있다.

4. 전국 시대 조빙(朝聘) · 할지(割地)의 사대 외교

　대체로 전국 시대의 개막은 대국 진국(晉國)이 한(韓), 위(魏), 조(趙)
의 3진(三晉)으로 분리되어 독립하였던 기원전 453년부터 시작되었다
고 할 수 있다. 원래 진국은 북방의 강대국으로 진 문공이 패권을 장악한
이래 남방의 초국과 춘추 말기까지 패권을 겨루었다. 그러나 진국은
헌공(獻公) 이래로 군주권을 강화하기 위해 주변 공족(公族)들을 많이
거세하였으므로 공실(公室)의 세력기반이 크게 약화되었다. 이에 따라
서 이성세족(異姓世族)들이 점차 득세하기 시작하여 도공 시기에는
한(韓), 위(魏), 조(趙), 지(知), 범(范), 중행(中行)의 여섯 세족들이
공동으로 국정을 전담하였으며 100여 년 이상 계속되었다.

　이 결과 진 공실은 날로 쇠약해져가는 반면에 이성세족들의 세력은
날로 강성하여 갔는데 이 같은 추세 속에서 이성세족 간에는 점차 불화와
반목이 심해져 갔다. 기원전 499년에는 한씨, 위씨, 조씨, 지씨가 상호
결탁하여 진 정공(定公)을 받들고 범씨와 중행씨를 토벌하여 그 세력을
완전히 거세하였다. 이후 범씨와 중행씨로부터 몰수한 토지 분배를
둘러싸고 다시 내분이 발생하였다. 이 분쟁 속에서 지씨의 수장 지백요
(知伯瑤)가 피살되어 지씨 일족이 다시 몰락하고 그 토지를 한씨, 위씨,
조씨 3가가 분할하여 소유하였다. 그리고 유공(幽公, 전 437~420)

시에는 이들 3가가 이미 쇠약해진 진 공실의 토지마저 분배하였으므로 여기에서 진국은 멸망되고 한, 위, 조의 3진이 성립되었다.

이같이 진국의 영토를 분할하여 개국한 한, 위, 조의 3진은 당시까지 겨우 명맥을 유지하고 있던 주 왕실에 강제적으로 책봉을 요구하여 기원전 403년 각기 제후로 정식 책봉되었다. 그 후 3진은 대외발전을 위해 조(趙)는 수도를 하북의 한단(邯鄲)으로 천도하고, 한(韓)은 정국 (鄭國)을 멸하고 신정(新鄭)을 새로운 수도로 정하였으며, 위(魏)는 동쪽의 대량(大梁)으로 천도하였는데, 삼진의 이 같은 천도는 모두 대외 발전을 위한 포석이었다.

그런데 이 한, 위, 조 3진의 성격을 살펴보면 모두가 공벌과 병합의 과정을 통해 성장하여 개국하였고 또 각국은 3면 아니면 4면으로 적대국 과 국경이 연접되어 있었으므로 지극히 호전적이었다. 이 같은 호전적인 3진의 출현은 당시 서북 지방에서 흥기하여 동진(東進) 정책을 추진하고 있는 진국(秦國)의 신흥 세력과 연관되어 당시의 국제정세에 깊은 영향 을 미치게 되었다. 사실상 이 3진의 출현으로 전국 시대에도 무수한 전쟁이 발발하고 상호 간의 공벌과 병합이 계속되었으며 국제간 세력 변동의 근본적 원인이 되었다. 그러므로 춘추 시대 이래 유서 깊은 중원의 전통 있는 열국들이 계속 멸망되었다.

진국(秦國)은 기원전 461년에 대려(大荔, 섬서성 대려현)를 병합하 였고, 초국은 기원전 447년에 채국(蔡國)을, 기원전 445년에는 기국(杞 國)을, 기원전 431년에는 거국(莒國)을 멸하였다. 그리고 조국(趙國)은 기원전 414년에 소국(蘇國)을, 그 이듬해에 담국(郯國)을 각각 멸망시 켜 합병하였다. 제국(齊國)은 인접해 있는 동방의 문화대국 노국(魯國) 을 정벌하여 합병하였다. 월국(越國)은 오국(吳國)을 병합하고 월국(越 國)은 다시 기원전 301(?)년 초국에 병합되었다. 그리고 제국은 386년 유력세족이었던 전씨(田氏)에 의해 찬탈되어 전제(田齊)로 새로 개국하였다.

이와 같이 전국 초기부터 각국 간의 격렬한 공벌과 병합이 계속되다가 기원전 403년 전제(田齊)의 성립을 기점으로 소위 한, 위, 조의 3진, 북방의 진국(秦國), 남방의 초국(楚國), 동쪽의 제국(齊國), 그리고 동북의 연국(燕國)으로 구성된 소위 전국 7웅(戰國七雄)이 형세를 갖추게 되었다. 이렇게 전국 7웅으로 구성된 국제사회를 살펴보면 위국과 제국이 한때 강성하여 국위를 과시하였으나 전체적으로는 국력이 서로 비등하여 막상막하의 관계를 이루고 있었다. 그리므로 국제적 상호관계는 춘추 시대의 패주(霸主)와 맹국(盟國)으로 구성된 춘추의 패정 시대와는 달리 일대일의 독립적 대등관계를 이루고 있었다.

그런데 이 같은 국제적 세력균형을 깨뜨리고 등장한 것이 서북방에 위치한 진국(秦國)이었다. 진국은 목공(穆公) 시대부터 강성해지기 시작하였으나 진국(晉國)이 문공 이래 패국으로 출현하여 동쪽에 버티고 있었기 때문에 그 그늘에 가려 두각을 나타내지 못하였다. 그러나 갑작스러운 진국의 멸망과 3진의 성립으로 이 같은 숙명적 장애가 제거되었다. 또 효공(孝公, 361~338) 시에 시행된 상앙(商鞅, ?~338)의 변법(變法)은 당시 중원에서는 상상도 할 수 없는 전대미문의 개혁으로 진국은 일약 군사대국으로 성장하였다.

이렇게 군사대국으로 성장한 진국은 동진정책을 개시하여 한, 위, 조의 3진을 압박하면서 국제정세의 주도권을 장악하기 시작하였다. 진국은 동진정책의 첫 장애였던 위국을 먼저 공략하기 시작하였는데 마능전(馬陵戰) 이후 20여 년 사이에 5차에 걸친 집요한 공격으로 위국의 60여 성을 함락하였다. 이에 국력이 쇠진한 위국은 단독으로 진국에 대적할 수 없음을 느끼고 동방의 제국에 구원을 청하였다. 한편 막강한 진국 동진에 대해 위협을 느끼고 있던 동방 6국은 제국 또는 초국을 중심으로 공수동맹을 결성하여 공동으로 진국에 대적하였는데 진국은 서쪽에 위치하였고 6국은 동쪽에 있었기 때문에 동서대립의 국제정세가 형성되었다.

그러나 진국과 6국 간의 대립은 막상막하의 무력으로 세력균형이 형성되어 한동안 소강상태를 유지하였는데 이같이 소강된 국제정세를 배경으로 합종책(合從策), 연형책(連橫策), 원교근공책(遠交近攻策) 같은 교묘한 외교술과 책략 그리고 권모술수가 난무하면서 건곤일척의 치열한 외교활동이 전개되었다.

이 같은 합종책, 연횡책, 원교근공책은 전국 시대 특유의 외교 및 군사적 책략으로 합종책은 한, 위, 조, 제, 초, 연 6국이 연합하여 강력한 진국에 대항하여 진국에 의한 병합을 저지하는 것이었으며, 연횡책은 강력한 진국과 연합하여 다른 약소국을 공략하는 책략이었다. 합종책은 동주(東周) 낙양 출신의 소진(蘇秦)에 의해 주창되었으며 한때에는 초, 제, 위 등에 채택되어 진국을 공략하기도 하였다. 연횡책은 장의(張儀)에 의해 주창되었는데 범수(范睢)의 원교근공책과 더불어 진국이 동방 6국의 동맹을 이간하여 해체시키고 각개 격파하는 데 이용되었다.

이같이 전국 시대 국제사회에는 전쟁이 치열하게 계속되면서도 눈부신 외교활동과 심오한 책략이 전개되었는데 전국 시대의 국제사회는 그 성격에 따라서 전국 초기의 국제사회와 전국 중기와 말기로 구분하여 살펴볼 수 있다.[317]

전국 초기의 국제사회에서 노(魯), 송(宋), 정(鄭), 진(陳) 등의 약소 열국은 당시까지 국명을 보존하고 있었으며, 위국은 이회(李悝)의 법치 시행과 신경제정책 추진으로 부국강병을 이룩하여 한때 패권을 장악하였다. 그러나 춘추 시대와 달리 국제정치의 중심이었던 회맹은 위국이 주 천자에 대한 조근 명목으로 송, 정, 노 등의 약소열국을 규합하여

---

317) 黎東力,「春秋戰國之分期與再分期」,『中國上下史 八論』, 臺北 : 中國文化事業委員會, 1958, p. 105 참조.

한 번 개최한 정도뿐이었다. 이같이 회맹이 자주 개최되지 않았던 이유는 전국 시대에 더욱 가열된 약육강식의 와중에서 주 왕실의 쇠락과 병행하여 약소열국이 차례로 대국에 멸망되어 존재하지 않았기 때문이었다.

그러나 전국 시대는 춘추 시대와 같이 회맹은 개최되지 않았어도 조빙·사대의 외교는 계속되었다. 『사기』에 보면 다음과 같은 기사가 있다.

"14년 호(鄗)에서 조(趙) 나라와 회담을 하고 15년에는 노(魯), 위(魏), 송(宋), 정(鄭) 나라 군주들이 모두 내조하였다(君來與趙會鄗 十五年 魯魏宋鄭君來朝)."318)

이것은 전국 초기 노, 위, 송, 정국과 같은 약소열국 군주들이 춘추 시대와 같이 위국에 내조하였던 사실을 말하고 있다. 그러나 열국 군주 쌍방 간 사대·자소의 예에 의한 상호 교린(交隣)에 관한 기록은 전국 중기와 말기를 통하여 거의 찾아볼 수 없는데 이것은 전국 시대 각국 군주 간의 정상회담을 통한 외교활동이 거의 중단되었던 사실을 말하고 있다. 그 이유는 전국 시대 열국이 춘추 시대의 열국에 비교할 수 없을 정도로 축소되었던 것도 한 원인이 되었지만 그보다는 전국 7웅 간의 살벌한 국제관계와 상호 거의 대등했던 국력이 군주 간의 정상외교 활동을 부진하게 만들었던 것으로 생각된다. 그러나 각국 간의 교섭이 완전히 사라진 것은 아니고 간헐적으로 계속되었으나 그 성격은 달랐다.

"옛날 초(楚) 나라가 장무(章武)를 탈취하자 제후들이 북쪽을 향해서 조근하였다. 진(秦) 나라가 서산(西山)을 취하자 제후들이 서쪽으로

---

318) 『史記』, 44 : 1844.

조근하였다. 연(燕), 조(趙), 한(韓), 위(魏) 나라가 그 소문을 듣고
제(齊) 나라에 조근하였다(昔者 楚取章武 諸侯北面而朝 秦取西山
諸侯西面而朝 燕趙韓魏聞之 皆朝於齊)."319)

이것은 전국 중기 각국 군주가 특정국에 직접 입조하였던 사실을
말하고 있다. 그런데 입조 배경을 살펴보면 춘추 시대와 같이 상호
간의 친선과 우호 증진을 도모하고, 또 패정하에서 대소 열국 간의
상생공영을 위한 조빙 사대의 성격과는 달리 주변국의 무력 위협에
놀라서 조근하였다.

"진(秦) 나라와 초(楚) 나라가 서로 싸웠다. 진 나라가 초 나라를
대파하고 수도 영(郢)으로 쳐들어갔다. ··· 동쪽으로는 제(齊) 나라와
연(燕) 나라를 약화시키고 중간의 한(韓), 위(魏), 조(趙) 나라를
위압하여 일거에 패왕(覇王)의 이름을 얻고 사방 제후들의 조근을
받을 수 있다(秦與荊人戰 大破荊 襲郢 ··· 東以弱齊燕 中以凌三晉
然則一擧而覇王之名可成也 四隣諸侯可朝也)."320)

위 문장의 내용은 진국이 초국을 대파하고 초국의 수도 영(郢)을
습격하면 동쪽으로는 제(齊)와 연(燕)을 약화시키고 한(韓), 위(魏),
조(趙)를 위압하여 패왕(覇王)의 명성을 얻을 것이고 사방의 제후들이
조근할 것이라는 전망이다.

"천하의 합종책을 깨뜨려서 ··· 패왕의 명성을 이루고 사방 제후들의
조근을 받을 수 있는 길입니다(破天下之從 ··· 以成伯王之名 朝四隣諸

---

319) 위 책, 29 : 10b.
320) 『韓非子』, 臺 : 中華書局, 1 : 2a.

侯之道). "321)

이것은 진국이 동방 6국의 합종을 깨뜨리면 패왕의 명성을 얻고 사방
제후들의 조근을 받을 수 있다는 것이다.

위의 사실을 종합해보면 국력이 막상막하였던 7웅으로 구성된 전국
중기의 국제사회에서도 무력이 약한 약소국은 강대국에게 조근했던
사실을 알 수 있다. 그러나 춘추 시대 쌍방 간의 조빙에 기본을 둔
사대·자소 교린의 예는 찾아볼 수 없고 오직 무력 강약에 의해서 약소국
이 강대국에 대해서 일방적인 조근만 행했던 사실을 알 수 있다.

"제(齊) 나라가 반드시 두려워하여 말을 낮추고 후한 폐물로 진(秦)
나라를 섬길 것이다(齊必懼 必卑辭重幣 以事秦). "322)

"지금 왕이 진실로 그 말을 듣는다면 그는 나라를 들어서 초왕을
섬길 것이다(今王誠聽之 被必以國事楚王). "323)

"이에 서남이 초(楚) 위왕에게 말하기를 초 나라는 천하의 강국이고
왕은 천하의 현명한 왕입니다. 대체로 초 나라의 강성과 왕의 현능은
천하에 당할 자가 없습니다. 이제 왕이 서쪽을 향해서 진(秦) 나라를
섬기려고 한다면 제후들은 서쪽을 향해서 장대 아래에서 조근하려고
하지 않을 것입니다(乃西南說楚威王曰 楚 天下之彊國也 王 天下之賢
王也 … 夫以楚之彊與王之賢 天下莫能當也 今乃欲西面而事秦 則諸侯
莫不西面而朝於章臺之下矣). "324)

321) 『戰國策』, 3 : 8b.
322) 위 책, 5 : 6a.
323) 위 책, 3 : 10a.
324) 『史記』, 69 : 2259.

"진(秦) 나라가 한단의 포위를 이미 풀자 조(趙) 나라 군주가 입조하고 조혁(趙郝)으로 하여금 진(秦) 나라를 섬길 것을 약속하였다(秦旣解 邯鄲之圍 而趙王入朝 使趙郝約事秦)."325)

위의 사실은 전국 시대에도 춘추 시대와 같이 힘이 부족한 약소국은 강대국에 조근하여 사대를 행하였는데 전국 시대 약소국의 강대국에 대한 조근·사대가 어떻게 진행되었으며 그 정치적 의미가 무엇이었는 가를 살펴보자. 먼저 전국 시대 조근·사대의 이행 과정을 살펴볼 필요가 있다.

"지금 한(韓) 나라와 위(魏) 나라는 중국의 중심이고 천하의 중추이다. 만약 왕이 패권을 장악하려고 하면 반드시 중국과 가까워져서 천하의 중추가 되어야 합니다. 한(韓) 나라와 위(魏) 나라를 위협해야 합니다. 조(趙) 나라가 강해지면 초(楚) 나라가 아부할 것이고 초(楚) 나라가 강해지면 조 나라가 아부할 것이고 초 나라와 조 나라가 아부하면 제 나라가 두려워할 것입니다. 제 나라가 두려워하면 비굴한 아첨과 많은 재화로 진(秦) 나라를 섬길 것입니다(今韓魏中國之遽 而天下之 樞也 王若欲霸 必親中國 而以爲天下樞 以威楚趙 趙强則楚附 楚强則 趙附 楚趙附 則齊必懼 懼必卑辭重幣以事秦)."326)

위 기사는 전국 시대에도 약소국이 강대국을 섬기는 데 춘추 시대의 약소열국이 대국에 헌물·사대했던 것과 같이 후한 재물(重幣) 헌상으로 사대했던 사실을 말하고 있다. 그러나 전국 시대의 사대에는 후한

---

325) 『戰國策』, 20 : 4b.
326) 위 책, 5 : 6a.

재물 헌상으로써 끝나는 것이 아니었다.

"청컨대 사직을 받들어 서쪽을 향해서 진(秦) 나라를 섬기고 상산(常山) 말미의 5개 성을 바치겠습니다(請奉社稷西面 而事秦獻常山之尾五城)."327)

"제(齊) 나라와 위(魏) 나라가 다 땅을 떼어 내어 진(秦) 나라를 섬기기로 하였습니다(齊魏皆且割地以事秦)."328)

"위(魏) 나라 군주가 입조하여 진(秦) 나라에 6개의 현(縣)을 떼어주고 화해하였습니다(趙王入朝 … 割六縣而講)."329)

이같이 전국 중기 이후의 국제사회에서 약소국이 강대국에 사대하는 경우에는 자국의 땅 일부를 떼어서 헌상하는 할지(割地) · 사대(事大)를 했는데 이것은 춘추 시대 약소 열국이 대국에 대해 후한 재물로 사대를 했던 헌물 · 사대와는 아주 달랐다고 할 수 있다. 다시 말하면 전국 시대에는 약소국이 강대국에 사대하는 경우에는 반드시 자국의 영토 일부를 떼어서 헌상하면서 사대했던 사실을 알 수 있다. 이같이 전국 시대 약소국은 강대국을 섬기는 데 땅을 떼어서 헌상하면서 사대를 하지 않으면 안 되었는데 그 이유가 무엇이었는가를 살펴볼 필요가 있다.

"대체로 진(秦) 나라를 섬기는 데는 반드시 땅을 떼어주어야 효과를

---

327) 『戰國策』, 29 : 4b.
328) 위 책, 6 : 3b.
329) 위 책, 20 : 4b.

볼 수 있습니다(夫事秦必割地以效實)."330)

이것은 진 나라에 대해서 사대를 하려고 하면 반드시 땅 일부를 떼어주
어야 효과를 볼 수 있다는 것이다.

"대왕이 진(秦) 나라를 섬기려고 한다면 진 나라는 반드시 선양(宣
陽)과 성고(成皋)의 땅을 요구할 것입니다(大王事秦 秦必求宣陽成
皋)."331)

이것 역시 진국에 사대를 하려고 하면 진국은 반드시 선양(宣陽)과
성고(成皋)의 땅을 요구할 것이라는 것이다.

"대체로 진(秦) 나라를 섬기려고 하면 반드시 땅을 떼어주어야 효과를
볼 수 있습니다. 그러므로 병력을 사용하지 않아도 나라는 이미 훼손되
고 있습니다(夫事秦 必割地以效實 故兵未用而國已虧矣)."332)

이 내용 역시 진국에 사대를 하려고 하면 반드시 일정의 영토를 양보해
야 하는데 이것은 싸워보지도 않고도 나라가 이미 훼손된다는 의미이다.
이 같은 사실을 통해서 볼 때 전국 시대 약소국이 강대국에 사대하는
경우에 강대국은 춘추 시대와 같은 약소국의 헌물·사대에는 만족하지
않고 반드시 영토의 일부를 떼어서 헌상하는 할지·사대를 강요했는데
이것은 전국 시대 각국 간의 사대관계 수립은 할지가 거의 필수적이었던
사실을 말하고 있다.

---

330) 『史記』, 69 : 2259
331) 『戰國策』, 26 : 2a.
332) 위 책, 22 : 4a.

"대체로 진(秦) 나라를 섬기려고 하면 반드시 땅을 떼어주어야 효과를 볼 수 있습니다. 그러므로 병력은 사용하지 않아도 나라는 이미 훼손되고 있습니다. 많은 신하들이 진 나라에 사대를 해야 한다고 하는데 모두 간신들이고 충신들이 아닙니다(夫事秦 必割地以效實 故兵未用 而國已虧矣 凡群臣之言事秦者 皆姦人 非忠臣也)."[333]

위 뜻을 살펴보면 진국의 위협에 놀란 많은 신하들이 위기를 모면하기 위해서 진국에 사대해야 한다고 주장하였는데, 진국에 대한 이 같은 사대는 일정의 땅 양보를 전제한 것이므로 사대는 병력을 사용하지 않고서도 나라를 망치는 것이므로 사대를 주장하는 신하들은 모두 간신배들이라는 것이다.

"대체 진(秦) 나라는 호랑이 늑대와 같은 국가입니다. 천하를 병합할 야심을 가지고 있으므로 천하의 원수입니다. 모든 사람들이 다 땅을 떼어주려고 합니다. 제후들이 땅을 떼어주면서 진 나라를 섬기면 이것이 바로 원수를 키워주는 것이고 원수를 받드는 것입니다(夫秦虎 狼之國也 有呑天下之心 秦 天下之仇讐也 桓人皆欲割 諸侯之地以事秦 此所謂養仇而奉讐也)."[334]

이 뜻은 진국의 가공할 위협에 직면한 약소 주변국들이 모두 땅을 떼어주면서 진국을 섬기려고 하는데 이것은 결과적으로 진국의 영토를 더욱 키워주고 그 세력만 더욱 확대시켜준다는 의미이다.

---

333) 『史記』, p. 2255.
334) 『戰國策』, 14 : 6a.

"간신들은 모두 땅을 떼어서 진(秦) 나라를 섬기려고 합니다. 땅을 떼어서 진 나라를 섬기는 것은 섶나무를 가지고 불을 끄려고 하는 것과 같습니다. 섶나무가 다 타지 않는 한 불은 꺼지지 않습니다. 지금 왕의 땅은 이미 다하고 진 나라 요구는 끝이 없습니다. 이것이 섶나무를 가지고 불을 끄자고 하는 것입니다(且夫姦臣皆欲以地事秦 以地事秦 譬猶抱薪而救火也 薪不盡則火不止 今王之地有盡 而秦之求 無窮 是薪火之說也)."[335)

이 내용을 보면 간신들은 모두 할지로 진국을 섬기려고 하는데 이것은 섶나무를 지고 불을 끄려고 하는 것과 같으며, 섶나무가 다하지 않는 한 불도 꺼지지 않는다는 것이다. 그리고 이제 더 떼어줄 땅은 이미 없는 데도 진국의 땅 요구는 끝이 없다는 것이다.

"대왕이 진(秦) 나라를 섬기려고 한다면 진 나라는 반드시 선양(宣陽) 과 성고(成皋)의 땅을 요구할 것입니다. 이번에 두 지역을 내주면 내년에 또 다른 땅을 떼어달라고 요구할 것입니다. 이제 땅을 다 주고 더 줄 땅이 없습니다. 땅을 주지 않으면 진 나라는 이전의 공적을 버립니다. 우리나라는 더 큰 화를 받을 것입니다(大王事秦 秦必求宣陽 成皋 今竝交之 明年又益求割地 與之卽無地以給地 不與則棄前功 而後 更受其禍)."[336)

이것은 위국이 진국을 사대하는 데 할지는 필수적이고 또 할지 요구는 끝이 없을 것이라는 것인데 당시 진국은 약소국에 대한 부단한 할지를 통하여 전쟁을 하지 않고도 약소국의 영토를 끝없이 잠식하고 있었던

---

335) 위 책, 24 : 4b.
336) 『戰國策』, 26 : 11a.

사실을 알 수 있다. 이같이 약소국은 진국에 대한 할지·사대가 나라의 영토를 축소시키고 궁극적으로는 나라를 파멸시킨다는 사실을 알면서도 행하였던 이유를 살펴볼 필요가 있다.

"진(秦) 나라가 한(韓) 나라 선양을 격파하자 한 나라는 급히 진 나라를 다시 섬기기로 하였다(秦破韓宣陽 而韓猶復事秦)."[337]

"진(秦) 나라가 한 나라와 위 나라를 무찌르고 제(齊) 나라 남쪽을 공략하였다. … 나라가 매일 공략당하고 있으므로 진 나라를 섬기려고 해도 섬길 수가 없습니다(秦馳韓魏 攻齊之南也 … 國一日破攻 雖欲事秦 不可得也)."[338]

위 예문은 할지·사대가 그야말로 절박한 상황에서 선택되었던 마지막 외교수단이었음을 말하고 있다. 다시 말하면 약소국은 할지가 계속되면 궁극적으로 나라가 망한다는 사실을 알고 있으면서도 당장의 급박한 사태를 모면하기 위해서 땅을 떼어 바치면서 사대를 애걸하였던 것이다. 이 같은 사실에서 볼 때 전국 시대의 약소국의 강대국에 대한 사대는 할지가 필수적이었으며 할지·사대를 통하여 강대국은 약소국의 영토를 잠식하였으며 약소국은 할지·사대가 궁극적으로는 영토를 축소시키고 나라를 파멸시킨다는 사실을 알고 있으면서도 당장의 절박한 사정을 모면하기 위해서 땅을 떼어 바치면서 사대를 애걸하였던 사실을 알 수 있다. 이같이 진국과 같은 강대국은 할지·사대를 이용하여 전쟁과 같은 큰 희생을 치르지 않고도 약소국의 영토를 잠식하였던 것이다. 그러므로 전국 시대의 한비자(韓非子)는 전국 중기 이후 국제관계를

---

337) 『史記』, p.1726.
338) 『戰國策』, 8 : 10a.

아래와 같이 분석하였다.

"그러므로 적국의 군주는 힘이 있으므로 내가 옳은 소리를 해도 입공하지 않는다. 관내의 후들은 내 행동이 틀려도 반드시 나한테 짐승 같은 공물을 들고 조근한다. 힘이 강하면 사람들이 입조하고 힘이 없으면 남에게 입조해야 한다(故敵國之君王 雖說吾義 吾弗入貢 而臣 關內之侯 雖非吾行 吾必使執禽而朝 是故力多則入朝 力寡則朝於 人)."339)

이 같은 한비자의 분석은 한마디로 말해서 내가 힘이 있으면 남들이 입조하여 사대하고 내가 힘이 없으면 남에게 입조하여 사대해야 한다는 것인데 이것은 힘이 강하면 입조 사대를 받고 힘이 약하면 입조 사대해야 한다는 전국 시대 국제사회의 냉엄한 역학관계를 지적하고 있는 것이다. 그러면 전국 시대 국제사회에서 할지·사대의 정치적 의미를 살펴볼 필요가 있다.

"이제 서쪽을 향해서 진(秦) 나라를 섬기고 동쪽의 번국이라고 칭하겠습니다(乃欲西面事秦 稱東藩)."340)

"24만 명을 참수했으므로 한(韓)과 위(魏) 나라가 지금은 동쪽의 번국으로 칭하고 있는데 이것은 모두 그대의 공적이다(斬首二十四萬 韓魏以故至今稱東藩 此君之功也)."341)

---

339) 『韓非子』, 19 : 11b.
340) 『戰國策』, 26 : 11a.
341) 위 책, 33 : 6a.

위의 기사는 한(韓)·위(魏)의 양국 군주가 진국에 입조하여 땅 일부를 헌상하고 사대하면서 자신들을 '동번(東藩)'이라고 칭하겠다는 뜻을 피력한 것이다. 그런데 서주 시대 주 왕실의 제후들을 번병(藩屛)이라고 하였던 사실을 감안하면 전국 시대 무력이 약한 국가들이 '번병'으로 자처한 것은 주 왕조의 제후국과 같이 진국의 제후국이 되겠다는 뜻이었다고 할 수 있다.

"이제 여러 신하들의 의견을 들어서 신하로서 진(秦) 나라를 섬기려고 한다(今乃聽於群臣之說 而欲臣事秦)."[342]

"초(楚) 나라가 진(秦) 나라를 섬기면 한(韓) 나라와 위(魏) 나라가 두려워하여 마음속으로 진 나라에 합병되기를 바랄 것입니다. 그러면 연(燕) 나라와 조(趙) 나라도 진나라를 섬길 것입니다. 4개국이 경쟁적으로 진 나라를 섬기게 되면 초 나라는 진 나라의 한 군현이 될 것입니다(楚必事秦 韓魏恐 心因二人求合於秦 則燕趙事秦 四國爭事秦 則楚爲郡縣矣)."[343]

"제(齊) 나라가 천하 서쪽의 진(秦) 나라를 아주 두려워하고 있습니다. 제 나라가 진 나라로 달려가서 입조하여 신하가 될 날이 멀지 않았습니다(齊甚畏天下之西鄕 而馳秦入朝 爲臣之日不久)."[344]

위의 기사에 의하면 전국 중기 이후 약소국의 강대국에 대한 조빙·할지는 약소국의 강대국에 대한 사대 이행의 절차였으며 동시에 '신사(臣

---

342) 『史記』, p.2255.
343) 위 책, 40 : 1725.
344) 『戰國策』, 24 : 8a.

事)'로 인식되었다. '신사'는 '신속(臣屬)' 또는 '신종(臣從)'과 같은
뜻이었으므로345) 조빙·할지의 사대는 상호 대등하였던 약소국이 강대
국의 제후국이 되어서 섬기겠다는 뜻이었다고 할 수 있다. 그러나 주지하
는 바와 같이 전국 시대 6국 중 어느 국가도 진왕 정(政)에 의해서
병합되기 전까지 실제적 제후국으로 전락된 적이 없었는데 이 같은
사실을 감안하면 조빙·할지·사대의 신속은 약육강식이 난무한 전국
중기 이후의 국제사회에서 백척간두의 위기에 몰린 약소국이 영토 일부
를 떼어주어 사대하고 자청하여 제후국으로 신사, 신종하겠다고 한
것은 국명을 보존하기 위한 하나의 절박한 외교책이었다고 할 수 있다.
  이와 같이 서주 시대 주왕과 제후 간 그리고 제후국 상호 간의 결속과
친목을 도모했던 조빙·사대·자소 교린의 예가 춘추 시대 독립 영토
주권국가들로 구성된 국제사회에서는 대제후국은 소제후국을 사랑으로
돌보고 소제후국은 대제후국을 믿고 복속하는 대소 열국 간의 조빙·사
대·자소의 교린 외교로 발전하였다. 그러나 춘추 중기 이후 전개된
대국 간의 쟁패전 와중에서 강대국과 약소국 간의 조빙·사대·자소의
교린 외교는 약소국의 대국에 대한 일방적 조빙·헌물의 사대 외교로
변하였다. 그리고 7웅으로 구성된 전국 중기 이후 국제사회에서는 약소
국이 강대국에게 자국의 일부 땅을 떼어서 헌납하는 일방적 조빙·할지
의 사대 외교로 변하였다. 그리고 이 같은 일방적 조빙·할지의 사대
외교는 궁극적으로 강대국에 대한 약소국의 신사, 신속으로 인식되었음
을 알 수 있다.
  다음 장에서는 부족사회와 방읍국 사회에서의 공납, 은·주 왕조
시대 은·주왕과 제후 간의 조근과 공납의 조공, 그리고 독립 자주
국가들로 구성되었던 춘추전국 시대의 국제사회에서 대소 열국 간의

---

345) 『大漢和辭典』 9권, p. 9741.

조빙 · 조공의 사대 외교 성격, 의미 그리고 상호 연관성을 당대의 시대성
을 통하여 살펴보자.

V
선진(先秦) 시대 조공과 사대의 의미

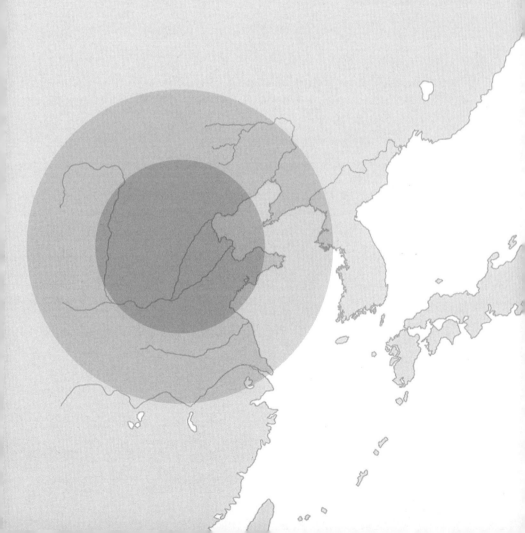

1. 방읍국 사회에서 공납의 성격

제I장에서 자세히 서술한 바와 같이 농경의 발달과 확대는 각 부족 간의 농경지 부족을 초래하고 농경사회에서 농경지 부족은 심각한 것이 었으므로 각 부족 간에 토지 쟁탈전이 촉발되어 전쟁은 부족사회에서 광범위하게 행해지고 부족의 생존이 걸린 사활의 문제로 등장하였다. 이에 따라서 각 부족사회는 군장을 정점으로 무력을 소유한 전사집단과 농경에 종사하는 농민으로 구성된 군장사회로 발전하였으며 또 주거지 주변에 흙과 돌로 구성된 성벽을 구축하였는데 이것이 성벽으로 무장된 방·읍·국 즉 성읍(城邑)의 출현이었다.

이같이 방·읍·국은 무수한 전쟁 와중에서 형성되었기 때문에 정치적으로는 강력한 정치·군사적 군장의 영도하의 자주적 집단, 경제적으로는 농경에 기반한 자급자족의 집단, 군사적으로는 무력을 갖춘 자위집단 그리고 사회적으로는 장기간의 씨족전통, 공동혈연의식, 공동지연의식, 공동운명의식 등으로 강력히 결속된 성읍국가였다.

한편 각 부족사회에서는 부족 상호 간의 역학관계에 의해서 약소부족은 강대부족에게 생산물의 일부를 공물로 헌상하기 시작하였는데 이것이 공납(貢納, Tribute)의 발생이었다. 그리고 각 부족이 전쟁 와중에서 성벽으로 무장된 성읍국가로 발전하고 또 주변 방·읍·국과 군사적 안보와 공동의 · 경제적 이해관계에 의해서 연맹을 형성하고 상호 역학 관계에 의해서 약소 방 · 읍 · 국이 강대 방 · 읍 · 국에 공납을 행하였다. 그런데 이 같은 방 · 읍 · 국은 사실상 성읍으로 무장된 부족사회였으므로 방 · 읍 · 국 간의 공납은 사실상 부족사회에서 약소부족이 강대부족에게 행했던 공납의 연장이었다. 그런데 부족사회와 방 · 읍 · 국 사회에서 상호 역학관계에 발생하였던 공납이 은 · 주 왕과 제후 간의 공납과의 연계성을 밝혀보기 위해서는 공납의 원래 의미를 먼저 살펴볼 필요가 있다.

먼저 '공(貢)'의 뜻을 살펴보자. 서양에서 '공(貢)'의 의미를 담고 있는 단어는 'Tribute'였다. 'Tribute' 어원을 찾아보면 라틴어의 'Tribunan'에서 유래하였다. 이 'Tribunan'에서 파생되어 영어로는 'Tribute', 이태리와 스페인어로는 'Tributo', 독일어로는 'Tribut'라고 하였는데 그 뜻은 다양하였다. 'Tribute'의 뜻을 살펴보면 약소부족이 강대부족의 침탈을 피하기 위해 헌상하였던 '헌물(獻物, Contribution)', 강대부족이 약소부족에게 정규적으로 부과하였던 '賦稅(Levy)', 그리고 모든 복속민에게 일률적으로 부과하였던 '租稅(Tax)'의 뜻을 포함하고 있는데[1] 이를 정리해보면 서양에서 'Tribute'의 뜻은 '헌물(獻物, Contribution)과 조세(租稅, Tax 또는 Levy)의 두 가지의 의미를 가지고 있었다.

다음 상고 중원에서 '공(貢)'의 의미를 살펴보면 앞서 언급한 '헌물'의 의미도 있었지만 '부(賦)'의 의미로도 사용되었다. 『상서』「우공」편에 보면 당시 9주는 기주(冀州), 연주(兗州), 청주(靑州), 서주(徐州), 양주(揚州), 형주(荊州), 예주(豫州), 량주(梁州), 옹주(雍州)로 나뉘어 있

---

1) Abraham I. Pershits, "Tribute Relations", *Political Anthropology : The State of Art*, S. Lee Staton and Henri J. M Claessen, ed. Paris and New York : Newton Publisher, 1979, pp. 149-150.

었는데 당시 천자의 봉내에 있던 기주를 제외하고는 모두 공물을 헌상하였다. 연주는 비직(篚織), 청주는 염치(鹽絺), 서주는 우견(羽畎), 양주는 금·은·동(金銀銅), 형주는 금·은·동, 예주는 칠기 등을 헌상하였다는 기록이 있는데2) 이 같은 9주의 지역적 특산물의 헌상을 '공(貢)' 또는 '부(賦)'라고 하였다.

그런데 제임스 리그는 주석에서 '공(貢)'을 '부(賦)'로 해석하고 '우공(禹貢)'의 명칭을 '우부(禹賦)'로 고쳐야 한다고 설명하고 있다.3) 맹자도 하, 은, 주 3대의 전조(田租)를 설명하면서 하(夏) 왕조의 전조는 '공법(貢法)'이라 하여 역시 '부(賦)'로 해석하고 있다.4) 이 같은 사실을 종합해보면 '공'은 헌물의 뜻 외에 조세를 의미하는 '부'의 뜻도 함축하고 있었는데 이것은 서양에서 'Tribute'가 'Contribution', 'Levy', 'Tax' 등과 같은 뜻으로 다양하게 사용되었던 현상5)과 유사하다고 할 수 있다. 이런 점에서 중국에서도 고대 서양에서와 같이 '공'과 '부'가 구별되지 않고 혼용되어 사용되어왔던 것을 알 수 있다.

그러나 고대 중국에서 '공(貢)'의 뜻을 더 검토해보면 '공'은 '부(賦)'와는 다른 의미였다. '공'에 대해서 『설문해자』에는 아래와 같이 설명하고 있다.

"공(貢)은 공(功)을 헌상하는 것이다(貢 獻功也)."6)

위 글에서는 '공(貢)'을 '헌공(獻功)'의 뜻으로 해석하고 있다. 그리고

---

2) 『尙書注疏及補正』, 6 : 11b. 제후의 주왕에 대한 貢納의 기록은 『周體注疏及補正』, 37 : 22b-23a에도 자세히 기록되어 있다.
3) James Legge, trans, *The Shoo King*, p. 93.
4) 『孟子住疏』, 5-1 : 4a.
5) Abraham I. Pershits, 앞 논문, p. 149.
6) 『說文解字義瞪』, 上海 : 上海出印刷公司, 1987, p. 537.

'헌공'의 뜻을 살펴보면 『국어』 「노어하」에 아래와 같은 기록이 있다.

"봄에 토지신에게 올리는 사제(社祭)에는 부역을 하고 겨울에 지내는 증제(蒸祭)에는 그해의 오곡과 포백을 올린다(社而賦事 蒸而獻功 獻五穀布帛之屬)."[7]

이에 의하면 '부사(賦事)'는 일종의 노역 제공이고 '헌공(獻功)'은 오곡, 포백 등 생산물의 일부를 제사에 올리는 제물(祭物)을 말하고 있다. 『광아』 「석언」에도 같은 기록이 있다.

"공(貢)은 헌상하는 것이다(貢 獻也)."[8]

주소에는 '공(貢)'을 '바친다'의 헌상(獻上)으로 설명하고 있으며 또 다른 주소에는 '공은 올리는 것이다(貢 上也)'라 하여 '공'을 '올린다'의 뜻으로 해석하고 있다. 이 같은 해석에 의하면 '공'은 '올린다', '바친다'의 헌상(獻上), 헌납(獻納)을 의미하고 있다. 또 『상서』 「우공」편에도 같은 기록이 있다.

"우 임금이 천하를 9주로 나눌 때 산세(山勢)에 따라 하천을 파내어 만들고 토지를 나누어 주고 농사를 짓게 하고 공부(貢賦)를 부과하였다(禹別九州 隨山濬川 任土作貢)."[9]

주소에는 " '공'은 아랫사람이 윗사람에게 헌상하는 것(貢者 從下獻上

---

7) 『國語 · 戰國策』, 臺北 : 商務印書館, 1968, p. 71.
8) 『廣雅疎證』, 對北 : 廣文書局, 1971, 2-1 : 59a. 『漢子語源辭典』에도 '공(貢)'은 '공(工)'에서 파생된 명사로 상납(上納)의 뜻으로 설명하고 있다. p. 306 참조.
9) 『尙書注疏及補正』, 6 : 1a.

之稱)"으로 해석하고 있다. 또『석문』에도 같은 뜻으로 설명하고 있다.

"공(貢)은 아랫사람이 윗사람에게 바치는 것이다(貢 下之所納于
上)."10)

위와 같이 '공'은 아랫사람이 윗사람에게 바치는 헌납(獻納)의 뜻을
분명히 하고 있다. 이 같은 '공'에 관한 여러 사실을 종합해보면 '공'은
농경사회에서 아랫사람이 오곡, 포백 등 생산물의 일부를 윗사람에게
헌상·헌납하는 뜻이었다고 할 수 있다.

이 같은 '공(貢)'의 뜻을 좀 더 분명히 하기 위해서 '공'과 혼용되어
사용되어왔던 '부(賦)'의 뜻과 비교해 검토해볼 필요가 있다. 먼저 '부
(賦)'에 대하여『설문해자』에는 아래와 같이 설명하고 있다.

"부(賦)는 거둬들이는 것이다(賦 斂也)."11)

'부(賦)'를 이같이 '거둬들이다'의 뜻으로 해석하고 있다.『광아』「석
고」에도 같은 뜻으로 기재되어 있다.

"부(賦)는 거둬들이는 것이다(賦 斂也)."12)

이같이『광아』에서도 '부'는『설문해자』에서의 뜻과 같이 '거둬들이
는' 것'으로 해석하고 있다. 또『춘추공양전』에도 같은 뜻으로 사용하고
있다.

---

10)『經典釋文』, 臺北 : 廣文書局, 1974, 2 : 108.
11)『說文解字義證』, p. 542a.
12)『廣補解證』, 2-2 : 59a.

"12년 봄에 노(魯) 나라에서 토지 세법을 시행하였다. … 왜 꾸짖은 것인가? 처음으로 토지 세법을 시행한 것을 꾸짖은 것이다(十有二年 春 用田賦 … 何譏爾 譏始用田賦也).13)

주소에는 "부(賦)를 재물을 취하는 것(賦者 取其財物也)"으로 설명하고 있다. 그리고 『경전(經典)』「석문(釋文)」에서는 좀 더 분명히 그 뜻을 밝히고 있다

"부(賦)는 윗사람이 아랫사람에게 구하는 것이다(賦 上之所求於 下)."14)

이같이 '부'는 윗사람이 아랫사람에게 거둬들이는 것으로 분명히 설명하고 있는데 여러 설명과 해석을 비교해보면 '부(賦)'의 원래 뜻은 윗사람이 아랫사람에게서 거두어들이는 징수(徵收) 즉 조세(租稅)였으며, '공(貢)'은 아랫사람이 윗사람에게 생산물의 일부를 바치는 '헌납(獻 納)', '헌상(獻上)'의 뜻이었다. 이런 점에서 '공'의 뜻은 방·읍·국 사회에서 약소부족이 강대부족에게 생산물의 일부를 헌상했던 공물(貢 物, Tribute)의 뜻과 일치함을 알 수 있다.

그런데 위에서 언급한 바와 같이 강대부족이 약소부족을 정복하였을 때 약소부족을 총체적 노예로 전락시켜서 직접 수탈하지 않고 약소부족 기존의 족적체제와 질서를 유지시켜 주면서 공납을 허용하였던 이유에 대해서는 현재 정확히 알 수 없다. 그러나 거기에는 분명히 정치·군사적 이유와 목적이 있었을 것으로 생각된다.

---

13) 『公羊注疏及輔正』, 28 : 15a.
14) 『經書經文』, 2 : 2a.

예를 들면 강대부족이 약소부족을 무력으로 침탈하였으나 완전히 정복하여 총체적 노예로 전락시키기에는 역부족이었을 수도 있다. 이 같은 역부족의 상태에서 약소부족이 정치·군사적 복속의 표시로 공물을 헌상하였을 때 강대부족은 공물을 수용할 수밖에 없었을 것이다. 또 방·읍·국 간의 빈번한 전쟁 와중에서 군사적 연맹 형성 등의 상호 필요성에 의해서 강대부족은 약소부족의 공납을 수용하고 이를 통해 약소부족을 연맹의 일원으로 포섭하였을 수도 있으며 약소부족 역시 정치·군사적 보호의 필요에 의해서 강대부족에 대한 공납을 행하고 공납관계 형성을 통해 강대부족 주도의 연맹 형성에 참여하였을 수도 있는 것이었다.

이런 의미에서 볼 때 국가 성립 이전의 방읍국 사회에서 공납의 발생과 확대는 강대부족의 약소부족에 대한 무력적 한계 또는 상호연맹 결성을 위한 정치·군사적 필요성, 약소부족의 강대부족에 대한 정치·군사적 보호 필요성 등의 상호 전략적 필요성과 공동의 경제적 이해관계 차원에서 성립되었을 가능성이 많다.

그러나 앞서 지적한 바와 같이 방읍국 사회에서 공납의 발생과 성격을 후대의 자료를 통하여 밝히기는 사실상 불가능하므로 방읍국 사회를 구성했던 것과 같은 방·읍·국으로 구성 조직되었던 은·주 왕조의 국가조직과 은·주 왕과 제후와의 관계를 통하여 밝혀볼 수밖에 없을 것 같다.

2. 은·주 왕조 시대 제후 조공의 본질과 성격

    은·주 양 왕조의 국가 구성과 구조를 살펴보면 은 왕조는 방국연맹을 기반으로 수립되고 주 왕조는 봉건제도의 기반 위에 수립되었으므로 양 왕조의 정치제도는 외면적으로는 다른 것처럼 보인다. 그러나 은 왕조의 방국연맹이나 주 왕조의 봉건제도는 모두 은·주 왕조 성립 이전 중원의 농경지역에 광범위하게 전개되었던 방·읍·국 등의 성읍 국가들로 구성되었다.

    이들 방·읍·국은 앞 장에서 분석한 바와 같이 정치적으로는 강력한 군장 영도하의 독립집단이었고, 경제적으로는 농경에 기반한 자급자족 집단이었으며, 군사적으로는 자위능력을 갖춘 무장집단이었다. 그리고 사회적으로는 장기간의 씨족전통, 공동혈연의식, 공동지연의식, 공동운 명의식 등으로 결속된 성읍국가였다. 그리고 상호 간에 전쟁이 치열하게 전개됨에 따라 일부 방·읍·국들은 정치·군사적으로 강력하였던 은 족의 상읍(商邑)을 중심으로 방읍연맹을 결성하여 은 왕조를 수립하였 다. 이같이 은 왕조가 수립됨에 따라 연맹 방·읍·국의 정치·군사적 수장들은 은왕의 제후·제백으로 참여하여 은왕에게 조근을 행하고 공납을 행하였는데 이 중에서 공납의 성격을 먼저 살펴볼 필요가 있다.

    은대 복사에 의하면 '공(貢)'의 원래 자(字)는 '𠙵', '𠙹'으로 되어 있는데 시간이 지남에 따라서 '공(工)'으로 변하였으므로 이 '공(工)'은 '功', '貢'과 같은 자였다.15) 이 '工', '功', '貢'의 의미에 대해서 이효정 (李孝定)은 아래와 같이 설명하고 있다.

"공(貢)은 아뢰는 것이다. 아뢰는 헌(獻)과 고하는 고(告)는 같은 뜻이다. 설문(契文)에는 공(貢)을 費이라고 하는데 費은 책(册)이다. 그러므로 공전(貢典)은 헌책(獻册)을 말하는 것으로 책(册)에 고하는 것이다(貢(功) 獻也 獻與告相同 因契文言貢費 費卽今典字 典猶册也 貢典猶言獻册 告册)."16)

이에 의하면 '공(貢)'은 '아뢰다'의 '헌(獻)'과 '고한다 '는 고(告)와 같은 뜻이었다. 그리고 '공전(貢典)'은 '헌책(獻册)'과 같은 의미로 '책 (册)'에 고하는 것이라고 하였다.

"공전(貢典)은 헌책(獻册)을 말한다. 책(册)에 고하는 것이다. 제사 지낼 때 신령에게 전책(典册)을 고하는 것이다(貢典猶言獻册 告册也 謂祭時貢獻典册於神也)."17)

이같이 '공전(貢典)'은 '전책(典册)'에 고하는 것이라고 하였다. 그리 고 '전책(典册)'에 대해서『상서』에서는 아래와 같이 설명하고 있다.

"사관에게 축문을 지어 빌게 하면서 '당신의 장손이 위태로운 병에 걸렸습니다'라고 말하였다(史乃册祝曰 爾元孫某 遘厲虐病)."18)

---

15) 李孝定, "甲骨文字集釋,"『中央研究院歷史語言研究所集刊』50, p. 1589.
16) 위와 같음.
17) 위와 같음.
18) 위와 같음.

여기에서 '책축(册祝)'은 제사지낼 때 사관이 글을 지어서 신령에게 비는 축문(祝文)이다. 그러므로 복사에 나타난 은대의 '몰' '굿' '工' '功' '貢'의 뜻은 모두 같은 뜻으로 아랫사람이 윗사람에게 올리는 '헌상물'로서 은 왕조 제후 · 제백들이 은 왕실의 제사에 올리는 제물이었으며 이같이 헌상된 제물은 은 왕실의 조상신에게 축문을 통해서 보고되었던 사실을 말하고 있다.

이러한 점에서 볼 때 은대 제백 제후들이 은왕에 헌상하였던 수골(獸骨), 갑골(甲骨), 인생(人牲) 등의 공물은 은 왕실의 제사에 소용되는 제수품(祭需品)이었으며 은 왕실의 조상 제사 때 축문을 통해 보고되었던 것이다. 그리고 고대사회에서 약소부족의 강대부족의 제사 참배는 정치 · 군사적 복속의 표시였던 사실을 감안하면 은대 제후 · 제백들의 은 왕실에 대한 공물은 제수품의 헌상으로 곧 은왕에 대한 정치 · 군사적 복속의 표시였다고 할 수 있다.

또 복사(卜辭)에 의하면 은대 제후 · 제백들은 직접 내조하여 은왕에게 조근하였다.

"옛날 탕왕이 계실 때에는 저(氐)와 강(羌) 나라에까지 조공을 바치지 않는 나라가 없었다. 우리 상 나라만을 받들었다(昔有成湯 自彼氐羌 莫敢不來亨 莫敢不來王 曰商是常)."[19]

주소에 의하면 '형(亨)'은 '올린다(獻)'의 뜻으로 헌상을 의미하고 '왕(王)'은 '한 세대 한 번의 조근(世見曰王)'을 뜻하고 있다. 그리고 '상(常)'은 제후들의 입공과 조근이 일상적이었다는 뜻이었다.[20] 그러

---

19) 『詩經注疏及補正』, 20-4 : 6a.
20) 위 책, 20-4 : 6a.

므로 주변국의 은왕에 대한 조근과 헌공은 일상적인 것이었다고 할 수 있다.

"응(應) 나라의 후가 내조하였다(應侯來朝)."21)

이것은 응(應) 나라 후가 은왕에 내조하였다는 『죽서기년(竹書紀年)』 중의 기록이다.

"주(周) 나라 왕 계력(季歷)이 조근하였는데 은왕이 땅 삼천 리를 하사하였다(周公季歷來朝 王賜地三千里)."22)

"서백(西伯)이 제후들을 이끌고 입공하였다(西伯率諸侯入貢)."23)

위 글에서 계력(季歷)과 서백(西伯, 이름은 창[昌]으로 주 왕조 개국 후 문왕으로 추존됨)은 모두 주 왕조 개국 이전의 주족 군장이었는데 이들 주족 군장들이 제후들을 이끌고 은왕에게 조근했던 사실을 말하고 있다.

"貞王何今六月入?"24)
"勿國[何]今[六]入?"25)

위 두 문장 중에서 '하(何)'는 무정(武丁) 시대의 제후국이었다. '입

---

21) 『竹書紀年八和』, 臺北 : 世界書局, 民國56, 2 : 7b.
22) 위 책, 2 : 11a.
23) 위 책, 2 : 14a.
24) 「關于商代稱王的封國君長的探討」, 『歷史研究(京)』, 1985, p. 37.
25) 위와 같음.

(入)'은 '입상(入商)'의 의미로, 은왕에 대한 하왕의 조근을 말하고
있다. 이 같은 사실을 종합하여보면 은대의 제백 제후들은 은왕에 대해서
입조하여 조근을 행하였다. 다시 말하면 은대 은왕에 대한 제백 제후의
조근과 공납의 조공은 분명히 시행되었다. 그러면 이 같은 조근과 공납의
조공 목적과 성격이 여하하였는가를 살펴볼 필요가 있다.

앞에서 언급한 바와 같이 복사에 의하면 은족은 은왕이 거주하는
상읍(商邑)을 '대읍상(大邑商)', '천읍상(天邑商)'이라고 불렀는데 이
같이 대읍 또는 천읍이라고 불렀던 정치적 이유와 배경을 살펴보면
은족이 정치·군사적으로 발전을 거듭하여 주변의 약소부족들을 복속
시키고 주도권을 장악하자 자신들의 읍을 자존하여 '대읍' 또는 '천읍'이
라고 하였는데[26] 이것은 주변 군소 부족에 대한 은족의 정치·군사적
우월의식을 반영하고 있는 것이다.

또 『상서』에 보면 주공이 무경녹부(武庚錄父) 반란을 3년 만에 진압하
고 은 구관료와 유민들을 천명설로 무마하는 연설 중에 "사방에 대소
방읍이 전개되어 있다(四方大小邦)", "상읍은 대방이었고 주읍은 소방
이었다(大邦殷 小邦周)"라는 언급이 있는데 이것은 주 왕조 개국 이전의
은 왕조 시대 사방에 대소의 방·읍·국의 성읍들이 전개되어 있었고
은(殷)은 중앙에 위치한 대방이었고 주(周)는 서쪽에 위치한 소방이었
다는 뜻이다. 그러므로 은족의 상읍을 포함한 주변 방·읍·국들로
구성된 방읍국 사회에서 상읍은 정치·군사적 주도권을 장악한 대방이
었고 주변 방·읍·국들은 군소의 소방이었다고 할 수 있다. 따라서
상읍과 주읍을 포함한 주변 방·읍·국과의 관계는 대방과 소방의 관계
였다고 할 수 있다.

또 이 같은 대방과 소방과의 관계는 은왕의 왕(王)과 제후의 '후(侯)'

---

26) 陳夢家, 『殷墟綜述』, 北京: 1956, p .255-257.

명칭에서도 찾아볼 수 있다. 먼저 '후(侯)'의 뜻을 살펴보면 중국의 상고사회에서는 정치·군사적 수장을 '侯'라고 하였는데 이 '후'는 '人'과 '矢'로 구성되었다. 그러므로 '후'는 '弓矢의 人' 즉 궁시로 무장된 무인[27]을 뜻했는데 이것은 상고 시대 부족사회에서 정치·군사적 수장은 무사 출신이었음을 말하고 있다.

다음 '왕(王)'의 뜻을 살펴보면 '왕'의 원래 자는 '皿'의 모양으로 되어 있다. 산야에서 하늘로 치솟는 불길[28]을 의미했는데 정치·군사적으로 신흥하고 있는 '후'를 상징하였다. 즉 '왕'은 여러 '후' 중에서 정치·군사적으로 제일 강했던 '후'였고 할 수 있다. 또 다른 이론에 의하면 '왕'의 원래 뜻은 '부월(斧鉞)'을 의미했다. 금문 중에서 '斧鉞'의 뜻은 '朱' '玨' '玵'의 형태로 무력을 의미했다. 또 '玶' '玭' 등으로 되어 무력 또는 군사적 수장을 의미한다고 했는데 이런 의미에서 은왕은 방국연맹의 최고 군사적 수장이었을 것으로 설명하고 있다.[29] 그리고 은 왕조는 은왕을 정점으로 상읍을 중심으로 결속한 다수의 방·읍·국으로 구성되었으므로 은왕은 당시 여러 '후' 중에서 정치·군사적으로 가장 강했던 '후'였다고 할 수 있다.

또 앞서 말한 바와 같이 상읍과 주변 방·읍·국과의 관계는 대방과 소방의 관계였으므로 은왕은 정치·군사력이 강했던 대방의 '후'였고 제백 제후들은 약소 방·읍·국의 '후'였다고 할 수 있다. 그리고 이 같은 약소의 방·읍·국의 '후'들이 정치·군사적으로 강한 상읍의 '후'를 중심으로 방읍연맹을 형성하고 은 왕조를 수립하였을 때 대방 상읍의 '후'는 은왕이 되고 주변 약소 방·읍·국의 '후'는 제백 제후들이 되었다. 그러므로 상읍과 주변 방·읍·국 간의 관계는 본질적으로 대방과

---

27) 井上芳郎, 『支那原始社會形態』, 東京 : 岡創書房, 1939, p. 225-6.
28) 『東洋歷史辭典』, 平凡社, p. 317.
29) 林文, "甲骨文中的商代邦國聯盟", 『古文字研究』, 第六輯, 1980, p, 81.

소방의 관계였으며 은왕과 제백 제후와의 관계도 본질적으로는 대방 '후'와 소방 '후'와의 관계였다고 할 수 있다.

그런데 은 왕조의 국가 기반이었던 방국연맹을 형성하고 있던 제백 제후국은 상읍에 비해 정치·군사적으로는 열세하였지만 정치적으로는 자족 '후' 영도하의 독립적, 농경에 기반한 자급자족적, 군사적 자위능력을 갖춘, 그리고 장구한 씨족전통, 공동지연의식, 공동혈연의식, 공동운명의식 등으로 강력히 결속된 성읍국가들이었다. 그리고 은 왕조 수립 후 은 왕조의 제백 제후의 지위를 수용하였으나 자신의 방·읍·국에 대한 통치권은 그대로 장악하고 있었으며 은왕에 대해서는 조근과 공납 즉 조공을 통해서 정치·군사적으로 복속하고 있었다. 그러므로 방읍연맹 안에서 은왕과 제백 제후와의 관계는 군신관계가 아니라 정치·군사적 안보와 공동의 경제적 이해관계 기반 위에서 수립된 대방의 '후'와 소방 '후'와의 정치·군사·경제적 동맹관계였다고 할 수 있다.

다시 말하면 방읍연맹 안에서 정치·군사력이 강한 대방 상읍의 '후'가 왕으로써 패권을 장악하고 연맹의 약소 방·읍·국에게 군사·경제적 혜택과 보호를 제공하고 연맹 방·읍·국의 '후'들은 은왕의 패권을 인정하고 제백 제후들로서 정치·군사적으로 복속하고 복속의 표시로써 은족의 최고신이었던 상제를 받들고 은왕에 대한 조근과 공납의 조공을 이행하였던 것으로 생각된다.

이런 사실에서 볼 때 은대 제백 제후들의 은왕에 대한 공납은 은 왕조 개국 이전의 방읍국 사회에서 약소부족이 강대부족에게 행했던 공납의 연장이었다. 그리고 위에서 언급한 바와 같이 갑골문과 후대 문헌자료에 제백 제후들이 은왕을 직접 알현하는 조근의 기록이 있는 사실을 보면 조근은 은대 처음으로 시행되었다고 할 수 있다. 이런 점에서 볼 때 조근·공납의 조공 용어는 후대 왕망(王莽) 시대에 처음 등장하지만 실제적으로는 은대에 이미 시행되고 있었다고 할 수 있다,

그러면 다음으로 주대 제후들의 주왕에 대한 조근 공납의 의미에 대해서 살펴보자.

앞 장에서 자세히 설명했던 바와 같이 주대 제후들 역시 주왕에 대해서 주기적으로 조근을 행하고 공물을 헌상했는데 이 같은 조근의 성격에 대해서 『주례』「추관 사구하」에는 다음과 같이 기술하고 있다.

> "제후들이 조근하면 그 지위를 분별하고 등급을 바르게 하며 예절에 맞추어 손님으로서 알현하게 한다(凡諸侯之王事 辨其位 正其等 協其 禮 賓而見之)."[30]

주소에는 '왕사(王事)'를 주왕에 대한 제후의 조근으로 설명하고 있다. 그러므로 제후가 조근하면 그 지위와 등급에 맞는 예절을 갖추게 하여 천자를 알현하게 한다고 하였다. 『춘추좌전』에도 같은 언급이 있다.

> "조근에는 분명한 등급이 있다(朝有著定)."[31]

이같이 조근에는 지위와 차례를 분명히 한다고 하였다. 그리고 『예기』 에서도 제후들의 주왕에 대한 조근의 뜻을 좀 더 분명히 밝히고 있다.

> "조근의 예는 군신 간의 예의를 밝히는 것이다(朝覲之禮 所以明君臣 之禮)."[32]

---

30) 『周禮注疏及補正』, 37 : 23b.
31) 『春秋左傳王義』, 18 : 11b.
32) 『禮記王注』, 15 : 2b.

이것은 조근이 주왕과 제후 간 군신의 예를 밝히는 것이라고 하고 있는데 이런 의미에서 조근은 한마디로 말해서 주 왕조 봉건제도의 근간을 이루고 있는 제후들의 주왕에 대한 봉건적 군신의 예를 밝히는 기본적 신례(臣禮)였다고 할 수 있다.[33] 이 같은 위의 사실을 종합해보면 은대 제백 제후들이 은왕을 직접 배알하고 정치·군사적 복속 표시로 공물을 헌상하는 조근·공납의 조공 의례가 주대에는 봉건적 군신 간의 신례(臣禮)로 변하고 있었음을 알 수 있다.

그러나 주지하는 바와 같이 『주례』와 『예기』 중의 기사는 신빙성이 약하므로 그대로 다 받아들이기는 어렵다. 그러나 조근에 대한 『춘추좌전』, 『맹자』의 기록은 신빙성이 있으므로 당대의 기록은 아니라고 해도 그 내용이 역사적 사실과 일치하고 있기 때문에 주목해볼 필요가 있다.

"조근은 작위 고하의 뜻을 바르게 하며 … 명령을 따르지 않으면 무력으로 정벌한다(朝以正班爵之義 … 征伐以討其不然)."[34]

이것은 제후가 조근을 행하지 않으면 무력으로 응징한다는 뜻이다. 이같이 무력으로 응징한다는 기록은 계속되고 있다.

"제후가 조근을 한 번 안 하면 그 작위를 떨어뜨리고 두 번 안 하면 그 영지를 삭감하고 세 번 안 하면 주육사가 출동하여 제거한다(諸侯 … 不朝 則貶其爵 再不朝 則削其地 三不朝 則六師移之)."[35]

---

33) 『禮記』는 후대에 편찬된 자료이다. 주대의 文物典章을 이상화하여 기술하고 있는데 주왕과 제후와의 관계를 「君臣」관계로 서술하고 있다. 필자는 周代 주왕과 제후와의 관계를 「君臣」관계가 아니라 大邦과 小邦 간의 관계였으며 周王은 大邦의 侯로 맹주의 입장이었던 것으로 이해하고 싶다. 본문 p. 363 참조.

34) 『左傳注疏及補正』, 10 : 27b.

35) 『孟子注疏』, 12-1 : 28.

이것은『맹자』에 기록된 내용이다. 제후가 조근을 한 번 안 하면 작위를 강등당하고 두 번 안 하면 봉지를 삭감당하고 세 번 안 하면 주육사가 출동하여 응징한다는 것이다. 이 같은『맹자』의 기록을 증빙하는 사실이『춘추좌전』속에도 남아 있다.

> "주왕이 정(鄭) 나라 군주의 권한을 빼앗았는데 정 나라 군주가 조근을 하지 않았기 때문이었다. 가을에 왕이 제후들을 거느리고 정 나라를 응징하였다(王奪鄭伯政 鄭伯不朝 秋 王以諸侯伐鄭)."[36]

이것은 정국 군주가 불경하므로 주 환왕(桓王)이 그 권한을 박탈하였는데 이에 불만을 품은 정국 군주가 환왕에게 조근을 행하지 않으므로 환왕이 제후들과 연합하여 정국 군주를 무력으로 응징한 것이다. 이 전투에서 환왕은 어깨에 화살을 맞고 크게 패하였지만 여기에서 분명한 것은 제후가 조근을 행하지 않으면 주왕으로부터 무력 징벌을 받았던 사실이다. 다시 말하면 주대 제후들이 주왕에 대해서 조근을 행하지 않으면 주왕의 무력적 응징을 받았던 사실을 알 수 있다.

이런 점에서 주대 제후들의 주왕에 대한 조근 이행은『예기』에서와 같이 군신관계를 밝히는 신례는 아니었다고 해도 제후가 주왕의 패권을 인정하고 복속하는 정치·군사적 복속의례였던 것은 분명하며 서주 왕조 일대에 주기적으로 시행되었을 것으로 생각된다.

그러면 다음으로 '공(貢)'의 정치적 의미를 살펴보자. 주대 제후들이 주왕에 대한 조근 시에 헌상하였던 공물은 특정 지방의 단순한 토착물 또는 희귀물만이 아니었던 것 같다.『춘추좌전』희공 4년에 전에 보면

---

36)『左傳注疏及補正』, 6 : 3a.

다음과 같은 기사가 있다.

"4년 봄 제(齊) 나라 군주는 제후들의 병력과 연합하여 채(蔡) 나라를 침공하여 무너뜨리고 초(楚) 나라를 드디어 침공하였다. 초 나라 군주가 사자를 보내어 제후 군사들에게 말하기를 '당신들은 북방에 살고 나는 남방에 살고 있으므로 말이나 소 수컷과 암컷들이 서로 유인하여 통하는 일도 없을 것인데 당신이 나의 땅을 밟은 것은 뜻밖의 일이다. 무슨 일인가?'라고 물었다. 이에 관중(管仲)이 대답하였다. '옛날 소(召) 나라의 강공(康公)이 우리 제 나라의 시조 태공(太公)에게 공(公), 후(侯), 백(伯), 자(子), 남(南)의 5등작을 가진 제후나 제후의 장이 잘못하면 정벌하여 주 왕실을 도우라고 말하였소. … 이제 당신의 나라가 포모(包茅)의 공물을 보내지 않아서 왕실 제사를 받들지 못하고 제삿술도 올리지 못하고 있는데 나는 이것을 요구하는 것이오. 또 소왕이 남방으로 순시 나갔다가 돌아오지 못했는데 나는 이것을 묻는 것이오.' 이에 초 나라 측에서 '공물을 보내지 않는 것은 우리 군주의 잘못입니다. 어찌 감히 공물을 바치지 않겠습니까? 그러나 소왕이 돌아가지 못한 것은 강물에 물어보십시오'라고 대답하였다(四年 春 齊侯以諸侯師侵蔡 蔡潰 遂伐楚 楚子使與師言曰 君處北海 寡人處南海 唯是風馬馬牛之不相及也 不虞君之涉吾地也 何故 管仲對曰 昔召康公命我先君 大公曰 五侯九伯 女實征之 以夾輔周 … 爾貢包茅 不入 王祭不共 無以縮酒 寡人是徵 昭王南征 而不復 寡人是問 對曰 貢之不入 寡君之罪也 敢不共給 昭王之不復 君其問諸水濱)."[37]

이것은 춘추 중기 동방의 대국 제국(齊國)과 남방의 대국 초국(楚國)

37) 위 책, 12 : 2ab.

이 중원 패권 장악을 둘러싸고 대결하였던 상황을 묘사하고 있다. 당시 중원에서 열국 간의 국제관계를 살펴보면 종주국이었던 주 왕실은 세력이 약화되어 제후에 대한 통어력을 상실하고 소국으로 급속도로 전락해 가고 있었다. 반면 변방에 위치한 진(晉)·초(楚)·제(齊) 같은 열국은 대국으로 성장하여 그 세력을 급속도로 중원으로 확대하고 이미 쇠약해진 주 왕실을 대신하여 패권을 장악하여 국제정치를 주도하려고 하였다.

이 같은 긴박한 국제정세 속에서 당시 제국은 양공(襄公) 사후에 왕위계승문제로 내분이 일어나 국세가 일시 쇠약해졌으나 이를 수습하고 즉위한 것이 제 환공(桓公)이었다. 제 환공은 관중(管仲)을 기용하여 정치·군사·사회·경제의 여러 분야에 걸쳐 개혁을 추진하여 부국강병을 이룩하고 동방의 강국으로 부상하고 있었다. 또 이 시기에 남방 대국 초국 역시 중원 패권 장악을 목적으로 북상하여 중원의 정(鄭), 송(宋), 노(魯), 진(陳), 채(蔡) 등의 약소 열국들을 위협하였으므로 이에 놀란 약소 열국들은 동방의 대국 제국에 구원을 요청하였다. 이 같은 구원 요청을 받은 제 환공은 그동안의 축적된 국력을 배경으로 초국의 북상을 저지하려고 하였다.

이에 제 환공은 기원전 656년에 노, 송, 정, 진, 조, 허 등의 중원 8국 병력과 연합하여 초국 동맹국 채국을 침입하고 이어서 소능(召陵)에서 초군과 대치하였다. 이때 세가 불리함을 느낀 초국이 대부 굴완(屈完)을 보내어 강화를 청하고 또 초국을 침공하는 이유를 따졌다. 이에 관중이 그 이유를 설명하였는데 두 가지였다. 하나는 초국이 주 왕실의 제사에 헌상하는 '포모(包茅)'를 공납하지 않은 것과, 다른 하나는 주 소왕이 남쪽 원정 중에 실종되어 돌아오지 않은 이유를 해명하라는 것이었다.

관중의 이 같은 추궁에 굴완은 주 소왕이 남쪽 원정 중 실종된 이유는 강둑에 물어보라고 대답하였지만, 주 왕실에 '포모'를 공납하지 않았던 것은 '우리 군주의 잘못'이라고 인정하였는데 이것은 초국이 주왕에 대해서 '포모'의 공납 의무를 지고 있었던 사실을 말하고 있다.[38] '포모'는 원래 술을 빚는 일종의 채소였으므로 한갓 지방의 토산물에 불과하였지만 '포모'로 빚은 술은 주 왕실 제사에 없어서는 안 될 필수품이었다. 그런데 초국이 주 왕실 제사에 올리는 술의 원료인 '포모'를 공납하지 않은 것은 주 왕실의 권위를 인정하지 않는 큰 정치적 실수였다.

중국 고대사회에서 약소부족의 강대부족에 대한 정치적 복속의 표시는 강대부족의 제사를 받드는 것이었으며 약소부족들이 올리는 공물은 강대부족 조상 제사에 헌상되었는데 초국이 제후로서 주 왕실 제사에 올리는 술의 원료 '포모'를 공납하지 않는 것은 바로 주왕에 대한 권위와 복속의 거부였다고 할 수 있다. 그러므로 주 왕실의 보호를 자처하고 있는 제국은 초국을 침공할 수 있는 좋은 명분이었으므로 중원 열국과 동맹군을 형성하여 초국 침공을 개시한 것이다.

이 같은 대대적인 침공에 직면한 초국은 굴완을 보내어 잘못을 인정하고 '포모' 공납을 약속하였는데 이것은 서주 시대 초국이 주 왕실의 제사 술의 원료였던 '포모'를 주기적으로 헌상하고 있었던 사실을 말하고 있다. 또 주 왕실 제사에 올리는 공물 헌상은 반드시 초국에만 국한되었던 것은 아니고 주대 모든 제후들도 초국과 같이 일정의 공물을 헌상하고 헌상된 공물은 주 왕실 제사의 제수(祭需)로 올려졌을 것으로 생각된다.

> "…주공이 낙읍을 건설한 후 제후들의 조근을 받은 후에 제후들을 인솔하고 문왕에게 제사를 지냈다(…周公旣成洛邑 朝諸侯 率以祀文王焉)."[39]

---

38) H. G. Creel, 앞 책, p. 223.
39) 『毛詩正義』, 19-1 : 5a.

당시 상황을 보면 주 왕조 개국 후 수도 호경(鎬京)은 서북쪽에 치우쳐 있고 많은 제후들은 황하 양안을 따라 동쪽에 분봉 배치되어 있었으므로 이들 동방 제후들을 통어하기가 힘들었다. 이에 주공은 동방의 정치·군사적 요충지 낙읍(洛邑)에 성주(成周)를 건설하였다. 그리고 성주 낙읍이 완성되자 축하하기 위해 많은 제후들이 와서 조근하였다. 주공은 제후들의 조근을 받은 후에 문왕 묘로 인도하여 함께 제사를 드렸던 사실을 노래한 것이다.

> "…제후들이 성왕에게 처음으로 내조하여 조근하고 무왕 묘에 참배하였다(…諸侯始見乎武王廟也)."[40]

주소에 의하면 주공은 7년간의 섭정을 끝내고 정치를 성왕에게 돌려주었는데 성왕의 친정(親政)을 축하하기 위해서 제후들이 내조하여 성왕께 조근하였다. 제후들의 조근을 받은 성왕은 제후들을 무왕 묘로 인도하여 제사를 지냈는데 이것을 노래한 것이다.

> "…성왕이 정치를 하자 제후들이 내조하여 성왕을 조근하고 성왕의 제사를 도왔다(…成王旣政諸侯助祭也)."[41]

이것은 주공이 섭정 7년 만에 물러나고 성왕이 친정을 행하게 되자 이 사실을 종묘에 고하고 제사를 지냈는데 이때에 제후들이 성왕의 제사를 도왔던 사실을 노래한 것이다. 또한 제후들의 주 왕실 제사 참배는 반드시 희성제후(姬姓諸侯)에만 국한되지 않았다.

---

40) 『毛詩正義』, 19-3 : 14b.
41) 위 책, 19-1 : 4b.

"두 왕의 후손들이 내조하여 성왕에게 조근하고 참배하였다(…二王之
後來助祭)."42)

주소에 의하면 위의 두 왕(二王)은 하(夏)·은(殷) 왕실의 자손을
말하고 있다. 주지하고 있는 바와 같이 송국(宋國)은 은 주왕(紂王)의
서자 미자(微子)가 분봉된 제후국이었으며 기국(杞國)은 하 왕조의
자손이 분봉된 제후국이었다. 그러므로 이 두 제후국은 모두 주 왕실의
희성(姬姓)이 아닌 이성제후들이었는데 이들 이성제후들도 내조하여
성왕에 조근을 행하고 다시 주 왕실 종묘에 제사를 드렸는데 이것을
노래한 것이다.

"…미자가 내조하여 종묘에 참배하였다(微子來見祖廟也)."43)

주소에 의하면 주공이 섭정 2년에 반란을 일으킨 무경(武庚)을 죽이고
미자(微子)를 송국 제후로 분봉하였는데 이같이 제후로 분봉된 미자가
내조하여 성왕에 조근을 행하고 주 왕실 종묘에 제사 드렸던 사실을
노래한 것이다.

"공자가 말하기를 제후가 천자를 조근하면 반드시 천자의 종묘에
들려서 고한다(孔子曰 諸侯適天子 必告于祖禰)."44)

이같이 후대의 공자도 주대 제후들이 천자를 조근하면 반드시 천자의

---

42) 『毛詩正義』, 19-2 : 4b.
43) 위 책, 19-3 : 15a.
44) 『禮記王注』, 6 : 2a

종묘에 들려서 참배한다고 하였다.

이 같은 사실을 종합해보면 주 왕조 제후들은 이성·동성을 막론하고 주왕에게 조근을 행한 후 주 왕실 종묘에 참배하였는데 이것은 100~170여 국에 달했던 주대 제후국들은 동성·이성을 불문하고 주왕에 대한 조근 후 주 왕실 종묘에 참배하였던 사실을 말하고 있다. 그런데 이때 제후들이 빈손으로 참배하였을 것 같지는 않다.

위에서 언급한 바와 같이 은 왕조의 제백 제후들이 헌상했던 공물이 은 왕실 제사의 제수(祭需)로 헌상되었고 주대 초국이 주 왕실 제사에 올리는 술의 재료 '포모'를 공물로 헌상하였던 사실을 감안해보면 주왕에게 조근을 마친 제후들도 동성·이성을 막론하고 토산물 또는 특산물로 구성된 공물을 주 왕실의 제사의 제수로 올리고 참배하였을 것으로 생각된다. 그리고 앞에서 누차 언급한 바와 같이 약소부족이 강대부족에 대한 정치적 복속의 표시가 강대부족의 제사를 받드는 것이었으므로 주대 제후들의 주 왕실 종묘 참배 역시 이 같은 정치·군사적 복속의례였다고 할 수 있다.

이런 점에서 볼 때 주대 제후들의 주왕에 대한 정치·군사적 복속의례는 제후들의 주왕에 대한 조근과 공납 그리고 주 왕실 종묘 참배로 이루어졌다고 할 수 있다. 그러면 다음 이같이 조근과 공납의 조공관계로 구성된 은왕과 제후 제백의 정치관계 그리고 주왕과 제후의 정치관계의 성격이 여하한 것이었는가를 살펴볼 필요가 있다.

앞 장에서 고찰하였지만 선진적 농경을 배경으로 상고 중원 지역에는 무수한 방·읍·국의 성읍국가들이 출현하여 방읍국 사회를 이루고 있었다. 그리고 정치·경제·군사적 이해관계에 따라 대립 충돌하고 또 연맹을 형성하여 상호 각축하였는데 이 와중에서 특정의 방·읍·국이 정치·군사적 발전을 이룩하여 헤게모니를 장악하기 시작하였다. 그 대표적 사례가 상읍(商邑)과 주읍(周邑)의 경우였다고 할 수 있다.

주지하는 바와 같이 은족은 개국 이전부터 상읍을 중심으로 강력한 방읍연맹을 형성하여 정치·군사적 맹주로 성장하고 있었다. 복사에 보면 '大邑商', '天邑商'의 기록이 있는데 이것은 상읍이 정치·군사적 발전을 거듭하여 주변의 약소 방·읍·국들을 복속시키고 주도권을 장악하자 우월의식에서 자신들의 상읍을 '천읍(天邑)' 또는 '대읍(大邑)'으로 자존하여 불렀던 것인데[45] 이것은 주변의 군소 방·읍·국에 대한 상읍의 정치·군사적 우월의식을 반영하고 있는 것이다.

또 『상서』에 보면 주공이 무경녹부의 반란을 3년 만에 진압하고 은 구관료와 유민들을 천명설로 회유하는 연설 가운데 '四方小大邦', '大邦殷', '小邦周'[46] 등의 구절이 다수 나오는데 이것은 주 왕조 개국 이전의 은 왕조 시대에 상읍(殷)은 중앙에 위치한 대방(大邦)이었고, 주(周)는 서방에 위치해 있던 소방(小邦)이었음을 말하고 있다. 이같이 상읍과 주변의 약소 방·읍·국들로 형성된 방읍연맹체 속에서 상읍은 정치·군사적 주도권을 장악한 대방이었고 주변 방·읍·국은 군소의 소방이었으므로 상호 관계는 기본적으로 대방과 소방의 관계였다고 할 수 있다.

다시 말하면 은왕은 정치·군사력이 가장 강했던 대방의 '후'였고 보다 세력이 약했던 제백 제후들은 소방의 '후'였다고 할 수 있다. 그리고 대방 상읍을 중심으로 대소의 방·읍·국들이 연맹을 형성하여 은 왕조를 수립하였을 때 정치·군사력이 가장 강했던 대방 상읍의 '후'가 은왕이 되고 약소 방·읍·국의 '후'들은 제백 제후들이 되었다고 할 수 있다.

이와 같이 은 왕조는 은왕을 중심으로 독립 자주적 방·읍·국들로 구성된 방읍연맹에 기반하여 수립되었으므로 은왕은 이들 연맹의 방·

---

45) 『禮記王注』, 6 : 2a.
46) 『尙書注疎及補正』, 16:1a.

읍·국들을 국가의 대사(大事)에 참여시키지 않을 수 없었다. 이에 은왕은 연맹 방·읍·국의 족신들을 국가 주도의 제사에 수용하여 은족의 족신 상제(上帝)와 함께 안치하여 제사를 성대하게 거행하고 숭배하였으며 연맹 방·읍·국의 무력을 수용하여 은 왕조 무력을 보강하였다. 그리고 신의(神意)를 타진하는 정문에 연맹 방·읍·국 출신의 정인(貞人)들을 참여시켜서 국가 정책을 결정하였다.

그러나 앞 장에서 설명한 바와 같이 방읍연맹을 형성하고 있던 대소의 방·읍·국은 상읍에 비해 소방이었고 정치·군사력은 약하였지만 정치적으로는 자족의 군장 통치하의 독립 자주집단이었고 경제적으로는 농경에 기반한 자급자족집단이었으며 군사적으로는 자위능력을 갖춘 무장집단이었으며 내부적으로는 장구한 씨족전통, 공동지연의식, 공동혈연의식, 공동운명의식으로 강력히 결속되어 있던 성읍국가였다. 그러므로 은왕은 방읍연맹 내에서 헤게모니는 장악하였으나 은왕의 통치는 외복 제후국 즉 연맹 방·읍·국의 내부에까지 직접 미칠 수는 없었다.

바꾸어 말하면 은왕을 중심으로 방읍연맹을 형성한 제백 제후들은 자신의 방·읍·국에 대한 통치권은 그대로 장악하면서 방국연맹 내에서 은왕의 헤게모니를 인정하여 제백 제후의 지위를 수용하고 정치·군사적 복속의 의례로 조근과 공납을 행하고 은 왕실 제사에 참배하고 있었다고 할 수 있다.

이 같은 의미에서 볼 때 방읍연맹 내에서 은왕과 제백 제후와의 관계는 군신관계가 아니라 정치·경제·군사적 이해관계 기반 위에 형성된 대방과 소방 간의 동맹관계였다고 할 수 있다.[47] 그리고 방읍연맹 내에

---

[47] 王國維는 殷周 초기의 왕과 제후의 관계는 군신관계가 아니었다고 설명하고 있고(觀堂別集補遺), 顧頡剛은 王國維의 주장을 이어받아서 夏商시대의 '王'은 春秋時代의 「霸」와 같은 성격의 것이었다고 주장하고 있다. 다시 말하면 주왕과 제후와의 관계는 君臣관계가 아니고 국력의 강약에 의한 형성된 패주와 동맹국 간의 정치·군사적 복속관계였다고 설명하고 있다. 侯外廬, 『中國古代社會史論』, 香港 : 출판사, 1979,

서 정치·군사력이 강한 은왕은 연맹주로서 헤게모니를 장악하고 연맹의 방·읍·국에 군사·경제적 혜택과 보호를 제공하였으며 연맹의 방·읍·국은 은족의 최고신 상제를 받들고 조근과 공납 즉 조공을 이행하여 정치·군사적 복속을 표시하고 있었다고 할 수 있다. 그러므로 은대 제백 제후들의 은왕에 대한 조공은 소방 '후'의 대방 '후' 즉 은왕에 대한 정치·군사적 복속의례였다고 할 수 있다.

주 왕조 봉건제도의 구성과 조직을 살펴보면 앞에서 설명한 바와 같이 수많은 제후국으로 구성되었다. 각 제후국은 제후가 주재하는 국(國), 경·대부 등의 일족이 거주하는 채읍(采邑), 서민들이 거주하는 비(鄙) 그리고 주변의 광대한 농경지, 교외와 삼림으로 구성되었다.

이같이 구성된 각 제후국에는 제후를 정점으로 경·대부 등의 제후 일족으로 구성된 강력한 지배씨족이 형성되었다. 그리고 성읍의 궁실에 거주하고 조상신에 대한 제사를 거행하고 주변 농경지를 관리하였으며 농경에 종사하고 있는 서인들을 통치하였으며 외부 침입에는 무력으로 방어하였다. 그러므로 각 제후와 경 대부 등의 일족은 읍과 농경지의 소유자였고 관리자였으며 정치·군사력을 장악한 실제적 통치자들이었다. 그리고 자국 내에서 주왕의 직접 통치는 배제하고 조근과 공납의 조공을 통해서 정치·군사적으로 복속하고 있었다.

이런 점에서 주대 제후국은 개국 초기에는 주왕으로부터 분봉되었어도 실제적으로는 은대 제백 제후국과 같이 정치적으로 독립 자주적, 경제적으로 농경에 기반한 자급자족적, 군사적으로 자위능력을 갖춘 독립 자주적 성읍국가였다. 따라서 주대 주왕과 제후와의 관계는 은대 은왕과 제백 제후의 관계와 마찬가지로 대방 '후'와 소방 '후'의 관계였으

---

162. 반면, 伊藤道治는 殷과 聯盟邦國의 관계는 통치·피통치의 관계가 아니라 殷의 정치·군사적 우월성을 인정한 연합체였다고 설명하고 있다. 伊藤道治, 『中國古代王朝의 形成』, 東京 : 創文社, 1977, p.78 참조.

며48) 주왕에 대한 제후들의 조근과 공납 즉 조공은 소방 '후' 제후가 대방 '후' 주왕에 대해서 행한 정치·군사적 복속의례였다고 할 수 있다.

좀 더 본질적으로 언급하면 주왕과 제후와의 관계는 대방의 '후'와 소방 '후' 간의 동맹관계였으므로 제후들의 주왕에 행한 조공은 『예기』에서 언급되고 있는 "조근의 예는 군신 간의 예의를 밝히는 것이다(朝覲之禮 所以明君臣之禮)."에서와 같이 군신 간의 신례는 아니고 소방 '후'의 대방 '후' 주왕에 대한 정치·군사적 복속의례였다고 할 수 있다.

이 같은 여러 사실을 종합해보면 중국 상고 중원에는 씨·부족을 기반으로 수립된 무수한 방읍국의 성읍국가 시대가 전개되었는데 각 방·읍·국은 정치·군사적 안보와 경제적 공동이해 관계에 따라 상호 결속하여 연맹을 형성하고 대립하기 시작하였다. 그리고 독립 자주적 방·읍·국 간의 연맹 즉 방읍연맹을 기반으로 국가를 형성하기 시작하였는데 가장 대표적인 것이 은·주 왕조였다고 할 수 있다. 그러므로 방읍연맹을 기반으로 한 은 왕조의 국가체제와 봉건제도를 기반으로 한 주 왕조의 국가체제는 겉으로는 상위하였으나 안으로는 모두 독립 자주적 방·읍·국들의 연맹으로 구성되었기 때문에 국가의 본질은 같은 것이었다.

따라서 은왕과 제백 제후와의 관계 그리고 주왕과 제후와의 관계는 기본적으로 대방의 '후'와 소방 '후'의 관계였으므로 은·주왕에 대한 제백 제후들의 조근과 공납은 은대에 조근의 의례가 첨가되었을 뿐 본질적으로는 방읍국 사회에서 약소부족이 강대부족에게 행한 공납과

---

48) 侯外廬는 춘추 시대의 齊는 高氏, 國氏, 崔氏, 慶氏, 陳氏, 魯는 孟孫氏, 叔孫氏, 季孫氏, 晉은 韓氏, 狐氏, 趙氏, 知氏, 中行氏, 范氏, 羊舌氏, 祁氏, 先氏, 伯氏 등의 씨족연맹으로 이루어졌다고 하고 이 같은 씨족연맹은 西周시대부터 내려온 것이라고 하였다. 이러한 점에서 西周 왕조는 姬姓씨족을 중심으로 曹氏, 子氏, 姜氏, 姒氏, 任氏 등의 여러 씨족이 씨족연맹을 결성하여 형성한 국가로 설명하고 있다. 그러므로 周의 封國은 姬姓과 非姬姓 씨족의 동맹으로 보고 있다. 侯外廬, 『中國古代社會史論』, pp. 168-169 참조.

다를 바가 없는 것이었으며 그 연장이었다. 따라서 은·주왕에 대한
제백 제후의 조근과 공납 즉 조공은 대소 동맹국 간의 역학관계에서
이루어진 정치·군사적 복속의례였다고 할 수 있다.

3. 춘추전국 시대 조공과 사대의 외교

　　춘추 시대에 대소 열국 간의 외교활동이 가장 활발하였던 시기는 진(晉) 문공의 패정 수립 이후 잠시 물러났던 초국이 다시 북상하여 진국과 더불어 쟁패전을 재연한 시기부터였다. 당시 초 장왕(莊王)은 필전(邲戰)에서 진군을 격퇴하여 패권을 일시 장악하였으나 그 후 진국의 반격으로 오래 지속하지 못하고 또 쌍방의 실력도 백중하였으므로 승부를 가리지 못한 채 거의 숙명적인 대립만 지속하고 있었다.

　　그러므로 당시 진·초 양 세력의 중간지점에 위치해 있던 위(衛), 송(宋), 주(邾), 노(魯) 등의 약소열국은 자국의 정치·군사적 입장과 사정에 따라 북방의 진국 또는 남방의 초국과 동맹을 맺고 복속하면서 국가적 실리와 안전을 추구하고 있었는데 그 대표적인 국가가 정국(鄭國)이었다. 정국은 진·초 양 대국 사이에 위치하였으므로 진·초 양 대국과 불가피한 정치·군사적 관계를 맺고 있었는데 진국과의 관계에 대해서 다음과 같은 언급이 있다.

　　　"진(晉) 나라 군주가 정(鄭) 나라 군주를 만나주지 않았다. 그것은 정 나라가 초 나라에 붙어서 두 마음을 가졌기 때문이었다(晉侯不見鄭 伯 以爲貳於楚…)."[49]

이것은 진국 군주가 정국이 진국을 배반하여 초국에 복속한 사실을 알고 정국 군주의 입조를 거부한 것이다. 이같이 진국이 정국 군주의 입조를 거부하자 정국 공자 가(家)가 진국의 집정관 조선자(趙宣子)에게 서신을 보내어 정국의 입장을 변호하였다.

그 내용을 들어보면 과거 수십 년간 정국이 진국에 행한 공적과 충성을 열거하고 정국의 군주와 대신들이 수차례 진국에 조빙을 행했던 사실을 설명하였다. 그리고 약소 열국 중에서 정국보다 더 부지런히 진국을 섬겼던 국가는 없었는데 진국이 아직도 불만을 품고 있으면 우리 같은 소국은 멸망할 뿐이라고 하였다.50) 그러나 공자 가(家)는 여기에 실망하지 않고 계속해서 자신의 소신을 밝혔다.

> "또 말하기를 '사슴이 죽게 되면 소리를 선택할 수 없습니다. 작은 나라가 큰 나라를 섬기는데 대국이 덕을 베풀면 작은 나라는 인도를 지키지만 대국이 덕을 베풀지 않으면 사슴과 같이 악을 쓸 수밖에 없습니다. 쇠몽치로 맞은 사슴이 험한 지역으로 도망치는데 어떻게 아름다운 소리를 낼 수 있겠습니까? 귀국의 끝없는 명령으로 우리는 나라가 망할 것을 알고 있습니다. 우리는 모든 군대를 모아서 조(儵) 땅에서 기다리고 있을 것입니다'(又曰 鹿死不擇音 小國之事大國也 德則其人也 不德則其鹿也 鋌而走險 急何能擇 命之罔極 亦知亡矣 將悉幣賦 以待於儵…)."51)

위의 공자 가(家)의 서신 내용을 살펴보면 정국은 소국으로서 대국

---

49) 『左傳注疏及補正』, 20 : 33b.
50) 위 책, 20 : 34a.
51) 위 책, 20 : 34a.

진국에게 조공 사대의 예를 다하였지만 진국의 끝없는 간섭과 압박 그리고 경제적 수탈로 나라가 망할 수밖에 없으므로 이제는 정국이 소국이지만 병력을 국경에 대기시켜서 진국과 대결할 수밖에 없다는 단호한 결심을 피력하고 있는 것이다. 이같이 공자 가(家)는 정국이 초국에 복속한 것은 정국의 잘못이 아니고 결과적으로 진국의 부덕에서 연유한 것이라고 주장하고 있는 것이다. 그리고 진국이 더 압박하면 정국이 비록 소국이지만 군대를 모아서 진국을 대적하겠다는 단호한 의지를 피력하고 있는 것이다.

이 같은 사연을 거쳐서 초국에 복속한 정국은 이후 초국과 연합하여 진국의 동맹국 진(陳)과 송(宋) 양국을 침입하고 동맹국의 보호와 정국에 대한 보복으로 진국은 정국을 침입하였다. 그리고 초국은 정국을 구원하기 위해 다시 출병하는 등의 상호 교침 상태가 계속되었는데[52] 이 같은 현상은 급변하는 국제정세에 따라서 소국은 자국의 실리와 안전을 위해 친진(親晋) 또는 친초(親楚) 정책을 수시로 교체하면서 채택하였던 사실을 말하고 있다. 이 같은 소국의 국제적 입장은 아래에서 도 잘 나타나 있다.

"'진(晋) 나라와 초(楚) 나라가 덕에 힘쓰지 않고 무력으로써 서로 다투고 있습니다. 그러므로 먼저 오는 자의 편만 들어주면 됩니다. 진 나라와 초나라가 신의가 없는데 어찌 우리만 신의를 지키겠습니까.' 이에 초 나라에 복속하였다. 여름에 초 나라가 진능(振陵)에서 맹약을 맺었는데 진(陳) 나라와 정(鄭) 나라가 복속하였기 때문이었다(晋晉 楚不務德 而兵爭與其來者 可也 晉楚無信 我焉得有信 乃從楚 夏 楚盟 于振能 陳鄭服也)."[53]

---

52) 위 책, 21 : 2a.
53) 위 책, 22 : 10a.

이것은 진·초 양 대국이 덕은 쌓지 않고 상호 공벌로 신의가 없으므로 정국만이 진국에 대해서 신의를 지킬 필요가 없다는 것이다. 그러므로 정국은 여태까지 진국에 복속하고 있었지만 초국이 강성하자 자국의 국익을 위해서 초국에 복속해버린 것이다. 다음 기록에는 이 같은 정국의 국제적 태도가 더욱 명확히 드러나고 있다.

"작은 나라가 큰 나라 사이에 끼어서 큰 나라의 명령에 복종하는 것이 어찌 죄가 되겠습니까? 큰 나라가 이 같은 사정을 헤아려주지 않으면 작은 나라는 목숨을 부지할 수가 없습니다(居大國之間 而從於 强令 豈其罪也 大國者弗圖 無所逃命)."54)

이것은 힘이 약한 소국은 대국의 명령에 복종할 수밖에 없었던 당시 소국의 절박한 국제적 입장을 말하고 있다.

"지금은 백성들이 급합니다. 잠시 초(楚) 나라에 복종해서 백성들의 곤경을 늦추고 뒤에 진(晉) 나라 군사가 오면 또 복종합시다. 공손히 예물을 갖추어 오는 자를 대접하는 것이 작은 나라의 도리입니다. 맹약을 작성하는 데 쓰는 희생(犧牲)과 옥백을 가지고 양 국경에서 강국이 오는 것을 기다리는 것이 백성들을 보호하는 것입니다(民急矣 姑從楚以紓吾民 晉師至吾又從之 敬共幣帛 以待來者 小國之道也 犧牲 玉帛 待於二境 以待疆者而庇民焉)."55)

이것은 양쪽 국경에 맹약을 맺을 때 쓰는 희생(犧牲)과 폐백 등을

---

54) 위 책, 20 : 34a.
55) 위 책, 30 : 33b-34a.

미리 준비해서 진국 군이 이르면 맹약을 체결하여 진국에 복종하고 초국 군이 이르면 또 맹약을 체결하여 초국에 복종하여 백성들을 상하지 않게 보호하는 것이 소국의 도리라는 것이다. 정국의 이 같은 정책은 한마디로 말해서 진·초 양 대국 사이에 위치한 약소 정국이 자국의 안전과 백성들을 위해서는 어떤 특정국에 항구적으로 복속할 수 없고 국제역학관계의 변화에 따라서 대외정책을 수시로 바꿀 수 있다는 뜻이었다. 아래 기사는 이 같은 정국의 대외정책의 기본적 태도가 좀 더 분명히 나타나고 있다.

"오늘 맹약을 맺은 후 정(鄭) 나라가 진(晉) 나라의 명령을 듣지 않고 혹시 다른 뜻을 갖는다면 이 맹약에서 규정한 대로 벌을 받을 것이다. 이에 정 나라 공자 비(騑)가 달려 나와서 '하늘이 정 나라에 화를 내리어 두 대국 사이에 끼어 있게 했다. 큰 나라가 덕을 베푼다는 소리는 없고 무력으로 복종만을 강요하여 우리 조상신이 제사를 받지 못하게 하고 백성들이 토지에서 얻은 이익을 누리지 못하게 하고 있다. … 오늘 맹약을 맺은 뒤 정 나라는 예의가 있고 강하여 백성들을 보호할 수 있는데도 따르지 않고 감히 딴마음을 갖는다면 또한 이 맹약에 정한 바와 같은 벌을 받을 것입니다'라고 하였다. 이에 진국의 순언(荀偃)이 맹약을 고치라고 하자 정국의 공자 사지(舍之)가 '우리가 대신(大神)에게 맹서했는데 이 맹약문을 고칠 수 있다면 대국 진국도 배반할 수 있다는 것이 됩니다'라고 말하였다(自今日旣盟之候 鄭國而不唯晉命是聽 而或有異志者 有如此盟 公子騑趨進曰 天禍鄭國 使介居二大國之間 大國不加德音 而亂以要之 使其鬼神不獲歆其禋祀 其民人不獲亨其土利 … 自今日旣盟之後 鄭國而不唯有禮與疆可以庇 民者是從 而敢有異志者 亦如之 荀偃曰 改載書 公孫舍之曰 昭大神要 言焉 若可改也 大國亦可叛也)."[56]

이 당시 정국은 친초 정책을 취하여 초국과 동맹을 맺고 있었는데 노 양공 9년 10월에 진국과 그 동맹국들의 침입을 받아 포위되었다. 그런데 초국의 구원이 없자 정국은 항복을 하고 진국이 주도하는 희(戱) 회맹에 참석하여 맹약문을 작성하게 되었는데 이 회맹에 정국 측에서는 정국 군주를 포함하여 공자 비(騑), 제(祭), 희(喜), 첩(輒), 매(邁), 사지(舍之) 등이 참석하였다. 그리고 맹약문(盟約文)은 진국의 사장자 (士莊子)가 작성하였는데 위 글은 이때에 작성된 맹약문의 일부이다.

이 맹약문의 요점은 '오늘 맹약을 맺은 뒤 정국이 진국의 명령을 듣지 않고 다른 뜻을 갖는다면 이 맹약에서 규정한 대로 벌을 받을 것이다'라고 하여 진국에 대한 정국의 일방적 복종을 맹약에 의해 강요한 것이다. 그런데 정국은 맹약에 의한 일방적 복속을 거부하고 비록 소국이 지만 정국은 국익과 백성들을 보호할 수 있는 범위에서 대국을 추종하고 국익과 백성들을 보호할 수 없게 된다면 추종할 수 없다는 뜻을 피력한 것이다. 다시 말하면 진국이 소국 정국의 안전과 백성들을 보호할 수 없게 만든다면 추종할 수 없으며 그것은 소국의 죄가 아니라는 것이다.

한편 정국이 이같이 진국에 복속하자 초국은 분개하여 정국을 다시 침입하였다. 그리고 이 같은 초국 침공에 대책을 강구하는 가운데 정국의 집정자 사이에 다음과 같은 의견이 교환되었다.

"초(楚) 나라 군주가 정(鄭) 나라를 침공하였다. 이에 정 나라 공자 사(駟)가 초 나라와 화평을 맺으려고 하였다. 공자 공(孔)과 교(蟜)가 '큰 나라와 맹약을 맺고 입에 바른 피가 아직 마르지도 않았는데 배반을 해도 좋을까요?'라고 말하였다. 이에 공자 사(駟)와 전(展)이

56) 위 책, 30 : 37b.

'우리가 맹약을 맺는 것은 강자에 복종하겠다는 것이다. 지금 초군이
쳐들어왔는데 진국은 우리를 구원하지 않고 있으니 당장은 초국이
강한 것이오. 맹약은 감히 우리가 배반할 수 없는 것이지만 억지로
맺은 맹약은 진실성이 없는 것이오. 그런 맹약을 맺는 곳에는 신도
임하지 않을 것이오. 신은 신의가 있는 맹약을 체결하는 곳에만 임하는
것이오'(楚子伐鄭 子駟將及楚平 子孔子蟜曰 與大國盟 口血未乾而背
之可乎 子駟子展曰 吾盟固云唯彊是從 今楚師至 晉不我救 則楚彊矣
盟誓之言 豈敢背之 且要盟無質 神弗臨也 所臨唯信)."[57]

위 내용을 살펴보면 진국에 복속하고 있던 정국이 초국 침입을 받았는
데 진국이 구원하지 않았으므로 위기에 처하였다. 이에 정국 중분(中分)
에서 초국과 화친을 맺고 복속하였는데[58] 이 같은 정국의 태도는 자국의
안전과 백성 보호를 위해서 특정 대국에 항구적으로 복속하지 않고
국제역학관계의 변동에 따라 대국에 대한 자국의 정책을 수시로 바꿨던
사실을 말하고 있다.

이 같은 여러 사실을 종합해보면 약소 정국이 진·초 양 대국 간에
개재되어 번갈아가면서 취한 부진(附晋)·부초(附楚) 행위는 무능하고
의타적인 것에서 연유하는 것이 아니고 강약이 수시로 교체되는 국제정
세 속에서 자국의 안전과 실리를 위해서 기민하게 대처하였던 사실을
말하고 있다.

다시 말하면 정국이 조빙·사대의 예를 통하여 대국에 복속하고 있었
지만 자주성을 상실하여 항구적으로 복속했던 것은 아니고 어디까지나
자국의 안전과 실리가 전제된 상황에서 조빙·사대의 예 이행을 통하여
복속하고 이 같은 조건이 전제되지 않거나 무시되면 서슴없이 그 관계를

57) 위 책, 30 : 38a.
58) 위 책, 30 : 38a.

단절하였던 사실을 알 수 있다. 또 당시 약소 열국들이 대국으로부터 지나친 압박 혹은 모욕을 받았던 경우에 여하하였는가를 채국(蔡國)의 경우를 중심으로 살펴보자.

채국은 초국이 남방에서 흥기하여 북상한 이래 춘추기간 동안 시종 초국의 압박과 간섭에 시달렸던 희성 출신 국가였는데 채·초 간의 첫 충돌은 장공(莊公) 10년 식규(息嬀)의 사건으로 발단되었다. 식규 사건은 채국 군주 애후(哀侯)가 진국(陳國)에 장가들고 식국(息國) 군주 역시 진국에서 부인을 맞이하였는데 식국 군주의 매제 되는 식규가 진국을 방문하는 길에 채국을 통과하게 되었다.

이때에 채국 군주가 자신의 처가 제매(梯妹)라고 주장하면서 붙들고 예우하지 않았다. 이 소식을 들은 식국 군주가 크게 분개하여 사신을 초국 문왕(文王)에게 보내어 사유를 설명하고 채국을 징벌해줄 것을 요청하였다. 이에 초 문왕은 식규의 요청에 의하여 출병하고 채국군을 신(莘)에서 격파하였으며 채국 군주를 사로잡았다. 이 식규 사건 이후 채국은 초국에 복속하게 되고 채국 군주 등극 시에는 초국의 압력과 간섭을 빈번히 받았다.

"처음 채(蔡) 나라 문공이 진(晉) 나라를 섬기고자 하여 말하기를 '선군 장공(莊公)이 천토(踐土)의 회맹에 참가하였으므로 진 나라를 버릴 수가 없었으며 진 나라는 또 형제의 나라였다. 그러나 초 나라가 두려워서 실행하지 못하였다. 지금 초 나라가 채 나라를 시도 때도 없이 함부로 부리고 있으므로 공자 섭이 선군의 뜻을 이어서 채 나라를 이롭게 하려고 하였다'(初 文侯欲事晉曰 先君與於踐土之盟 晉不可 棄 且兄弟國也 畏楚不能行而卒 楚人使蔡無常 公子燮求從先君以 利)."59)

위의 내용을 보면 채국은 시종 초국의 압박과 간섭을 받아왔던 사실을 알 수 있다. 원래 채 문후는 과거에 진국(晉國)이 주관했던 천토(踐土)의 회맹에 참석하였고 또 진국은 같은 희성의 동성제후국이었으므로 친진(親晉) 정책을 취하려고 하였으나 초국의 간섭과 압력으로 시행을 못하였다는 내용인데 이것은 초국의 간섭과 압력에 의해서 채국은 자국 정치도 자주적으로 하지 못했던 사실을 말하고 있다. 또 채국 군주가 초국에 의해 직접 살해되기도 하였다.

"초(楚) 나라 군주가 신(申)에 머물면서 채(蔡) 영공을 초대하였다. 영공이 가려고 하므로 채 대부가 '초 군주는 탐욕스럽고 신의가 없습니다. 채 나라를 빼앗지 못한 것을 유감으로 여기고 있습니다. 지금 후한 패물과 달콤한 말로 우리를 유인하고 있습니다. 가시지 않는 것만 못합니다'라고 말하였다. 채 군주가 안 된다고 하였다. 삼월 병신 초 군주는 군사들을 숨겨두고 채 군주를 신(申)으로 불러서 대접하고 술에 취하자 사로잡았다. 여름 4월 정사 날에 채 군주를 죽이고 시종 70인도 살해하였다(楚子在申 召蔡靈侯 靈侯將往 蔡大夫 曰 王貪而無信 唯蔡於感 今幣重而言甘誘我也 不如無往 蔡侯不可 三月丙申 楚子伏甲 而饗蔡侯於申 醉而執之 夏 四月丁巳 殺之 刑其士七十人).[60]

이같이 신(申)에 주둔하고 있던 초국 군주는 채국 영후를 후한 재물과 감언으로 초대하여 만취시키고 구속하였다가 그 시종 70여 인과 함께 살해하였는데 이것은 약육강식이 난무하는 난세였지만 일국 군주를 재물과 감언으로 유인하여 취하게 하고 살해했던 사실은 당시 초국이

---

59) 위 책, 34 : 19b.
60) 위 책, 45 : 33b-34a.

그 무력을 믿고 얼마나 오만무도하였는가를 말하고 있다. 채국은 이같은 초국의 도를 넘는 압정과 모독에도 불구하고 겉으로는 계속 참으면서 복속하고 있었지만 그 인내심에는 한계가 있었다. 그리고 이 같은 인내심의 한계는 채 소후(昭侯)에 의해서 마침내 폭발되고 말았다.

"채(蔡) 나라 소공이 두 개의 패옥(佩玉)과 두 벌의 가죽 옷을 마련하였는데 초(楚) 나라에 가지고 가서 한 벌은 초 나라 소왕에게 증정하였다. 초 소왕이 패옥을 몸에 차고 채 나라 군주에게 향연을 베풀었는데 채 나라 군주도 패옥을 차고 있었다. 초 나라 영윤 공자 상(常)이 욕심을 냈지만 주지 않았다. 이에 상은 채 나라 군주를 3년간이나 붙들어두었다. … 채 나라 사람들이 이 소식을 듣고 초 나라에 억류되어 있는 채 나라 군주에게 요청하여 패옥을 초 나라 공자 상에게 바치게 하였다. 공자 상은 조정으로 나가 채 나라 군주를 모시고 있는 시중들을 만나보고 관청에 명하여 '채 나라 군주가 오래 있게 된 것은 관리들이 일을 잘못하였기 때문이었다. 내일 중으로 채 나라 군주를 돌려보내는 예를 마치지 못하면 죽을 줄 알아라'라고 하였다. 채 나라 군주가 돌아가는 길에 한수(漢水)이르러 옥(玉)을 강물에 던지며 '이후로 다시 이 한수를 건너서 남하하면 이 강의 신에게 벌을 받을 것이다'라고 말하였다. 채 나라 군주는 진(晉) 나라로 가서 그의 아들 원(元)과 대부의 아들을 인질로 하여 초 나라를 응징하여줄 것을 요구하였다(楚昭侯爲兩佩與兩裘 以如楚獻一佩一裘於昭王 昭王服之 以亨蔡侯 蔡侯亦服其一 子常欲之 弗與 三年止之 … 蔡人聞之 固請 而獻佩於子常 子常朝 見蔡侯之徒 命有司曰 蔡君之久也 官不共也 明日 禮不畢 將死 蔡侯歸 及漢 執玉而沈曰 余所有濟漢而南者 有若大小 蔡侯如晉 以其子元 與其大夫之子 爲質焉 而請伐楚)."[61]

이것은 채국 군주가 초 소왕에게 조근을 갔다가 예물 문제로 일국의 군주로서 일개 영윤에게 온갖 수모와 모욕을 당하고 3년간이나 구류 당했던 사실을 묘사하고 있는데 당시 채국 군주의 분노와 원한이 얼마나 사무쳤는가를 알 수 있다. 그래서 자신의 아들과 대부의 아들을 인질로 하고 초국에 대한 무력 응징을 진국에 요청하였다. 채국의 이 같은 요청을 받은 진국은 송, 채, 위, 진, 정, 허, 조, 거, 주 등의 국가와 소능(召陵)에서 회맹을 개최하고 마침내 초국을 침입하였다.[62] 그러나 채국은 여기에서 만족하지 않고 초국의 배후 남방에서 바야흐로 흥기하고 있는 오국(吳國)과 밀통하여 오군을 초국 배후로 유도하여 급습하도록 하였다.

이 당시 초국은 중원 경략에 몰두하고 있었으므로 모든 병력이 북방에 집결되어 있었는데 배후에서 오군의 급습을 받자 초군은 박거(拍擧)에서 크게 패하고 수도 영(郢)까지 함락당하였다. 이에 초 소왕은 수(隋) 지방으로 도피하고 이후 진국(秦國)의 원병으로 겨우 나라를 구할 수 있었는데[63] 이것은 춘추 시대 초국의 최대 참패였다. 이후 채국은 나라를 복구하여 국력을 재정비한 초국으로부터 바로 보복을 당했다.

이 같은 사실은 채국이 비록 약소 열국이었지만 초국의 경제적 수탈, 채국 군주의 취중 살해, 채국 군주에 대한 초 영윤의 개인적 모독과 구속 등 대국의 지나친 중압과 교만 그리고 자주성 위협에 대해서는 분연히 일어나서 항거하고 상치된 국제정세를 교묘히 이용하여 당시 최강국의 하나였던 초국에 치명적 일격을 가하였던 사실을 말하고 있다. 또 채국은 이후 초국의 무력 침략을 받아 세 차례 멸국의 화를 당하였지만 그때마다 줄기차게 복국(復國)운동을 전개하였는데 이것은 채국이 비

61) 위 책, 54 : 23b.
62) 위 책, 54 : 23b.
63) 위 책, 54 : 27b-28a.

록 소국이었지만 얼마나 강인한 생명력을 지녔는가를 말하고 있다.

위의 여러 사실을 종합해보면 춘추 시대 정국·채국과 같은 약소 열국은 영토 크기, 인구 수효, 경제 규모, 무력 강약 등의 모든 면에서 열세였고 조빙 사대의 예 이행을 통하여 정치·군사적으로 복속하고 있었지만 대국의 지나친 정치·군사적 압력이 가해지고, 경제적 수탈이 자행되고 자주성이 위협당하는 경우에는 강력히 대응하여 항거하였던 사실을 말하고 있다.

반면 당시 대국들은 공벌과 병합의 약육강식 와중에서 약소 열국들을 무력으로 병합하여 군현화(郡縣化)하지 않고 소국의 국명을 보존해 주면서 조빙·사대를 통한 정치·군사적 복속과 동맹 형성만으로 만족할 수밖에 없었는데 그 이유를 찾아볼 필요가 있다.

앞서 언급한 바와 같이 춘추 시대에는 겉으로는 대소 열국 간의 약육강식이 극심하였으나 안으로는 주 왕실의 종주권의 권위와 위엄이 아직 상존하고 있었으며 봉건적 예교 질서도 완전히 소멸되지 않았다. 또 패정 정신도 춘추 후기에 다소 변질은 되었으나 여전히 '존왕양이'의 명분하에 허약한 주 왕실을 보호하면서 제후들을 통어하는 패권 장악에 집착되었을 뿐 전국 시대와 같이 각국을 병합하여 천하를 통일하려는 천하통일사상은 아직 형성되지 않았다.

또 패권을 장악한 패주(覇主)도 유일무이한 천명의 봉행자 천자로서 주왕이 누렸던 카리스마적 권위와 위엄은 없었으며 패주 지위도 오직 무력의 강약에 의해 결정되었으므로 무력의 약화에 따라 수시로 교체될 수밖에 없었다. 따라서 대국 간에는 패권 장악을 둘러싸고 끊임없는 쟁패전이 계속될 수밖에 없었으며 이 쟁패전의 와중에서 양대 세력이 백중할 때에는 진·초와 같은 양 패주가 출현하기도 하였다. 그리고 패권을 장악하여 군소 제후들을 호령하였어도 그 방법은 종래의 회맹이나 맹약에 의한 통어뿐이었다.

이 같은 국제정세 속에서 대국이 약소 열국을 일방적으로 병합하는 경우 패권 장악의 한 측면 세력을 형성하고 있는 약소열국의 반발과 이탈을 야기하여 국제적 고립을 자초할 가능성이 많았으므로 대국은 소국을 일방적 무력 침공으로 병합을 강행할 수는 없었다. 또 당시 대국도 의식면에서는 주 왕조 시대의 봉건적 윤리 도덕의식과 가치관이 잔존하고 있었으며 국가조직도 동일혈연의 씨족을 기반으로 한 읍제국가의 형태를 벗어나지 못하고 있었으므로 타국을 멸하여 제사를 끊고 후손들을 단절시키는 '병합(倂合)'은 기피하고 있었다.

반면 약소 열국의 내부에서는 군주를 정점으로 형성된 지배씨족층은 공동조상숭배와 동일혈연의식, 공동지연의식, 공동운명의식 그리고 장기간의 씨족의식과 전통 등으로 굳게 결속되었으며 외부의 침입에는 거국적으로 완강한 저항을 감행했다. 그리고 거국적으로 완강히 저항하는 약소 열국을 병합하기에는 대국도 정치·군사적 약점과 한계를 가지고 있었다. 또 특정 대국의 일방적 세력 팽창은 무력 강약이 수시로 교체되는 국제역학관계 속에서 위험 부담이 큰 것이었다.

이 같은 상황 속에서 대국과 약소 열국 간에는 눈에 보이지 않는 정치·군사적 세력균형이 형성되었으며 이 정치·군사적 세력균형 속에서 약소국이 특정국의 패권을 인정하고 조빙·헌공의 사대 이행을 통하여 정치·군사적 복속을 표명하는 경우 대국은 이를 거부할 명분과 이유가 없었다고 할 수 있다.

따라서 대국은 약소 열국의 패권 인정과 조빙·헌공의 사대를 통한 정치·군사적 복속에 만족하는 반면 약소 열국은 대국의 패권 인정과 조빙·헌공의 사대를 통한 자국의 안전과 실리를 도모하였다고 할 수 있다. 그러나 춘추 시대의 이 같은 조빙·헌공의 사대에 기반한 국제관계와 성격은 전국 시대에 들어와서는 다시 변질되었다.

앞 장에서 누누이 언급했던 바와 같이 전국 중기 이후는 정치·경제·

사회·사상 등의 모든 면에서 춘추 시대와는 본질적으로 다른 시대였다. 우선 정치적으로 전국 시대 각국 군주는 지배씨족을 대표하는 종주(宗主) 또는 종손(宗孫)이 아니었다. 모든 백성들의 생사여탈권과 중앙·지방의 모든 관료들의 임면권을 장악하고 전국 토지를 소유한 유일무이의 전제군주였으며 통치제도는 공동혈연의 씨족에 기반한 분권적 봉건제도가 아니라 전제군주를 정점으로 군현제도에 기반한 중앙집권적 관료제도였다. 경제적으로는 주 왕조 시대 농경에 기반한 자급자족의 장원경제가 아니라 농업, 수공업, 상업과 원격지 교역에 기반한 개방 경제였다. 사회적으로는 주 왕조 시대와 같이 공동혈연의 씨족공동체로 구성된 폐쇄, 고립된 사회가 아니라 새로 출현한 사·농·공·상민의 사민(四民)으로 구성된 개방사회였다.

이같이 전국 중기 이후의 정치·경제·사회 조직과 구성 그리고 그 성격은 서주·춘추 시대와는 본질적으로 다른 시대였다. 그리고 전국 중기 이후의 진(秦)·초(楚)·연(燕)·제(齊)·조(趙)·한(韓)·위(魏)의 전국7웅은 각국 간의 환경과 지리적 조건과 내부적 요인에 의해 다소의 차이는 있었으나 대체로 이 같은 새로운 사회, 새로운 경제, 새로운 통치제도를 기반으로 수립된 전제적 국가였으며 국제사회도 이 같은 전제적 국가들로 구성되었다.

또 전국 시대에는 이 같은 전제적 국가 출현과 병행하여 천하통일사상이 급속도로 대두되고 있었으며 국제사회로 깊숙이 확산되었다. 그러므로 각국 간의 전쟁은 춘추 시대와 같이 상생공영의 국제사회를 전제하고 그 체제 내에서 단순한 세력 신장과 패권 장악에 목적을 둔 것이 아니라 각국을 차례로 병합하는 통일전쟁의 양상으로 변하였으며 그 목적은 천하통일에 있었다. 그러므로 천하통일을 지향한 각국은 상호 간의 치열한 각축 속에서 인민 살상, 경제력 소모와 파괴, 영토 탈취 등의 모든 방법과 수단을 통해 상대국의 국력을 최대한으로 고갈시키고 궁극

적으로는 병합에 목적을 둔 건곤일척의 상호 대결이 국제상황의 특징이
되었다.

그러므로 전국 시대의 국제사회는 춘추 시대의 국제사회에서와 같이
패주를 중심한 회맹체제 속에서 상호 간의 친선과 결속을 강조한 조빙·
헌공의 사대는 사라지고 약소열국의 강대국에 대한 조빙·할지의 일방
적 사대로 변질되었다. 그리고 이 같은 조빙·할지의 일방적 사대는
약소국의 영토가 고갈될 때까지 계속되었으며 영토가 고갈되어 할지·
사대를 계속할 수 없게 되면 강대국에 의해 병합될 수밖에 없었다.

한편 전국 시대의 대국 역시 약소국의 조빙·할지의 사대를 수용하지
않을 수 없었던 것은 약소국을 무력으로 병합하는 경우 춘추 시대에서와
같이 약소국의 결사적 항전이 야기되고 이에 대한 대국의 무력 한계가
있었을 뿐만 아니라 수시로 돌변하는 국제역학관계 속에서 약소국에
대한 일방적 전력 투입과 병합은 큰 위험을 수반할 수밖에 없었다.

이 같은 국제상황 속에서 대국은 약소국이 조빙·할지의 사대를 하는
경우 이를 받아들여 패왕의 명성을 누리면서 할지를 통하여 약소국의
영토 축소와 국력 고갈을 도모할 수 있었다. 따라서 전국 시대 약소국이
강대국에 행한 조빙·할지의 사대 성격은 춘추 시대 대국의 패권 장악과
대소열국 간의 상생공영을 전제하고 시행되었던 조빙·헌공의 사대
외교와는 그 성격이 본질적으로 달랐다고 할 수 있다.

이와 같이 춘추 시대와 전국 시대는 다 같이 국제사회를 수립하고
있었지만 그 시대적 성격은 판이하게 달랐다. 춘추 시대의 국제사회는
주 왕조의 제후국에서 독립 영토 주권국가로 성장한 대소 열국이 국제사
회를 형성하고 있었으므로 각국 간에는 주 왕조의 봉건적 질서 의식과
봉건적 윤리 가치관 등이 상존하였다. 그러므로 특정의 패국과 다수
약소열국으로 구성된 회맹체제 속에서 대소 열국 간의 상생공영이 인정
되고 추구되었다. 그러므로 패주가 주왕을 대신하여 헤게모니를 장악하

고 패정을 실시하였어도 패정의 목적은 어디까지나 화하세계 대소 열국 간의 상생공영이었으며 약소 열국의 패국에 대한 조빙 · 헌공의 사대 이행으로 국제질서가 수립될 수 있었다.

그러나 전국 중기 이후 국제사회는 각기 전제적 군주국가로 성장한 전국 7웅으로 구성되고 또 천하통일사상의 확산으로 각국 간의 대립과 전쟁은 통일전쟁으로 변하고 그 목적은 천하통일이었다. 이에 따라 대국은 약소국을 백척간두의 벼랑으로 몰아붙이고 약소국은 살아남기 위해서 강대국에 영토 일부를 떼어 바치는 조빙 · 할지의 사대를 이행하지 않을 수 없었다. 그런데 강대국이 약소국을 일방적으로 병합하지 않고 조빙 · 할지의 사대를 수용하였던 것은 춘추 시대에서와 같이 약소국의 결사적 항전, 강대국의 무력 한계 그리고 수시로 돌변하는 국제역학 관계와 돌출되는 위험성을 고려하였기 때문이었다. 이 같은 국제상황 속에서 강대국은 약소국이 조빙 · 할지의 사대를 하여 오는 경우 이를 받아들여 자국의 영토 확대와 동시에 약소국의 영토 축소와 국력 고갈을 도모하였던 것이다. 이런 점에서 전국 중기 국제사회에서 강대국과 약소국 간에 진행된 조빙 · 할지의 사대는 춘추 시대 대소 열국 간의 상생공영을 전제로 시행되었던 조빙 · 헌공의 사대 성격과는 상당히 달랐다고 할 수 있다.

이 같은 사실을 종합해 보면 부족사회에서 상호 역학관계에서 기원한 공납은 방읍국 사회에서는 대소 방읍국 간의 정치 · 군사적 복속의 공납, 은 · 주 왕조 시대에는 조근 의례가 첨가되어 은 · 주왕과 제후 간의 정치 · 군사적 복속의 조근과 공납의 조공, 춘추전국 시대 독립 영토 자주국가로 구성된 국제사회에서는 대소 열국 간의 정치 · 군사적 복속의 조빙 · 헌공의 조공 사대로 발달하여왔다. 이같이 공납은 시대 변화와 역학관계 변동에 따라서 그 형태를 달리하면서 장구히 계속되어왔는데 장구히 계속되었던 이유는 공납이 방 · 읍 · 국, 은 · 주 왕실과 제후국 그리고 대소 열국에 내제된 독립 자주적 주체 간의 역학관계에서 발생한 정치 · 군사적 세력 균형의 산물이었기 때문이다.

위에서 언급한 바와 같이 개개의 방 · 읍 · 국은 자국의 정치 · 군사적 수장 영도하에 장기간의 씨족전통, 공동혈연의식, 공동지연의식, 공동 운명의식 등으로 결속된 정치 · 경제 · 군사적 독립 자주적 성읍국가였 는데 그 핵심 세력은 군장을 중심으로 형성된 독립 자주적 주체 집단이었 다. 이들 독립 자주적 주체 집단은 시대 변화와 역학관계 변동에 따라 방읍국 시대에는 개개의 방 · 읍 · 국, 은 · 주 왕조 시대에는 은 · 주 왕실과 제후국, 춘추전국 시대에는 독립 자주의 대소 열국의 형태로 변하면서 발전하였다. 그리고 이 과정에서 외부 세력의 침입이 있는 경우에는 완강한 저항을 감행하였으며 외부세력도 이 같은 완강한 저항 을 극복하기에는 무력 한계와 제약이 있었으며 또 주변과의 역학관계도 의식하지 않을 수 없었다.

여기에서 눈에 보이지 않는 복합적인 여러 요인이 맞물려서 상호 간의 정치 · 군사적 세력균형이 형성되고 이 같은 정치 · 군사적 세력균 형 상태에서 약소의 주체 세력이 정치 · 군사적 복속의 표시로 공납을 행하고 강한 주체 세력이 이를 수용하였을 때 이것이 공납의 발생이었으 며 실체였다. 이런 점에서 방읍국 시대 대소 방 · 읍 · 국 간의 공납, 은 · 주 왕조 시대 은 · 주왕과 제후 간의 조근과 공납, 춘추전국 시대 대소 열국 간의 조공 사대는 모두 상호 강약의 역학관계 속에서 형성된 정치 · 군사적 세력균형의 산물이었다. 그리고 춘추전국 시대 독립 자주 국가들로 구성된 국제사회에서 대소 열국 간의 상호 접촉, 교섭, 협상 등은 조공 사대를 통하여 추진되었으므로 조공 사대는 대소 열국 간의 조공 사대의 외교로 발달하였다.

황하 유역을 중심으로 한 고대 중원 지역에서는 농경 발달을 배경으로 무수한 부족사회가 전개되었는데, 이 같은 농경 발달은 급속한 인구 증가를 유발하고, 급속한 인구 증가는 농경지 부족을 야기하였다. 농경사회에서 농경지는 유일의 생산수단이었으므로 각 부족사회에서 농경지 부족은 심각한 것이었다.

이같이 농경지 부족은 부족 간의 무력 충돌을 야기하고 전쟁으로 발전하였으므로 전쟁은 부족 간의 사활이 걸린 문제로 대두되었다. 그리고 전쟁 와중에서 강대 부족은 약소 부족을 침공하여 일정의 생산물과 노역을 수탈하였는데 이것이 공납(貢納)의 발생이었다. 이에 따라 부족 간에는 상호 역학관계에 의해서 공납이 발생하고 공납을 통한 정치·군사적 복속관계가 형성되기 시작하였다.

한편 각 부족은 상호 간의 전쟁이 치열해지자 주거지 주변을 성벽으로 둘러싸기 시작하였는데, 이것이 성벽으로 무장된 방·읍·국의 출현이었다. 그리고 중원의 농경화에 따라 광대한 중원에는 이 같은 방·읍·국이 무수히 수립되어 방읍국 시대를 전개하였다.

방·읍·국의 내부 구조는 종묘, 궁실, 가옥, 도로, 성벽과 외부의 농경지, 목초지, 임야 등으로 구성되었으며 사회조직은 정치·군사적 수장 '후' 군장을 중심으로 무력을 소유한 지배씨족과 농경에 종사하고 조세와 노역을 담당한 평민들로 구성되었다. 이같이 구성된 방·읍·국은 정치·군사적 수장 군장 영도하의 독립 자주적 집단, 농경에 기반한 자급자족 집단, 자위능력을 갖춘 무장집단 그리고 장기간의 씨족전통, 공동지연의식, 공동혈연의식, 공동운명의식 등으로 강력히 결속된 성읍

국가였다.

그런데 시일이 경과와 함께 방·읍·국 간의 전쟁은 더욱 치열해갔으므로 무력이 약한 약소의 방·읍·국은 정치·군사적으로 강한 특정의 방·읍·국을 중심으로 방읍연맹을 형성하여 정치·군사적 안보를 강구하기 시작하였다. 또 황하 유역을 중심으로 전개된 광범위한 농경지는 물이 필수적이었는데 황하는 수시로 범람하여 농경지를 덮쳤으므로 홍수를 관리할 수 있는 치수관개공사가 필수적이었다. 그러나 황하 치수관개공사는 일개 부족이나 방·읍·국의 힘으로는 감당할 수 없는 거창한 것이었으므로 공동으로 추진할 필요성이 대두되었는데 이것이 방읍연맹 추진의 경제적 배경이 되었다.

이에 따라서 방·읍·국 간에는 상호 군사적 안보와 공동의 경제적 이해관계에 의해서 방읍연맹이 형성되기 시작하였으며, 방읍연맹이 형성되는 경우 정치·군사력이 강한 특정의 방·읍·국의 '후'가 연맹주가 되고, 약소 방·읍·국의 '후'는 군사적 보호와 경제적 혜택의 대가로 정치·군사적으로 복속하고 공물을 헌상하였는데 이것이 공납의 발생이었다. 그런데 각 방·읍·국은 사실상 성벽으로 무장된 부족사회였으므로 약소 연맹 방·읍·국의 '후'가 연맹 주에게 행한 공납은 사실상 부족사회에서 약소 부족이 강대 부족에게 행한 공납과 본질적으로 같은 것이었으며 그 연장이었다.

중국에서 최초 국가였던 은 왕조는 이 같은 방읍연맹을 기반으로 수립되었다. 은 왕조는 은왕을 정점으로 내복(內服)과 외복(外服)의 이중적으로 구성되었는데 내복은 은 씨족들로 구성되고 외복은 연맹의 방·읍·국으로 구성되었다. 그리고 국가 주도의 대규모 제사 제단에는 상제를 포함한 은족의 족신과 연맹 방·읍·국의 족신들을 함께 안치하여 숭배하였다. 정치는 은 씨족과 연맹부족 출신의 정인들로 구성된 정문집단이 정문(貞問) 속의 신의(神意)를 공동으로 판독하여 행하였다. 그리고 은 왕조의 무력도 은 씨족의 왕족, 다자족과 함께 연맹 방읍국의 병력으로 구성되었다.

이같이 은 왕조의 외복 제후국은 은 왕조의 국가제도, 정치운영 · 군사제도 등의 면에서 직 · 간접으로 참여하고 있었지만 은왕의 실제적 통치범위는 은왕이 거주하는 상읍과 그 주변 지역을 포함한 내복에 국한되고 외복 제후국에는 미치지 못하였다. 반면 외복 제후들은 자국을 직접 통치하면서 은왕의 헤게모니를 인정하고 조공을 통해 정치 · 군사적으로 복속하고 있었다.

그런데 이 같은 외복 제후국 즉 연맹의 방 · 읍 · 국은 정치적으로는 독립집단, 경제적으로는 자급자족집단, 군사적으로는 자위능력을 갖춘 무장집단, 사회적으로는 장구한 씨족전통, 공동혈연의식, 공동지연의식, 공동운명의식으로 강력히 결속되었던 성읍국가였으며 이들에 대한 은왕의 통치는 배제되어 있었다. 그러므로 은족의 상읍과 외복 제후국 간의 관계는 본질적으로 대방과 소방과의 관계였으며 은왕과 제백 제후 간의 관계도 대방 '후'와 소방 '후'와의 관계였다.

다시 말하면 방읍연맹을 기반으로 은 왕조가 수립되었을 때 정치 · 군사적으로 강한 대방 상읍의 '후'가 은왕이 되고 약소 방 · 읍 · 국의 '후'는 제백 제후가 되었으며 은왕의 헤게모니를 인정하고 조공을 통하여 정치 · 군사적으로 복속하였다. 이런 점에서 은 왕조 제백 제후들이 은왕에게 행했던 조공은 방읍국 사회에서 소방의 '후'가 대방 '후'에게 행했던 공납의 연장이었으며 같은 것이었다고 할 수 있다.

주 왕조의 통치근간이었던 봉건제도 역시 주왕을 정점으로 내복과 외복으로 조직되었다. 내복과 외복의 제후국은 개국 초기에는 주왕에 의해 분봉되었지만 정치적으로 독립집단, 경제적으로 자급자족집단, 군사적으로 자위능력을 갖춘 무장집단, 사회적으로는 장구한 씨족전통, 공동혈연의식, 공동지연의식, 공동운명의식 등으로 강력히 결속된 방 ·

읍·국의 성읍국가였다. 반면 주왕의 통치는 수도 호경과 낙읍을 포함한 내복의 왕기(王畿) 지역에 국한되고 외복 제후국에 대한 통치는 배제되었다.

이런 점에서 주왕과 제후 간의 관계는 본질적으로 대방 '후'와 소방 '후'와의 관계였으며 따라서 외복 제후들의 주왕에 대한 조공은 은대 은왕에 대한 제백 제후들의 조공과 본질적으로 같은 것이었으며 그 연장이었다. 그리고 소급해서 올라가면 방읍국 시대 약소 방·읍·국의 강대 방·읍·국에 대한 공납과 본질적으로 같은 것이었으며 그 연장이었다고 할 수 있다.

춘추 시대에는 주 왕조의 제후국들이 주왕의 봉건적 통어를 벗어나 독립 영토 주권의 대소 열국으로 발전하여 국제사회를 형성하였다. 그리고 성장 과정에서 영토 크기, 인구 수효, 경제력 규모, 군사력 강약 등의 여러 요인에 의해 대국, 차국, 소국 등으로 성장하였으나 국제사회에는 국력 차이에 관계없이 대등하였다. 이 같은 국제사회에서 소국은 믿음(信)으로 대국을 섬기고 대국은 사랑(字)으로 소국을 돌보는 사대·자소 교린의 예를 조빙·헌공의 조공을 통하여 실행하고 있었으므로 조공은 대소 열국 간의 조공 외교로 발전하였다.

그러나 춘추 중기 이후 제(齊)·진(晉)·초(楚) 같은 대국이 출현하여 주변의 약소열국을 병합하면서 치열한 쟁패전을 전개하고 이 쟁패전의 와중에서 약소열국은 국명을 보존하기 위해 대국에 대해서 일방적 조빙·헌물의 조공 사대를 행하지 않을 수 없었으며 또 대국으로부터 강요당하였다. 그리고 패권을 장악한 대국은 약소열국을 규합하여 회맹을 개최하고 패주에 대한 약소열국의 조빙·헌공의 조공 횟수를 일방적으로 결정하여 명하고 약소열국은 이것을 거절할 수가 없었다. 이에 따라 춘추 중기 약소열국은 대국에 대해 일방적 조빙·헌공의 조공 사대를 행하였다.

그러나 약소열국은 대국에 대해 일방적 조빙 · 헌공의 조공 사대를 통하여 복속하고 있었지만 자국의 안전과 실리에 배치되면 조공 사대 관계를 서슴지 않고 단절했다. 따라서 사대 · 자소 교린의 예에 기반하여 상생공영을 추구한 춘추초기 열국 간의 조빙 · 헌공의 조공 사대는 대국에 대한 약소 열국의 일방적 조빙 · 헌공의 조공 사대의 외교로 변하였다.

전국 중기 이후 진(秦) · 초(楚) · 제(齊) · 한(韓) · 위(魏) · 조(趙) · 연(燕)의 전국7웅으로 구성된 국제사회는 춘추 시대의 국제사회와는 완전히 달랐다. 전국 시대에는 화하세계의 정신적 공주(共主)였던 주왕조가 진국(秦國)에 멸망되고 또 천하통일사상이 풍미하였으므로 각국의 목표는 주왕을 대신한 패권 장악이 아니라 천하통일이었다. 따라서 춘추 중기 국제사회에서는 대소 열국 간의 상생공영을 추구한 패국 주도의 회맹정치는 실종되고 각국 간의 전쟁은 치열한 천하통일전쟁으로 변하였으므로 국제관계도 변할 수밖에 없었다.

따라서 대국은 약소국의 조빙 · 헌공의 조공 사대에 일정의 땅을 떼어서 바치는 '할지'를 강요하였으며 약소국은 이 같은 '할지'가 영토를 축소시키고 국력을 고갈시키는 사실을 알면서도 당장 눈앞에 전개된 정치 · 군사적 사정이 절박하였기 때문에 응할 수밖에 없었다. 이에 전국 시대에는 춘추 시대의 조빙 · 헌공의 조공 사대가 조빙 · 할지의 조공 사대로 변하였으며 동시에 대소 열국 간의 조공 사대의 외교로 발달하였다.

이와 같이 공납은 시대 변화에 따라 그 형태를 달리하면서 부족사회, 방읍국 사회, 은 · 주 왕조 시대 그리고 춘추전국 시대에 걸쳐서 장구히 계속되어왔으며 독립 영토 자주국가로 구성된 춘추전국 시대의 국제사회에서는 마침내 대소 열국 간 조공 사대의 외교로 발달하였다. 그런데 공납이 시대에 따라 형태를 달리하면서 장구히 계속되어왔던 것은 공납이 독립 자주적 주체 간의 역학관계에서 발생한 정치 · 군사적 세력 균형의 산물이었기 때문이다.

　사실 개개의 방 · 읍 · 국은 자국의 정치 · 군사적 수장 영도하에 장기간의 씨족전통, 공동혈연의식, 공동지연의식, 공동운명의식 등으로 결속된 정치 · 경제 · 군사적 독립 자주적 성읍국가였는데 그 핵심 세력은 군장을 중심으로 형성된 독립 자주적 주체 집단이었다. 이들 독립 자주적 주체 집단은 시대 변화와 역학관계 변동에 따라 형태를 달리하면서 은 · 주 왕조 시대에는 은 · 주 왕실과 제후국으로, 춘추전국 시대에는 독립 자주의 대소 열국으로 발전하였다. 그리고 이 과정에서 외부 세력의 침입이 있는 경우에는 완강한 저항을 감행하였으며 외부세력도 이 같은 완강한 저항을 극복하기에는 무력 한계와 제약이 있었으며 또 주변과의 역학관계도 의식하지 않을 수 없었다.

　여기에서 눈에 보이지 않는 복합적인 여러 요인이 맞물려서 상호 간의 정치 · 군사적 세력균형이 형성되고 이 같은 정치 · 군사적 세력균형 상태에서 약소의 주체 세력이 정치 · 군사적 복속의 표시로 공납을 행하고 강한 주체 세력이 이를 수용하였는데 이것이 공납의 발생이었으며 실체였다. 다시 말하면 방읍국 시대 대소 방 · 읍 · 국 간의 공납, 은 · 주 왕조 시대 은 · 주왕과 제후 간의 조근과 공납, 춘추전국 시대 대소 열국 간의 조공 사대는 모두 이 같은 강약의 역학관계 속에서 형성된 정치 · 군사적 세력균형의 산물이었다고 할 수 있다. 그리고 춘추전국 시대 독립 자주 국가들로 구성된 국제사회에서 대소 열국 간의 상호 접촉, 교섭, 협상 등은 조공 사대관계를 통하여 추진되었으므로 조공 사대는 대소 열국 간의 조공 사대의 외교로 발달하였다.

　이와 같이 중원의 상고 부족사회와 방읍국 사회에서 상호 역학관계에 의해서 기원하였던 공납이 은 · 주 왕조 시대에는 조근 의례가 첨가되어 은 · 주왕과 제후 간의 조근과 공납의 조공으로 발전하고 자주 국가들로 구성된 춘추전국 시대의 국제사회에서는 대소 열국 간의 조공 · 사대 외교로 발전하였음을 알 수 있다.

참고문헌

동양문헌

『經典釋文』, 臺北 : 廣文書局, 1974.

顧棟高, 『春秋大事表』, 皇淸經解續編, 1886.

『廣雅疎證』, 臺北 : 廣文書局, 1971.

『國語·戰國策』, 臺北 : 商務印書館, 1968.

『周禮注疏及補正』, 臺北 : 世界書局, 1962.

『荀子集解(四部備要)』, 臺北 : 世界書局, 1972.

『手詩正義』, 臺北 : 中華書局, 1966.

『墨子』, 臺灣 : 商務印書館印行, 1968.

『史記』, 景仁文化社 編.

『尙書王讀』, 臺北 : 華王書局, 1974.

『尙書注疏補正』, 臺北 : 世界書局, 1972.

『說文解字義瞪』, 上海 : 上海出印刷公司, 1987.

『荀子集解』, 臺北 : 世界書局, 1972.

『荀子集解(贈補中國思想名著)』, 臺北 : 世界書局, 1972.

『呂氏春秋(四部備要)』, 臺北 : 中華書局, 1970.

『禮記鄭注(四部備要)』, 臺北 : 中華書局, 1970.

『禮緯 稽命微編』, 上, 中, 下.

『左傳注疏及補正(四部備要)』, 臺北 : 世界書局, 1970.

『竹書紀年 八種』, 臺北 : 世界書局, 1967.

『周禮注疏及補正』, 臺北 : 世界書局, 1963.

『春秋左氏傳舊注疏證』, 臺北 : 中華書局, 1968.

『春秋穀梁傳注疏』, 臺北 : 中華書局, 1970.

『春秋公羊注疏及補正』, 臺北 : 中華書局, 1970.

『韓非子』, 臺北 : 中華書局, 1970.

加藤常賢, "支那家族制度に於ける主要問題,"『中國古代文化の研究』, 東京 : 1980.

桂馥 撰, 『說文解字義瞪』, 上海 : 上海出版印刷公司承印, 1987.

郭沫若, 『兩周金文辭大系考釋』, 東京, 1936.

_____, "天の思想,"『東洋思潮』, 東京 : 岩波書店, 1936.

_____, 『殷周靑銅銘文硏正』, 北京, 1954.

_____, 『郭沫若全集 1』, 歷史篇, 1982.

郭沫若, 野原四郎 外 譯, 『中国古代の思想家たち』, 上卷, 東京 : 岩波書店, 1960.

瞿同祖, 『中國封建社會』, 臺北 : 里仁書局, 1984.

金兆梓, "封邑邦國方辦,"『歷史研究』, 第2期, 1956.

內藤虎次郞, 『支那史學史』, 東京 : 弘文堂, 1967.

唐君毅, 『中國哲學原論』, 香港 : 人生出版社, 1966.

島邦男, 『殷墟卜辭硏究』, 弘前大學文理學部 中國學研究會, 1958.

董作賓, 『殷曆譜』, 上卷, 一殷曆馬瞰.

_____, "甲骨文斷代研究的十個標準,"『大陸雜誌』, 第四卷, 第8期, 1951.

杜正勝, 『周代城邦』, 臺北:聯經出版事業公司, 1979.

羅振玉, 『殷虛書契前編』, 藝文印書館, 1970.

_____, 『殷虛書契續編』, 藝文印書館, 1970.

凌純姓, "中國祖廟的起源,"『民族學研究所集刊』.

馬端臨, 『文獻通考』 2編, 上海 : 商務印書館, 1936.

馬乘風 田中齊 譯, 『支那經濟史』, 東京 : 弘文堂, 1938.

木村英一, 『法家思想の研究』, 東京, 1944.

木村正雄, "中國古代國家成立過程における治水灌漑の意義,"『東洋史學論文集』,
    1951.

白川靜, "殷の基礎社會,"『立命館創立五十週年紀念論文集 大學篇』, 1951.

范文瀾, 『中國通史』, 第一册, 北京 : 人民出版社, 1978.

服部宇之吉, "禮の思想,"『東洋思想』, 岩波講座, 1921.

森三樹三郎,『中國古代神話』, 東京 : 淸水弘文堂書房, 1969.

上原淳道, "鄭の東遷の事情および鄭と商人との關係,"『中國古代の社會と文化』, 東京, 1957.

相原俊二, "先秦時代の「客」について,"『中國古代史研究』, 第一, 東京 : 雄山閣出版社, 1960.

_____, "先秦時代の「客」について,"『中國古代史研究』, 第六, 東京 : 硏文出版, 1989.

西島定生,『中國古代の社會と經濟』, 東京 : 東京大出版會, 1961.

攝國靑, 騰谷在登 譯,『中國土地問題之史的發達』.

徐喜辰, "周代兵制初論,"『中國歷史研究』 4, 1985.

孫作雲,『詩經與周代社會研究』, 臺北 : 中華書局, 1966.

松丸道雄, "東アシア世界の形成,"『岩波講座世界歷史』 4, 東洋篇 I, 東京: 岩波書房, 1970.

安部健夫,『中國人の天下觀念』, 東京, 1956.

梁啓超,『先秦政治思想史』, 臺北 : 中華書局, 1980.

蔡東方,『春秋戰國編, 中國歷史通編』, 重慶 : 商務印書館, 1944.

_____, "春秋戰國之分期與再分期,"『中國上古史入論』, 臺北 : 中華文化出版事業委員會, 1971.

_____, "政治機構與政治內容,"『中國上古史入論』, 臺北 : 中華文化出版事業委員會, 1971.

王國維,『王觀堂先生金集』 II, 臺北 : 1968.

王震中, "試論我國中周土區國家形成的道路,"『中國史研究(京)』, 3期, 1984.

宇都宮淸吉,『漢代社會經濟史研究』, 東京 : 弘文堂, 1957.

宇都木章, "戰國時代の楚の世族,"『中國古代の社會と文化』, 東京, 1957.

_____, "宗族制と邑制,"『古代史講座 6(上)』, 東京 : 學生社, 1962.

尹乃鉉,『商王朝史의 硏究』, 서울 : 景仁文化社, 1978.

栗原朋信,『秦漢史の硏究』, 東京 : 古川弘文館, 1977.

伊藤道治,『中國古代王朝の形成』, 東京 : 創文社, 1977.

李成珪, "中國文明의 起源과 形成,"『講座中國史』I, 서울 : 지식산업사, 1989.

_____, "戰國時代 統一論의 形成과 그 背景,"『東洋史研究』, 8.9 合輯, 1975.

李亞農, 中村篤二郎 譯, "春秋戰國時代の地代の形態,"『中國の奴隸制と封建制』.

李愛熙, "宋代의 天命觀에 관하여,"『人文研究』, 第19輯, 1984.

李宗侗,『中國古代社會史』1, 臺北 : 中華文化出版事業社, 1963.

_____,『中國古代社會史』2, 臺北 : 中華文化出版事業社, 1963.

李春植, "西周 宗法封建制度의 起源問題,"『東洋史學研究』, 第二十六輯, 1987.

_____, "中國古代國家의 二重構遭와 世界觀,"『亞細亞研究』第ⅩⅩⅩⅤ卷, 第1 號, 1992.

_____, "The Nature and Function of the Tributary System in Western Chou Times,"『中國學論叢』, 金俊揮教授華甲紀念』, 1983.

_____, "殷(商)代 朝貢의 性格에 대하여,"『宋甲鎬教授停年退任記念論文集』, 1993

_____, "朝貢의 起源과 意味,"『中國學報』, 第10集, 1970.

_____, "儒家政治思想의 理念的 帝國主義,"『人文論集』, 第27輯, 1982.

_____, "左傳 중에 보이는 事大의 意味,"『史叢』, 第14輯, 1969.

李孝定,『甲骨文字集釋』, 中央研究院歷史語言研究所集刊 50.

林甘泉 外編,『中國古代史分期討論五十年』.

林沄, "甲骨文中的商代方國聯盟,"『古文子研究』, 第六輯, 1980.

張蔭麟,『中國上古史鋼』, 聯合出版社, 1965.

長參偉 外編,『中國法制史』, 北京 : 群象出版社, 1982.

張玉法,『先秦時代的傳播活動及其對文化與政治的影響』, 臺北 : 嘉新水泥公司文化基金會, 1966.

佐藤武敏, "春秋時代魯國の賦稅制改革に關する一考察,"『中國古代の社會と文化』.

丁山,『甲骨文所見氏族及其制度』, 北京 : 科學院出版社, 1956.

井上芳郎,『支那原始社會形態』, 東京 : 岡倉書房, 1939.

齊文心, "關于商代稱王的封國長的探討,"『歷史研究(京)』, 1985.

齊思和, "西周錫命體考," 『燕京學報』, 第32期, 1947.

趙光賢, 『周代社會辯析』, 北京 : 人民出版社, 1980.

晁福林, "從邦國聯盟的發展看殷都屢遷原因," 『北京師範大學學報 : 社科版』 1, 1985.

_____, "殷墟卜辭中的商王名號與商代王權," 『歷史研究(京)』 2, 1987.

增淵龍夫, 『中國古代の社會と國家』, 東京 : 弘文堂, 1960.

曾资生, 『中國政治制度史』, 第1册, 香港 : 龍門書店, 1969.

池田末利 譯註, 『儀禮 II』, 東海大學出版會, 1978.

陳夢家, 『殷墟綜述』, 北京, 1956.

_____, 『卜辭綜述』.

陣槃, "春秋大事表列國爵姓及存滅表證異中," 『中央研究院歷史語言研究所集刊』, No. 26, 27, 28.

津田左右吉, 『王道政治思想』, 岩波講座東洋思潮, 東京 : 岩波書店, 1934.

陳漢平, 『四周册命制度研究』, 上海 : 學林出版社, 1986.

貝塚武樹, 『古代殷帝國』, 東京 : みすず書房, 1967.

_____, 『孔子』, 東京 : 岩波書店, 1970.

_____, "五等爵制の成立," 『中國古代史學の發展』, 東京 : 弘文堂, 1953.

_____, 『中國古代人の國家像, 貝塚武樹著作集』, 第一卷, 東京 : 中央公論社, 1979.

_____, "甲骨文斷代研究法の再檢討," 『東方學』, 第23册.

_____, 『諸子百家』, 東京 : 岩波書店, 1969.

_____, 『貝塚武樹著作集』, 第二卷, 東京 : 中央公論會, 1976.

_____, 『貝塚武樹著作集』, 第四卷, 東京 : 中央公論會, 1977.

_____, "孔子と子産," 『古代中國の精神』, 東京 : 筑摩書房, 1967.

貝塚茂樹 · 伊藤道治, 『中國の歷史』, 1, 東京 : 講談社, 1974.

彭邦炯, 『商史探微』, 北京 : 重慶出版社, 1986.

韓運琪, 『先秦秦漢史論叢』, 齊魯書社, 1986.

許倬雲, "周代都市的發展與商業的發達," 『中國經濟發展史論文選集』 上册, 于宗

先外 合編, 臺北 : 聯經出版事業公司, 1980.

_____, "春秋政制略述,"『求古編』臺北 : 聯經出版事業公司, 1980.

_____, "戰國的統治機構與治術,"『文史哲學報』.

胡秋原,『中國古代的文化與知識分子』, 1960.

黃寶實, "春秋時代之行人,"『大陸雜誌』八卷 三期, 臺北 : 1954.

後藤均斗, "春秋時代の周と戎,"『中國古代史研究』Ⅰ, 北京 : 1960.

侯外廬,『中國古代社會史論』, 香港, 1979.

서양문헌

Abraham I. Pershits, "Tribute Relations", *Political Anthropology, The State of Art*, S. Lee Seatonand Henri J. Claessen, ed., Paris and New York : Mowton Publisher, 1979.

A Gardiner, *Egyptian Granmmer*, Oxford : Oxford University Press, 1952

Barry B. Blakely, "Functional Disparities in the Socio-Political Tradition of Spring and Autumn China", *Journal of Economic and Social History of the Orient,* Vol. ⅩⅩ, Pt.Ⅲ, October, 1977.

Bernard Karlgren, "The Early History of the Chou Ii and Chuan Texts", *The Museum of far Eastern Antiquities,* No.3, Stockholm, 1931.

_____, "Some Sacrifices in Chou China", *The Museum of Far Eastern Antiquities,* No.40, 1968.

Boston and Robinson's, *Hellenic History,* Macmillan Publshing Co., INC., Newyork, 1966.

Charles Singa, E. J. Holmyard, and A. R. Hall, *A History of Technology,* Vol. Ⅰ, Oxford, 1956.

Ch'eng Te-K'um, *Archaeology in China,* Vol. Ⅲ, Cambrige : University of Toronto Press, 1963.

Cho-yün Hsü, *Ancient China in Transition : An Analysis of Social Mobility, 722-222 B.C.,* Stanford : Stanford University Press, 1965.

Ch'u Wan li, "On the Date of the Y'u-kungs", The Institute of History and Philology, *Academia Sinica,* Vol. XXXV, 1964.

D. D. Luchenbill, *Ancient Records of Assyria and Babylonia,* Vol. II, Chicago : University of Chicago Press, 1968.

Elman R. Service, *Origins of the State and Civilizations,* New York & London : W. W. Norton Co., 1975.

Glenn T. Trewartha, "Chinese Cities, Origins & Functions", *Annals of the Association of Amercan Geographics,* Vol. XLII, No. 1, March, 1952.

H. G. Creel, "The Sources in the Origins of Statecraft in China I", *The Origins of Statecraft in China,* Vol, Chicago : The University of Chicago Press, 1970.

_____, *The Birth of China,* New York : Reynal and Hitchcok, 1937.

Henry Maspero, *China in Antiquity,* trans., by Frank A. Kierman Jr., Chatham : The University of MassaChusetts Press, 1978.

Hugh Nibley, "Hierocentric State", *Western Political Quarterly,* Vol.4, June, 1961.

James Legge, trans., *The Book of Poetry,* Hong Kong : Lane Crawford, 1871.

_____, trans., *Mencius,* Vol. II.

_____, trans., *The Book of Documents.*

Jane Helm ed., *The Problem of Tribe in Contemporary Sociopolitical Contexts,* Seattle and London : The University of Washington Press, 1968.

Karl A. Wittfoger, *Oriental Despotism,* Yale University Press, 1959.

K. C. Chang, *The Archaeology of Ancient China,* New Haven and London

: Yale University Press, 1976.

_____, *Early Chinese Civilization*, Cambridge : Massachusetts and London : Harvard University Press, 1976

_____, *Shang Civilization*, New Haven and London : Yale University Press, 1980.

Leslie A. White, *The Evolution of Culture*, New York : Mcgraw-Hill Book., INC., 1957.

Lewis Henry Morgan, *Ancient Society*, Tucson : University of Arizona Press, 1877.

Marshall D. Sahlins, *Tribesmen*, Englewood Cliffs : Prentice Hall, INC., 1968.

Maurice R. Davie, *The Evolution of War*, New York : Yale University Press, 1929.

Moret, A., and G. Davy, *From Tribe to Empire*, trans,, by V. Gordon Childe, New York : Knopt, 1926

Morton H. Fried, *The Notion of Tribe*, Menlo Park : Cummings Publishing Co., 1975.

_____, *The Evolution of Political Society*, New York : Random House, 1967.

_____, "Warfare, military Organization and the Evolution of Society", *Anthropologica*, Vol. Ⅲ, No.2, 1961.

Owen Lattimore, *Inner Asian Frontiers of China*, Boston : Beacon Press, 1962.

Paul Wheatley, *The Pivot of the Four Quarter*, Edinburgh : University of Edinburgh Press, 1971.

Ping-Ti Ho, *The Cradle of the East*, Hong Kong : The Chiness University of Hong Kong & The University of Chicago Press, 1975.

Reinhard Bendix, *Kings or People : Power and Mandate to Rule*, Berkeley and Los Angeles : University of California Press, 1978.

Richard Louis Walker, *The Multi-System of Ancient China*, Connecticut : The Shoe String Press, 1953.

Roswell S. Britton, "Chinese Interstate Intercourse before 700 B.C", *The American Journal of International Law*, Vol.29, Jan., 1935.

Shih-Tsai Chen, "The Equality & Status in Ancient china", *American Journal of international*, Vol.35, Jan., 1941.

Sir James Beorga Frazer, *The Magical of Kings,* London : Damsons of Palemall, 1968.

Sydney Rosen, "Changing conceptions of the hegemon in the Pre-Ch'in China",David T. Roy and Tsuen-hsuin Tsien, ed. *Ancient China*, Hong Kong : The Chinese University Press, Hong Kong, 1978.

Ulrich Unger, "Chou-Konig oder Usurpator", *Toung Pao* 52, 1966.

Victor Ehrenbeng, *The Greek State,* London : Blackwell, 1960.

Wang Hsi-mei, "A Study on the System of the Genealogical Linkage, Name and the Surname", *Bulletin of the Institute of History and Philology,* Academia Sinica, Vol. ⅩⅩⅤⅢ, 1957.

Yu Ying-Shih, *Trade and Expansion in Han China,* Berkley : University of California Press, 1967.